KB237595

웨슬리 신학의 특징과 현대적 의의

-조종남 박사의 소논문들--

웨슬리 신학의 특징과 현대적 의의

발행일 2022년 4월 20일 초판 1쇄 발행

편 집 인 서울신학대학교 웨슬리신학 연구소
발 행 처 선교횃불
등 록 일 1999년 9월 21일 제54호
등록주소 서울시 송파구 백제고분로27길12 (삼전동)
전   화 (02)2203-2739
팩   스 (02)2203-2738
이 메 일 ccm2you@gmail.com
홈페이지 www.ccm2u.com

웨슬리신학의 특징과 현대적 의의

-조종남 박사의 소논문들-

서울신학대학교 웨슬리신학 연구소 편집

신교횃불

출간사

서울신학대학교 웨슬리신학연구소는 성결교회의 신학적 뿌리인 존 웨슬리의 성경적 신학사상과 전인적 성결복음과 성서적 부흥운동을 연구하고 나누는 일에 헌신하고 있습니다. 이번에 참으로 기쁜 소식은 우리 연구소의 사역을 지도해 주시고 함께 동역해오신 조종남 박사님께서 그동안 집필하신 옥고를 모아 책으로 출간하게 된 것입니다. 한국을 대표하는 세계적인 웨슬리 신학자이신 조종남 박사님의 신학적 메시지들을 이 책을 통해서 많은 분이 접할 수 있게 된 것은 우리 연구소의 경사일 뿐만 아니라, 웨슬리의 사상과 목회에 관심이 있는 모든 분에게 기쁜 소식이 아닐 수 없습니다.

일찍이 조종남 박사님은 서울신학대학교를 졸업하시고 혈혈단신 미국으로 건너가셔서 미국의 웨슬리 운동의 중심인 애즈베리 신학대학원에서 공부하셨고, 이어서 세계적인 명문 대학인 에모리대학교에서 웨슬리신학을 전공하시고 박사학위를 받으셨습니다. 조박사님의 학위논문은 웨슬리 신학에 대한 탁월한 학문적 연구로 국제적으로 인정받았고, 로잔회의에 아시아를 대표하는 신학자로 참여하여 활동하셨습니다. 그럼에도 유학 가실 때의 약속을 지키시기 위해 고국으로 돌아오셨습니다. 조박사님은 서울신학대학교에서 신학교수로 많은 제자들을 가르쳐 목회자로 길러내셨고, 대학의 학장과 총장을 역임하시면서 서울 아현동 캠퍼스를 부천 소사동으로 옮기는 큰일을 감당하셨고, 본관 건물과 학생기숙사 도서관 건립 등 대학의 발전을 위해 미국과 한국을 동분서주 오가시며 모금 활동을 하셨습니다. 이러한 분주한 행정사역을 마치신 후에는 지금까지 후배와 제자들에게 웨슬리 신학을 전수하는 일에 힘쓰고 계십니다.

9순의 연세에도 불구하고 아침에 일어나 성경을 필사하시고 일과시간에는 웨슬리 신학의 중요한 영문서적들을 한글로 번역하는 작업을 하고 계시는 조박사님의 성실한 자기관리의 모습에 후배 된 학자들은 다만 고개가 숙어질 뿐입니다. 바라기는 조박사님께서 강건하셔서 앞으로도 많은 후배 제자들에게 웨슬리 신학을 전수해 주셨으면 합니다. 이번 책의 출간을 다시 한번 조박사님께 감사드리고 인도하여 주신 하나님께 감사드립니다. 이 책을 통해서 웨슬리 신학의 정수가 많은 사람에게 전해지고 공감되기를 기도드립니다.

서울신학대학교 웨슬리신학연구소 소장
김성원 교수

차례

출간사 / 4

01. 웨슬리의 성서관과 해석의 원리 • 9

02. 웨슬리의 은총관과 그 의의 • 26

03. 웨슬리의 예정론 • 42

04. 웨슬리의 신학적 인간론-하나님의 은혜와 죄 • 55

05. 웨슬리의 구원론의 특징 • 72

06. 웨슬리의 성화론 • 93

07. 웨슬리의 성결체험 • 115

08. 웨슬리의 갱신운동의 특징-한국교회 갱신을 위하여 • 128

09. 웨슬리의 갱신운동과 신도회 • 151

10. 웨슬리의 갱신운동의 특징-복음의 온전한 증거와 영성수련 • 167

11. 웨슬리의 회개운동과 영성수련 • 211

12. 웨슬리의 윤리의 신학적 근거와 목표 • 243

13. 웨슬리의 선교와 신유 • 265

14. 웨슬리와 카리스마타 • 280

15. 성령의 역사와 표적에 대한 웨슬리의 이해 • 313

16. 웨슬리의 세례관 • 338

17. 웨슬리의 성찬에 대한 이해 • 355

18. 웨슬리의 영성과 한국교회 • 380

19. 웨슬리의 신학과 한국 성결교회 • 398

미주 / 425

1
웨슬리의 성서관과 해석의 원리

1. 웨슬리와 성서:

캐스토(Casto)가 지적하였듯이 "성서는 존 웨슬리의 생애에서 중심을 차지하고 있던 책이다."[1] 웨슬리는 성서를 근면하게 읽었다. 그는 매일같이 성서를 원어로 몇 시간씩 읽으면서 진지하게 연구했다. 진실로 그는 성서에 능통해지고 있었다. 그가 쓴 글에는 그것이 편지든, 논설이든지 너무나 많은 성서 구절이 인용되어 있고, 성서에 대한 이야기로 채워져 있다.[2]

웨슬리는 설교도 성서의 말씀에 근거를 두고 하였다. 그는 1746년에 출판한 설교집 서문에서 "나는 구원받는 방법에 관하여 성서에서 발견한 것을 이 설교들에서 설명하였다. …"[3]고 하였다. 웨슬리에게 있어서는 성서가 설교의 기초가 될 뿐 아니라, 바로 설교의 내용이었던 것이다. 설교문도 성서의 직접적이거나 또는 간접적인 인용으로 가득 차 있다.[4]

웨슬리가 1765년에 자신의 생애를 회고하면서 말했듯이 일찍이 1730년부터 "한 책의 사람(homo unius libri)이 되기 시작하여, 성서 이외에는 비교적 다른 책을 연구하지 않았다."[5] 다시 1789년에 기록하기를 "나는 어린 아이 시절부터 하나님의 말씀인 성서를 사랑하고 존경하도록 배웠다."[6] 그리고 그다음으로 교부들의 글과 고대 3세기의 저서들과 또한 영국 교회를 존중했다.

그러나 우리가 분명히 알 것은 웨슬리가 "한 책의 사람"이 되었다고 해서 성서 이외의 다른 책을 읽지 않았다는 것은 결코 아니다. 웨슬리는 고대로부터 그 시대에 이르는 신학 서적을 많이 읽었다. 그의 일기나 서간에는 읽은 책들이 소개되고 있다. 그는 자신이 읽은 책의 내용을 간추려서 1749년부터 1755년 사이에 30권으로 "신도 도서"(Christian Library)[7]로 출판하여 신자들에게 읽게 하였던 것이다.

그린(Green)은 웨슬리가 1725년부터 1734년 사이 옥스퍼드 시절에 400여 권을 읽었다고 지적하고 있다. 그린은 그 시절의 웨슬리 일기에서 읽었다고 언급된 책들을 언급하고 종류별로 열거하였는데 그 책들의 종류와 범위는 너무나 다양하다. 헬라와 로마의 고전을 비롯하여 종교, 문학, 철학, 연극 등을 총망라하고 있다.[8]

웨슬리는 옥스퍼드 이후에도 계속 많은 책을 읽었다. 이에 대하여는 1788년 9월 1일 일기에서 다음과 같이 말하였다.

> 나는 그때(옥스퍼드 시절)까지 읽었던 것보다 아마도 5, 6백 권의 책을 더 읽었을 것이다. 그리고 그때보다 역사나 자연철학에 대하여 좀 더 알게 되었다.[9]

그러므로 웨슬리가 말하는 '한 책의 사람'을 성서 이외에는 다른 책을 읽지 않는 사람이라는 의미로 이해해서는 안 된다. 이 말은 오히려 웨슬리에게 있어서는 성서가 신학이나 모든 진리에 대한 최고 권위가 된다는 뜻이다. 웨슬리에게 있어서 '성서'는 그의 신학의 근거였다. 그는 일기에서 말하기를, "나의 근거는 성서이다. 그렇다. 나는 성서 고집쟁이(Bible-bigot)이다. 나는 모든 일에 있어서, 그것이 큰일이든 작은 일이든, 성서를 따른다."[10]고 하였다.

그러므로 웨슬리는 모든 면에 있어서 그것이 작은 것이든, 큰 것이든, "성서적이요 합리적인 그리스도인"이 되기를 원하였다.[11] 성서야말로 참 지혜를 줄 뿐 아니라 그를 확인하고 더하여 주는 것이기 때문이다.[12]

II. 성서를 통한 하나님의 말씀

2.1. 하나님의 영감으로 기록된 성서

웨슬리에게 있어서는 성서가 신학의 기초가 될 뿐 아니라 최고의 권위였다. 웨슬리는 성서란 하나님의 영감으로 기록된 책으로 그릇됨이 없다(infallibly true)고 믿었다.[13]

웨슬리는 성서가 하나님의 영감으로 기록되었다는 것을 믿게 하는 강한 논리, 소위 "4대 논리"(four grand and powerful arguments)를 전개하였다.

성서는 선한 사람이나 천사들에 의하여 만들어졌든지, 또 악한 사람이나 마귀에 의하여 기록되었든지 아니면 하나님께로부터 왔든지, 그중의 하나일 수밖에 없다.

성서는 선한 사람이나 천사가 쓴 것일 수 없다. 왜냐하면, 그들이 성서를 쓸 때에 "주님께서 이와 같이 말씀하신다"고 말하면서 선한 사람이 그런 거짓말을 했을 리가 없기 때문이며, 또 그렇게 거짓말을 할 수도 없기 때문이다.

성서는 악한 사람이나 마귀가 쓴 것일 수도 없다. 왜냐하면, 그들은 모든 의무를 지키고 죄를 짓지 말라고 하면서 그들의 영혼을 영원히 지옥에 가도록 정죄할 수는 없기 때문이다.

그러므로 나는 결론을 내린다. 성서는 하나님의 영감으로 주어졌음이

틀림없다.[14]

웨슬리는 "성서가 살아 계신 하나님의 말씀"[15]이라고 이해하고 있었던 것이다. 그는 다음과 같이 확신하고 있었다.

이것(성세은 영원히 거하는 하나님의 말씀이다. 천지가 없어지기 전에는 일점일획이라도 없어지지 않을 말씀이다. 그러므로 신 구약성서는 하나님의 진리를 기록하고 있는 진실하고 귀중한 책(system)이다. 따라서 성서는 모든 부분이 하나님으로부터 나온 것으로 그 전체가 하나의 유기체를 이루며 그 안에는 결점이나 지나치는 것이 없다. 성서는 하늘의 지혜의 원천이다.[16]

사실, 모든 성서가 하나님의 영감으로 기록되었다고 믿는 것이 메소디스트의 특색이었다.[17]

2.2. 구원의 도구로서의 성서

웨슬리는 우리가 구원받기에 필요한 진리가 성서 안에 충족하게 포함되어 있다고 믿었다.[18] 곧 성서의 충족성을 믿었다. 웨슬리는 하나님 또는 구원의 길을 아는 최선의 길을 묻는 친구에게 쓴 편지에서 다음과 같이 말했다.

당신이 하나님에 대하여 알기를 원하는 모든 것이 한 책, 곧 성서에 담겨 있습니다. 그러므로 당신이 할 일은 성서를 이해하는 것입니다. 그러므로 당신이 배운 모든 것은 직접적으로나 간접적으로 성서에 비추어 보셔야 합니다.[19]

어떤 의미에서 구원의 도리에 대한 "성서의 충족성"은 당시에 영국 교회 신조이기도 하였다. 그리고 웨슬리는 이 조항을 본질적인 변경 없이 그의 25개 신조에 포함시켰다.[20]

성서는 구원에 필요한 모든 것을 담고 있다(containeth). 그러므로 성서에 기록되어 있지 않은 것이나 또는 성서에 의해 증명되지 않는 것은 어떤 것이든 사람에게 요구하지 않아야 한다. 또한 이런 것을 신조로 주장하거나, 구원에 필요한 것이나, 요구되는 것으로 주장해서는 안 된다.[21]

웨슬리가 말하는 성서의 권위 문제는 구원에 있어서 성서의 충족성에 그 중심이 있었다.[22] 그가 성서를 탐구한 것도 사실은 구원의 길을 찾기 위한 것이었다. 하나님께서 바로 이 구원의 길을 가르쳐 주시기 원하셔서 친히 하늘에서 이 땅 위에 오셨고 예수 그리스도로 계시하였으며, 지금은 그것을 성서에 기록했다고 믿었기 때문이다.[23]

2.3. 성서를 통한 하나님의 계시

따라서 웨슬리 신학에 있어서 최고의 권위는 하나님의 말씀인 성서였다. 성서가 그리스도인의 신앙과 생활에 있어 전적이며, 유일한 규준[24]이라는 것은 메소디스트의 기본적인 교리(Fundamental doctrine)였다.[25]

이는 웨슬리가 하나님의 모든 계시를 성서를 통해서 읽어야 한다고 보았기 때문이다. 따라서 성서가 신학의 대법원 역할을 했으며, 성서가 신앙생활의 시금석이었다.

성서야말로 그리스도인들의 모든 계시가 참 하나님의 계시인지 아니면 사람들이 짐작한 계시인지를 가려내는 시금석인 것이다. 사람들이 율법에 호소하든지, 간증(체험)에 호소하든지 모든 영(spirit)을 성서를 통해 시험

해 보아야 한다.[26]

이와 같이 웨슬리에게 있어서는, 사람이 아무리 자신의 체험을 하나님의 계시였다고 주장하더라도 모든 것은 성서의 심판을 받아야 한다는 것이다.

웨슬리는 성서가 하나님의 영감으로 기록되었으므로 그 내용에 실족함이 없다(infallible)고 믿었다. 곧 그가 계시하는 일에 있어서는 오류가 있을 수 없다고 믿었다.[27] 웨슬리는 제닌스(Jenyns)의 「기독교의 내적 증거」를 읽고 다음과 같이 말한 적이 있다.

> 그(제닌스)는 글을 잘 쓰는 분임에 틀림없다. … 그러나 만약에 그가 그리스도인이라면 그는 자신의 입장을 배신하고 있는 것이다. 왜냐하면 그는 모든 성서는 하나님의 영감으로 된 것이 아니며 때로는 성서의 저자들이 자기 자신들에게 있어서 오류를 범했다고 단언했기 때문이다.
> 그럴 수는 없다. 만약에 성서에 어떤 오류가 있다면, 그 오류는 천 개나 될 수도 있지 않은가! 만약에 성서 안에 하나의 거짓이 있다면 이 책은 진리의 하나님께로부터 온 것이 아니다.[28]

이와 같은 웨슬리의 입장이 그의 디모데후서 3장 14-17절에 대한 주석과 이를 인용한 그의 설교 "은혜의 수단"에 나타나 있다. 곧 웨슬리는 구원에 이르게 하는 지혜가 되며 교훈과 책망과 바르게 함과 의로 교육하기에 유익한 역할을 하는 참 진리는 성서에 의해 주어지고 확인되며 더하여진다고 보았다. 그리고 이러한 성서는 하나님의 영감으로 주어졌기 때문에 실족함이 없다고 믿었다.[29] 그러나 우리는 여기서 주의 깊게 관찰해야 한다. 하나님은 과거의 저자에게 역사하였을 뿐 아니라 현재 말씀을 읽는 자에게도 나타난다고 이해했다. 그의 말을 인용하면,

여기에서 우리는 웨슬리가 주장하는 권위의 강조점을 잘 파악해야 한다. 정통적인 개신교에서는 성서에 기록된 하나님의 말씀이 최종 권위이다. 이것은 종교개혁 이후의 정통주의 신학에서 강조되어 내려왔다. 그런가 하면 신비주의 신학 또는 현대의 실존주의 신학에서는 그에 반동적으로 현재, 여기에서 신자에게 역사하는 성령의 음성에서만 권위를 찾으려는 경향이 있다. 양자의 이와 같은 일방적인 강조는 그 나름대로 문제점을 안고 있다.

그러면 웨슬리는 어떤 입장인가? 지금까지 우리가 상고한 대로 웨슬리는 성서의 권위를 강조함에 있어 정통적인 개신교 입장에서 출발한다. 그러나 한 때에 영감된 것이기 때문에 성서를 하나의 교리를 점검하는 교과서(proof-text)처럼 보는 데 머물지는 않는다.[31] 그렇다고 실존주의 신학처럼 성서의 객관성을 부정하지도 않았다. 웨슬리는 하나님의 영감으로 인한 성서의 객관적 권위를 주장하는 데 머무르지 않는다. 하나님의 말씀은 역동성이 있는 것이기 때문이다. 다시 말해, 웨슬리는 하나님의 계시를 성령에 의하여 믿는 자의 마음속에 역사할 때 나타나는 현재성에 그 중요성을 둔 것이다. 계시에 있어서 하나님의 말씀은 '나에게' 산 말씀이 되어야만 하기 때문이다. 곧 영감을 역동적으로 이해하여 성서의 말씀이 우리에게서 체험되는 그 상관관계에서 보아야 하기 때문이다. 웨슬리의 말대로 "우리는 성서와 경험에 의하여 알거니와 하나님의 말씀과 하나님의 영은 상관관계에서 역사하신다."[32] 곧 성서를 통한 체험에서 그리스도와 만나는 것이다.

이런 면에서 웨슬리는 성서관에 있어서의 정통적 개신교(classical protestantism)의 강조점과 신비주의자들의 강조점을 창의적으로 종합했다고 볼 수 있겠다. 더 나아가 양 극단의 고민을 해결해 준 것이다. 웨슬리는 하나님의 영감의 일회성과 아울러 계속적 영감을 믿으며, 하나님의 계시는 하나님과 신자와의 관계성 곧 구속적 만남(saving encounter)에서 본질적으로 이해하려고 하기 때문이다.[33]

그러므로 웨슬리는 자연계시(general revelation)를 인정하였으나[34] 자연계시가 그의 신학에서 중요한 위치를 차지하지는 않았다. 이는 웨슬리가 인류의 타락으로 인하여 자연계시와 이성의 부적당함(inadequacy)을 보았으며[35] 또 다른 한편 웨슬리는 철학적이고 사변적인 신학방법을 의도적으로 피했기 때문으로 보인다.[36] 더욱더 하나님의 계시를 체험 속에서 본질적으로 이해하려는 데 강조점이 있었기 때문이다.

여기에서 우리가 기억할 것이 있다. 웨슬리는 성서를 통한 계시관에 있어 그의 이러한 강조점을 정당하게 파악하지 못하고 나가면 결국 그가 이룩한 창의적 종합은 붕괴되고 말 것이다.

예를 들어 우리가 영감의 현재성만 강조하고 과거 저자들에게 있었던 영감을 등한시하면 주관주의에 빠질 염려가 있다. 이에 반하여 영감을 과거 저자에게만 임했던 것으로 주장하면 권위는 성서에 나타난 명제적 진리(propositional truth)에만 편중되고 말 것이다. 이렇게 되면 역동적인 하나님의 계시를, 증명이 가능한 이성의 작용으로 확대하여 나가는 결과가 될 것이다. 마침내는 이성과 계시를 거의 동일시하게 될 염려가 있다.

다시 말해서 웨슬리의 본질적인 강조점은 성서와 체험의 상관관계 곧 계시적 만남(revelatory encounter)과 그에 대한 설명에 있었던 것이다. 그런데 이에서 떠난 많은 메소디스트들은 이성과 합리성을 강조하게 되어 마침내 자연신학과 철학적 증명에 크게 관심을 갖게 되었다. 이것이 차일스가 지적한 대로 많은 미국 감리교 신학자들이 범한 실수이기도 하다.[37]

이와 같이 우리가 웨슬리의 입장을 정당하게 이해하기 위해서는 하나
님(계시)과 인간(이성) 사이의 긴장(tension)을 가진 관계에서 늘 이니셔티브를
취하시는 하나님의 영의 역사를 역동적으로 보아야만 한다.

III. 웨슬리의 성서 해석의 원리

웨슬리는 성서 해석에 있어, 하나님이 말씀인 성서를 우선으로 하고
성서를 전통과 이성과 체험에 연관시켜 해석하여야 한다는 사변형 법
(quadrilateral)을 적용함에 있어 다음 사항을 유의하라고 권하고 있다.[38]

3.1. 문자적 의미를 중요시하게 생각하며 해석한다.

성서가 하나님의 영감으로 기록되었다는 확신은 웨슬리로 하여금 자
연히 문자적 의미를 중요시하게 하였다. 사실 웨슬리는 성서 히브리어와
헬라어, 라틴어 등 고전언어에 능통한 학자였다.[39] 그리하여 해석에 문제
가 있을 때에는 성서 본문에 기초하여 변론을 내리곤 하였다.[40] 웨슬리는
「기독자의 완전에 대한 해설」에서 다음과 같이 말하였다.

> 자만과 열광주의의 딸을 조심하라. … 모든 것은 기록된 말씀에 의하여서
> 검토해 보라. 그리고 모두가 그 기록된 말씀에 순복하게 하라. 만약에 여
> 러분이 성서에서 조금이라도 이탈하면, 곧 성서의 문맥에서 본 그 본문의
> 명백한 문자적 의미에서 이탈하면, 그때에는 열광주의에 빠질 위험이 있
> 다.[41]

그러므로 웨슬리는 성서를 해석함에 있어서 그 본문의 의미가 모호하지

않는 한, 본문의 분명한 문자적 의미에서 이탈하지 말 것을 규칙으로 삼았다.[42]

사실에 있어 성서의 문자적 해석은 교회에서 많이 사용해 온 방법이다. 특히 웨슬리 시대의 대표적인 해석의 원리이기도 했다.[43] 그러나 웨슬리는 문자 그대로의 해석의 제한을 인지하지 못한 것은 아니었다. 따라서 성서의 문자적 해석은 구절들을 그 문맥과 전체에서 이해하도록 해야 하며, 또한 이성의 도움과 체험에 비추어 해석할 필요가 있다고 보았다.

3.2. 문맥과 연관시켜 해석한다.

웨슬리는 성서 구절들을 고립된 것으로 볼 것이 아니라 그 말씀의 문맥에서 해석함이 중요하다고 했다. 왜냐하면 어떤 구절을 앞뒤의 문맥에서 고립된 채로 해석하면 그 뜻이 왜곡될 수 있다. 때로는 정반대의 의미로 해석될 수도 있기 때문이다.[44]

3.3. 성서는 성서와 비교하면서 해석하되, 성서 전체에 흐르고 있는 중요한 진리에 따라 해석한다.

웨슬리는 성서 해석에서 한 성서의 구절은 다른 성서 구절과 대조해 가면서 해석해야 한다고 하였다. 웨슬리는 설교집의 서문에서 자기가 어떻게 성서를 연구했는가를 말하고 있다.

내가 읽은 것의 의미에 대하여 어떤 의혹이 생기는가? 혹 어둡고 복잡하게 보이는 어떤 것이 있는가? 나는 빛의 아버지께로 내 마음을 연다. … 그리고 나는 성서의 병행되는 구절들을 찾아 신령한 일은 신령한 일로 비교하면서 분별한다. 그다음에는 거기에 대해 할 수 있는 대로 내 마음을

집중시켜 진지하게 명상한다.[45]

웨슬리는 성서에 대한 최선의 해설자는 성서 자체라고 믿었다.[46] 성서는 전부가 하나님의 영감으로 주어진 말씀으로서 성서에는 통일성(the unity of the Bible)이 있다고 믿었기 때문이다. 그러면 어떻게 평행되는 구절들을 찾을 것인가? 이에 대하여 웨슬리는 분명한 지침을 제시하지는 않았다. 그러나 웨슬리는 "신령한 일은 신령한 것으로 분별하느니라"[47]에서 비교의 기초를 암시하고 있다. 곧 어려운 구절과 같은 내용의 구절들을 살펴보라는 것이다. 그리고 의심나는 성서 구절은 성서 전체에 흐르고 있는 중요한 진리들(grand truths)에 따라서 해석하라고 했다.[48] 왜냐하면 이해하기 힘든 구절은 보다 분명하게 말씀한 구절에 의해서 명확해질 수 있기 때문이다.[49]

그러므로 성서 해석에 있어서 "성서를 이해하는 최선의 방법은 성서를 성서와 조심스럽게 대조함으로써 그 말씀의 참 뜻을 배우는 것이다."[50] 이런 해석 방법은 웨슬리 시대(17세기 말-18세기 초)에 성행되고 있던 해석 방법이기도 하다.[51]

3.4. 체험과 전통에 비추어서 해석한다.

웨슬리는 성서의 문자적 해석은 신자의 체험에 비추어 이해해야 한다고 하였다. 이런 입장은 앞에서 인용한 바 있지만 그의 설교집 서문에서 자기가 사용한 성서 연구 방법에 잘 드러나 있다. 곧 그는 성서를 성서로서 비교하면서 연구해도 "아직 어떤 의심이 남아 있으면 하나님의 일들을 체험한 성도에게 물어본 것이다."[52]

이는 웨슬리가 성서를 영감으로 기록하게 하신 하나님께서 또한 기도하는 마음으로 성서를 읽는 사람들에게 초자연적으로 영감하시어 바로 깨닫게 도와주신다고 믿었기 때문이다. [53] 웨슬리는, 원칙적으로 성서를 읽는 성도 안에서 역사하는 성령의 영감은 그의 영감으로 기록된 성서의 말씀과 일치한다고 믿었다.

그러므로 웨슬리의 성서 해석에서는 체험, 곧 성서를 읽는 자 안에서의 성령의 역사가 성서를 똑바로 이해하는 데 중요한 역할을 한다. [54] 그러나 웨슬리는 개인의 체험보다 그룹, 곧 공동체의 체험을 중요하게 생각했다. 그래서 웨슬리는 체험을 동료 설교자들과 토론하고 상의하여 합의점을 찾아서 결론을 내리곤 하였다. [55] 웨슬리가 교회의 전통을 존중하는 이유가 바로 여기에 있다.

교회 전통이 성서 해석에 중요한 비중을 갖는 것에 대해 아네트가 별로 언급하지 않는 것은 유감스럽다. 웨슬리는 옥스퍼드 시절 이래 초대 교부들에 대한 존경심이 많았다. 웨슬리는 초대교회의 교부들, 특히 니케아 회의 이전의 교부들은 "그 원천에 가까이 살았을 뿐 아니라 성서를 주신 성령에 충만한 분들로서 가장 권위 있는 성서 주석가들이다."[56]라고 믿었다. 이런 입장은 그가 1738년 1월 24일에 쓴 일기에서도 뚜렷이 나타나 있다.

> 그러나 얼마 되지 않아 하나님의 섭리 가운데 나는 성서 해석에 대한 하나의 분명한 원리를 깨달았다. 곧 "Consensus veterum: quod ab ommibus, quod ubique, quod semper creditum…."[57]
> 얼마 되지 않아 나는 다른 길로 지나치게 내려갔었다. 왜냐하면, 나는 고대 전통(antiquity)을 성서에 종속적인 규준(subordinate rule)으로 보기보다는, 성서와 동등한 수준으로 만들었기 때문이다.[58]

그러나 캐스토가 지적했듯이 웨슬리는 전통의 권위를 기록된 전통에만 한정하였지 구전(oral tradition)은 인정하지 않았다. 이런 면에서 로마 가톨

릭의 구전을 권위 있는 것으로 받아들이지 않았다.[59]

3.5. 이성의 도움을 받되 믿음의 유추에 따라 해석한다.

성서를 해석함에 있어서는 이성(reason)의 도움을 받아야 한다고 웨슬리는 생각했다. 사람의 체험에는 이성의 작용도 포함되어 있다고 보기 때문이다. 또 웨슬리에 의하면 "이성은 이해(apprehending)와 판단(judging)과 논술(discourse)의 도구이다."[60] 사실, 종교란 인간의 기능을 파괴하려는 것이 아니다. 오히려, 그를 발달시키고 성장하게 하는 것이다[Journal Ⅲ, 467(June 15, 1741)].[61] 그러므로 웨슬리는 "이성을 버리는 것은 곧 종교를 버리는 것이 된다"[62]고 생각했다. 이성에 의하여 사람은 세상에 대하여도 알고 시대(구약시대, 신약시대)를 구별할 줄도 안다. 또 자녀를 다루는 방법도 안다. 이성은 종교의 근거를 성서와 함께 설명해 주는 역할을 한다.[63]

그러나 웨슬리는 인간이 죄로 말미암아 타락했으므로 그 이성의 이해의 눈도 멀었다고 보았다. 그리하여 하나님에 대해서도 알아야 할 만큼 알지 못한다. 이성은 복음적 성결에 대한 개념도 없다.[64] 따라서 이성이 스스로 하나님의 뜻을 알아내지 못한다. 믿음, 소망, 사랑도 인간의 참 행복과 덕을 줄 수 없다.[65]

웨슬리에 의하면 이성은 하나님의 영의 인도 아래서 비로소 복음을 이해하는 데 도움을 줄 수 있게 된다.[66] 이때에야 비로소 이성은 성서를 이해할 수 있게 되고, 하나님의 섭리 시대(God's dispensations)와 구원의 순서 등을 이해할 수 있게 된다.[67] 이런 의미에서 이성은 하나님께서 주신 귀한 선물로 고상한 목적에 사용될 수 있다고 보았다.[68]

여기에서 우리가 기억할 것은 웨슬리에게 있어서 이성은 주로 논리(logic)를 의미했다. 곧 어떤 전제(premises)에 일치한 연역적 추리나 체험에 근거한 귀납적 추정이나 결론(induction)을 의미하는 것이지 형이상학적인 논리적 추리를 말하는 것은 아니었다.[69] 따라서 이성이 종종 정당하고 공정한 상식(common sense)을 의미할 때가 많다.[70]

웨슬리는 인간의 지식(이성)의 불완전한 것과 제한성을 인정했다. 하나님 나라의 신비한 진리는 인간의 모든 기능이 미치지 못하는 하나님의 계시에 있으며 이는 믿음으로 받아들여진다고 보았다.[71] 웨슬리는 다음과 같이 말한다.

어느 정도나마 오는 세상의 능력을 맛본 사람들에게는 믿음의 유추(the analogy of faith)에 따라 성서는 성서로서 해석하면서 이성은 갈 수 있는 데까지만 가게 하라.[72]

따라서 이성은 믿음의 시녀로 봉사하며 그 나름대로 갈 수 있는 데까지만 가야 한다. 웨슬리는 이성의 한계를 인지하기 때문에 믿음의 유추와 성서의 기본적인 교리들 간의 연결과 조화에 유의하라고 권하고 있다.[73]

3.6. 실제성을 중요하게 생각하며 해석한다.

웨슬리는 성서 해석에 있어서 실제성을 중요시했다. 곧 성서 해석은 복잡한 추리나 철학적 사변을 피하여 쉽게 해야 한다고 주장했다.[74] 성서 해석은 하나님의 말씀을 해석할 뿐 아니라 실제 생활에 적응되게 하는 것에 그 목적이 있기 때문이다. 더 나아가 성서 해석은 나 자신이 하나님의 뜻을 알아 행하려는 데 도움이 되어야 하기 때문이다.

여기에 웨슬리는 하나님의 뜻을 아는 방법과 성서를 읽는 태도에 대하여 실제적인 권고를 주고 있다.

이것이 하나님에 대한 일을 이해하는 방법이다. 아침저녁으로 명상하라. 그리하면 최선의 지식, 곧 유일하신 참 하나님, 곧 하나님이 보내신 예수 그리스도를 알게 될 것이다. 그리고 이 지식이 여러분으로 하여금 하나님을 사랑하도록 인도할 것이다. 이는 하나님께서 여러분을 먼저 사랑하셨기 때문이다. … 이 결과로써 여러분은 성서에 기록된 거룩한 모든 성품(tempers)을 즐겁게 체험하면서 여러분을 거룩해지라고 부르신 그대로 여러분도 모든 언어와 행실에 있어서 거룩해질 것이다.

이런 목적이 응답되기를 바란다면 성서를 다음과 같은 방법으로 읽으라고 권하고 있다.

1) 가능하면 성서를 상고하기 위해 적은 시간이나마 아침저녁으로 시간을 따로 정하라.

2) 시간이 허락하면 매번 구약성서에서 한 장, 그리고 신약성서에서 한 장씩 읽으라. 시간이 허락지 않으면 한 장만 읽든지, 또는 그 일부만을 읽으라.

3) 성서를 읽을 때는 하나님이 뜻을 알고 그대로 행하겠다는 결의, 그 한 가지 관심을 가지고 읽도록 하라. 또한 하나님의 뜻을 알기 위해서 여러분은 다음과 같이 해야 한다.

4) 항상 신앙의 유추와 성서의 기본적인 교리들 곧 원죄, 이신득의(以信得義), 신생, 성결 같은 교리들 간의 연결과 조화에 유의하라.

5) 하나님의 말씀을 상고하기 전에 진지하고 간절하게 기도하라. 성서는 성서를 주신 바로 그 성령을 통해서만 이해될 수 있음을 알기 때문이다. 성서 읽기를 마칠 때에도 기도하라. 이는 우리가 읽은 것들이 우리 마음에 기록되기 위해서이다.

6) 또한 읽는 동안에도 가끔 멈추어 읽는 말씀에 비추어 우리 자신의 마음과 생활에 대해 검토해 본다면 유익할 것이다. 이와 같이 하여 하나님

의 뜻과 일치한 것을 발견할 때에는 하나님을 찬양하게 되고 또 우리가 미치지 못한 것을 느끼게 될 때에는 겸손하게 기도하게 될 것이다. 읽는 가운데 빛을 받으면 그 즉시 그것을 최대한으로 활용할 것이다. 지체하지 말라. 무엇인가 결심한 것이 있으면 될 수 있는 대로 그 순간부터 실행에 옮기라. 이와 같이 함으로 읽는 그 말씀이 현재와 영원한 구원에 이르게 하는 하나님의 능력이 됨을 알게 될 것이다.[75]

3.7. 성령의 인도를 따라 해석한다.

마지막으로 성서 해석에 있어서 간과해서는 안 될 일이 있다. 곧 해석자의 신학적 전이해(theological presuposition)이다. 왜냐하면 같은 방법과 원리로 해석한다 해도 해석자의 성서와 영감에 대한 입장이 해석되는 내용과 결론에는 결정적인 영향을 끼치기 때문이다. 아네트가 이 문제에 대해서는 언급하지 않았으나 웨슬리는 그의 성서 해석에 있어서 신학적 전이해가 분명히 있었다.

앞에서 거듭 말한 대로 웨슬리는 하나님께서는 성서를 통하여 지금 말씀하신다고 믿었다. 성서는 곧 "살아 계신 하나님의 말씀이다."[76] 성서는 하나님의 영감으로 주어졌다고 믿었다. 웨슬리에게 있어 영감은 과거에 저자에게 영감하신 것을 말할 뿐 아니라, 현재 기도하는 마음으로 성서를 읽는 신자에게 성령이 초자연적으로 도움을 주는 것이다.[77] 그러므로 웨슬리는 성서의 해석은 성서의 영감 없이는 올바르게 이루어질 수 없다고 보았던 것이다. 따라서 "성서의 문자는 성령 없이는 별 가치가 없다. 그것도 그럴 것이 거듭나지 않은 사람의 마음은 그 말씀을 깨닫지 못한다."[78] 성서는 "성령의 언어"(the language of the Holy Ghost)[79]이기 때문이다. 성령은 해석자로 하여금 하나님의 계시의 구속적 의미를 믿음으로 받아들이도록 역사하시기 때문이다.[80] 그러므로 우리는 성서를 해석함에 있어서 기도하며 믿음으로 성서의 기본적인 교리와의 조화에서 보려고 해야 한다.[81] 그리고 성령의 인도를 따라 해석해야 한다. 그때에 "성서에서 사람은 죽은 기록과 맞서는 것이 아니라, 살아 계신 말씀과 맞서는 것이다. 웨슬리에게 있어서 성서를 읽는다는 것은 마치 성례전(sacrament) 안에서 그렇듯이 성서 안에 분명히 현존하는 하나님의 말씀을 들을 것을 기대하기 때문이다.[82]

2
웨슬리의 은총관과 그 의의
John Wesley's View of Grace and Its Significance

Ⅰ. 들어가는 말:

웨슬리 신학은 그 출발과 형성에서부터 특징을 지니고 있다. 웨슬리는 본인이 어떻게 하면 진짜 그리스도인(altogether Christian)이 되느냐 하는 심각한 실존적인 탐구에서 마침내 '가슴이 이상하게 뜨거워지는 신앙 체험'을 하고 확신과 열정을 가지고 설교를 하였다. 그의 신학은 그의 설교의 광장에서 형성된 것이다. 연구실에서 논리적인 개진을 통하여 형성된 것이 아니다. 그렇게 함으로 웨슬리의 신학은 추상적인 논리에 빠지는 과오를 범치 않을 뿐 아니라, 어떤 학자가 말했듯이, 전통적으로 이어 내려온 신학과 교리에 피와 살을 붙여서 인간의 삶 속에서 말하는 산 신학(living theology)을 만든 것이다. 사도 바울이나 초대 사도들이 하나님을 사랑하는 열정에서 복음을 전파하는 과정에서 신학을 개진한 것과 흡사하다.

웨슬리가 그의 표준 설교집의 서문에서 말하고 있듯이, 그는 설교를 통하여 '성서에서 발견한 구원의 도리(the way to heaven)'를 설명하려는 것이 그의 주요한 관심이었다. 그러므로 웨슬리신학의 핵심은 바로 구원론에 있다. 그리고 그의 구원론의 전제는 "모든 사람을 구원하기를 원하시는 하나님의 은총, 그리스도의 대속"이었다.

웨슬리에 의하면 인류의 구원은 오로지 하나님의 은총(은혜)에 의하여 사람이 믿음으로 받는 것이다. 웨슬리가 "세계가 나의 교구"라고 외치며 전도하게 됨에는 바로 이 구원의 은총이 예수 그리스도를 통하여 모든 인류를 위한 것이라고 확신함에 기인한 것이었다.

그리고 그는 하나님의 구속의 은총의 깊이를 깨달았다. 그리하여 하나님은 우리를 구원하시되, 우리를 의롭다고 하실 뿐 아니라 새롭게 변화(transformation)시킨다고 강조하였다. 종교개혁자들이 전자(의인, Justification)를 강조하였다면, 웨슬리는 성화(sanctification)를 더 강조하였다. 사실 웨슬리의 구원론은 성화론 중심의 구원론이다.

II. 모든 인류의 구원을 위한 하나님의 은총

스케빙톤 우드가 지적한 대로 "웨슬리의 설교에서 종교개혁자들이 내세웠던 은총으로만(sola gratia)과 믿음으로만(sola fide)의 표어가 메아리쳤다."[1] 웨슬리는 복음을 말함에 있어 먼저 우리 자신이 죄인으로서 자기 자신의 힘으로는 자기 구원을 위하여 아무 일도 할 수 없는 무능력자라는 것을 전제하였다.

2.1. 자기를 스스로 구원할 수 없는 죄인

웨슬리가 인간의 죄를 심각히 인지한 점에서 그는 종교개혁자와 맥락을 같이한다. 웨슬리에 의하면 아담이 하나님께 불순종함으로 그는 하나님께로부터 받은 생명을 상실했고, 영적인 생명의 관계를 상실했다. 따라서 인간의 이성과 의지와 자유의 기능은 부패되었으며, 하나님께 대한 인간의 사랑과 순종은 자기 사랑과 자기 의지로 대치되었다.

아담은 전 인류를 대표하는 시조(primogenitor, federal head)이므로[2], 아담이 범죄하였을 때 그 영향은 온 인류에게 미쳤다. 그러므로 웨슬리는 모든 인간은 전적으로 부패했고, 진노의 자식이 되었다고 보았다. '진노의 자식'이란 원죄의 죄책을 함축하는 말이다. 곧 "아담의 죄로 인하여 죄책이 모든 사람에게 전가되었다는 것을 부정할 수가 없다."[3]

웨슬리는 변론하기를, 지금까지 어느 시대 어느 사람이든지 심지어 영아들까지도 죽음을 맛보았다는 사실은 이 사실을 입증하는 것이 아니냐고 하였다. 왜냐하면, 죄로 인하지 않고서는 죽어야 할 이유가 없기 때문이다. 만일 영아가 죄인이 아니라면 어떻게 그리스도가 온 인류의 구주가 될 수 있겠는가라고 반문했다. "만약 우리가 영아의 원죄를 부정한다면, 이것은 하나님께서 순전하고 죄책도 없는 피조물을 형벌한다는 말이 되지 않는가?"[4] 그러므로 영아도 원죄를 물려받은 죄인이며, 따라서 결국 그리스도가 없다면 멸망 받을 수밖에 없다고 말해야 할 것이다.

웨슬리는 인간의 죄를 강조하는 면에서 여느 학파 못지않게 강하다. 그는 말하기를, "이것이 이방 종교와 기독교를 구분하는 첫 근거(the first ground)"라고 한다.[5] 그리고 이 진리는 은혜를 받은 영안(grace healed eyes)에만 알려진 진리요, 이방인과 눈이 먼 자연인은 식별치 못하는 진리로서, 이방인들은 자기의 부패를 깨닫지 못한다고 했다.[6] 이것이 웨슬리다. 그러기에 웨슬리는 '은총만이요(sola gratia)'를 주장하는 정통신학자이다. 일부에서 웨슬리가 인간의 자유의지를 말한다 하여 그가 마치 자유주의 신학자이니, 인본주의 신학자이니 하는 말은 웨슬리를 올바로 이해하지 못한 데서 나오는 주장이다.

그러면 웨슬리는 그 당시의 칼빈주의자들과 어떻게 다른가? 웨슬리는 그의 동역자들의 그와 같은 질문에 답하면서, 죄를 강조하는 면에서는 칼빈주의의 끝에(very edge of Calvinism) 이르렀다고 했다. 차이가 있다면, 하나님께서 은총을 어떻게 역사하시느냐(how to operate)에서 머리칼 하나의 차이(a hair's breadth difference)가 있을 뿐이라고 했다.[7] 여기에 우리는 웨슬리가 개진한 은총관의 특징과 그 선교학적 공헌을 발견하게 된다.

2.2. 선행하는 하나님의 은혜

그러면 웨슬리는 하나님의 은혜의 역사를 어떻게 보았는가? 위에서도 말했거니와, 웨슬리는 그의 신학을 설교의 광장에서 개진했다. '하나님의 온전한 가르침(the whole council of God)'을 설교하기 위해서는, 하나님의 절대 주권과 인간의 책임과의 관련이 분명히 있어야 한다. 이런 출발점에서 웨슬리는 설교 도장에서 청중이 죄인이라는 것을 지적하며 동시에 하나님의 은혜를 강조하였다. 하나님께서 예수 그리스도를 통하여 '값없이 모든 사람에게 주시는 하나님의 은혜'를 강조하였다. 그리고 또한 듣는 자의 호응(회개와 믿음)을 호소하곤 하였다. 웨슬리의 인간론은 하나님의 복음을 선포하는 데 있어서 언급되어야 되는 실존적인 상황(existential reference)이었다. 다른 말로 표현해서 웨슬리는 인간의 죄 문제를 구속론적 구조(soteriological setting)에서 본 것이다.

웨슬리에 의하면 인간은 이미 은혜의 상태, 즉 선행적 은혜의 역사 아래 있다. 타락한 인간은 이미 은혜의 계약(a covenant of grace) 아래 살고 있는 것이다.[8]

선행적 은혜란, 영어로 preventing grace이다. 인간이 요구하기 전에 앞서 행하신 하나님의 은혜를 말한다. 곧 아담이 범죄함으로 타락함에 하나님이 동시에 은혜를 앞서 베푸신 것이다. 구약성서를 보면, 하나님께서, 아담에게 "선악을 알게 하는 나무의 열매는 먹지 말라. 네가 먹는 날에는 반드시 죽으리라"(창 2:17)고 말씀하셨는데, 그럼에도 불구하고 아담이 즉각적으로 죽지 아니한 것은, 그때 하나님께서 선행적으로 어느 정도의 은혜를 베푸심으로 인한 것이다(창 3:21 참조). 또한 아담이 범죄함으로 그는 하나님이 두려워서 감히 하나님 앞에 나갈 수 없었다. 그러나 하나님이 먼저 찾아와, 아담을 부르심으로 하나님과의 대면이 이루어졌듯이 하나님은 선행적으로 역사하신 것이다. 하나님은 공의의 하나님이시만 동시에 사랑의 하나님이시기에, 공의로 정죄하시지만 동시에 사랑의 손을 뻗치신 것이다.

성경에 선행적 은혜라는 용어가 문자적으로 나타나 있지는 않지만 문맥적 의미나 뜻은 하나님이 선행적 은혜로 역사하심을 충분히 드러내고 있다. 이는 성경에 삼위일체라는 문자적 표현이 없지만, 하나님의 사역의 전반이 삼위 하나님이 역사하신 것을 보고, 하나님은 삼위일체의 하나님이라고 부르는 것과 같은 논리이다. 따라서 성경은 여러 곳에서 하나님이 선행적으로 역사하시고 있으며 이로 인하여 인간의 구원이 가능하다는 것을 언급하고 있다. 다음과 같은 성경 말씀이 이를 입증하지 않는가.

"태초에 말씀이 계시니라. 이 말씀이 하나님과 함께 계셨으니 이 말씀은 곧 하나님이시니라. 그가 태초에 하나님과 함께 계셨고 만물이 그로 말미암아 지은 바 되었으니 지은 것이 하나도 그가 없이는 된 것이 없느니라. 그 안에 생명이 있었으니 이 생명은 사람들의 빛이라 빛이 어둠에 비치되 어둠이 깨닫지 못하더라"(요 1:1-5)

"나를 보내신 아버지께서 이끌지 아니하시면 아무도 내게 올 수 없으니 … 또 이르시되 그러므로 전에 너희에게 말하기를 내 아버지께서 오게 하여 주지 아니하시면 누구든지 내게 올 수 없다 하였노라 하시니라"(요 6:64-65)

"우리가 사랑함은 그가 먼저 우리를 사랑하셨음이라"(요일 4:19)

"인류의 모든 족속을 한 혈통으로 만드사 온 땅에 살게 하시고 그들의 연
대를 정하시며 거주의 경계를 한정하셨으니, 이는 사람으로 혹 하나님을
더듬어 찾아 발견하게 하려 하심이로되 그는 우리 각 사람에게서 멀리 계
시지 아니하도다"(행 17:26-27)

"우리 주 예수 그리스도의 하나님, 영광의 아버지께서 지혜와 계시의 영
을 너희에게 주사 하나님을 알게 하시고, 너희 마음의 눈을 밝히사 그의
부르심의 소망이 무엇이며 성도 안에서 그 기업의 영광의 풍성함이 무엇
이며"(엡 1:17-18)

"너희 안에서 행하시는 이는 하나님이시니 자기의 기쁘신 뜻을 위하여 너
희에게 소원을 두고 행하게 하시나니"(빌 2:13)

웨슬리에 의하면 인간은 "선행적 은혜에 의해서 이미 원죄의 죄책이 제거
되었다." "그리스도의 의로 말미암아 원죄의 죄책은 인간이 태어나자마자
제거되었으며, 모든 사람에게는 초자연적으로 약간의 자유의지가 회복된
것이다."[9] 예수님께서 어린이들을 영접하심에서 보듯이(막 10:13-16), 영아
들이 원죄의 죄책을 전가 받았음에도 불구하고, 정죄 아래 있지 않고 천
국에 가는 것은 바로 이를 증명하는 것이다. 그리고 인간이 회개하고 복
음에 호응하는 자유도 하나님의 선행적 은혜로 인하여 가능하게 된 것이
다.

그러므로 웨슬리가 인간의 자유와 책임을 말하는 근거가 결코 펠라기
우스주의(Pelagianism)적인 인본주의에 근거한 것이 아니다. 또한 반 펠라
기우스주의(Semi-Pelagianism)적 입장도 아니다. 웨슬리는 하나님의 절대주

권 하에서, 곧 은총만이라는 테두리 안에서 은혜로 인하여 가능케 된 인간의 자유를 말한다. 그러므로 사람이 하나님의 은혜(부르심)에 대하여 호응할 수 있게 된 것은 오로지 하나님의 은혜 때문이다. 이 점에서 웨슬리는 알미니안(Arminian)도 아니라고 아우틀라(Outler)는 지적한다. [10]

사도 바울은 권면한다.

"그러므로, 사랑하는 여러분 … 두렵고 떨리는 마음으로 자기의 구원을 이루어 나가십시오. 하나님은 여러분 안에서 활동하셔서, 여러분으로 하여금 하나님을 기쁘게 해 드릴 것을 염원하게 하시고 실천하게 하시는 분입니다."(빌 2:12-13)

주님은 말씀하신다.

"볼지어다 내가 문 밖에 서서 두드리노니 누구든지 내 음성을 듣고 문을 열면 내가 그에게로 들어가 그와 더불어 먹고 그는 나와 더불어 먹으리라"(계 3:20)

웨슬리에 의하면, 이 은혜는 선행적일 뿐 아니라 모든 사람에게 값없이 주시는 은혜이다. 그러므로 웨슬리의 은총관은 모든 사람에게 하나님의 은총을 전하는 전도로 연결된다. 또한 선교에 있어서 교회의 책임을 올바르게 찾게 해 준다. 즉 하나님의 은총의 역사에 근거하여 낙관적인 소망을 갖는 동시에 교회가 선교하여야 할 책임을 짊어지고 있음을 분명하게 밝혀주고 있다.

2.3. 모든 인류를 위한 예수 그리스도의 대속

모든 사람을 위한 하나님의 사랑 곧 은혜는 그의 그리스도의 대속관에서 더 강하게 나타난다. 값없이 주시는 하나님의 모든 은혜는 인류를 구원하시기를 원하시는 하나님의 사랑에서 나온다. 그러므로 칼빈은 일반 은혜(common grace)와 구원 은혜(saving grace)를 구분할 뿐 아니라 단절하는 데 반하여, 웨슬리는 하나님의 은혜의 '계속성'을 주장한다. 웨슬리에 있어서 선행적 은혜는 구원 은혜(saving grace)의 시작이라고 보는 것이다. 그리하여 이 은혜는 회개하게 하는 은혜로 역사하며, 성도의 처지에 따라 하나님의 은혜는 거듭나게 하는 은혜(justifying grace, regenerating grace), 성결케 하는 은혜(sanctifying grace)로, 그리고 마침내 영화롭게 하는 영화의 은혜(glorifying grace)로 계속 역사하여 우리의 구원을 완성으로 이끄시는 것이다.[11]

웨슬리는 하나님의 은혜를 그리스도의 대속(The Atonement of Christ)과 연관시켜, "예수 그리스도는 모든 인류를 위하여 십자가에서 죽으셨다"고 강조한다. 이는 하나님께서 그리스도의 대속으로 말미암아 '자기의 의로우심을 나타내사 자기도 의로우시며' 또한 '모든 믿는 자에게' 의롭다 함을 얻게 하시기를 원하시기 때문이다(롬 3:26). 그리스도의 대속에서 "아담으로 말미암아 잃어버린 모든 것이 그리스도 안에서 회복될 수 있도록 하나님의 은혜가 모든 사람에게 주어진 것이라"고 웨슬리는 말한다.

이 점에서 웨슬리는 이중예정론에 근거하여 제한된 그리스도의 대속을 주장하는 칼빈주의를 비판한다. 웨슬리는 인간의 구원이 하나님의 은총으로만 가능하다고 강조하는 데는 칼빈과 의견을 같이한다. 그러나 하나님께서 그 은혜를 어떻게 작용시키시느냐 에서 웨슬리는 의견을 달리한다.

칼빈주의는 하나님의 은혜 작용을 이중예정론으로 설명하였다. 이들에 의하면 하나님의 예정은 단 일회적인 하나님의 결정(an immutable and eternal decree)에 의하여 어떤 이들은 구원으로, 어떤 이들은 유기(멸망)로 정해졌다고 주장한다. 그러므로 그들에 의하면 그리스도의 대속은 오로지 구원으로 예정된 사람들을 위한 제한된 대속(limited atonement)이다.

이에 반하여 웨슬리는 그리스도의 대속은 모든 사람의 구원을 위한 것으로, 하나님은 그리스도 안에서 모든 믿는 자를 구원하시기로 정하셨다고 주장한다. 예수 그리스도의 대속을 제한하는 것은 실제 전도 생활에 큰 지장과 모순을 초래한다고 지적하였다. 그가 그의 설교 "값없이 주시는 은혜"[12]에서 지적한 대로, 만약에 그런 제한된 대속이 사실이라면, 우리가 모든 사람에게 전도하는 것이 헛수고가 아니겠는가? 모든 사람에게 영혼의 구원을 위하여 설교할 수가 없지 않은가? 그러면 기독교가 모든 사람의 종교가 될 수 없지 않은가? 이런 교리는 성도가 선을 행하기 위하여 열심을 내지 않게 할 것이다. 더 나아가 이는 하나님의 거룩함을 손상시킨다. 예수님을 위선자와 사기꾼으로 모욕하는 결과가 될 것이다. 왜냐하면 예수님 자신 만큼은 그 예정을 아실 터인데, 그럼에도 불구하고 예수님이 누구든지 자신을 믿으면 구원을 받는다고 말씀하시며 초청을 하시니 말이다. 그러면서 웨슬리는 성경에 계시된 하나님의 말씀들을 열거함으로 이중예정론과 제한된 대속설을 비판하면서, 하나님의 은혜가 모든 인류를 위한 것이라고 강조하였다.

이를 밝혀주는 성경 말씀은 무척 많다. 여기 몇 개만 제시한다.

"하나님이 세상을 이처럼 사랑하사 독생자를 주셨으니 이는 그를 믿는 자마다 멸망하지 않고 영생을 얻게 하려 하심이라"(요 3:16)

"인자가 온 것은 섬김을 받으려 함이 아니라 도리어 섬기려 하고 자기 목숨을 많은 사람의 대속물로 주려 함이니라"(막 10:45, 고후 5:14, 딤전 2:6, 히 2:9 참조).

"그는 우리 죄를 위한 화목 제물이니 우리만 위할 뿐 아니요 온 세상의 죄를 위하심이라(요일 2:2, 요 1:29, 고후 5:18, 갈 4:4 참조).

"너희는 온 천하에 다니며 만민(모든 피조물)에게 복음을 전파하라"(막 16:15)

"하나님은 모든 사람이 구원을 받으며 진리를 아는 데에 이르기를 원하시느니라"(딤전 2:4)

웨슬리의 이런 주장은 만인대속설이지 결코 만인자동구원설이 아니다. 예수 그리스도는 모든 죄인의 죄악을 대속하기 위하여 죽으셨지만 구원받기 위하여서는 자신의 죄의 대속자가 바로 예수 그리스도라는 것을 믿어야 한다. 여기에서 믿음은 회개를 포함하는 개념이다.

이 가르침은 하나님의 은혜로 인하여 사람이 하나님께 응답할 책임이 있다는 주장과 함께 '전도의 필요성'을 강조하게 한다. 그의 가슴의 뜨거운 영혼구원 열정은 바로 이런 신학에 뒷받침 되어 '세계는 나의 교구'라고 외치며 만민에게 그리스도의 복음을 전파하는 전도로 옮겨졌다. 이 복음은 '믿는 자에게' 구원의 능력이 됨으로 웨슬리의 전도는 회개와 믿음의 결단을 촉구하는 전도로 나타났다.

III. 요약과 결론: 웨슬리의 신학방법의 역동성과 그 의의

우리는 이미 웨슬리가 그 설교에서 하나님의 구속 은총, 즉 인간을 향하신 하나님의 온전한 섭리를 선포하는 것이 그의 중요한 강조점이었음을 지적했다. 이런 점에서 웨슬리에게 있어서의 인간론이라는 것은 하나님의 복음을 선포하는 데 있어서 언급되어야 되는 실존적인 상황(existential reference)인 것이다. 그러므로 웨슬리의 타락한 인간에 대한 교리는 린드스트롬이 지적한 대로 복음 곧 하나님께서 값없이 주시는 하나님의 은혜로 인한 복음의 본질적인 목적과 필연적으로 연관을 맺고 있다.[13] 스타키가 지적한 대로 웨슬리는 구속론적인 구조(soteriological setting)에서 인간의 타락에 대한 교리를 발전시켰다.[14] 이 점에 있어서 선행적 은총에 대한 그의 생각은 매우 중요한 역할을 한다.

우리는 웨슬리가 타락한 인간에 대한 그의 견해 가운데서 인간의 본성이 아담의 타락으로 인하여서 전적으로 부패되었고, 원죄의 죄책을 갖게 되었다고 주장하고 있다는 것을 지적했다. 이 점에서 웨슬리는 바울이나 어거스틴과 같은 입장을 취하고 있는 것이다. 그러나 웨슬리에게 있어서 이 같은 집단적 접근 방식은 사람이 선행적인 은총 아래 있기 때문에 또한 책임을 가져야 된다는 개인적인 접근 방식과 결합되어 있다.

이 같은 접근 방법에 있어서 웨슬리는 타락한 인간에게서 자연과 은총을 분리시켜 한편으로 치우쳐 나가지 않고, 구별도 만들지 않고 오히려 인간의 죄에 대한 주장과 하나님의 은혜의 역사 사이의 긴장을 견지하고 있는 것이다. 웨슬리는 그의 선행적 은총의 개념에 기초하여 인간의 죄에 대한 주장과 하나님의 은총의 역사 사이에 타협할 수 없는 긴장 가운데서 그의 신학 방법의 역동성을 나타냈던 것이다.

그러므로 웨슬리는 이런 독특한 방법으로 하나님 앞에 선 인간(man Coram Deo)을 이해하였다. 왜냐하면 그는 타락한 인간을 아담 때문에 죄인으로 보며 동시에 그리스도 때문에 은혜의 수혜자로 본 것이다.

웨슬리에 의한 이 같은 접근 방식은 구원에 있어서 하나님의 은혜와 인간의 책임성 사이의 관계에 적용시켜 볼 때 그 의의가 크게 드러나게 된다. 이 점에 있어서 필자는 웨슬리가 신학에 대한 중요한 공헌을 하고 있다고 생각한다. 웨슬리는 빌립보서 2장 12-13절을 본문으로 한 "우리의 구원을 성취함에 있어서"(On Working Out Our Own Salvation)라는 설교에서 "오직 은총으로만"(sola gratia)과 타락한 인간의 전적 부패의 개념을 주장했다. 그는 하나님의 은총이 없다면 인간이 선을 행할 수 있는 것은 아무것도 없다고 말했다. 그러나 웨슬리는 동시에 하나님께서 인간 속에서 역사하시기 때문에 그 사람은 일할 수 있으며 또한 인간은 책임을 져야만 한다고 주장한다. 그의 설교의 일부를 들어보자.

> "그렇습니다. 하나님께서 역사하시지 않으시면 사람으로서는 죽은 자이기 때문에 하나님께서 그 죽음으로부터 인간을 살리시기 전에는 인간이 무슨 일이고 선을 행할 수는 없습니다. 그렇다고 하여 사람이, 계속 죄에 거하는 자들이, 핑계할 수는 없습니다. … 영혼이 본래 죄로 말미암아 죽었다는 것을 용인한다고 하더라도 그런 변명은 성립되지 않습니다. 왜냐하면 단순히 자연 상태에 머물러 있는 인간(state of mere nature)이란 하나도 없다는 것을 알기 때문입니다. 인간이 하나님의 영을 소멸하지 않는다면 하나님의 은총 밖에 홀로 서 있는 사람은 아무도 없기 때문입니다. … 당신은 당신에게 능력 주시는 그리스도를 통하여 무엇인가를 할 수 있습니다."[15]

이와 같이 주장함으로써 웨슬리는 펠라기우스주의에 빠지지 않고 인간 자신의 구원을 위한 인간의 책임을 주장할 수 있었다. 동시에 웨슬리는 칼빈주의가 직면한 난관에 빠지지도 않았다. 더 나아가 웨슬리가 주장한 하나님의 은총과 인간 사이의 협동(working relationship)은 가톨릭의 협동설(Synergism), 곧 반(半)펠라기우스주의와도 구분된다. 왜냐하면 웨슬리는 "하나님께서 역사하시기 때문에 그러므로 당신은 일할 수 있습니다."라고 주장하기 때문이다. 그러므로 콕스는 웨슬리의 견해를 "신단동설(神單動說)의 구조 속에서의 협동설(Synergism in the framework of monergism)이라고 부른다.[16] 스타키는 또한 이것을 복음적 협동설(Evangelical Synergism)이라

고 했다. [17]

웨슬리는 우리가 고찰한 대로 그의 신학방법론의 역동성 때문에 이 같은 신학을 수립할 수 있었다. 웨슬리는 개혁자들이나 칼빈주의 그리고 바르트 같이 '은총으로만'(sola gratia)을 강조함으로써 생기는 은총의 신학자들의 고민을 해결할 수 있었다. 더 나아가서 이 같은 방법론과 입장으로 인하여 웨슬리가 한편으로는 그 당시 모라비안주의(Moravianism)의 정숙주의(stillness)에서, 다른 한편으로는 로마 가톨릭 교회의 선행(good works)의 교리에서 타락한 인간에 대한 교리를 보호하며 견지하여 올 수 있었다.

또한 이 같은 접근 방법을 기독자의 생활(Christian life)의 교리에 적용시켜 볼 때 건설적인 공헌을 할 수 있다고 본다. 웨슬리는 죄의 심각성을 과소평가하거나 인간 본성의 악함을 과대평가하는 양극단에 빠지지 않고 기독자의 생활의 교리를 주장할 수 있었다는 사실에 주목해야 한다. 왜냐하면 웨슬리에게 있어서 기독자의 생활은 죄의 문제를 심각하게 고려하지 않는, 즉 그저 기차가 철도 위를 달리듯이 저절로 죄를 안 짓고 살아가듯 안위한 것으로 보지는 않았다. 웨슬리는 분명하게 성화된 사람들에게도 그들이 인간으로서 지니고 있는 연약성 때문에 야기되는 무의식적인 죄의 결과를 심각하게 인식하고 있었다. 그러나 그는 죄의 심각성 때문에 비관주의에 빠지는 잘못을 범하지도 않았다. 오히려 하나님의 은총의 역사 때문에 기독자의 생활에 대해서 낙관적인 태도를 취할 수가 있었다. 왜냐하면 그는 끊임없이 역사하는 하나님의 은총과 '그리스도의 중보의 기도'에 근거해서 자기의 죄를 회개하며 살아가고 있는 하나님의 자녀에게 '계속적으로 적용되는' 그리스도의 대속의 보혈을 믿고 있기 때문이다.

이 같은 신학적인 접근 방식은 1767년에 그가 쓴 "신자의 회개"(The Repentance of Believers)라는 설교에 잘 반영되어 있다. 여기에서 우리는 웨슬리 신학의 저변에 깔려 있는 전제가 "죄가 더한 곳에 은혜가 더욱 넘쳤다"(롬 5:20)는 은총에 대한 강조라는 사실을 분명히 알 수 있다. 그리고 이 같은 전제는 인간의 죄의 심각성과 더불어서 하나님의 은총의 역사하심을 동시에 강조하는 변증법적인 긴장(dialectical tension) 가운데 자리 잡고 있다. 이것이 웨슬리 신학방법의 역동성이요 장점이라고 본다. 그러므로 웨슬리에게 있어서 인간의 구원은 하나님의 은총으로 말미암아 지속되고, 마침내는 그 은총으로 말미암아 완성되는 것이다. 그러나 인간은 '시간과 기회가 주어졌다면' 책임이 있는 것이다. 그 외의 모든 것에 대해서는 대제사장이신 그리스도와 믿음으로 관계를 맺고 있다면 하나님께서 처리하여 주신다고 웨슬리는 믿었다. 웨슬리의 설교의 일부를 들어보자.

> "이와 같이 하나님의 자녀들에게 있어서 이 회개와 믿음은 바로 피차간에 대답하는 것입니다. 회개함으로 우리는 우리 마음속에 남아 있고 우리의 말과 행동에 고착된 죄를 느끼며, 믿음에 의하여 우리는 마음을 정결케 하며, 손을 씻어주는 그리스도 안에 있는 하나님의 능력을 믿습니다. 회개는 우리로 하여금 우리의 모든 성정, 말, 행동은 아직도 형벌 받을 수밖에 없다는 것을 느끼게 하며, 동시에 믿음은 하나님 앞에 우리의 대언자가 우리를 위하여 늘 기도하고 계시므로 우리는 죄와 형벌을 우리에게서부터 다른 데로 돌리고 있음을 의식하게 됩니다. … 회개는 말합니다. "주님이 없으면 나는 아무것도 할 수 없노라"고. 믿음은 말합니다. "나에게 힘주시는 그리스도 안에서 내가 모든 것을 할 수 있노라"고.[18]

이리하여 웨슬리에게 있어서는 "회개(곧 죄의 인정)와 믿음(곧 은혜의 역사에 대한 확신)이 … 하나님의 나라에 들어가기 위하여 필요한 것처럼 우리가 은총 안에 계속 머무르며 장성하기 위하여서도 전적으로 필요하다."

그러나 분명히 알 것은 웨슬리는 이 같은 긴장을 유지하면서도 사실은 은혜에 더 많은 강조를 가지고 있다는 점이다. 왜냐하면 "죄가 많은 곳에 은혜는 더욱 넘쳤기"(롬 5:20) 때문이다. 여기에 죄와 자연의 비관주의를 극복하는 '은총의 낙관주의'가 자리 잡고 있다. 이런 점에서 웨슬리는 루터 및 신정통주의 신학자들과 구별된다. 타락한 인간에 대한 그들의 교리는 종종 기독자의 생활을 죄와 은총 사이에서 계속적으로 투쟁하는 "죄인이며 동시에 의인"(simul Justus et peccator)으로 보거나 "불가능한 가능성"(impossible possibility)으로 이해하고 있는 것 같다.

더 나아가서 우리는 웨슬리의 이 같은 접근 방법과 그 입장을 현대 신학에 적용시켜 볼 때 또 하나 중요한 공헌을 할 수 있다고 본다. 예를 들면 타락한 인간에 대한 웨슬리의 입장은 선교 신학에 건설적인 공헌을 할 수 있을 것이다.

첫째, 웨슬리의 신학은 인간의 죄의 심각성과 보편성을 인식하고 있기 때문에 구원 받기 위하여서는 누구나 하나님의 은총을 받아야 한다고 주장한다. 동시에 모든 사람 속에서 모든 사람을 위하여 역사하시는 하나님의 값없이 주시는 은총을 알기 때문에 누구나 구원에 대한 가능성과 희망을 가질 수 있다고 강조한다. 동시에 웨슬리는 이렇게 주장하면서, 하나님의 은총으로 모든 사람이 다 구원받게 될 것이라고 주장하는 만인구원설(Universalism)과 또한 하나님의 은총으로 몇몇 예정된 사람만이 구원을 받는다는 교리를 배격하면서, 은총으로만(sola gratia)이라는 구원의 교리를 강조할 수 있는 것이다. 이것은 바로 타락한 인간이라고 해도 이미 은혜의 상태 아래 있기 때문에 그 은혜로 말미암은 책임성을 갖고 있다고 보는 웨슬리의 독특한 입장 때문이다. 그러므로 웨슬리는 모든 사람이 구원받을 수 있다는 소망을 강조하며 따라서 인간의 책임과 교회의 선교를 동시에 강조할 수 있다. 이런 점에서 웨슬리 신학은 루터 신학이나 바르트 신학이 가지는 딜레마에서 벗어날 수 있는 건전한 성서적인 기초를 제공해줄 수 있다.

두 번째로, 웨슬리의 입장은 접촉점(point of contact), 즉 선교에 있어서 하나님(복음)과 인간(문화) 사이의 연속성과 불연속성의 문제에 놓여 있는 어려운 신학적 난관을 해결하는 데 또 다른 건설적인 공헌을 할 수 있을 것 같다. 선교신학의 딜레마는 다음과 같다. 만일 하나님과 인간 사이의 연속성을 주장한다면 낭만주의자, 범신론자, 이신론자, 그리고 현대의 자유주의적인 인본주의자들처럼 자연과 은총을 동일시해버리는 잘못에 빠지기 쉽고, 반대로 하나님과 인간 사이의 불연속성을 주장한다면 종교개혁자나 바르트 또는 크레이머처럼 선교에 있어서 접촉점이나 대화의 공동기반 또는 변증적인 접근(apologetic approach)의 근거를 찾는데 난관에 부딪치게 되기 쉽다. 이것이 타문화권에서 선교(cross cultural mission)할 때 계속적으로 직면하게 되는 쟁점인 것이다. 그러나 우리가 웨슬리의 입장과 그의 접근 방법을 충실히 따른다면 이 같은 딜레마에서 벗어날 수 있는 바람직한 해결책을 찾을 수 있을 것이다. 왜냐하면 웨슬리의 접근 방법은 추상적인 추리 속에서 형성된 양자택일(either/or)이 아니라 은총과 자연 사이의 변증법적인 긴장을 유지하면서 이 둘을 창의적으로 종합(creative synthesis)하는 둘 다(both/and)의 상관관계(correlation)이기 때문이다.

하나님과 인간 사이의 긴장(불연속성)을 유지하면서 웨슬리는 하나님께서 먼저 시작하시고 이미 타락한 사람 속에서도 역사하고 계시다는 은총의 관점에서 접촉점을 찾고 있다. 그렇게 함으로써 웨슬리는 자연과 은총을 동일시해버리지 않으면서도 선교에 있어서의 접촉점을 제공한다. 그리고 더 나아가서 그의 신학은 세상 속에서 하나님의 은총의 역사가 이미 시작되었다고 보기 때문에 선교의 근거를 발견할 수 있게 되어 선교에 있어서 희망과 용기를 주게 된다. 이리하여 웨슬리의 신학방법론이 가지고 있는 역동성이 잘 포착될 때 현대 선교신학과 선교전략에 바람직하고도 설득력 있는 지혜와 해결책을 제공하게 될 것으로 본다.

3
웨슬리의 예정론
Wesley's view on Election (Predestination)

I. 들어가는 말

예정론이라 하면 우리는 우선 존 칼빈과 칼빈주의의 주장을 생각하게 된다. 존 칼빈은 그의 유명한 「기독교 강요」*(The Institutes of the Christian Religion)*에서 예정론을 주장하였다.[1] 그는 다음과 같이 예정론을 정의한다.

> "예정(predestination)이란, 영원하신 하나님의 뜻(eternal decree of God)을 말하는 것으로서, 하나님은 그 뜻에 의하여 사람 개인의 운명을 정하셨다. … 어떤 사람을 위해서는 영원한 생명(eternal life)이 미리 정해졌고 다른 사람을 위해서는 영원한 멸망(eternal damnation)이 미리 정해졌다(foreordained). 그러므로 … 우리는 사람(him)은 생명 또는 죽음으로 예정되었다고 말한다."[2]

그러므로 이를 학자들은 이중예정론(double predestination theory)이라고 부른다. 이것이 후에 정통 칼빈주의(higher Calvinism)에서 힘차게 강조되어 왔다. 칼빈의 신학은, 인간이 죄의 결과로 아무것도 자기의 힘으로 구원을 이룰 수 없고, 구원은 하나님에 의하여서만 가능하다는 것을 전제하였다. 이를 단순 이론으로 추리하여, 이 세상에서 되어지는 모든 것은 하나님의 정하신 대로 있고 또한 진행된다고 추리한 것 같다. 그렇게만 추리하면, 인간 각 사람의 운명은 예정론으로 귀결될 수밖에 없을 것이다.

또한 구원을 받은 사람의 고백은, 이 모두가 하나님의 은혜였다고 느끼기에, 나는 구원으로 예정되었다고 수긍하기 쉽다. 그러나 문제가 되는 것은, 영생으로 어떤 사람을 예정했다는 것은 필히 어떤 사람은 멸망으로 예정되었다는 것이 된다. 곧 이중예정론이 된다. 여기에 어떤 사람은 무조건 멸망으로 예정하였다는 데는, 하나님의 속성, 특히 하나님의 공의(justice)에 비추어 용납할 수 없는 문제가 생긴다.

또한 문제는 하나님이 정하시되 어떻게 정하였느냐를 고려하여야지, 자신의 철학적 선입주견으로 추리하여 무조건적으로 정했다고 주장하는 데 문제가 있다. 즉 구원은 하나님의 은혜의 역사로만 이루어지는 것이지만, 그러나 하나님의 은혜가 어떻게 역사하는지를 고려하여 보아야 한다. 이에 칼빈의 이중예정론은 성경의 증언과 예를 통하여 검토되어야 한다. 이런 면에서 웨슬리는 이중예정론을 반대하였다.

II. 웨슬리의 이중예정론에 대한 비판과 반대

웨슬리는 그 당시 일부 사람들이 주장하는 칼빈의 예정론이 자신의 전도사역에 방해가 되며, 특히 메소디스트 신도회의 회원인 횟필드(Whitefield)가 이중예정론을 주장함으로 신도회 안에 혼란이 일어날 것을 염려하여, 설교와 소논문을 통하여 그들의 이중예정론을 비판하고 반대하였다.

2.1. 웨슬리는 "예정에 대한 진중한 고찰(Predestination Calmly Considered)"[3]과 "예정론자의 대화(A Dialogue between a predestinarian and his friend)"[4]에서 논리적으로 칼빈의 이중예정론을 비판하였다.

칼빈은, "하나님은 그 뜻에 의하여 사람 개인의 운명을 정하셨다. … 어떤 사람을 위해서는 영원한 생명(eternal life)이 미리 정해졌고 다른 사람을 위해서는 영원한 멸망(eternal damnation)이 미리 정해졌다(foreordained)"[5]고 주장한다.

심지어 예정론자는 "모든 사람이 같은 목적으로 창조되지 않았다. 어떤 이들은 영생(eternal life)으로 미리 예정되었고, 다른 사람들은 영원한 정죄(eternal damnation)로 미리 예정되었다. 모든 사람이 둘 중 한 가지 목적을 위해서 창조되었기 때문에, 그들은 영생을 얻도록 예정되었든지, 아니면 영벌에 처하도록 예정되었다고 말할 수 있다"고 주장한다.[6]

그렇다면, 이는 하나님과 그리스도의 구원 사역은 어떤 일부 사람만을 위한 것이고 그리스도의 속죄도 제한적인 것(limited atonement)이라고 말하는 것이 아닌가? 웨슬리는 이는 성서의 증언과 부합되지 않는다고 주장하며, 이중예정론과 부합되지 않는 성경 말씀을 인용하며 반대한다.[7]

"아버지가 아들을 세상의 구주로 보내신 것을 우리가 보았고 또 증언하노니"(요일 4:14)

"하나님이 그 아들을 세상에 보내신 것은 세상을 심판하려 하심이 아니요 그로 말미암아 세상이 구원을 받게 하려 하심이라"(요 3:17)

"내가 온 것은 세상을 심판하려 함이 아니요 세상을 구원하려 함이로라"(요 12:47)

"그리스도께서는 모든 사람을 위하여 죽으셨다"(고후 5:14)

"인자는 잃은 사람을 구원하러 왔다"(마 18:12)

"그리스도 예수께서 모든 사람을 위하여 자기를 대속물로 주셨다"(딤전 2:6)

"아버지 앞에서 우리에게 대언자가 있으니 곧 의로우신 예수 그리스도라 그는 우리 죄를 위한 화목제물이니 우리만 위할 뿐 아니요 온 세상의 죄를 위하심이라"(요일 2:1, 2).

이상의 성경구절을 인용한 웨슬리는 말하기를, "이것들은 우리의 논제에 적합한 성서 말씀 가운데 아주 작은 부분에 불과하다⋯. 더 이상 설명이 필요치 않다. 그 평이하고 명백한 의미로 볼 때, 그것들은 무조건적인 유기와 같은 것은 있지도 않고 있을 수도 없다는 것을 증명하고도 남는다."라고 하였다.[8]

2.2. 또한 논리적으로 고찰해 봐도, 예정론자는 "하나님은 자신의 계획과 뜻에 따라 많은 사람을 모태에서부터 불가피하게 저주에 떨어지도록 정하셨다"[9]고 하면서, 하나님이 어떤 이들은 무조건 영원한 정죄(eternal damnation) 곧 멸망으로 예정하셨다고 주장하는 것은, 하나님의 속성인, 정의와 선하심에 부합되지 않는다고 주장했다. 어떻게 선하신 하나님이 아무 조건 없이 어떤 이들을 멸망으로 예정하시겠나?[10] 그렇기에 웨슬리는 유기를 포함한 이중예정론은 있을 수 없다고 주장한다.

심지어, 예정론자들은 아담이 타락한 것도, 하나님이 미리 아실 뿐 아니라, 그렇게 정하셨기 때문이라고 하는데,[11] 그러면 어째서 하나님이 범죄한 아담을 책망하셨단 말인가? 하나님은 말씀하셨다. "내가 네게 먹지 말라 한 나무의 열매를 먹었은즉 너는 수고하여야 그 소산을 먹으리라"(창 3:17). 웨슬리가 이해하기는, 그 저주가 아담과 그의 자손에게 임하게 된 것은 하나님의 절대적인 예정 때문이 아니라 아담의 죄 때문이었다.[12]

2.3. 또한 웨슬리는 "값없이 주시는 하나님의 은혜"[13]라는 설교에서, 칼빈의 이중예정론이 실제 신앙생활에 부합되지 않는 결과를 초래함을 다음과 같이 지적하면서 칼빈의 이중예정론을 반대하였다. 칼빈이 주장하는 이중예정론이 사실이라면,

1) 사람 각자의 운명이 미리 다 정해진 것이기에, 모든 사람에게 전도할 필요가 어디 있는가? 전도하지 않게 만든다.
2) 이 교리는 사람이 구원을 받고 성결하기 위하여 애쓰고 노력을 하지 않게 만든다.
3) 이 교리는 신자가 선한 일을 하고자 하는 의욕이 없어지게 만든다.

그 외에도 몇 가지를 더 말하고, 마지막으로 이는 하나님을 모독하는 것이 된다고 지적했다.

4) 이 교리가 말하는 대로 어떤 사람은 영원한 멸망으로 예정되었다면, 예수님은 그것을 아실 터인데, 지상에서 말씀하시기를, "수고하고 무거운 짐 진 자들아 다(all) 내게로 오라 내가 너희를 쉬게 하리라"(마 11:28) 하셨으니, 그럼 예수가 사람을 속이는 주님이란 말인가?
5) 그렇다면, 예수님은 사람을 조롱하는 사람이 되지 않는가?
6) 예수님은 모든 사람을 위하며, 구원하시기를 원하는 것으로 보이는

데, 그렇다면 예수가 위선자(hypocrite)가 되지 않는가?

7) 더 나아가, 이중예정으로 어떤 선량한 사람을 영원한 멸망으로 정하고 지옥에 보낸다면, 이는 하나님이 마귀보다 더 불의하고 잔인하다는 말이 되지 않는가? 따라서 이 교리는 하나님을 모독하는 교리가 된다.

이상의 문제를 지적한 웨슬리는 다시 한번 유기를 포함한 이중예정론은 있을 수 없다고 비판하며, 결론적으로 말한다.

"나는 … 선택을 확고하게 믿는다. 그러나 무조건적인 선택을 믿을 수 없다. 내가 그것을 성서에서 찾을 수 없을 뿐 아니라 (다른 모든 고려사항을 제외하고라도) 그것이 필연적으로 무조건적인 유기를 의미하기 때문이다. … 나는 결코 유기에 동의할 수 없다. 그것이 구약과 신약 전체의 흐름에 완전히 상치되기 때문이다."[14]

III. 웨슬리의 선택 교리

3.1. 그러면 웨슬리는 성서가 말하는 선택(election)에 대하여 어떻게 말하고 있는가? 그는 성서는 두 가지 종류의 선택을 말하고 있다고 말한다.

하나는 어떤 특정한 사람들을 세상에서 특별한 사명을 수행하도록 하기 위하여 하나님께서 선택하는 것이다(divine appointment). 바울이 이방인 전도를 위하여 선택된 일이나, 열두 사람이 주님의 제자로 선택된 일들이 그런 예다. 이는 무조건적인 선택이요 개별적인 선택이었다. 그러나 이런 선택이 영원한 행복과 필연적인 연관이 있다고 볼 수는 없다. 이는 이

런 뜻에서 선택받은 자가 여전히 영원히 잃어버린 자가 될 수 있기 때문이다.[15]

그리고 다른 하나의 선택은 어떤 사람들을 영원한 행복, 구원에 이르도록 세우신 것을 의미하는데, 이 선택은 조건적이다(election to be conditional). 곧 "믿는 자는 구원을 얻을 것이요, 믿지 않는 자는 정죄함을 받을 것이다. 이러한 결정은 하나님께서는 바꾸지 않을 것이고 사람이 거역할 수 없는 것이다"라고 말하였다.[16]

그러면서, 웨슬리는 하나님의 구원에 대한 선택은 조건적이라고 주장하였다.

인간에게는 하나님이 은혜로 주신 자유가 있기 때문에 조건적일 수밖에 없다고 보았다. 웨슬리는 인간이 전적으로 타락하여 무능하였지만, 하나님께서 선행적으로 모든 사람에게 초자연적으로 어느 정도의 자유를 회복시켜 주셨다고 믿는다.[17] 그러기에 "인간에게는 믿고 안 믿는 자유가 있다."[18] 사람은 하나님의 부르심에 응할 자유도 있고 거절할 수도 있는 존재인 것이다. 그러므로 "하나님은 우리와 상관없이 홀로 구원하시지는 않으신다."[19] 사람에게 은혜로 자유를 주신 하나님은 은혜 안에서 그 사람과 협동하여 구원을 이루신다고 그는 주장한다.[20]

따라서 하나님께서 무조건적으로, 불가항력적으로 사람에게 은혜의 역사를 행하신다고는 이해할 수가 없는 것이다. 그래서 웨슬리는 하나님의 예정과 역사가 조건적이라고 말하는 것이다.

그러므로 웨슬리는 다시 말한다.

"첫째로, 태초부터 하나님께서는 믿음으로 구원에 이름을 믿는 모든 사람을, 그리스도 안에서, 선택하셨고 … 두 번째로, 처음부터 완고하게 그리고 끝까지 믿지 않는 모든 사람을 하나님께서는 유기하기로 정하였다(First, God did decree from the beginning to elect or choose, in Christ, all that should believe to salvation … Secondly, God did from the beginning decree to reprobate all who should obstinately and finally continue in unbelief)."[21]

3.2. 성경을 보면, 그 외에도 하나님이 약속하신 축복과 언약도 모두 조건적이다. 다음에 인용한 성경 말씀은 이를 증명하고 있다고 주장한다.[22]

"너는 알라. 오직 네 하나님 여호와는 하나님이시요 신실하신 하나님이시라. 그를 사랑하고 그의 계명을 지키는 자에게는 천 대까지 그의 언약을 이행하시며 인애를 베푸시되. 그를 미워하는 자에게는 당장에 보응하여 멸하신다. 너희가 이 모든 법도를 듣고 지켜 행하면 네 하나님 여호와께서 네 조상들에게 맹세하신 언약을 네게 지키실 것이니라"(신 7:9, 12).

"보라, 내가 오늘 복과 저주를 너희 앞에 두나니, 너희가 만일 내가 오늘 너희에게 명하는 너희의 하나님 여호와의 명령을 들으면 축복이 될 것이요, 너희가 명령을 듣지 아니하면 저주를 받으리라"(신 11:26-28).

"하나님이 그 아들을 세상에 보내신 것은 세상을 심판하려 하심이 아니요 그로 말미암아 세상이 구원을 받게 하려 하심이라. 그를 믿는 자는 심판을 받지 아니하는 것이요 믿지 아니하는 자는 하나님의 독생자의 이름을 믿지 아니하므로 벌써 심판을 받은 것이니라"(요 3:17-18)

"이르시되 너희는 온 천하에 다니며 만민에게 복음을 전파하라. 믿고 세례를 받는 사람은 구원을 얻을 것이요 믿지 않는 사람은 정죄를 받으리라"(막 16:15-16)

아브라함과 그의 후손과 맺으신 이 언약의 논조에 따르면, 하나님은 그 후에 다시 선포하신다: "너희가 내 규례와 계명을 준행하면, 내가 너희와 함께 한 내 언약을 이행하리라. 나는 너희의 하나님이 되고 너희는 내 백성이 될 것이니라. 그러나 너희가 내게 청종하지 아니하여 이 모든 명령을 준행하지 아니하며 내 언약을 배반할진대 나도 너희에게 대항하여 내가 칼을 너희에게로 가져다가 언약을 어긴 원수를 갚을 것이다."

그와 같이, 아브라함, 이삭, 야곱과 맺은 언약뿐만 아니라 그들의 자손과 맺은 언약은 조건부였다."[23] 그와 같이 본래의 언약은 영원한 것이지만, 조건부였다.[24]

그러므로 웨슬리의 선택의 교리는 성경의 증언과 부합하는 것이며, 세계 선교의 기초가 되고 있다고 생각된다.

IV. 예지 예정인가?

어떤 이들은 로마서 8장 29절에 근거하여 예지 예정을 말한다. 곧 "영원 전에 하나님께서 사람 가운데 하나님의 은총에 긍정적으로 호응할 것으로, 하나님이 미리 아신 사람들을, 구원을 위하여, 예수 그리스도 안에서 선택하신다는 것이다. 하나님께서는 어느 사람이 하나님의 은혜에 호응할 것인지를 미리 아신다는 것이다. 그래서 하나님이 미리 아신 그 사람을 선택하시어 그가 회개하고 믿어 구원받게 하기로 정하셨다"는 것이다.[25]

이에 대하여 웨슬리는 동의하지 않는 것 같다. 그는 그의 「신약성서 주석」(*Explanatory Notes on the New Testament*)에서 로마서 8:29과 베드로전서 1:2의 말씀이 예지 예정을 주장하는 것으로 설명하지 않았다.[26]

또한 그는 그의 설교 "예정에 대하여(on predestination)"[27]에서 말하기를,

사도 바울은 로마서 8:29에서, 많은 사람이 생각하듯, 예정론의 원인과 결과에 대하여 말하려는 것이 아니라, "하나님께서 역사하시는 방법을 말하면서, 그 안에서 이루어지는 몇 가지 일의 순서(order)를 보여주려는 것이라"고 말하였다. [28]

그는 말하기를, 여기서 "하나님께서 미리 아신 자들"이라는 것은, 이는 "하나님께서 그들을 미리 아시기 때문에 그들을 그런 사람으로 존재한다고 생각할 것이 아니라, 오히려 하나님께서는 그들이 그런 사람으로 존재하기 때문에 그들을 그렇게 안다는 것이다. 즉 그들이 믿고 있는 것을 아신다는 것이다."라고 이해하여야 한다고 하였다.

그리고 웨슬리에 의하면 본문에서 말하는 하나님이 이루시는 구원의 순서는, 바로 하나님은 믿는 그들이 아들의 형상을 본받게, 곧 구원받게 정하셨다는 것이다. [29] 그리고 또한 믿음으로 구원을 받을 사람은 계속하여 부르시는 하나님의 은혜에 화답함으로, 의롭다함을 받게 되고, 마침내 영화롭게 되도록 하나님이 정하셨다는 것이다.

웨슬리는 결론적으로 요약하여 말하기를, 사도 바울은 여기서, (1) 하나님께서는 모든 믿는 자들을 아신다는 것이고, (2) 하나님께서는 그들이 죄로부터 구원받기를 원하시고, (3) 하나님께서는 마지막에 그들을 의롭다 하시고, (4) 거룩하게 하시어, (5) 그들을 영화롭게 하신다." [30] 는 것이라고 하였다.

웨슬리는 이와 같이 사도 바울은 로마서 8:29에서, 하나님께서 우리를 한 걸음 한 걸음 천국으로 인도하시는 방법을 제시하고 있는 것 [31] 이라고 이해하였지, 로마서 8:29이 티센(Thiessen)이 정의하는 예지 예정의 교리를 보증하는 것으로는 보지 않았다.

V. 맺는말: 요약과 결론

지금까지 논의된 것을 요약하면, 예정론은 인간은 모두 아담의 타락으로 인하여 온 인류가 전적으로 타락하였으므로, 인간으로서는 구원을 얻을 수 없고, 인간의 구원은 오로지 하나님의 은총에 의한 것이라는 바탕(substance)에서 전개되었다. 이 점에 있어 칼빈과 웨슬리는 동의한다. 그런데 그들이 주장하는 예정론은 일치하지 않는다. 왜냐하면, 하나님의 은혜가 어떻게 일하느냐(how to operate)에 대한 그들의 이해가 달랐기 때문이다. 이 점에서, 은총관에 있어 웨슬리는 칼빈과 머리카락 하나의 차이가 있었던 것이다.[32]

칼빈과 그 당시의 예정론자들은, "인간의 의지까지 하나님이 예정하신 대로 행하여진다."고 하며,[33] 타락한 인간에게는 선택의 자유가 없다고 전제하였다. 그렇다면, 구원은 하나님이 홀로 곧 무조건적으로 이루신다고 논리적으로 추리하게 될 수밖에 없지 않는가?

따라서 그들은 신 단동설(divine determinism)을 주장하게 되며, 인간 개인의 구원과 멸망은 전적으로 하나님이 무조건적으로 예정하셨다고 주장하게 되었을 것이다.[34] 심지어 예정론자는 "모든 사람이 같은 목적으로 창조되지 않았다. 어떤 이들은 영생(eternal life)으로 미리 예정되었고, 다른 사람들은 영원한 정죄(eternal damnation)로 미리 예정되었다."[35]고 이중예정론을 주장하였다.

그러므로 그들에 의하면, 구원은 모든 사람을 위한 것이 아니라, 구원으로 예정된 일부 사람들만을 위한 것이며, 따라서 예수 그리스도의 속죄는 구원으로 예정된 사람들만을 위한 것이라고, 제한적 속죄(limited Atonement)를 말하게 되었다. 더 나아가, 구원을 받는 사람이나, 멸망하는 사람에게는 아무 책임이 없을 뿐 아니라, 어떤 사람들을 무조건 멸망시키는 자가 하나님이 된다는 것이 된다.

이에 웨슬리는 그들의 이중예정론이 성경의 여러 증언에 부합되지 않으며 또한 실제 신앙생활에서 적절하지 않음을 지적하면서 반대하였다. 특히 칼빈의 이중예정론이 말하는, 무조건적인 유기(reprobation) 곧 어떤 이들을 영원한 정죄, 멸망으로 예정하였다는 것을 강하게 비판하였다. 이는 하나님의 속성인 정의와 자비, 사랑에 정반대되며, 하나님을 악한 하나님으로 만들기 때문이라고 하였다.

웨슬리는 그에 반하여, 구원을 위한 하나님의 선택은 조건적이라고 주장하였다. 인간에게는 하나님이 은혜로 주신 자유가 있으므로 그럴 수밖에 없는 것이다.

웨슬리는 하나님은 인간이 전적으로 타락하여 무능하지만, 하나님께서 선행적으로 모든 사람에게 초자연적으로 어느 정도의 자유를 회복시켜 주셨다고 믿는다.[36] 그러기에 사람은 하나님의 부르심에 응할 수도 있고 거절할 수도 있는 존재인 것이다.[37]

그러므로, 구원을 위한 하나님의 선택은 조건적이다. 곧 하나님은 "믿는 자는 구원을 얻을 것이요, 믿지 않는 자는 정죄함을 받을 것으로 정하셨다고 주장하였다."[38] 즉 하나님은 "첫째로, 태초부터 하나님께서는 믿음으로 구원에 이른다고 믿는 모든 사람을, 그리스도 안에서, 선택하셨고 … 두 번째로, 처음부터 하나님께서는 완고하게 그리고 끝까지 믿지 않는 모든 사람을 유기하기로 정하였다[39]고 웨슬리는 주장한다.

이런 웨슬리의 교리는 칼빈의 이중예정론과는 달리, 하나님의 구원 곧 그리스도의 속죄는 만인을 위한 것임을 주장하게 한다. 모든 사람의 구원을 위해 만민에게 회개하고 복음을 믿으라고 전도할 것을 요청한다.

　이에 웨슬리의 교리는 주님이 분부하신 세계선교를 격려하는 데 적합한 교리라고 사료된다. 그리하여 오늘 대부분의 교회 특히 선교단체는, 칼빈의 이중예정론의 입장을 반대하고 웨슬리가 주장하는 대로, 하나님은 모든 사람을 구원하시기를 원하신다고 전한다. 예수 그리스도는 모든 사람을 위하여 돌아가셨다. 그렇다고 구원은 무조건적으로 주어지는 것이 아니고 사람이 회개와 믿음으로 예수님을 영접하여야 한다는 전제에 서 있다. 그러므로 교회는 만민에게 회개와 믿음으로 복음을 주님을 영접하라고 전도하여야 한다고 외치고 있다. 바로 오늘의 복음적 세계선교 운동의 대표적인 로잔운동은, 그의 언약서(covenant)를 통하여 하나님의 복음은 모든 사람을 위한 것이기에, 온 교회가 온 세상에 복음 전도 곧 회개하고 복음을 믿으라고 전도할 것을 호소하고 있다.[40]

4
웨슬리의 신학적 인간론: 하나님의 은혜와 죄

I. 서론

루터란 신학자 윌리엄 홀던 박사는 그가 쓴 글에서 "나는 지금까지 웨슬리에게는 신학이 없고 그는 단지 종교 체험만 가르친 것으로 알고 있었다. 그러나 지금은 웨슬리가 위대한 신학자 가운데 한 사람이라는 것이 명확하다"[1]고 했다. 그는 덧붙이기를 최근에 와서 많은 사람이 웨슬리에게로 돌아와 그를 위대한 신학자로 재발견하여 오고 있다고 주장하였다.

이러한 점에 있어서는 조지 셀이 1935년에 출판한 「존 웨슬리의 재발견」이란 책이 공헌한 바가 크다. 그는 그 책에서 요한 웨슬리를 신학자로 재발견하여 소개하여 왔다. 셀은 지적하기를 많은 사람이 그동안 웨슬리를 자유주의적인 알미니안주의 신학자로 보아 그의 신학이 종교개혁자들의 신학과는 거리가 멀다고 보았으며, 기독교사상사에 별로 공헌하지 못했던 것으로 오해하여 왔다고 하였다. 그러나 셀은 그의 연구를 통해서 주장하기를 웨슬리는 오히려 종교개혁자의 신학의 중요한 원리들을 재확인하였으며, 계몽주의의 영향 아래 있었던 기독교의 퇴보를 극복하였다고 하였다.[2] 셀의 이런 주제는 후대 웨슬리 학자들에 의해 그대로 받아들여졌으며 더 발전되었다.[3]

스케빙톤 우드(Skevington Wood)는 말하기를, "종교개혁자들이 내세웠던 은총으로만(sola gratia)과 믿음만으로만(sola fide)의 표어는 웨슬리의 설교에서 다시 메아리쳤다"[4]고 하였다. 다시 말해서 웨슬리는 원죄의 문제를 매우 심각하게 생각하였던 것이다. 웨슬리에게 있어서 "복음의 출발점"(starting point of the Gospel)은 곧 "복음을 말하려면, 우리는 먼저 우리 자신이 죄인으로서 자기 자신의 힘으로는 자기 구원을 위하여 아무 일도 할 수 없는 무능력자라는 것을 전제하고 시작하는 것이다."[5]

그러면 웨슬리가 어떻게 원죄를 신학적으로 설명하였는가? 즉, 아담의 죄가 그의 후손들에게 어떻게 영향을 미치게 되었는가? 복음과 연결시켜 볼 때 이 타락한 인간의 상태는 어떤 것인가? 왜냐하면 웨슬리는 성서에 나타난 하나님의 온전한 가르침(the whole council of God)을 설교하기 위해서는, "거기에는 하나님의 절대주권과 인간의 책임과의 관련이 분명히 있어야 한다."[6]고 믿었기 때문이다. 이것이 웨슬리의 입장이었다. 그러면 웨슬리가 타락한 인간을 말함에 있어서, 어떤 근거로 그러한 입장을 견지할 수 있었는가? 웨슬리가 어떤 신학적인 방법론을 갖고 있었으며 그 신학 방법론의 장점은 어떤 것인가?

II. 아담의 죄와 그 죄가 인류에게 미친 영향

웨슬리는 아담이 하나님의 형상대로 창조되었다고 믿었다. 하나님의 형상은 세 가지 성격, 즉 자연적 형상, 정치적 형상, 도덕적 형상으로 이루어졌다.[7] 그러므로 웨슬리에 의하면, 인간의 본성은 이성과 의지, 그리고 자유의 천부적인 능력을 갖고 있는 영혼이다. 인간은 모든 하등동물에 대한 지배권을 갖고 있다. 더 나아가서 창조된 원상태로서의 인간은 의롭고 참으로 성결하게 살았던 것이다. 인간은 사랑으로 충만해 있었고, 바로 그 사랑은 인간의 성질과 생각과 말과 행동을 주관했다.[8] 하나님께서 부여하신 자유, 이성 등 본래의 기능을 옳게 사용함으로 하나님과의 사랑의 관계를 유지했으며 순종했다.[9]

그러나 웨슬리에 의하면, 아담이 하나님을 불신하고, 불순종함으로 하나님께서 창조하신 원상태로부터 타락하였다. 웨슬리는 이 같은 아담의 불순종이 자유를 남용한 것이며 따라서 그 책임은 하나님께 있는 것이 아니라 인간에게 있다고 보았다.[10] 아담은 범죄한 결과로 그는 하나님께로부터 받은 생명을 상실했고[11] 아울러 자유의 기능은 부패되었으며, 하나님께 대한 인간의 사랑과 순종은 자기사랑과 자기의지로 대치되었다.[12]

웨슬리에 의하면 아담은 전 인류를 대표하는 시조(primogenitor, federal head)이다.[13] 그래서 아담이 범죄했을 때 그 영향은 온 인류에게까지 미쳤던 것이다. 이런 면에서 아담이 처음 지은 죄는 그의 모든 자손을 대표하는 공적인 사람(public man)으로서의 죄라고 보았다.[14] 그러므로 웨슬리는 모든 인간은 전적으로 부패했고, 진노의 자식이 되었다고 보았다. 아담의 모든 후예들은 그들이 어떤 행동을 함으로 죄를 짓기 전에 이미 원죄의 부패성과 죄책을 지니게 된 것이다. 웨슬리는 기록했다.

> 이 같은 사실은 의심의 여지가 없는 사실이며, 따라서 하나님은 영아를 죄 없는 자로 여기지 않고 아담이 지은 원죄의 죄책을 지니고 있다고 보았다. 그렇지 않으면 아담의 죄의 대가인 사망이 영아들에게까지 선고될 수는 없을 것이다.[15]

이 같은 웨슬리의 견해는 그 당시의 존 테일러의 신학을 반박함에 있어서 좀 더 분명하게 드러났다. 1740년의 테일러는 "원죄에 대한 성서적 교리"(The Scripture Doctrine of Original Sin Proposed to Free and Candid Examination)라는 논문을 출판했다. 테일러는 유식한 장로교 목사였으며 노르윅

(Norwick)에서 목회를 했다. 그는 워링턴(Warrington)에 있는 장로교 신학대학(Presbyterian Theological College)의 초대 학장으로서 1761년 세상을 떠날 때까지 일하였다. 테일러 소시니안주의(Socinianism)적인 입장을 취했으며 원죄를 부인했다.[16] 웨슬리는 매우 격분하여 말하기를 만일 테일러의 주장이 옳다면 우리는 기독교가 필요하다는 것을 알 수 없다. 그리고 그렇게 되면 거기에는 구원에 대해서 말할 여지가 전혀 없게 될 것이라고 하였다.[17] 웨슬리는 1757년에 "성서, 이성, 경험으로 본 원죄론"(The Doctrine of Original Sin, According to Scripture, Reason, and Experience)이란 제목의 긴 논문을 썼다.[18] 이 논문의 일부가 "원죄"(Original Sin)라는 제목 아래 1759년에 설교 형태로 다시 쓰였다.[19] 이 논문에서 웨슬리는 테일러의 입장을 공격하면서 강력하게 인간 본성의 부패와 원죄를 주장하였다. 웨슬리는 말했다.

> 우리는 날 때부터 진노의 자식이었으며 타락한 피조물이었다. 우리는 우리의 타락의 결과로 진노를 면할 수 없는 죄인으로서 이 세상에 태어났다.[20]

여기에서 말하는 "진노의 자식"(children of wrath)이란 아담의 후손은 어느 정도는 하나님의 진노와 형벌 아래 있다는 것을 의미한다. 이 말은 원죄의 죄책을 함축하고 있다는 것이다. 곧 "아담의 죄로 인하여 죄책이 모든 사람에게 전가되었다는 것을 부정할 수 없다."[21] 웨슬리는 변론하기를, 지금까지 어느 시대 어느 사람이든지 심지어 영아들까지도 죽음을 맛보았다는 사실은 이 사실을 입증하는 것이 아니냐고 하였다. 왜냐하면 "죄의 값은 사망이요, 죄로 인하지 않고서는 죽어야 할 이유가 없기 때문이다."[22] 웨슬리는 만일 영아가 죄인이 아니라면 어떻게 그리스도가 온 인류(all man)의 구주가 될 수 있겠는가라고 반문했다. "만약 우리가 영아의 원죄를 부정한다면, 이것은 하나님께서 순전하고 죄책도 없는 피조물, 곧 영아를 형벌한다는 말이 되지 않는가?[23] 그러므로 영아도 원죄를 물려받은 죄인이며, 따라서 버림받은 자며 결국 그리스도가 없다면 멸망 받을 수밖에 없다고 말해야 할 것이다."[24]

웨슬리는 원죄를 전가된 죄책(imputed guilt)과 유전된 부패(inherited depravity)로 구분하고 있는 것을 본다. 웨슬리는 기록했다.

> 신학적으로 우리는 이 원죄를 전가된 원죄(original sin imputed)와 유전된 원죄(original sin inherent)로 분명하게 구분하여 부르고 있다. 전자는 우리에게 어느 정도나마 죄책이 있게끔 하는 아담의 죄를 말하며, 후자는 원의(original righteousness)를 상실하여 본성이 부패된 것을 말한다.[25]

웨슬리는 또한 아담의 죄책과 그의 후손들의 원죄로 인한 죄책을 구분하여 다음과 같이 설명한다.

> 어떤 의미에서는 참으로 아담의 죄는 우리의 죄가 아니었다. 그것은 우리 개인의 과오도 우리가 실제로 범한 범죄도 아니었다. 그러나 다른 의미에서 아담의 죄는 우리의 죄다. 이는 우리 모두를 대표하는 사람의 죄였다. 사도 바울이 그 죄는 우리와 모든 그의 후손에게 전가되었다고 말했듯이 이는 곧 우리의 것이다.[26]

그러나 분명히 할 것은 웨슬리가 그와 같이 구분한다고 하여서 그가 인류에게 전가된 죄책을 가볍게 여기는 것처럼 생각해서는 안 된다. 웨슬리는 그의 논문에서 밝힌 그의 견해가 성서와 이성에 일치할 뿐 아니라 아주 중요한 진리라고 믿었다.[27]

웨슬리에 의하면 이 진리는 "은혜를 받은 영안"(grace healed eyes)[28]에만 알려진 진리요, 이방인과 눈이 먼 자연인(natural man)은 식별치 못하는 진리다. "이방인들은 전혀 자기의 부패를 깨닫지 못한다.[29] 그러나 하나님께서 그들의 이해의 눈을 뜨게 하시면 그들은 곧 전에 있었던 자기의 상태를 보게 된다."[30] 그러므로 웨슬리는 말하기를, "이것이 *(곧 원죄를 인정하는 것이)* 이방철학과 기독교를 구분하는 첫 근거"(the first ground)[31]라고 한다. 이것이 웨슬리의 입장이다.

그렇다면 웨슬리는 그 당시의 칼빈주의와는 어떻게 다른가?[32] 웨슬리는 칼빈주의자가 다 된 것이 아닌가?[33] 웨슬리는 그의 원죄에 대한 교리에서 논리적인 일관성을 유지하고 있는가? 웨슬리 학자 가운데에는 웨슬리가 인간의 부패성만을 주장하고 원죄의 죄책을 주장하지 않았다고 생각하는 사람들도 있다. 이런 질문에 답하기 위해서 우리는 다음 장에서 좀 더 상세하게 고찰하여 보고자 한다.

III. 타락한 인간의 실존상태: 은총 아래에 있는 인간

웨슬리가 구원에 대한 설교를 시작할 때면 언제나 인간의 실존적인 상황을 지적하곤 한다. 예를 들면 웨슬리는 "믿음으로 말미암은 의"(Justification by Faith)라는 설교에서 다음과 같이 말했다.

이리하여 한 사람으로 말미암아 죄가 세상에 들어왔고, 죄로 말미암아 죽음이 들어왔으며, 따라서 우리 온 인류의 조상이시며, 대표자이신 그분 안에 포함되었기 때문입니다…. 왜냐하면 한 사람의 불순종으로 말미암아 받게 된 심판 때문에 온 인류에게 저주가 임하게 되었습니다. 우리와 우리뿐만이 아니라 모든 인류가 이 같은 상태 속에 있을 때, 하나님은 이 세상을 극진하게 사랑하셨고, 우리에게 그의 독생자를 보내주셨던 것입니다.[34]

또한 웨슬리는 "신생"(New Birth)에 대하여 설교하면서 다음과 같이 말했다.

> 그리하여 아담 안에서 모든 사람은 죽습니다. 즉 모든 인류와 아담의 혈통을 이어받는 인류의 모든 자손은 죽어갑니다. 이렇게 된 자연적인 결과로서 아담의 모든 후손은 영적으로 죽고, 하나님에 대하여 죽고, 전적으로 죄 가운데 사망한 채로 태어났습니다. 따라서 하나님의 생명을 상실하고 하나님의 형상을 상실하고 아담이 창조되었을 때 가지고 있던 모든 의와 성결의 모습을 잃어버린 채로 태어났습니다. 이러한 하나님의 형상 대신 지금 이 세상에 태어나는 모든 사람은 교만과 아집에 사로잡힌 채 악마의 형상을 지니게 되었고 관능적인 욕구와 정욕, 즉 우리 본성의 전적인 타락 속에서 짐승의 형상을 지니게 되었습니다.[35]

웨슬리는 이 설교의 첫 단락을 "바로 이것이 신생의 기초가 됩니다."[36]라는 말로 끝맺었다.

힐만(Hillman)은 풀러 신학교에서의 박사학위 논문에서 "웨슬리가 복음 선교를 할 때 항상 청중이 죄인이라는 것을 입증하고 여기에 기초해서 그 다음에 하나님의 은혜를 제시하곤 했다"고 지적했다. 그러므로 웨슬리에게 있어서는 사람이 하나님의 사랑을 발견한다면 그것은 오직 하나님의 은총으로 말미암은 것이다. 그러므로 웨슬리는 구원의 과정은 사람들이 죄를 뉘우치면서 자신의 엄청난 죄를 자각하게 될 때 시작된다고 믿었다.[37] 그러므로 웨슬리는 그의 설교 "천국 가는 길"(the Way to the Kingdom)에서 천국에 들어가려면 "회개하라, 너 자신을 알라"고 설교했다.

> 당신 자신이 죄인이라는 것을 아시오…. 당신 마음속 깊이 자리잡고 있는 본성의 부패를 아시오…. 당신은 당신의 영혼의 모든 능력이 그리고 모든

기능이 부패되었으며 당신은 이같이 모든 면에서 완전히 부패되었다는 것을 아시오…. 이와 같은 것은 당신의 마음속 깊이 자리 잡고 있는 본성의 타고난 부패입니다.[38]

우리는 여기에서 힐만이 지적한 대로 웨슬리는 원죄보다는 오히려 죄인의 실존적인 상태를 설명하는 데 더 많은 관심을 기울이고 있음을 관찰하게 된다.[39] 그의 설교에는 신학적인 문제 곧, 원죄의 죄책과 인류에게 전가된 우리의 원죄의 죄책의 문제는 다루어지지 않고 있다.[40] 이 같은 사실 때문에 웨슬리의 해석자들의 마음속에는 몇 가지 질문이 생겨났다. 즉 그렇다면 이것은 웨슬리가 원죄에 대해서 설명할 때 어떤 모순 또는 불일치성을 드러내고 있는 것이 아닌가 하고 의심하기도 한다.

그리하여 웨슬리의 해석자들 가운데 어떤 사람들은 웨슬리가 원죄의 죄책을 믿지 않고 다만 본성의 부패만을 믿었다고 생각하였다. 그들은 웨슬리가 오직 자범죄인 죄책만을 주장했다고 생각했다. 그들은 웨슬리가 타락에 의해 전적으로 부패되었다고 보기보다는 오히려 부분적으로 부패되었다고 본다고 주장한다. 왜냐하면 웨슬리가 어떤 곳에서는 하나님의 형상(자연적 형상)이 부분적으로 타락 이후까지도 남아있다고 말하고 있기 때문이다.[41]

그러나 필자는 이 같은 해석이 웨슬리를 정당하게 해석한 것이 아니라고 본다. 필자의 견해로는 웨슬리는 그의 생각에 모순을 갖고 있지 않았다. 이 같은 견해를 뒷받침하기 위하여 우리가 기억해야 할 것은 웨슬리가 강력하게 원죄의 죄책과 아울러서 타락으로 인한 인류의 전적인 부패를 주장한 원죄에 관한 논문이 있는데, 이 논문은 하나님의 형상이 부분적으로 남아 있다고 주장한 설교보다 후대(1757)에 쓰였다는 사실이다. 더욱이 우리는 웨슬리가 원죄에 관한 그의 논문에 기초한 설교를 1750년대에 반복했다는 사실을 주목해야 할 것이다.[42] 웨슬리는 이 설교를 후대에 재배열하여 다시 편집하였다. 그러나 웨슬리는 그가 이 같은 가르침에서 가져온 어떤 변화에 대해서 어느 곳에서도 언급하고 있지 않다. 이 같은 사실은 원죄의 교리에 대한 웨슬리의 생각에 아무런 변화나 모순이 없다는 것을 입증해 주는 것이다. 콕스(Cox)는 그의 박사 논문에서 "웨슬리가 그의 생각을 수정했다는 것을 입증할 수 없다"[43]고 주장했다. 그러면 다르게 표현된 듯한 이 같은 말들이 서로 어떠한 관련을 지니고 있는 것일까?

이 점에 대하여 펄먼(Furhman)은 그의 박사 논문에서 지적하기를 "웨슬리의 글 속에는 인간에 대한 또 다른 견해가 있음을 지적할 필요가 있다. 곧 웨슬리에 있어서는 인간을 아담의 죄로 말미암아 전적으로 부패하고 죄책감을 갖고 있는 타락한 존재로 보는 견해 외에도 그 타락한 인간을 은혜의 상태 아래서 보는 견해도 말하고 있다"[44]고 하였다. 바로 이것이 웨슬리가 하나님의 형상의 일부분이 현재까지도 사악한 인간 속에서 보여질 수 있다고 말하면서 인간의 상태를 보다 관대하게 표현할 때 말하고 있는 부분들인 것이다.[45] 웨슬리는 일찍이 "아무도 더욱이 원시인까지도 다소간의 자유의지가 없이 존재한 사람은 없다. 따라서 인간은 도덕적으로 그의 행동에 대해서 책임을 져야 한다."[46]고 표현한다. 왜냐하면 웨슬리는 인간은 이미 은혜의 상태, 즉 선행적 은총의 역사 아래 있다고 전제하고 있기 때문이다. 콕스가 말한 대로 "웨슬리는 타락한 인간도 지금 행위의 계약(a covenant of work) 아래 살지 않고 오히려 은혜의 계약 아래 살고 있다고 본다."[47] 왜냐하면 우리의 구원은 값없이 모든 사람 안에, 모든 사람을 위하여(free in all and free for all) 주시는 하나님의 은총에서 오기 때문이다.[48]

그러므로 펄먼이 지적한 대로, 이 같은 표현들이 서로 상반되는 것처럼 보이지만 웨슬리는 이 견해들을 선행적 은총(preventing grace)의 사상으로 서로 관련시키고 있는 것이다. 웨슬리는 이 둘 사이의 대립을 주장하는 것이 아니라, 반대로 밀접한 관련을 주장하는 것이다.[49] 웨슬리는 그가 설교할 때 타락한 인간은 이미 하나님의 은총, 즉 선행적 은총의 수혜자라는 것을 분명히 전제했다. 왜냐하면 "선행적 은총에 의해서 원죄의 죄책이 제거되었다"고 믿었기 때문이다. "그리스도의 의로 말미암아 원죄의 죄책은 인간이 태어나자마자 제거되었다."[50] 따라서 모든 사람에게는 초자연적으로 회복된 약간의 자유의지가 있는 것이다.[51]

그러므로 우리는 로버트 쿠시만(Robert E. Cushman)이 지적하였듯이 웨슬리가 인간의 전 실존(man's whole existence)이 하나님의 사랑을 받고 있기 때문에 타락한 인간에 대한 설명에 있어 자연(nature)과 은총(grace) 사이의 어떤 날카로운 분리도 하지 않았다고 하는 것을 관찰하는 것은 중요한 것 같다. 그럼에도 불구하고 타락한 인간에게 있어서의 자연과 은총을 구분하지 않는 것은 아니었다.[52]

웨슬리의 주장을 다른 방법으로 설명하려면, 로저스(Rogers)가 지적한 대로 "자연과 은총은 별개이지만 웨슬리는 이들을 생명력 있고 기능적인 관계를 갖고 있는 것으로 이해하고 있다"[53] 이 같은 접근방식이 웨슬리 신학의 방법론이 가지는 특색으로 나타난다. 차일스가 말한 대로 웨슬리의 원죄관 가운데는 죄와 은총 사이의 대립된 긴장(irreconcilable tension)이 그의 신학의 기반을 이룬다. 이것이 웨슬리의 신학방법의 역동성(dynamics)이다. 그리고 만일 이것이 무시된다면 웨슬리의 입장에 대한 해석은 필연적으로 모호해지거나 타협하게 되어 웨슬리를 정당하게 다루지 못하는 결과를 가져올 것이다.[54] 우리는 이미 19세기 말에 일부 웨슬리 학자들이 원죄의 죄책을 부정했다는 것을 지적했다. 그들은 인간의 책임적인 자유를 구원론적 구조에서보다는 인간론적 구조 속에서 보려고 했기 때문에 원죄의 죄책을 부인하게 되는 결과를 가져온 것 같다. 그들은 신학적인 방법론에서 웨슬리를 떠났으며 따라서 다른 결론을 가져오게 된 것이다.[55]

IV. 웨슬리의 신학방법의 역동성과 그 의의

우리는 이미 웨슬리가 그 설교에서 하나님의 구속 은총, 즉 인간을 향하신 하나님의 온전한 섭리를 선포하는 것이 그의 중요한 강조점이었음을 지적했다. 이런 점에서 웨슬리에게 있어서의 인간론이라는 것은 하나님의 복음을 선포하는 데 있어서 언급되어야 되는 실존적인 상황(existential reference)인 것이다. 그러므로 웨슬리의 타락한 인간에 대한 교리는 린드스트롬이 지적한 대로 복음 곧 하나님께서 값없이 주시는 하나님의 은혜로 인한 복음의 본질적인 목적과 필연적으로 연관을 맺고 있는 것이다.[56] 스타키가 지적한 대로 웨슬리에게 있어서는 "구속론이 인간론보다 우선한다."[57] 웨슬리는 구속론적 구조(soteriological setting)에서 인간의 타락에 대한 교리를 발전시켰다. 이 점에 있어서 선행적 은총에 대한 그의 생각은 매우 중요한 역할을 한다.

우리는 웨슬리가 타락한 인간에 대한 그의 견해 가운데서 인간의 본성이 아담의 타락으로 인하여서 전적으로 부패되었고, 원죄의 죄책을 갖게 되었다고 주장하고 있다는 것을 지적했다. 이 점에서 웨슬리는 바울이나 어거스틴과 같은 입장을 취하고 있는 것이다. 여기에 대해서는 웨슬리 신학자들 가운데서 광범위한 의견의 일치를 보고 있다.[58] 그러나 웨슬리에게 있어서 이 같은 집단적 접근방식은 사람이 선행적인 은총 아래 있기 때문에 또한 책임을 가져야 된다는 개인적인 접근방식과 결합되어 있다.

이 같은 접근 방법에 있어서 웨슬리는 타락한 인간에게서 자연과 은총을 분리시켜 한편으로 치우쳐 나가지 않고, 구별도 만들지 않고 오히려 인간의 죄에 대한 주장과 하나님의 은혜의 역사 사이의 긴장을 견지하고 있는 것이다. 웨슬리는 그의 선행적 은총의 개념에 기초하여 인간의 죄에 대한 주장과 하나님의 은총의 역사 사이에 타협할 수 없는 긴장 가운데서 그의 신학 방법의 역동성을 나타냈던 것이다. 그러므로 웨슬리는 이런 독특한 방법으로 하나님 앞에 선 인간(man Coram Deo)을 이해하였다. 왜냐하면 그는 타락한 인간을 아담 때문에 죄인으로 보며 동시에 그리스도 때문에 은혜의 수혜자로 본다.

웨슬리에 의한 이 같은 접근 방식은 구원에 있어서 하나님의 은혜와 인간의 책임성 사이의 관계에 적용시켜 볼 때 그 의의가 크게 드러나게 된다. 이 점에 있어서 필자는 웨슬리가 신학에 대한 중요한 공헌을 하고 있다고 생각한다. 웨슬리는 빌립보서 2장 12-13절을 본문으로 한 "우리의 구원을 성취함에 있어서"(On Working out Our Own Salvation)라는 설교에서 "오직 은총으로만"(sola gratia)과 타락한 인간의 전적 부패의 개념을 주장했다. 그는 하나님의 은총이 없다면 인간이 선을 행할 수 있는 것은 아무것도 없다고 말했다. 그러나 웨슬리는 동시에 하나님께서 인간 속에서 역사하시기 때문에 그 사람은 일할 수 있으며, 또한 인간은 책임을 져야만 한다고 주장한다.

> 그렇습니다. 하나님께서 역사하지 않으시면 사람으로서는 죽은 자이기 때문에 하나님께서 그 죽음으로부터 인간을 살리시기 전에는 인간이 무슨 일이고 선을 행할 수는 없습니다. 그렇다고 하여 사람이, 계속 죄에 거하는 자들이, 핑계할 수는 없습니다…. 영혼이 본래 죄로 말미암아 죽었다는 것을 용인한다고 하더라도 그런 변명은 성립되지 않습니다. 왜냐하면 단순히 자연 상태에 머물러 있는 인간(state of mere nature)이란 하나도 없다는 것을 알기 때문입니다. 인간이 하나님의 영을 소멸하지 않는다면 하나님의 은총 밖에 홀로 서 있는 사람은 아무도 없기 때문입니다. … 당신은 당신에게 능력 주시는 그리스도를 통하여 무엇인가를 할 수 있습니다.[59]

이와 같이 주장함으로써 웨슬리는 펠라기우스주의에 빠지지 않고 인간 자신의 구원을 위한 인간의 책임을 주장할 수 있었다. 동시에 웨슬리는 칼빈주의가 직면한 난관에 빠지지도 않았다. 더 나아가 웨슬리가 주장한 하나님의 은총과 인간 사이의 협동(working relationship)은 반(半)펠라기우스주의 협동설(synergism)과도 구분된다. 왜냐하면 웨슬리는 "하나님께서 역사하시기 때문에 그러므로 당신은 일할 수 있습니다."[60]라고 주장하기 때문이다. 그러므로 콕스는 웨슬리의 견해를 "신단동설(神單動說)의 구조 속에서의 협동설"(Synergism in the framework of monergism)이라고 부른다.[61] 스타키는 또한 이것을 복음적 협동설(Evangelical Synergism)[62]이라고 말한다.

웨슬리는 우리가 고찰한 대로 그의 신학방법론의 역동성 때문에 이 같은 신학을 수립할 수 있었다. 웨슬리는 개혁자들이나 칼빈주의 그리고 바르트 같이 "은총으로만"(sola gratia)을 강조함으로써 생기는 은총의 신학자들의 고민을 해결할 수 있을 것이다. 더 나아가서 이 같은 방법론과 입장 때문에 웨슬리가 한편으로는 그 당시 모라비안주의(Moravianism)의 정숙주의(stillness)에서, 다른 한편으로는 로마 가톨릭 교회의 선행(good works)의 교리에서 타락한 인간에 대한 교리를 보호하며 견지하여 올 수 있었던 것이다.

또한 이 같은 접근 방법을 기독자의 생활(Christian life)의 교리에 적용시켜 볼 때 건설적인 공헌을 할 수 있을 것이라고 본다. 웨슬리는 죄의 심각성을 과소평가하거나 인간 본성의 악함을 과대평가하는 양극단에 빠지지 않고 기독자의 생활의 교리를 주장할 수 있었다고 생각하는 사실에 주목해야 한다. 왜냐하면 웨슬리에게 있어서 기독자의 생활은 죄의 문제를 심각하게 고려하지 않는, 즉 그저 기차가 철도 위를 달리듯이 저절로 죄를 안 짓고 살아가듯 안이한 것으로 보지는 않았다. 웨슬리는 분명하게 성화된 사람들에게도 그들이 인간으로서 지니고 있는 연약성(infirmities) 때문에 야기되는 무의식중에 짓는 죄의 결과를 심각하게 인식하고 있었다.[63] 따라서 웨슬리에게는 신자의 회개(repentance of believers)가 전적으로 필요하

다. 그러나 그는 죄의 심각성 때문에 비관주의에 빠지는 잘못을 범하지
도 않았다. 오히려 하나님의 은총의 역사 때문에 기독자의 생활에 대해서
낙관적인 태도를 취할 수 있었다. 왜냐하면 그는 끊임없이 역사하는 하
나님의 은총과 "그리스도의 중보의 기도"에 근거해서 자기의 죄를 회개하
며 살아가고 있는 하나님의 자녀에게 "계속적으로 적용되는" 그리스도의
대속의 보혈을 믿고 있기 때문이다.[64]

이 같은 신학적인 접근방식은 1767년에 그가 쓴 "신자의 회개"(The
Repentance of Believers)라는 설교에 잘 반영되어 있다. 여기에서 우리는 웨
슬리 신학의 저변에 깔려 있는 전제가 "죄가 많은 곳에 은혜가 더욱 넘쳤
다"[65]는 은총에 대한 강조라는 사실을 분명히 알 수 있다. 그리고 이 같
은 전제는 인간의 죄의 심각성과 더불어서 하나님의 은총의 역사하심을
동시에 강조하는 변증법적인 긴장(dialectical tension) 가운데 자리 잡고 있
다. 이것이 웨슬리 신학방법의 역동성이요 장점이라고 본다. 그러므로 웨
슬리에게 있어서 인간의 구원은 하나님의 은총으로 말미암아 시작되고
또한 지속되고, 마침내는 그 은총으로 말미암아 완성되는 것이다. 그러
나 인간은 "시간과 기회가 주어졌다면" 책임이 있는 것이다.[66] 그 외의 모
든 것에 대해서는 대제사장이신 그리스도와 신앙의 관계를 맺고 있다면
하나님께서 처리하여 주신다고 웨슬리는 믿었다. 웨슬리의 설교의 일부
를 들어보자.

"이와 같이 하나님의 자녀들에게 있어서 이 회개와 믿음은 서로 피차간에
대답하는 것입니다. 회개함으로 우리는 우리 마음속에 남아 있고 우리의
말과 행동에 고착된 죄를 느끼며, 믿음에 의하여 우리는 마음을 정결케
하며, 손을 씻어주는 그리스도 안에 있는 하나님의 능력을 믿습니다. 회
개는 우리로 하여금 우리의 모든 성정, 말, 행동은 아직도 형벌 받을 수밖
에 없다는 것을 느끼게 하며, 동시에 믿음은 하나님 앞에 우리의 대언자

가 우리를 위하여 늘 기도하고 계시므로 우리는 죄와 형벌을 우리에게 서
부터 다른 데로 돌리고 있음을 의식하게 됩니다. … 회개는 말합니다. "주
님이 없으면 나는 아무것도 할 수 없노라"고. 믿음은 말합니다. "나에게
힘주시는 그리스도 안에서 내가 모든 것을 할 수 있노라"고.[67]

이리하여 웨슬리에게 있어서는 "회개(곧 죄의 인정)와 믿음(곧 은혜의 역사에 대
한 확신)이 하나님의 나라에 들어가기 위하여 필요한 것처럼 우리가 은총
안에 계속 머무르며 장성하기 위하여서도 전적으로 필요하다."[68]

그러나 분명히 알 것은 웨슬리는 이 같은 긴장을 유지하면서도 사실은
은혜에 더 많은 강조를 가지고 있다는 점이다. 왜냐하면 "죄가 많은 곳에
은혜는 더욱 넘쳤기"(롬 5:20) 때문이다. 여기에 죄와 자연의 비관주의를 극
복하는 은총의 낙관주의가 자리잡고 있는 것이다.[69] 이런 점에서 웨슬리
는 루터와 신정통주의 신학자들과 구별되는 것이다. 타락한 인간에 대한
그들의 교리는 종종 기독자의 생활을 죄와 은총 사이에서 계속적으로 투
쟁하는 "죄인이며 동시에 의인"(simul Justus et peccator)으로 보거나 "불가능
한 가능성"(impossible possibility)으로 이해하고 있는 것 같다.

더 나아가서 우리는 웨슬리의 이 같은 접근 방법과 그 입장을 현대 신
학에 적용시켜 볼 때 또 하나 중요한 공헌을 할 수 있다고 본다. 예를 들
면 타락한 인간에 대한 웨슬리의 입장은 선교 신학에 건설적인 공헌을 할
수 있을 것이다.

첫째, 웨슬리의 신학은 인간의 죄의 심각성과 보편성을 인식하고 있기
때문에 구원받기 위하여서는 누구나 하나님의 은총을 받아야 한다고 주
장한다. 동시에 모든 사람 속에서 모든 사람을 위하여 역사하시는 하나
님의 값없이 주시는 은총을 알기 때문에 누구나 구원에 대한 가능성과 희

망을 가질 수 있다고 강조한다.

그러나 이렇게 함으로써 웨슬리는 하나님의 은총으로 모든 사람이 다 구원받게 될 것이라고 주장하는 만인구원설(Universalism)과 또한 하나님의 은총으로 몇몇 예정된 사람만이 구원을 받는다는 신 단독설(divine determinism)의 위험에 빠지지 않고, 오직 은총으로만(sola gratia)이라는 구원의 교리를 강조할 수 있는 것이다. 이것은 바로 타락한 인간이라고 해도 이미 은혜의 상태 아래 있기 때문에 그 은혜로 말미암은 책임성을 갖고 있다고 보는 웨슬리의 독특한 입장 때문이다.

그러므로 웨슬리는 모든 사람이 구원받을 수 있다는 소망을 강조하며 동시에 인간의 책임과 교회의 선교를 강조할 수 있다. 이런 점에서 웨슬리 신학은 루터 신학이나 바르트 신학이 가지는 딜레마에서 벗어날 수 있는 건전한 성서적인 기초를 제공해줄 수 있는 것 같다.

두 번째로, 웨슬리의 입장은 접촉점(point of contact), 즉 선교에 있어서 하나님(복음)과 인간(문화) 사이의 연속성과 불연속성의 문제에 놓여 있는 어려운 신학적 난관을 해결하는데 또 다른 건설적인 공헌을 할 수 있을 것 같다. 선교신학의 딜레마는 다음과 같다. 만일 하나님과 인간 사이의 연속성을 주장한다면 낭만주의자, 범신론자, 이신론자, 그리고 현대의 자유주의적인 인본주의자들처럼 자연과 은총을 동일시해버리는 잘못에 빠지기 쉽고, 반대로 하나님과 인간 사이의 불연속성을 주장한다면 종교개혁자나 바르트 또는 크레이머처럼 선교에 있어서 접촉점이나 대화의 공동기반 또는 변증적인 접근(apologetic approach)의 근거를 찾는데 난관에 부딪치게 되기 쉽다. 이것이 타문화권 선교(cross cultural mission)에서 직면하게 되는 쟁점인 것이다.

그러나 우리가 웨슬리의 입장과 그의 접근 방법을 충실히 따른다면 이 같은 딜레마에서 벗어날 수 있는 바람직한 해결책을 찾을 수 있을 것 같다. 왜냐하면 웨슬리의 접근 방법은 추상적인 추리 속에서 형성된 양자택일(either/or)이 아니라 은총과 자연 사이의 변증법적인 긴장을 유지하면서 이 둘을 창의적으로 종합(creative synthesis)하는 둘 다(both/and)의 상관관계(correlation)이기 때문이다. 하나님과 인간 사이의 긴장(불연속성)을 유지하면서 웨슬리는 하나님께서 먼저 시작하시고 이미 타락한 사람 속에서도 역사하고 계시다는 은총의 관점에서 접촉점을 찾고 있다. 그렇게 함으로써 웨슬리는 자연과 은총을 동일시해 버리지 않으면서도 선교에 있어서의 접촉점을 제공한다. 그리고 더 나아가서 그의 신학은 세상 속에서 하나님의 은총의 역사가 이미 시작되었다고 보기 때문에 선교의 근거를 발견할 수 있게 되어 선교에 있어서 희망과 용기를 주게 된다. 이리하여 웨슬리의 입장은 그 신학방법론이 가지고 있는 역동성이 잘 포착될 때 현대 선교신학에 바람직하고도 설득력 있는 해결책을 제공하게 될 것으로 본다.

웨슬리의 이 같은 접근방식과 입장을 잘 이해한다면 그 밖의 다른 현대 신학의 문제점들을 해결하는 데에도 건설적인 공헌을 할 수 있을 것이 아니겠는가! 아마 이 같은 것들이 오늘과 앞으로의 웨슬리 신학을 공부하는 신학도들에게 주어진 도전이요 의무라고 생각된다.

5
웨슬리의 구원론의 특징

I. 들어가는 말:

웨슬리 신학은 그 출발과 형성에서부터 특징을 지니고 있다. 웨슬리는 본인이 어떻게 하면 진짜 그리스도인(Altogether Christian)이 되느냐 하는 심각한 실존적인 탐구에서 마침내 '가슴이 이상하게 뜨거워지는 신앙 체험'을 하고 확신과 열정을 가지고 선교를 시작하게 되었다.

그러므로 그의 신학은 칼빈에게서 보이듯이 논리적인 개진을 통하여 형성된 것이 아니라 그의 설교의 광장에서 형성된 것이다. 그렇게 함으로 웨슬리는 추상적인 논리에 빠지는 과오를 범하지 않을 뿐 아니라, 전통적으로 이어 내려온 신학의 내용에 피와 살을 붙여서 산 신학(living theology)을 만든 것이다.[1] 사도 바울이나 초대 사도들이 하나님을 사랑하는 열정으로 복음을 전파하는 과정에서 신학을 개진한 것과 흡사하다.

웨슬리가 자신의 설교집 서문에서 말하고 있듯이, 설교를 통하여 성서에서 발견한 구원의 도리(the way to heaven)를 설명하려는 것이 그의 주요한 관심이었다.[2] 그러므로 웨슬리 신학의 핵심은 바로 구원론에 있다.

웨슬리는 인류의 구원이 하나님의 사랑 곧 구속의 은총에 의한 것임을 강조하였다. 구원은 오로지 하나님의 은총에 의하여 사람이 믿음으로 받는다고 강조하는 면에서 웨슬리는 칼빈과 다른 바가 없다. 그러나 웨슬리가 칼빈보다 더 하나님의 구속의 은총의 넓이와 깊이를 강조한다는 데서 구분된다. 또한 구원론에 있어 종교개혁자들이 의인을 강조하였다면, 웨슬리는 성화(sanctification)를 더 강조하였다. 사실 웨슬리의 구원론은 성화론 중심의 구원론이다. 윌리암 홀던(William Hordren)이 지적한 대로 웨슬리야말로 성화의 교리를 어느 신학자보다 강조하고 광범위하게 개진한 학자일 뿐 아니라, 이 성결의 복음을 통하여 18세기 영국 교회와 사회를 새롭게 한 전도자이다.

그러면 웨슬리가 칼빈과는 달리 하나님의 은총의 넓이를 어떻게 설명하였으며, 또한 은총의 깊이를 말하는 그의 성화론의 특징은 무엇인가를 살펴보기로 한다.

II. 모든 인류의 구원을 위한 하나님의 은총

스케빙톤 우드(Skevington Wood)가 지적한 대로 "웨슬리의 설교에서 종교개혁자들이 내세웠던 '은총으로만'(sola gratia)과 '믿음으로만'(sola fide)의 표어가 메아리쳤다."[3] 웨슬리는 복음을 말함에 있어 먼저 우리 자신이 죄인으로서 자기 자신의 힘으로는 자기 구원을 위하여 아무 일도 할 수 없는 무능력자라는 것을 인식시키고 다음으로 하나님의 은총을 제시하곤 하였다.

2.1. 자기를 스스로 구원할 수 없는 죄인

인간의 죄를 심각히 인지한 점에서 웨슬리는 칼빈과 맥락을 같이 한다. 웨슬리에 의하면 아담이 하나님께 불순종함으로 하나님께로 부터 받은 생명을 상실했고 영적인 생명의 관계를 상실했다. 아담은 전 인류를 대표하는 시조(primogenitor, federal head)이기에, 아담이 범죄하였을 때 그 영향은 온 인류에게 미쳤다. 따라서 인간의 이성과 의지와 자유의 기능은 부패되었으며, 하나님께 대한 인간의 사랑과 순종은 자기 사랑과 자기 의지로 대치되었다.[4] 그러므로 웨슬리는 모든 인간은 전적으로 부패했고 진노의 자식이 되었다고 보았다. '진노의 자식'이란 원죄의 죄책을 함축하는 말이다. 곧 "아담의 죄로 인하여 죄책이 모든 사람에게 전가되었다는 것을 부정할 수 없다."[5]

웨슬리는 변론하기를, 지금까지 어느 시대 어느 사람이든지 심지어 영아들까지도 죽음을 맛보았다는 사실은 이 사실을 입증하는 것이 아니냐고 하였다. 왜냐하면 죄로 인하지 않고서는 죽어야 할 이유가 없기 때문이다. 그는 만일 영아가 죄인이 아니라면 어떻게 그리스도가 온 인류의 구주가 될 수 있겠는가라고 하며 다음과 같이 반문했다. "만약 우리가 영아의 원죄를 부정한다면, 이것은 하나님께서 순전하고 죄책도 없는 피조물을 형벌하신다는 말이 되지 않는가? 그러므로 영아도 원죄를 물려받은 죄인이며, 따라서 그리스도가 없다면 멸망 받을 수밖에 없다고 말해야 할 것이다."[6]

웨슬리는 여느 학파 못지않게 인간의 죄를 강조한다. 그는 원죄를 인정하는 것이 이방 종교와 기독교를 구분하는 첫 근거(the first ground)라고 하였다.[7] 그리고 이 진리는 은혜를 받은 영안(grace healed eyes)에만 알려진 진리요, 이방인들은 자기의 죄와 부패를 깨닫지 못한다고 했다. 그러기에 웨슬리는 '은총만이요'(sola gratia)를 주장하는 정통신학자이다. 일부에서 웨슬리가 인간의 자유의지를 말한다 하여 그를 마치 펠라기우스주의자나 인본주의 신학자라고 하는 것은 웨슬리를 올바로 이해하지 못한 데서 나오는 말이다.

그러면 웨슬리는 그 당시의 칼빈주의자들과 어떻게 다른가? 이에 대하여 웨슬리는 죄를 강조하는 면에서는 칼빈주의의 끝(very edge of Calvinism)에 이르렀다고 했다.[8] 차이가 있다면, 하나님께서 은총을 어떻게 역사하시느냐(how to operate)에 있어 머리칼 하나의 차이(a hair's breadth difference)가 있을 뿐이라고 했다.[9] 그러므로 이제 웨슬리가 개진한 은총관의 특징을 살펴보고자 한다.

2.2. 선행하는 하나님의 은총과 인간의 책임

위에서 언급한 대로, 구원에 있어 하나님의 은총을 강조함에 있어서 웨슬리는 칼빈과 입장을 같이한다. 우리는 칼빈주의가 하나님의 은총을 강조함에 있어서 큰 공헌을 했다는 것을 잊어서는 안 된다. 사실 칼빈이 신학을 수립할 때는 르네상스의 영향 하에 중세기의 신중심적 신앙 문화를 대치하기 위한 인본주의 운동이 확산될 때였다. 고전적 칼빈주의는 이런 흐름에 강하게 반대하여 하나님의 은총을 강조한 것이다. 그러나 고전적 칼빈주의가 칼빈주의의 5대교리를 중심하여 이중예정론으로 하나님의 은총의 역사를 설명하는 데 있어서, 구원이란 하나님의 일방적인 결정에 따르는 것일 뿐이기에 마치 인간에게는 아무 책임이 없는 것처럼 여겨지고 말았다. 웨슬리는 이를 수용할 수가 없었다.[10] 웨슬리는 '하나님의 온전한 가르침'(the whole council of God)을 설교하기 위해서는 하나님의 절대 주권과 인간의 책임과의 관련이 분명히 있어야 한다는 것을 깨달았다. 그런 면에서 웨슬리는 하나님께서 은총을 어떻게 역사하시느냐에 있어 머리칼 하나의 차이를 갖게 되었던 것이다.

그러면 웨슬리는 하나님의 은총의 역사를 어떻게 보았는가? 웨슬리는 설교의 광장에서 인간을 구속론적 구조(soteriological setting)에서 보았다. 그는 인간은 이미 선행적 은총의 역사 아래 있기에 타락한 인간도 이미 은혜의 계약(a covenant of grace) 아래 살고 있다고 본 것이다. 웨슬리에 의하면 선행적 은총에 의하여 곧 그리스도의 의로 말미암아 원죄의 죄책은 인간이 태어나자마자 제거되었으며, 모든 사람에게는 초자연적으로 약간의 자유의지가 회복된 것이다.[11]

여기에 있어서 우리는 웨슬리가 말하는 선행적 은총이 칼빈주의가 말하는 일반적 은총과 아주 흡사한 것을 발견하게 된다. 그러나 칼빈주의의 일반 은총은 특별은총(special grace 또는 saving grace)과 단절되어 있는 데 반해, 웨슬리는 은총의 역사의 계속성을 주장하면서 선행적 은총을 하나님의 구원코자 하시는 은총의 역사의 시작으로 본다. 그리하여 웨슬리에 의하면, 선행적 은총은 깨우치는 은총(convincing grace, repentance), 의롭게 하는 은혜, 거룩케 하는 은혜 그리고 영화롭게 하는 은총으로 이어지면서 역사하시는 것이다.[12]

더 나아가 웨슬리는 하나님의 은총을 하나님이 값없이 주시는 사랑(은혜)으로 볼뿐만 아니라 동시에 사람에게 하나님께 호응할 수 있는 능력(gracious ability)을 부여하는 것으로 본다.[13] 곧 하나님의 은혜를 인간의 호응을 요청하는 은혜(Responsible grace)라고 보는 것이다. 그러므로 하나님이 은총으로 역사하시기에, 사람은 할 수 있고 따라서 사람에게는 하여야만 할 책임이 있다라고 웨슬리는

주장한다.[14]

그러므로 웨슬리가 인간의 책임을 말하는 근거는 결코 펠라기우스주의(Pelagianism)적인 인본주의에 있지 않다. 반 펠라기우스주의(Semi-Pelagianism)적 입장도 아니다. 그의 입장은 하나님의 절대주권 하에서, 곧 하나님이 홀로 은총으로 역사하신다는 테두리 안에서의 신인 협동을 말하는 것이다. 스타키(L. M. Starkey)는 이를 복음적 협동설(Evangelical synergism)이라고 불렀다.[15]

여기에서 우리는 웨슬리가 설교의 도장에서 개진한 신학의 강점을 엿볼 수 있다. 즉 신학은 형식 논리에 따라 추리할 때에 결론이 양자택일 곧 Either Or에 필연적으로 귀착된다. 그러나 웨슬리는 설교의 도장 곧 인격적인 대화의 관계에서 신학을 개진함으로써 양자의 주장을 모두(Both and) 포괄하는 결론에 이를 수가 있었던 것이다. 다시 말하면, 로저스(Charles A. Rogers)가 지적한 대로 "자연과 은총은 별개이지만 웨슬리는 이들을 생명력 있고 기능적인 관계를 갖고 있는 것으로 이해하고 있는 것이다."[16] 이 같은 접근방식은 웨슬리 신학의 방법론이 가지는 특색으로 나타난다. 이것이 웨슬리의 신학방법의 역동성이다. 그리고 만일 이것이 무시된다면 웨슬리의 입장에 대한 해석은 필연적으로 모호해지거나 타협하게 되어 웨슬리를 정당하게 다루지 못하는 결과를 가져올 것이다.[17] 웨슬리는 이런 독특한 방법으로 하나님 앞에 선 인간(man Coram Deo)을 이해하였던 것이다. 그는 타락한 인간을 아담 때문에 죄인으로 보며 동시에 그리스도 때문에 은혜의 수혜자로 본 것이다.

웨슬리에 의한 이 같은 접근방식은 구원에 있어서 하나님의 은혜와 인간의 책임성 사이의 관계에 적용시켜 볼 때 그 의의가 크게 드러나게 된다. 또한 이 점에 있어 웨슬리는 칼빈주의와 대조적인 입장을 취하고 있는 것이다.

고전적 칼빈주의에 의하면, 구원은 하나님의 무조건적인 예정으로 시작한다. 그러므로 사람이 구원을 받고 못 받는 것은 전적으로 하나님의 결정에 있는 것이요, 사람에게는 책임이 없다. 그리하여 믿음은 예정된 자에게만 주시는 하나님의 선물인 것이다. 그 후에야 믿음의 선물인 회개[18]를 통하여 주님을 닮아가는 성화에 들어간다. 따라서 칼빈주의에 있어서의 구원의 순서는 ① 중생, ② 믿음, ③ 회개, ④ 회심의 순이다. [19]

그러나 웨슬리의 신학에 있어서는 위에서도 말했던 것처럼 구원은 하나님의 선행적 은총의 역사로 시작한다. 이 은총에 의하여 사람은 자기의 죄를 깨닫는 회개를 할 수 있게 되며, 이 회개와 믿음으로 중생의 은혜를 받게 되는 것이다. 이와 같이 웨슬리에 있어서는 회개가 믿음에 선행하는 것이다. 그에 의하면 회개는 하나님의 선행적 은총의 역사 가운데 자신의 죄를 깨닫고 하나님의 진노에서 피하고자 욕망하는 것이다. [20] 웨슬리에 있어서 이 회개는 불가항력적인 하나님의 은혜가 아니다. 이 하나님의 은혜를 활용하느냐 안하느냐는 사람의 책임인 것이다. 이런 면에서, 사람이 자기 힘으로는 구원을 받을 수 없는 존재이지만, 동시에 자기 운명을 결정하는 책임은 자기에게 있는 것이다. 우리는 회개라는 두 팔로 선물로 주시는 믿음과 은혜를 받아들여야 하는 것이다. 따라서 웨슬리의 전도 메시지는 '회개하고 복음을 믿으라'는 것이었다. [21]

2.3. 모든 인류를 위한 예수 그리스도의 대속

웨슬리가 강조하는 만인을 위한 은총의 개념은 그의 그리스도의 대속관에서 더 강하게 나타난다. 곧 웨슬리는 하나님의 은혜를 그리스도의 대속과 연관시켜, '예수 그리스도는 모든 인류를 위하여 십자가에서 죽으셨다'고 강조한다. 그리스도의 대속으로 인해 "아담으로 말미암아 잃어버린 모든 것이 그리스도 안에서 회복될 수 있도록 하나님의 은혜가 모든 사람에게 주어진 것"이라고 웨슬리는 말한다.[22] 이는 모두에게 값없이 주시는 하나님의 은혜이다.

이 점에서 웨슬리는 이중예정론에 근거하여 제한된 그리스도의 대속을 주장하는 칼빈주의를 비판한다. 웨슬리는 인간의 구원이 하나님의 은총으로만 가능하다고 강조하는 데는 칼빈과 의견을 같이한다. 칼빈주의에 의하면 하나님의 단 일회적인 하나님의 결정(an immutable and eternal decree)에 의하여 어떤 이들은 구원으로, 어떤 이들은 유기(멸망)로 정해졌다고 주장한다. 그러므로 그들에 의하면 그리스도의 대속은 오로지 구원으로 예정된 사람들을 위한 제한된 대속(limited Atonement)이다.

이에 대하여 웨슬리는 그의 설교 "값없이 주시는 은혜"[23]에서─만약에 그런 제한된 대속이 사실이라면, 우리가 모든 사람에게 전도하는 것이 헛수고가 아니겠는가? 모든 사람에게 영혼의 구원을 위하여 설교할 수 없지 않은가? 그러면 기독교가 모든 사람의 종교가 될 수 없지 않은가? 이런 교리는 성도가 선을 행하기 위하여 열심을 내지 않게 할 것이 아닌가? 더 나아가 이중예정론은 하나님의 거룩함을 손상시키며, 예수님을 위선자와 사기꾼으로 모욕하는 결과가 될 것이다라고─반대하였다. 웨슬리는 또 다른 곳에서는 성경에 게시된 하나님의 말씀들을 열거하면서 이중예정론과 제한된 대속설을 비판하고 하나님의 은혜가 모든 인류를 위한 것이라고 강조하였다.[24] 그러면서 하나님은 그리스도 안에서 모든 믿는 자를 구원하시기로 정하셨다고 주장하였다.

이와 같은 웨슬리의 주장은 하나님의 은혜로 인하여 사람이 하나

님께 응답할 책임이 있다는 주장과 함께 전도의 필요성을 강조하게
한다. 그의 가슴의 뜨거운 구령열은 바로 이런 신학에 뒷받침되어
'세계는 나의 교구'라고 외치며 만민에게 그리스도의 복음을 전파
하는 전도로 옮겨졌다.

III. 설교의 핵심인 성화(성결)와 기독자 완전

그러면 웨슬리의 설교에 나타난 핵심 메시지는 무엇인가? 웨슬리
는 다음과 같이 말하였다.

> 나는 거듭거듭 아주 쉽게 우리가 주장하는 교리들이 무엇인가를 외쳤습
> 니다. 바로 … 이 교리들에 의하여 우리들은 이교도, 그리고 명목상의 신
> 자(nominal Christians)와 구분됩니다. 이 교리는 우리가 말하는 모든 교리를
> 포함합니다. 이 주요 교리는 회개(Repentance), 믿음(faith), 성결(holiness)의
> 교리입니다. 회개가 마치 종교의 현관과 같다면 믿음은 문과 같고, 성결
> 을 종교 자체입니다. … 여기서 종교 자체라는 것은 곧 마음과 정성과 뜻
> 을 다하여 하나님을 사랑하고 우리의 이웃을 우리의 몸과 같이 사랑하는
> 것입니다.[25]

웨슬리가 주장하는 메소디스트의 표적은 바로 성결, 곧 "마음과
생활의 성결"을 주장하는 구원론에 있었던 것이다. 웨슬리는 "이
교리야말로 하나님께서 메소디스트에게 부여하신 거대한 기탁물
(the grand depositum)로서, 하나님께서 이것을 전하기 위하여 우리 메
소디스트를 일으키신 것으로 안다"[26]고 했다. 그러면 웨슬리가 가
르친 성화론의 특징은 어떤 것인가?

3.1. 성화는 점진적이요 또한 순간적인 것으로, 믿음으로 말미암아 이루어진다.

성화(성결)의 과정에 대하여, 웨슬리는 로마 가톨릭의 입장을 비판하면서, 이는 사람의 행위나 공로에 의한 것이 아니라 하나님의 은혜로 인하여 믿음으로 말미암아 이루어지는 것이라고 강조한다.

다른 한편 당시의 모라비안파들은 은혜를 신비주의적으로 주장하면서 사람이 거듭나는 순간에 아주 완전히 성화되어 더 이상 성장의 여지가 없는 것이라고 주장하였다. 웨슬리는 이에 반론을 제기하면서, 마치 어린이가 점진적으로 성장하는 것처럼 거듭난 신자도 점진적으로 성장하는 것이라고 주장하였다. 이것은 그가 인간이 거듭난 후에도 아직 내재적인 죄가 남아 있다고 보며, 또한 성화에는 단계가 있다고 보기 때문이었다.

이런 면에서 웨슬리는 당시의 칼빈주의자들의 바탕에서 성화론을 개진하고 있음을 알게 된다. 그러나 그는 거기에 머무르지 않았다. 그는 점진적인 성장 과정에 순간적인 요소가 결합되어 있음을 말하였다. 사람이 점진적으로 죽음에 이르지만 그에게 죽는 순간이 있듯이 신자가 이 체험에 도달하는 한 순간이 있다고 본 것이다.[27] 그리하여 웨슬리는 성화의 점진적인 과정에 하나님의 직접적인 역사로서 보다 고차원적으로 끌어올려지는 단계가 있다고 보았다. 웨슬리에 의하면, 성화는 ① 회개와 믿음으로 신생함과 함께 시작되며(이를 그는 초기의 성화, Initial sanctification라고 부른다), 그 과정에서 ② 신자의 회개와 믿음으로 온전한 성화(Entire sanctification, 이를 흔히 성결이라고 부르기도 한다)에 이르고, 마침내는 ③ 영화(glorification)의 순간에 완결된다고 보았다. 동시에 그는 강조하기를 ④ 성화의 과정(process of sanctification)은 그 시작부터 이 목표를 향하여 목적론적

(teleological)으로 계속 성장하는 것이라고 하였다. 이와 같이 그는 각 학파의 좋은 점들을 창의적으로 종합하고 있다.

성화의 과정에 순간적인 단계가 있다고 하는 웨슬리의 주장은 성화가 인간의 수양으로 되는 것이 아니라 하나님의 은혜의 역사로 이루어지기 때문에 가능하다. 또한 신자가 이 땅 위에 살고 있는 현재 여기(here and now)에서도 순간적인 성화의 체험을 기대할 수 있다고 하였다. 이러한 점에서 웨슬리를 은혜의 낙관론자라고 할 수 있으며 그의 성화론이 칼빈주의의 성화론과 구분되는 것이다. 동시에 이러한 웨슬리의 주장은 신학적 논쟁을 불러일으키기도 하였다. 이제 이 논쟁의 핵심점을 좀 더 자세히 살펴보도록 하자.

3.2. 온전한 성화(성결)는 동기와 사랑에서의 완전이다.

웨슬리는 온전한 성화의 효과(effect)에 대하여, 신자가 온전한 성화의 단계에서 모든 내재적인 죄에서 씻음을 받으며 하나님의 부르심에 종사하기에 합당한 능력을 받는다고 주장한다. 그러므로 이를 기독자의 완전이라고 부르기도 하였다.

당시에 칼빈주의자들은 신자가 육을 가지고 있는 한은 죄에서 벗어날 수 없다고 전제하였다. 이들은 이 땅 위에 살고 있는 동안 인간은 무지, 실수의 가능성 등 연약성(infirmities)을 지니고 있기에 죄인일 수밖에 없다고 단정한다.[28] 그들은 인간의 연약성 자체를 죄로 간주하기 때문이다. 그러므로 성화를 통한 죄에서의 씻음에 대하여는 부정적이다. 그들은 웨슬리가 '온전한 성화'를 말하며 '죄에서의 온전한 씻음'을 주장하는 것을 맹렬히 공격했다. 그러므로 우리는 웨슬리가 말하는 '온전한 성화 또는 기독자 완전'이 무엇을 의미하는가를 똑똑히 살펴볼 필요가 있다.

웨슬리는 온전한 성화의 효과의 적극적인 면만 말하는 것이 아니라 소극적인 면도 말하고 있다. 이것이 논리적인 것이 아니겠는가? 예를 들어서, 방 안이 밝아졌다고 하면, 이는 빛이 들어와 방 안을 밝게 한 것이며 동시에 어둠이 사라진 것이 아니겠는가? 초대 사도들이 성령충만을 받음으로 능력을 받았으나 동시에 그때 믿음으로 마음의 청결함을 받았다는 면도 있었다는 것을 간과해서는 안 된다.[29] 그렇다면 신자가 온전한 성화를 통하여 죄가 없는 천사처럼 된다는 말인가? 웨슬리의 말은 그런 것이 아니다.

웨슬리가 죄에서의 씻음을 말할 때, 그것은 신자가 지니고 있는 연약성에서 벗어나, 실수, 무지, 타락의 가능성에서의 완전 자유를 의미하는 것이 결코 아니다.[30] 그런 까닭에 웨슬리가 말하는 완전은 철학적 완전이나 '절대적인 완전'이 아니라 성서가 요구하는 '그리스도인의 완전', 곧 '성서적 완전'이요 '상대적인 완전'인 것이다.[31] 신자가 인간의 연약성에서 자유를 얻은 절대적 완전은 영화의 순간에서 이루어지는 것이다. 이 점에서 웨슬리는 칼빈주의와 다를 것이 없다.

그러나 웨슬리는 목회적 측면에서 이 '완전'을 '상대적인 완전'과 '절대적 완전'으로 구분하여 설명한다. 신자는 이 상대적인 완전 곧 온전한 성화의 은혜를 죽기 전에도 추구하여야 한다고 주장한다. 웨슬리는 이런 은혜에 대하여 바로 성서가 약속하고 있고 권고하고 있다는 것, 그리고 주님과 사도께서 신자가 이 은혜에 이르도록 기도하고 있다는 것을 강조하며 성구를 인용하고 있다.[32] 또한 오순절의 성령충만을 체험한 신자들의 변화에서 입증되듯이, 이 은혜를 체험한 증인들이 있다는 것을 말하고 있다.[33]

위에서 언급한 대로 웨슬리가 말하는 '기독자의 완전'이란 인간의 연약성을 가지고 있는 그대로의 인간으로서의 완전이다.[34] 웨슬리는 인간이 지니고 있는 불완전한 것들, 곧 무지, 실수의 가능성 등 인간의 연약성이 죄를 짓는 계기를 마련하지만 그 자체를 죄라고 볼 수 없다고 믿었다. 이 점에서 칼빈주의자들과 생각을 달리하는 것이다. 사실, 유한한 것을 죄로 보는 것은 희랍의 이원론에서 기인한 것이지 성서적 견해는 아니다. 하나님이 유한한 피조물을 보시고 '좋았더라' 하셨지 악하다고 하시지 않은 것과도 같다.

웨슬리는 「기독자 완전」이라는 저서에서 말하기를, 기독자 완전은 어떤 견지에서 보면 의도의 순수성(purity of the intention) 또는 마음의 할례를 의미하는 것이요, 또 다른 각도에서 볼 때 이는 온전한 성별(full consecration)이며, 그리고 또 다른 각도에서 볼 때 이는 완전한 사랑이라고 했다.[35] 그 본질을 '순전한 사랑' 또는 '완전한 사랑'으로 설명하는 것이 가장 적절하다고 보았다. 사랑은 소극적인 의미에서는 죄적인 것을 모두 추방하며, 적극적인 의미에서는 사람의 마음을 채워 사람의 모든 말과 행동을 지배하는 것이다.[36] 그러므로 성서가 말하는 기독자 완전의 전부는 바로 완전한 사랑, 곧 마음과 뜻과 정성을 다하여 하나님을 사랑하고 또한 이웃을 사랑하는 것이다.[37]

이와 같이 웨슬리는 기독자 완전을 하나님과의 신앙의 관계, 또는 동기에서 이해한 것이다. 행동의 결과에서의 완전을 말한 것이 아니다. 곧은 나무 막대기가 물속에 비친 것이 마치 구부러진 듯 보이듯이, 사람의 동기가 아무리 순수하더라도 그가 인간의 연약성을 지니고 있는 한 그 행동의 결과가 완전할 수는 없는 것이다. '기독자의 완전' 또는 '성결'을 이와 같이 이해한다면 이 교리에 대한 많은 오해를 제거할 수 있다. 곧 사랑이라는 것은 정적(static)인 것이 아니고 동적인 인격적 관계에서 이해되는 것이기 때문이다. 사실 사랑의 실재는 인격적인 결단과 관계에서만 이해되는 것이다.

은혜나 죄를 물건처럼 생각하여(thing-thinking approach) 이해하면 안 된다. 하나님과의 동적인 관계에서 이해하여야 한다. 그럴 때 우리는 웨슬리가 말하는, 성결에서의 소극적인 면과 적극적인 면, 그리고 완전하지만 동시에 더 성장하여야 되는 성결의 성격을 포괄적으로 이해하게 된다. 곧 사랑은 '순수'한 것이다. 그러나 동시에 무한히 성장하는 것이다. 바울이 데살로니가에 있는 신자들의 '사랑의 풍요함'을 인하여 감사하면서, 동시에 그 사랑이 더욱 많아 넘치기를 위해 기도한 것처럼,[38] 기독자 완전은 완전한 것이나 동시에 부단히 더욱 완전으로 나아가야 하는 완전인 것이다.

또한 사랑이라는 것은 윤리적인 것이다. 그러므로 완전한 사랑으로 표현되는 성결 또는 기독자 완전은 윤리적으로 나타나야 한다. 웨슬리가 말하는 성결은 마음과 생활에서의 성결이지 신비적인 것이 아니었다. 따라서 웨슬리가 강조하는 성결론은 전도와 봉사 곧 홀리시틱한 전도(Holistic Evangelism)의 원동력이 되었다.

3.3. 성결은 전도와 사회봉사의 원동력이다.

이와 같이 성결 또는 기독자 완전의 본질을 사랑으로 보며 강조하는 웨슬리에게 있어서 성결은 사회적 성격을 띠고 있다. 웨슬리는 다음과 같이 말하였다.

> 그리스도의 복음은 단순히 종교를 말하는 것이 아니라 사회적 종교(social religion)를 의미한다. 마찬가지로 단순한 성결은 없고 사회적 성결(social holiness)이 있을 뿐이다. 기독자 완전의 길이와 넓이 그리고 깊이와 높이는 바로 '사랑으로 역사하는 믿음'이다. 사실에 있어, 자기 형제를 사랑하되, 말로만이 아니라 그리스도께서 사랑하셨듯이 사랑하는 자는 그 누구

나 '선한 일'에 열심을 아니 낼 수 없다. 그의 영혼에는 형제들을 위하여 사역하고 함께 있어 주기를 열망할 것이다. … 그리하여 그는 기회가 있을 때는, 주님이 그랬듯이, 선한 일을 하려고 할 것이다.[39]

웨슬리에 의하면 사랑의 행동은 곧 하나님에 대한 우리의 사랑이 이웃을 향한 사랑으로 나타난 것이다. 행동으로 이어지는 사랑을 떠나서의 성결이란 무의미하다. 그대가 하나님을 사랑한다면 하나님께서 원하시는 일을 행하여야 할 것이 아닌가. 하나님의 사랑은 폭넓은 사랑(comprehensive love)이다. 따라서 우리의 사랑도 그러한 사랑이라야 한다. 그러므로 메소디스트는 첫째로 복음을 전파하여야 하며 또한 사랑의 봉사를 하여야 한다고 웨슬리는 주장하였다. 그리하여 메소디스트는 전도와 아울러 경제적으로 어려운 자들을 도와주며 공장 사역과 교육을 통하여 어두운 사회를 밝게 변화시키는 일을 하였다. 웨슬리는 당시의 노예 문제, 감옥의 상태, 가진 자들의 착취 행위 등에 대하여 항변하기를 주저하지 않았다. 웨슬리는 메소디스트는 교회와 사회를 변화시키는 성결의 누룩의 역할을 해야 한다고 믿었다. 성결에 대한 이와 같은 웨슬리의 강조는 그의 전도와 사회참여를 통하여 18세기 영국 전역에 크나큰 영향을 끼쳤다.[40]

3.4. 성결은 믿음으로 순간순간 주를 의지함으로써 유지되는 완전이다.

웨슬리의 주장대로 성결한 신자도 무지, 실수의 가능성 등 인간의 연약성을 지니고 있다고 했을 때 제기되는 문제가 있다. 어떻게 성결(정결)한 상태를 유지할 수 있느냐 하는 문제가 그것이다.

이 점에 있어서 많은 학자들이 웨슬리가 불가능한 가능(impossible possibility)를 말한다고 비판한다. 웨슬리는 주장하기를, 성결한 신자는 무지, 실수의 가능성 등 인간의 연약성을 지닌 인간임에도 불구하고 하나님 앞에 정죄함 없이 거룩한 자(성도)로 설 수 있다고 말한다. 과연 사람이 그런 연약성을 지니고 죄악 세상에서 살려면 범죄하지 않을 수 있다는 말인가? 사실상 범죄하지 않을 수 없는 것이다. 그러므로 그들은 웨슬리의 성결론은 하나의 이상에 불과하다고 말한다. 이에 대하여 어떤 성급한 성결론자들은 '실수는 죄가 아니다'라고 변명을 하기도 하였다. 그러나 이는 양자 모두 웨슬리를 올바로 이해하지 못한 데서 나오는 변론이다. 웨슬리의 신학 방법론을 이해하지 못하고서는 이런 질문이나 반론에 답할 수 없다.

웨슬리는 그의 설교에서 사람들이 고의적으로 짓는 죄 곧 유의적 죄(자범죄, The voluntary transgression of the known law of God)를 주로 지적하고 회개를 촉구했다. 당연한 일이다. 그러나 웨슬리는 신자가 무의식중에 범하는 허물도 죄라고 인정한다. 이를 전자와 구분하여 '무의적 죄'(The involuntary transgression of the perfect law of God)라고 불렀다.[41] 이 죄는 자신이 알았던 몰랐던 간에 하나님의 법(the perfect law of God, known or unknown)을 범한 허물이다. 이 죄도 예수 그리스도의 보혈의 효험 없이는 하나님의 형벌을 면할 수 없다고 웨슬리는 말한다.[42] 혹자가 웨슬리는 자범죄만 인정하고 무의적 죄는 죄로 인정하지 않았다고 말하는 것은 잘못이다. 그렇다면 어찌 사람이 죄를 범하지 않고 살아갈 수 있단 말인가? 그렇다. 웨슬리에 의하면 성결의 은혜를 받은 완전한 기독자(the perfect)도 그들의 연약성으로 인하여 무의식중에 죄를 짓는다는 것이다. 그러므로 아무리 완전한 자라도 "우리의 죄를 사하여 주옵소서"라는 기도를 드려야 한다고 웨슬리는 말한다.[43]

그러면 웨슬리의 견해가 신자는 의롭다 함을 받아도 동시에 죄인
(Simul justus et pecattor)이라는 루터의 주장과 같다는 것인가? 신자
는 성결한 상태를 유지할 수 없다는 말인가? 이에 대해서 양자의
입장이 아주 흡사한 것을 발견한다. 그러나 사실은 다르다. 웨슬
리는 논리적인 추리나 추상적인 접근(speculative approach)으로 설명
하지 않는다. 그는 자신의 신학적 인간론에서 그랬던 것처럼 구속
론적인 콘텍스트에서 무의식중에 범죄하는 신자의 무의적 죄를 다
루고 있는 것이다. 따라서 성결한 자는 대제사장이신 그리스도를
순간순간 의존하는 순간 그가 무의식중에 범하는 죄(허물)는 하나
님의 은혜로 인하여 씻겨지기 때문에 성결을 유지하게 된다는 것이
다.[44] 우리가 빛 가운데 거하면 예수 그리스도의 보혈이 우리를 죄
에서 계속 씻으시는 것이다. 웨슬리는 '신자의 회개'라는 설교에서
다음과 같이 말하고 있다.

> 당신을 사랑하여… 당신의 죄를 그의 몸으로 친히 감당하신 예수를 계속
> 하여 믿으시오! 그는 항상 효험 있는 그 보혈로 인하여 당신을 모든 정죄
> 함에서 구원하십니다. 이리하여 우리는 의롭다함을 받은 상태에 계속 머
> 무르게 됩니다. … 그래서 우리는 이렇게 고백합니다.
> "주여, 나에게는 순간순간 당신의 죽으심의 공로가 필요합니다.
> 그러나 또한 우리는 믿음의 확신을 가지고 다음과 같이 외칩니다.
> 주여, 나에게는 순간순간 당신의 죽으심의 공로가 효험됩니다."
>
> 우리는 예수님의 생애와 죽음, 그리고 우리를 위한 그의 중보의 기도를
> 믿음으로 말미암아 순간순간 새로워져서 아주 깨끗해지기 때문입니다.
> 그리고 우리에게는 지금 징죄함이 없을 뿐만 아니라 또한 주님께서 우리
> 의 마음과 생활을 깨끗하게 씻으시므로 전에 있었던 형벌에 대한 두려움

도 지금은 없기 때문입니다.

　바로 이 같은 믿음으로 말미암아 우리는 순간순간 우리 위에 머물러 있는 그리스도의 능력을 느낍니다. 이 믿음에 의해 우리는 영적 생활을 계속할 수 있습니다.[45]

　웨슬리는 무의식중에 범하는 허물(죄)과 믿는 자에게 효험 되는 그리스도의 보혈의 효험과의 사이에 긴장을 유지하면서, 하나님의 은혜가 더 풍성함을 강조한 것이다. 바울이 "죄가 더 한 곳에 은혜가 넘치나니 … 우리는 예수 그리스도로 말미암아 영생에 이르게 하려 함이라"고 한 것처럼 웨슬리도 그렇게 보았다. 웨슬리는 하나님의 은혜의 역사를 칼빈주의자들보다는 보다 더 깊이 그리고 다이나믹하게 본 것이다.

　이러한 이해와 강조의 차이는 우리의 생명력 있는 눈(eyes)과 물질인 안경에 적절히 비유된다. 안경은 아무리 철저히 물로 닦아서 써도 조만간 먼지가 앉는다. 그러므로 도저히 안경의 청결함을 유지할 수 없다고 결론지어야 할 것이다. 물질을 다루듯이 이 교리에 접근하면, 신자는 순간적으로 씻음을 받는다 할지라도 그 성결을 유지할 수 없는 죄인이라는 결론이 내려질 수밖에 없을 것이다. 그러나 살아있는 사람의 눈은 먼지가 들어옴에도 불구하고 그 눈은 정결한 상태를 유지한다. 그것은 먼지가 눈에 안 들어와서가 아니라 눈에는 눈물이 항상 흘러 먼지를 씻고 있기 때문이다. 성결한 자가 자신의 연약성 때문에 무의식중에 죄를 범한다 하더라도 그가 그리스도를 계속 의지함으로 주의 보혈의 계속 씻음을 받아 성결함을 유지할 수 있다는 웨슬리의 이해는 바로 이렇게 설명될 수 있을 것이다.

그러므로 웨슬리가 말하는 성결한 삶은 신자가 자기 안에 아직도 남아 있는 내재적인 죄와 자기 무능을 회개하며 예수를 믿음으로 온전히 성결해질 뿐 아니라, 바로 그 믿음으로순간순간 주를 (회개와 믿음으로) 의지하고 걸어감으로 유지되는 성결이다. 따라서 성결은 그리스도 중심의 삶이다. 이는 소극적 의미에서 그가 하나님 앞에 두려움 없이 서게 할 뿐 아니라, 적극적인 면에서는 그리스도를 본받아 살아가는 헌신과 사랑의 삶인 것이다.

3.5. 성결은 교회 갱신과 부흥의 원동력이 된다.

이와 같이 웨슬리가 그의 구원론에 있어 성화론을 강조함으로 신자와 교회의 생활에서 새로워질 것이 촉구되었다. 18세기의 교회의 갱신과 사회 변화는 바로 이 효과를 역사적으로 증명한다.

웨슬리가 주장한 온전한 성화(성결) 또는 기독자의 완전은 신자를 향한 도전이었다. 신자는 모름지기 초보의 믿음에 머물지 말고 완전한 데로 나아가야 한다. 하나님 앞에 깨끗할 뿐 아니라 더 많은 사랑의 생활로 나아가야 한다. 이런 설교의 메시지는 18세기 영국 교회와 사회를 부흥케 하였다. 그리고 19세기 미국에서의 성결-오순절 운동에서 다시 꽃을 피웠다. 이런 성결의 메시지는 명목상의 신자들로 하여금 성령충만의 생활을 추구하게 하였다. 이 성결의 메시지는 명목적인 신자들로 가득 차 있는 오늘의 교회에 큰 도전과 호소가 될 것이다.

IV. 맺는말

웨슬리 신학은 하나님의 은총에 감격하여 설교하는 도장에서 형성된 것으로, 그의 신학과 설교 메시지의 핵심은 두 가지로 요약된다.

첫 번째로, 웨슬리는 하나님의 구속의 은총은 모든 사람을 위한 것이라고 주장했다는 것이다. 그러므로 웨슬리는 '세계를 나의 교구로 여긴다'고 하면서 모든 사람에게 전도할 것을 강조하였다. 또한 하나님의 은총의 선행적이요 계속적인 역사로 인하여 인간은 죄인임에도 불구하고 복음을 받아들여야 할 책임이 있다고 강조했다. 따라서 웨슬리는 칼빈주의의 이중예정론을 비판하였다. 그리고 하나님의 은총을 강조하고 동시에 사람의 책임을 주장한 것이다.

두 번째로, 웨슬리는 하나님의 구원의 은총을 외치되 사람과 교회 및 사회를 변화시키는 성결론을 중심하는 구원을 외쳤다는 것이다. 웨슬리는 은총의 낙관주의자로서, 신자는 이 땅 위에 살고 있는 동안에도 하나님의 은혜로 인해 내재적인 죄에서 씻음을 받을 수 있을 뿐 아니라, 자신의 연약성 때문에 무의식중에 하나님의 완전한 법을 범하는 허물이 생김에도 불구하고 주를 순간순간 믿는 자에게는 계속되는 그리스도의 보혈의 효험으로 성결을 유지할 수 있다고 보았다. 이런 면에서 웨슬리는 칼빈보다 하나님의 구원하시는 은총의 역사의 깊이를 더 깨달은 것이라고 생각할 수 있다.

웨슬리가 강조한 믿음은 '사랑으로 역사하는 믿음'이었다. 따라서 성결의 본질을 온전한 사랑으로 이해한 웨슬리의 성결의 복음은 삶과 사회를 변화시키는 것이었다. 웨슬리의 이러한 복음이 오늘의 강단에서 다시 울려 퍼짐으로 18세기, 19세기에서 보였던 그 뜨거운 부흥과 교회와 사회의 갱신을 보게 되기를 기원한다.

6
웨슬리의 성화론

들어가는 말

루터란 신학자 윌리암 홀던은 「신학의 최근 동향」이라는 책에서 최근에 성화론이 새롭게 강조되고 있다고 지적하면서, 교회사에서 웨슬리만큼 성화를 강조한 분이 없다고 말하였다.[1]

그렇다. 설교 사역에서 웨슬리만큼 성화를 강조한 신학자가 없을 것이다. 무엇보다도 그의 사역을 통해 전개된 웨슬리의 성화론은 누란(썩어져 가는 달걀)과 같이 부패하였던 18세기의 영국 사회를 새롭게 하였으며 침체되었던 교회를 소생시켰던 것이다. 그리고 그것은 또한 19세기 미국에서 일어났던 성령운동의 원동력이 되었다.[2] 그러면 웨슬리의 성화론의 특징은 어떤 것인가?

이에 우리는 먼저 웨슬리의 구원론의 테두리에서 그의 성화의 개념과 위치를 간단히 살펴보고, 그다음으로 그의 성화론 특히 기독자 완전의 견해를 살펴보기로 한다. 그렇게 함으로써 우리는 성화에 대한 웨슬리의 견해를 올바로 이해하게 될 것이다.

I. 은혜로 인하여 믿음으로 말미암는 구원

스케빙톤 우드(Skevington Wood)는 "웨슬리의 설교에서 종교개혁자들이 내세웠던 '은총으로만'(sola gratia)과 '믿음으로만'(sola fide)의 표어가 메아리 쳤다."[3]고 하였다. 웨슬리는 복음을 말함에 있어 먼저 우리 자신이 죄인으로서 자기 자신의 힘으로는 자기 구원을 위하여 아무 일도 할 수 없는 무능력자라는 것을 인식시키고 다음으로 하나님의 은총을 제시하곤 하였던 것이다.

1.1. 전적으로 타락한 죄인

인간의 죄를 심각히 인지한 점에서 웨슬리는 칼빈과 맥락을 같이한다. 웨슬리는 아담이 하나님께 불순종함으로 하나님께로부터 받은 생명을 상실했고 영적인 생명의 관계를 상실했다고 하였다. 아담은 전 인류를 대표하는 시조(primogenitor, federal head)이기에, 아담이 범죄 하였을 때 그 영향은 온 인류에게 미쳤다. 따라서 인간의 이성과 의지와 자유의 기능은 부패되었으며, 하나님께 대한 인간의 사랑과 순종은 자기 사랑과 자기 의지로 대치되었다.[4] 그러므로 웨슬리는 모든 인간은 전적으로 부패했고 진노의 자식이 되었다고 보았다. '진노의 자식'이란 원죄의 죄책을 함축하는 말이다. 곧 "아담의 죄로 인하여 죄책이 모든 사람에게 전가되었다는 것을 부정할 수가 없다."[5]

웨슬리는 변론하기를, 지금까지 어느 시대 어느 사람이든지 심지어 영아들까지도 죽음을 맛보았다는 사실은 이 사실을 입증하는 것이 아니냐고 하였다. 죄로 인하지 않고서는 죽어야 할 이유가 없기 때문이다. 그는 만일 영아가 죄인이 아니라면 어떻게 그리스도가 온 인류의 구주가 될 수 있겠는가라고 하며 다음과 같이 반문했다. "만약 우리가 영아의 원죄를 부정한다면, 이것은 하나님께서 순전하고 죄책도 없는 피조물을 형벌하신다는 말이 되지 않는가? 그러므로 영아도 원죄를 물려받은 죄인이며, 따라서 그리스도가 없다면 멸망 받을 수밖에 없다고 말해야 할 것이다."[6]

웨슬리는 여느 학파 못지않게 인간의 죄를 강조한다. 그는 원죄를 인정하는 것이 이방 종교와 기독교를 구분하는 첫 근거(the first ground)라고 하였다.[7] 그리고 이 진리는 은혜를 받은 영안(grace healed eyes)에만 알려진 진리요, 이방인들은 자기의 죄와 부패를 깨닫지 못한다고 했다. 그러기에 웨슬리는 '은총만이요'(sola gratia)를 주장하는 정통신학자이다. 일부에서 웨슬리가 인간의 자유의지를 말한다 하여 그를 마치 펠라기우스주의자나 인본주의 신학자라고 하는 것은 웨슬리를 올바로 이해하지 못한 데서 나오는 말이다.

그러면 웨슬리는 그 당시의 칼빈주의자들과 어떻게 다른가? 이에 대하여 웨슬리는 죄를 강조하는 면에서는 칼빈주의와 다를 바가 없다(came to the very edge of Calvinism)고 했다.[8] 차이가 있다면, 하나님께서 은총을 어떻게 역사하시느냐(how to operate)에 있어 머리칼 하나의 차이(a hair's breadth difference)만 있을 뿐이라고 했다.[9] 그러므로 이제 웨슬리가 개진한 은총관의 특징을 살펴보고자 한다.

1.2. 하나님의 은총: 은총과 인간의 책임

위에서 언급한 대로, 구원에 있어 하나님의 은총을 강조함에 있어서 웨슬리는 칼빈과 입장을 같이한다. 우리는 칼빈주의가 하나님의 은총을 강조함에 있어서 큰 공헌을 했다는 것을 잊어서는 안 된다. 사실 칼빈이 신학을 수립할 때는 르네상스의 영향하에 중세기의 신중심적 신앙 문화를 대치하기 위한 인본주의 운동이 확산될 때였다. 고전적 칼빈주의는 이런 흐름에 강하게 반대하여 하나님의 은총을 강조한 것이다. 그러나 칼빈주의의 5대교리를 중심하여 이중예정론으로 하나님의 은총의 역사를 설명하는 데 있어서 고전적 칼빈주의는 구원이란 하나님의 일방적인 결정에 따르는 것일 뿐이기에 마치 인간에게는 아무 책임이 없는 것처럼 여겼다.[10] 웨슬리는 '하나님의 온전한 가르침'(the whole council of God)을 설교하기 위해서는 하나님의 절대 주권과 인간의 책임과의 관련이 분명히 있어야 한다는 것을 깨달았다. 그런 면에서 웨슬리는 하나님께서 은총을 어떻게 역사하시느냐에 있어 칼빈주의와 머리칼 하나의 차이만을 갖게 되었던 것이다.

그러면 웨슬리는 하나님의 은총의 역사를 어떻게 보았는가? 웨슬리는 설교의 광장에서 인간을 구속론적 구조(soteriological setting)에서 보았다. 그는 인간은 이미 선행적 은총의 역사 아래 있기에 타락한 인간도 이미 은혜의 계약(a covenant of grace) 아래 살고 있다고 본 것이다. 웨슬리에 의하면, 선행적 은총에 의하여 곧 그리스도의 의로 말미암아 원죄의 죄책은 인간이 태어나자마자 제거되었으며 모든 사람에게는 초자연적으로 약간의 자유의지가 회복된 것이다.[11]

여기에서 우리는 웨슬리가 말하는 선행적 은총이 칼빈주의가 말하는 일반적 은총과 아주 흡사한 것을 발견하게 된다. 그러나 칼빈의 일반 은총은 특별은총(special grace 또는 saving grace)과 단절되어 있는 데 반해, 웨슬리는 은총의 역사의 계속성을 주장하면서 선행적 은총을 하나님의 구원코자 하시는 은총의 역사의 시작으로 본다. 그리하여 웨슬리에 의하면, 선행적 은총은 깨우치는 은총(convincing grace, repentance), 의롭게 하는 은혜, 거룩케 하는 은혜 그리고 영화롭게 하는 은총으로 이어지면서 역사하시는 것이다.[12]

더 나아가 웨슬리는 하나님의 은총을 하나님이 값없이 주시는 사랑(은혜)으로 볼뿐만 아니라 동시에 사람에게 하나님께 호응할 수 있는 능력(gracious ability)을 부여하는 것으로 본다. [13] 곧 하나님의 은혜를 인간의 호응을 요청하는 은혜(Responsible grace)라고 보는 것이다. 그러므로 하나님이 은총으로 역사하시기에, 사람은 할 수 있고 따라서 사람에게는 책임이 있다고 웨슬리는 주장한다. [14]

그러므로 웨슬리가 인간의 책임을 말하는 근거는 결코 펠라기우스주의(Pelagianism)적인 인본주의에 있지 않다. 반 펠라기우스주의(Semi-Pelagianism)적 입장도 아니다. 그의 입장은 하나님의 절대 주권 하에서, 곧 하나님이 홀로 은총으로 역사하신다는 테두리 안에서의 신인 협동을 말하는 것이다. 스타키(L. M. Starkey)는 이를 복음적 협동설(Evangelical synergism)이라고 불렀다. [15]

여기에서 우리는 웨슬리가 설교의 도장에서 개진한 신학의 강점을 엿볼 수 있다. 즉 신학은 형식 논리에 따라 추리할 때 결론이 양자택일 곧 Either Or에 필연적으로 귀착된다. 그러나 웨슬리는 설교의 도장 곧 인격적인 대화의 관계에서 신학을 개진함으로써 양자의 주장을 모두(Both and) 포괄하는 결론에 이를 수 있었던 것이다. 다시 말하면, 로저스(Charles A. Rogers)가 지적한 대로 "자연과 은총은 별개이지만 웨슬리는 이들을 생명력 있고 기능적인 관계를 갖고 있는 것으로 이해하고 있는 것이다."[16] 이 같은 접근방식은 웨슬리 신학의 방법론이 가지는 특색으로 나타난다. 이것이 웨슬리의 신학 방법의 역동성이다. 그리고 만일 이것이 무시된다면 웨슬리의 입장에 대한 해석은 필연적으로 모호해지거나 타협하게 되어 웨슬리를 정당하게 다루지 못하는 결과를 가져올 것이다. [17] 웨슬리는 이런 독특한 방법으로 하나님 앞에 선 인간(man Coram Deo)을 이해하였던 것이다. 그는 인간을 아담 때문에 죄인으로 보며 동시에 그리스도 때문에 은혜의 수혜자로 본 것이다.

웨슬리에 의한 이 같은 접근방식은 구원에 있어서 하나님의 은혜와 인

간의 책임성 사이의 관계에 적용시켜 볼 때 그 의의가 크게 드러나게 된
다.

1.3. 예수 그리스도의 대속: 구원의 근거

웨슬리가 강조하는 만인을 위한 은총의 개념은 그의 대속관에서 더 강
하게 나타난다. 곧 웨슬리는 하나님의 은혜를 그리스도의 대속과 연관시
켜, "예수 그리스도는 모든 인류를 위하여 십자가에서 죽으셨다"고 강조
한다. 그리스도의 대속으로 인해 "아담으로 말미암아 잃어버린 모든 것
이 그리스도 안에서 회복될 수 있도록 하나님의 은혜가 모든 사람에게 주
어진 것"이라고 웨슬리는 말한다.[18] 이는 모두에게 값없이 주시는 하나님
의 은혜이다. 그러므로 웨슬리는 이중예정론에 근거하여 제한된 그리스
도의 대속을 주장하는 칼빈주의를 비판하지만, 인간의 구원이 하나님의
은총으로만 가능하다고 강조하는 데는 칼빈과 의견을 같이한다.

칼빈주의는 하나님의 단 일회적인 하나님의 결정(an immutable and eternal
decree)에 의하여 어떤 이들은 구원으로, 어떤 이들은 유기(멸망)로 정해졌
다고 주장한다. 그러므로 그들에 의하면 그리스도의 대속은 오로지 구원
으로 예정된 사람들을 위한 제한된 대속(limited Atonement)이다. 이에 대하
여 웨슬리는 그의 설교 "값없이 주시는 은혜"[19]에서—만약에 그런 제한된
대속이 사실이라면, 우리가 모든 사람에게 전도하는 것이 헛수고가 아니
겠는가? 모든 사람에게 영혼의 구원을 위하여 설교할 수 없지 않은가? 그
러면 기독교가 모든 사람의 종교가 될 수 없지 않은가? 이런 교리는 성도
가 선을 행하기 위하여 열심을 내지 않게 할 것이 아닌가? 더 나아가 이중
예정론은 하나님의 거룩함을 손상시키며, 예수님을 위선자와 사기꾼으로
모욕하는 결과가 될 것이다—라고 하여 반대하였다. 웨슬리는 또 다른
곳에서는 성경에 계시된 하나님의 말씀들을 열거하면서 이중예정론과 제

한된 대속설을 비판하고 하나님의 은혜가 모든 인류를 위한 것이라고 강조하였다.[20] 그러면서 하나님은 그리스도 안에서 모든 믿는 자를 구원하시기로 정하셨다고 주장하였다.

이와 같은 웨슬리의 주장은 하나님의 은혜로 인하여 사람이 하나님께 응답할 책임이 있다는 주장과 함께 전도의 필요성을 강조하게 한다. 그의 가슴의 뜨거운 구령열은 바로 이런 신학에 뒷받침되어 '세계는 나의 교구'라고 외치며 만민에게 그리스도의 복음을 전파하는 전도로 옮겨졌다.

1.4. 믿음으로 말미암는 구원: 회개와 믿음

그러면 믿음으로 구원을 받는다는 교리를 웨슬리는 어떻게 설명하고 있는가? 웨슬리는 믿음이 구원의 조건이라고 믿는다. 더 나아가 그는 말하기를, 믿음이 구원의 필요한 조건일 뿐 아니라 믿음은 하나님의 선물이라고 한다.[21] 이 점에서 웨슬리는 칼빈과 근본적으로 의견을 같이한다. 그러나 그와 같이 믿음과 은총 모두 한 원천으로부터 나온다는 데 견해가 일치한다 하더라도, 구원에 있어 사람이 그 은혜를 어떻게 받느냐 하는 문제에 있어서는 신학 체계에 따라 설명이 달라질 수 있다.[22]

이 점에 있어, 칼빈은 믿음을 불가항력적인 은총의 개념과 연관시켜, 결국 그의 이중예정론과 결부시켰다. 그러나 웨슬리에게 있어서는 구원에 있어서 인간의 자유와 책임이 아주 중요하였다. 웨슬리는 사람이 구원을 받지 못하는 것은 인간 자신의 책임이라고 한다. 그렇다면 웨슬리가 믿음이 구원의 유일한 조건이고 또한 믿음이 하나님의 선물이라고 주장하면서 인간의 자유와 책임을 말하는 것에는 모순이 있게 되는 것이 아닌가? 그러나 그는 그의 선행은총에 근거하여서 이 딜레마를 해결하고 있다. 웨슬리는 이 선행적 은총으로 인하여 죄인은 회개 할 수 있다고 한다.

웨슬리에 의하면 회개는 죄에 대한 의식을 의미한다. 곧 죄의식이란 자신에게는 선은 없고 악이 있을 뿐이요 따라서 자기의 죄와 죄책을 깨달을 뿐 아니라, 그에 대한 하나님의 진노를 피하고 악을 버리고 선으로 가고자 하는 일종의 느낌(suitable affections)을 포함하는 것이다.[23] 칼빈에게 있어서 회개는 믿음 뒤에 오는 것이나, 웨슬리에게 있어서 회개는 믿음에 선행하는 것이다. 웨슬리는 믿음이 구원의 조건이지만, 동시에 회개도 사람이 하여야 하는 것이며, 참 믿음이 있기 위해서는 회개가 이루어져야 한다고 주장하는 것이다.[24] 그렇다면 회개가 칭의(Justification)에 꼭 필요한 것인가 하는 의문이 제기된다. 이런 질문에 대하여 웨슬리는 다음과 같이 말한다.

> "어떤 의미에 있어, 회개와 믿음은 모두 … 칭의에 필요한 것이다. 그러나 그것들(곧 회개와 회개의 열매들)은 믿음과 똑같은 의미와 똑같은 정도에서 필요한 것은 아니다. 회개와 회개의 열매들은 오로지 간접적으로 필요한 것이다(remotely necessary); 곧 하나님 앞에 의롭다 함을 얻기 위해서는 믿음은 직각적으로 그리고 직접적으로 필요한 것이지만, 회개는 참 믿음에 이르기 위하여 필요한 것이다. 그러므로 우리는 오로지 믿음만이 구원의 조건이라고 말한다."[25]

다시 말해서 이 말은 곧 하나님께서 선행적 은총을 모든 사람에게 주셨기에 모든 사람은 회개할 수 있게 되었고, 구원의 조건인 믿음은 은혜로운 하나님이 주시는 선물이지만, 사람은 하나님께서 주시고자 하시는 그 선물에 적극적으로 호응하여야 하며 또한 회개라는 양팔을 내밀어 그 선물을 받아야 한다는 것이다.[26] 우리가 분명히 알 것은, 웨슬리에게 있어서는 사람이 회개로써 하나님께 호응하는 것도 하나님께로부터 오는 것이다. 곧 선행적 은총에 의하여 가능한 것이다.

이런 웨슬리의 이해는 결국 구원의 순서를 설명함에 있어서 칼빈과 차이를 이루게 만들었다. 곧 칼빈에게 있어서 구원의 순서는 ① 하나님의 무조건적인 하나님의 예정으로 시작하여 ② 중생 ③ 믿음 ④ 회개와 회심으로 이어지는 것이지만, 웨슬리에 있어서 구원은 ① 하나님의 선행적 은총의 역사로 시작하여 ② 회개(중생 전에) ③ 칭의, 중생 ④ 중생 후의 회개와 점진적인 성화의 역사, 그리고 ⑤ 온전한 성화로 이어진다. 그러므로 웨슬리는 그의 편지에서, 회개는 마치 기독교의 현관과 같고, 믿음은 문과 같으며, 성결은 기독교의 본질과 같다고 하였다.[27]

1.5. 구원에 있어서 칭의와 성화

웨슬리는 구원을 넓은 의미에서와 좁은 의미에서로 구분하여 설명하였다. 넓은 의미에서, 구원은 인간에게 미치는 하나님의 은혜의 역사 전부를 언급하는 것으로, 이는 하나님의 선행적 은총의 사역으로 시작하여 영화에 이르기까지를 포함한다.[28] 좁은 의미에서의 구원은 현재에서의 구원의 시작과 계속, 그리고 그 종국을 포함하나 웨슬리는 주로 칭의와 성화를 가리켜서 설명하고 있다.[29]

웨슬리가 구원을 칭의와 성화로 구별하여 설명하는 것은 죄의 결과를 죄책(guilt)과 부패성(depravity)의 두 가지로 보는 것과 밀접하게 연결되어 있다. 웨슬리는 "예수 그리스도의 종교는 θεραπια ψυχησ 로서 곧 하나님이 병든 영혼을 치유하시는 일이다"[30]라고 말하였다. 여기서 치유라는 말은 인간의 죄책과 내적인 부패성에서의 해방을 의미하는 것이다. 웨슬리가 이런 치유의 개념에서 구원을 이해하는 것은 매우 의의 있는 것이다. 웨슬리는 칼빈보다는 구원의 주관적인 면 곧 성화를 강조한다. 웨슬리는 말하기를, "기독교의 목적은 우리 안에 하나님의 형성을 새롭게 하는 것, 곧 아담의 죄로 인하여 전적으로 잃어버린 성결과 의를 고치는 데 있다"[31]고 하였다.

그러면 칭의와 성화의 관계는 어떤 것인가? 웨슬리에 따르면 "칭의에 의하여 우리는 죄의 죄책에서 용서를 받고 하나님과 올바른 관계를 갖게 되고, 성화에 의하여 우리는 죄의 권세로부터 (신생에서) 그리고 죄의 뿌리로부터 (온전한 성화에서) 구원을 받는다. 그리고 (영화에서) 하나님의 형상으로 회복된다."[32] 그런데 성화는 중생함으로 시작하는 것이다. 웨슬리는 다음과 같이 말한다.

> "그리고 우리가 의롭다함을 입는 순간, 바로 그 순간에, 성화는 시작된다. 그 순간 우리는 거듭난다. 위로부터 성령으로 난다. 여기에는 상대적인 변화와 실질적 변화가 일어난다. 우리는 하나님의 능력으로 내적으로 새로워진다. 곧 우리에게 주신 성령으로 말미암아 우리 마음에 부은 바 된 하나님의 사랑을 느낀다. 또한 이 사랑은 세상과 향락, 안위, 명예, 돈에 대한 사랑을 우리 속에 있는 자만, 분노, 고집, 그 외의 여러 가지 악한 성질과 함께 내쫓으며, 모든 인류 특히 하나님의 자녀들에 대한 사랑을 일으켜 준다. 즉, 한마디로 우리의 땅에 속한 감정적이요 악마적인 마음을 그리스도 예수 안에 있는 마음으로 변화시키는 것이다."[33]

이와 같이 웨슬리는 칭의와 신생을 구분하지만, 그 두 가지를 동시에 일어나는 순간적인 사건으로 본 것이다. 그러면 그 후에 계속되는 성화의 과정은 어떻게 되는 것인가? 이에 우리는 다음 장에서 성화의 과정과 단계에 관하여 살펴보기로 한다.

II. 성화의 과정과 단계

신학에서 성화를 논할 때 보통 신분상의 성결(positional holiness)과 경험적 성결(experiential holiness)로 구분한다. 즉 사람이 구원받아 하나님의 자녀가 된 자는 신분상으로 성별된 자이기에 성도(saint 또는 holy people)라고 칭한다. 그러나 하나님은 동시에 하나님의 자녀가 거룩하기를 원하신다. 여기에서 우리는 경험적 성화를 말하게 된다.

사실 하나님은 그의 백성에게 명하신다. "너희는 거룩하라 나 여호와 너희 하나님이 거룩함이니라"(레 19:2). 신약성서도 "너희 거룩함(성화)이 하나님의 뜻"(살전 4:3)이며 따라서 "오직 너희를 부르신 거룩한 자처럼 너희도 모든 행실에 거룩한 자가 되라"(벧전 1:15-16)고 권고하며, 또한 "거룩함을 좇으라 이것이 없이는 아무도 주를 보지 못하리라"(히 12:14)고 말하고 있다.[34]

그러므로 사람이 궁극적으로 구원을 받기 위해서는 종국에 가서는 완전히 거룩해져야 한다고 기독교는 주장한다. 이렇게 주장하는 점, 즉 교리의 대의(the substance of the doctrine)에 있어서는 로마 가톨릭과 같은 고교회(Higher Church)로부터 칼빈주의, 그리고 신비주의적인 교회에 이르기까지 전체 기독교가 동의하고 있다.[35] 그러나 성화의 과정이 어떻게 이루어지느냐 하는 점, 곧 교리의 해석과 적용(The Circumstance of the doctrine)에 있어서는 각 신학자 간의 설명이 달라 각각의 특징을 보여준다. 그러면, 웨슬리의 입장을 살펴보기로 한다.

2.1. 성화의 과정에는 점진적인 성장과 순간적인 요소가 결합되어 있다.

웨슬리는 성화의 과정에 대하여, 첫째로 로마 가톨릭의 입장을 비판하면서, 이는 사람의 행위나 공로에 의한 것이 아니라 하나님의 은혜로 인하여 믿음으로 말미암아 이루어지는 것이라고 강조한다. 당시의 모라비안파들이 은혜를 신비주의적으로 주장하면서 사람이 거듭나는 순간 곧 신비의 체험을 하는 순간에 완전히 성화되어 더 이상 성장의 여지가 없는 것으로 주장하는 데 반하여, 웨슬리는 성화는 마치 어린이가 점진적으로 성장하는 것처럼 거듭난 신자가 점진적으로 성장하는 것이라고 주장하였다.

이런 면에서 웨슬리는 당시의 칼빈주의자들의 토양에서 성화론을 개진하고 있음을 알 수 있다. 그러나 그는 거기에 머무르지 않았다. 그는 점진적인 성화과정에 순간적인 요소가 결합되어 있음을 말하였다. 사람이 점진적으로 죽음에 이르지만 그에게 죽는 한 순간이 있듯이, 신자가 온전한 성화의 체험에 도달하는 한 순간이 있다고 본 것이다. 웨슬리는 성화의 점진적인 과정에 하나님의 직접적인 역사를 통해 보다 고차적으로 끌어 올려지는 단계가 있다고 보았던 것이다. 이것은 그가 인간은 거듭난 후에도 아직 내재적인 죄가 남아있다고 보며[36] 또한 성화에는 단계가 있다고 보기 때문이었다. 곧 성화는 중생함으로 시작되며(이를 그는 Initial sanctification라고 부른다), 그 성장 과정에서 신자의 회개와 믿음으로 온전한 성화(Entire sanctification)[37]에 이르고, 마침내 영화(glorification)의 순간에서 완결된다는 것이다. 동시에 그는 이런 순간적인 은혜체험의 앞뒤에는 점진적인 과정이 있을 뿐 아니라, 이 성장(process of sanctification)은 목적론적(teleological)으로 계속 성장하는 것이라고 강조한다.[38]

2.2. 초기의 성화(Initial sanctification)

위에서 언급한 대로 웨슬리에 의하면, 사람이 예수 그리스도를 구주로 믿으면 하나님 앞에 의롭다 함을 얻을 뿐 아니라 동시에 거듭난다. 웨슬리에 있어서 중생은 실질적인 변화(real change)로서, 신자 안에 이루어진 역사이다. 이 중생의 시간에 성화는 시작된다. 이를 웨슬리는 초기의 성화

(성화의 시작, initial sanctification)라고 부른다. 웨슬리는 중생함으로써 초기 성화의 상태에 있는 신자의 모습을 다음과 같이 설명하였다.

> "그는 겸손하나 온전히 겸손하지 못하며 그의 겸손은 자만과 섞여져 있다. 그는 온유하나 때때로 분노가 그의 온유를 부숴버린다. … (결국 그의 의지는 하나님의 뜻에 전적으로 용해되지 못한 것이다)."[39]

2.3. 온전한 성화(Entire sanctification)

웨슬리는 점진적인 성화에 순간적인 단계의 성화를 밀착시키는 데에는 두 개의 순간적인 사건이 있다고 했다. 하나는 중생과 동시에 일어나는 초기의 성화요, 다른 하나는 그 후에 오는 또 하나의 순간적인 체험 곧 온전한 성화이다. 전자를 불신자가 회개하고 믿음으로 입는 은혜라고 한다면 후자는 신자가 자기 안에 아직도 남아 있는 죄와 자신의 무능을 깨닫고 믿음으로 받는 은혜이다. 웨슬리에 의하면, 온전한 성화의 체험을 통하여 신자는 마음속에 남아 있는 죄로부터 씻김을 받으며, 동시에 사랑과 봉사에 더 큰 힘을 얻어 승리하는 신자생활을 할 수 있게 된다는 것이다.[40] 그러나 온전한 성화의 체험이 그가 말하는 그리스도인의 생활의 최종 목표는 아니다. 성결의 은혜를 받은 신자도 성도로서의 승리를 위하여 계속 전진하여야 한다. 그러나 성도가 계속하여 승리로운 생활을 하기 위해서는 온전한 성화의 체험이 본질적으로 요청된다고 웨슬리는 말한다.[41]

웨슬리는 그의 설교 "성서적 구원의 길"에서 우리가 믿음으로 말미암아 의롭다 함을 받듯이 또한 우리는 믿음으로 온전한 성화를 받는다고 주장한다.[42] 온전한 성화는 인간의 행실이나 도덕적인 노력에 의해서 이뤄지는 것이 아니다. 또한 신비적인 경험에 의해서 받는 것도 아니다. 웨슬리에게 있어 온전한 성화는 하나님이 인간을 위해 하시는 것 곧 하나님께서 주시는 선물이다. 그래서 온전한 성화 전후에 있는 점진적인 성장을 인정하지만, 온전한 성화 그 자체의 경험은 회개와 믿음으로 받는 순간적인 것이라고 웨슬리는 주장한다.[43] "인간이 죽을 때 그 순간을 인식한다는 것은 매우 어렵지만 죽는 순간은 있는 것과 같이, 성도가 죄로부터 해방되는 순간이 있다"고 웨슬리는 설명하였다.[44]

그러므로 신자는 아직도 신자 안에 있는 죄 곧 자만, 고집 등등과 아울러, 거기에서 벗어나려야 벗어날 수 없는 자신의 무능을 회개하고 믿음으로 온전한 성화의 은혜를 받으라고 권면하고 있다.[45]

이 온전한 성화를 웨슬리는 '두 번째 변화'[46], '온전한 구원'[47], '성령 충만'[48] 또는 '기독자 완전'[49]이라 칭하였다. 웨슬리가 '완전'이라는 용어를 사용하는 데 대하여 당시에 많은 오해가 있었고, 논쟁의 불씨가 되기도 하였다. 그러면 웨슬리가 말하는 기독자 완전의 본질과 특징이 무엇인가를 살펴보기로 한다.

III. 기독자 완전의 특징

위에서 언급한 대로 웨슬리에 의하면, 온전한 성화(성결) 곧 기독자 완전은 신자가 (내재적인 죄에 대한) 회개와 믿음으로 예수 그리스도의 대속에서 마련하신 성화의 은혜를 받는 것이다. 곧 신자는 온전한 성화의 단계에서 모든 내재적인 죄에서 씻음을 받으며 하나님의 부르심에 종사하기에 합당한 능력을 은혜로 받는다.[50] 그러기에 웨슬리는 이를 기독자 완전이라고 불렀다. 그리고 이 은혜는 육신을 가지고 사는 현세에서도 얻을 수 있는 은혜라고 가르쳤다. 이 점에서 웨슬리는 신자가 육을 가지고 있는 한 죄에서 벗어날 수 없다고 전제하는 칼빈과는 입장을 달리한다. 그러면 웨슬리는 어떤 의미에서 온전한 성화를 기독자 완전이라고 하였는가?

3.1. 이는 동기와 의도에서의 완전 곧 완전한 사랑이며, 상대적인 완전이다.

웨슬리는 기독자 완전을 믿음의 관계에서 설명한다. 웨슬리가 죄에서의 씻음을 말할 때 그것은 신자가 인간의 연약성(infirmities)에서 벗어나, 실수, 무지, 타락의 가능성에서 완전 자유하게 된다는 것을 의미하는 것이 결코 아니다.[51] 그런 완전은 영화의 순간에서 이루어지는 '절대적 완전'이기 때문이다. 이 점에서 웨슬리는 개혁신학과 다를 것이 없다.

다만 웨슬리는 목회자의 입장에서 이 '완전'을 '상대적 완전'과 '절대적 완전'으로 구분하여 설명한다. 그리고 신자는 이 상대적 완전 곧 온전한 성화의 은혜를 죽기 전에도 추구하여야 한다고 주장한다. 웨슬리는 이는 성서가 약속하고 있고 권고하고 있으며[52] 주님과 사도가 신자가 이 은혜에 이르도록 기도하고 있기 때문에 그 은혜를 기대할 수 있다고 한다.[53] 또한 오순절의 성령충만을 체험한 신자들에게서 그 증거를 보고 있기 때문이다. 그런 까닭에 웨슬리가 말하는 완전은 철학적 완전이나 절대적 완전이 아니라 성서가 요구하는 '그리스도인의 완전', 곧 '성서적 성결'이요 상대적인 완전인 것이다.[54]

웨슬리는 이 은혜 체험을 통하여 신자가 하나님이나 천사와 같이 된다고 하지 않았다. 웨슬리가 말하는 '기독자의 완전'이란 인간의 연약성(infirmities)을 가지고 있는 그대로의 인간으로서의 완전이었다. 웨슬리는 인간이 지니고 있는 불완전한 것들, 곧 무지, 실수의 가능성 등 인간의 연약성(infirmities)은 죄를 짓는 계기를 마련하지만 그 자체를 죄라고는 볼 수 없다고 믿었다. 사실, 유한한 것을 죄로 보는 것은 희랍의 이원론에서 기인한 것이지, 성서적 견해는 아니다. 하나님이 유한한 피조물을 보시고

'좋더라' 하셨지 악하다고 하시지 않은 것과 같다.

웨슬리는 「기독자의 완전에 대한 해설」이라는 저서에서 말하기를, 어떤 견지에서 보면 기독자 완전은 곧 의도의 순수성(purity of the intention)이요, 또 다른 각도에서 볼 때 이는 곧 그리스도의 마음을 품는 것이며, 그리고 또 다른 각도에서 볼 때 이는 '완전한 사랑'으로 설명하는 것이 가장 적절하다고 보았다.[55] 그리고 그가 가장 선호한 표현은 완전한 사랑이었다. 사랑은 소극적인 의미에서는 바로 죄적인 것을 모두 추방하며, 적극적인 의미에서는 사람의 마음을 채워 사람의 모든 말과 행동을 지배하는 것이고,[56] 또한 마음과 뜻과 정성을 다하여 하나님을 사랑하고 또한 이웃을 사랑하는 것이다.[57]

웨슬리는 기독자 완전을 하나님과의 신앙의 관계 또는 동기에서 이해한다. 행동의 결과에서의 완전을 말하는 것이 아니다. 곧은 나무 막대기가 물속에 비치는 것을 보면 굽어 보이듯이 사람의 동기가 아무리 순수하더라도 그 행동의 결과가 남이 볼 때 완전할 수는 없는 것이다. 은혜나 죄를 물건처럼 생각하여(thing-thinking approach) 이해해선 안 된다. 하나님과의 동적인 관계에서 이해하여야 한다. 그럴 때 우리는 성화에서의 소극적인 면과 적극적인 면, 그리고 완전하지만 동시에 더 성장하여야 되는 성화의 성격을 포괄적으로 이해하게 된다. 곧 사랑은 '순수'하나 동시에 무한히 성장하는 것이다. 그와 같이 기독자 완전은 완전한 것이나 동시에 부단히 더욱 완전으로 나아가야 하는 은혜인 것이다.[58]

3.2. 이 은혜는 순간순간 주를 의지함으로 유지되는 '완전'이다.

온전한 성화가 인간이 지니고 있는 연약성 또는 한계성(infirmities) 곧 지식이나 실수할 가능성에서의 자유를 의미하는 것이 아님을 우리는 위에서 언급하였다. 그렇다면 이 점에 있어 한 가지 꼭 고찰하고 넘어가야 할 것이 있다. 거룩한 신자도 무지, 실수의 가능성 등 인간의 연약성 (infirmities)을 지니고 있다면 그들도 죄악 세상에서 살면서 무의식적으로 범죄하지 않을 수 없지 않겠느냐 하는 점이 그것이다. 사실상 무의식적인 범죄가 없을 수는 없다. 웨슬리도 이를 시인한다.[59] 그렇다면 이제 문제는 어떻게 '성화(정결)한 상태를 유지할 수 있느냐'는 것이 된다. 이러한 면에서 많은 학자들이 웨슬리가 불가능한 가능(impossible possibility)을 말한다고 비판하며 웨슬리의 성화론은 하나의 이상(ideal)에 불과하다고 한다.

그러나 웨슬리는 성결한 신자는 무지, 실수의 가능성 등 인간의 연약성을 지닌 인간임에도 불구하고 하나님 앞에 정죄함 없이 거룩한 자(성도)로 설 수 있다고 말한다. 이 점에서 웨슬리 신학의 다이나믹한 신학적 방법론을 보게 되는 것이다.

웨슬리는 그의 설교에서 사람들이 고의적으로 짓는 죄, 곧 의식적인 범죄(有意的罪, The voluntary transgression of the known law of God)를 주로 지적하고 회개를 촉구했다. 당연한 일이다. 그러나 웨슬리는 신자가 무의식적으로 하나님의 법을 범하는 것도 죄라고 인정한다. 이를 전자와 구분하여 '무의식적 범죄'(無意的罪, The involuntary transgression of the perfect law of God, known or unknown)라고 불렀다. 이 죄는 자신이 알았든 몰랐든 간에 하나님의 법을 무의식적으로 범한 죄다. 이 죄도 예수 그리스도의 보혈의 효험 없이는 하나님의 형벌을 면할 수 없다고 웨슬리는 말한다.[60]

혹자가 웨슬리는 자범죄만 인정하고 후자는 죄로 인정하지 않았다고 말하는 것은 잘못이다. 웨슬리에 의하면 온전한 성화의 은혜를 받은 기독자(the perfect)도 그들의 연약성으로 인하여 죄를 무의식적으로 짓는다는 것이다. 그러므로 아무리 완전한 자라도 "우리의 죄를 사하여 주옵소서"라는 기도를 드려야 한다고 웨슬리는 말한다.[61] 그러면 루터가 말한 대로 신자는 의롭다 함을 받아도 동시에 죄인(Simul justus et pecattor)이라는 의미인가? 신자는 성화한 상태를 유지할 수 없다는 말인가?

이 점에 있어 웨슬리와 루터 양자의 입장이 아주 흡사한 것 같다. 그러나 사실은 다르다. 웨슬리는 논리적인 추리나 추상적인 접근(speculative approach)으로 신학을 개진하지 않는다. 그는 그의 신학적 인간론에서 그랬듯이, 구속론적인 콘텍스트에서 무의식중에 범죄하는 신자의 죄(involuntary transgression of the perfect law of God)를 다루고 있는 것이다. 따라서 웨슬리는 성화한 자가 대제사장이신 그리스도를 순간순간 의존하는 순간 그가 무의식중에 범하는 죄를 씻으시는 하나님의 은혜로 인하여 성화를 유지하게 된다는 것이다. 우리가 빛 가운데 거하면 예수 그리스도의 보혈이 우리를 죄에서 계속 씻으시는 것이다.[62] 웨슬리는 '신자의 회개'라는 설교에서 다음과 같이 말하고 있다.

> 당신을 사랑하여 … 당신의 죄를 그의 몸으로 친히 감당하신 예수를 계속하여 믿으시오! 그는 항상 효험있는 그 보혈로 인하여 당신을 모든 정죄함에서 구원하십니다. … 그래서 우리는 이렇게 고백합니다.
> "주여, 나에게는 순간순간 당신의 죽으심의 공로가 필요합니다.
> 그러나 또한 우리는 믿음의 확신을 가지고 다음과 같이 외칩니다.
> 주여, 나에게는 순간순간 당신의 죽으심의 공로가 효험됩니다."
>
> 우리는 예수님의 생애와 죽음, 그리고 우리를 위한 그의 중보의 기도를 믿음으로 말미암아 순간순간 새로워져서 아주 깨끗해지기 때문입니다.
> 바로 이 같은 믿음으로 말미암아 우리는 순간순간 우리 위에 머물러 있는 그리스도의 능력을 느낍니다. … 이 믿음에 의해 우리는 영적 생활을 계속할 수 있습니다.[63]

웨슬리는 무의식적으로 범죄하는 죄에 대한 신자의 고백(회개)과 믿는 자에게 효험되는 그리스도의 보혈의 효험에 대한 믿음과의 긴장을 유지하면서, 하나님의 은혜가 더 풍성함을 강조한 것이다. 바울이 "죄가 더한 곳에 은혜가 넘쳤나니 … 우리는 예수 그리스도로 말미암아 영생에 이르게 하려 함이라"[64]고 한 것처럼 웨슬리는 하나님의 은혜의 역사를 종교개혁자들보다 더 깊이 그리고 다이나믹하게(dynamic) 보는 은총의 낙관주의자였다.

이러한 이해와 강조의 차이는 우리의 생명력 있는 눈(eyes)과 물질인 안경 간의 구분에서 적절히 비유된다. 안경은 아무리 철저히 물로 닦아서 써도 조만간 먼지가 쌓인다. 청결함을 유지할 수 없다. 마찬가지로 이 교리를 물질 다루듯 접근(thing-thinking approach in theology)한다면, 신자는 순간적으로 씻음을 받아도 그 성화를 유지할 수 없는 죄인이라는 결론이 날 것이다. 그러나 살아있는 사람의 눈은 먼지가 들어옴에도 불구하고 그 정결한 상태를 유지한다. 그것은 먼지가 눈에 안 들어와서가 아니라, 건강한 사람의 눈에는 눈물이 항상 흘러 먼지를 씻기 때문이다. 성결한 자가 자신의 연약성 때문에 무의식적인 죄를 범할지 몰라도 그가 그리스도를 계속 의지함으로 주의 보혈의 효험으로 계속 씻음을 받아 성화를 유지할 수 있다는 웨슬리의 이해는 바로 그렇게 설명할 수 있을 것이다.

그러므로 웨슬리가 말하는 성결한 삶은 신자가 자기 안에 아직도 남아 있는 내재적인 죄와 자기 무능을 회개하며 예수를 믿음으로 온전히 성화될 뿐만 아니라, 바로 그 믿음으로 순간순간 주를 (회개와 믿음으로) 의지하고 걸어감으로 유지되는 은혜이다. 따라서 성화는 그리스도 중심의 삶이다. 이는 소극적 의미에서 그가 하나님 앞에 두려움 없이 서게 하는 것일 뿐만 아니라, 적극적인 면에서는 그리스도를 본받아 살아가는 헌신과 사랑의 삶인 것이다.

19세기 미국의 성결운동에서는 웨슬리의 강조한 온전한 성화를 성령론적으로 표현하여, 성령충만의 체험이 바로 웨슬리가 말하는 온전한 성화의 은혜라고 하였다. 사실 우리 속에서 성화의 사역을 하시는 분은 성령이다. 이런 성령론적 해석에 대하여 웨슬리가 반대할 이유는 없다. 그러나 성령론적으로 설명할 때에는 체험의 순간성과 능력 받음을 고조한다는 데 장점이 있다.[65]

그러나 여기에서 우리가 주의 깊게 관찰하여야 할 것이 있다. 많은 사람들(특히 오순절 교회 그리고 케직사경회)이 성령충만을 강조하지만 능력을 받는 것이나 은사를 받는 것을 강조하는 반면에 신자 안에 있는 내재적인 죄 또는 성결한 자가 무의식으로 범하는 허물에 대하여는 별로 언급하지 않는다는 것이다. 따라서 그들은 그런 죄에 대한 회개를 강조하지 않는다. 이에 반하여 웨슬리는 이런 죄들에 대한 신자의 회개를 강조하고 있는 것이다. 위에서 살폈듯이 웨슬리는 온전한 성화의 은혜를 받은 사람도 계속 회개하여야 한다고 강조한다. 그에 의하면 신자가 믿음에 계속 머무르며 성장하기 위해서는 회개와 회개의 열매가 반드시 필요하기 때문이다.[66]

3.3. 이는 '사회적 성결'로 전도와 사회봉사의 원동력이다.

완전한 사랑으로 표현되는 '성화'와 '기독자 완전'은 윤리적으로 나타난다. 사랑은 윤리적인 것이기 때문이다. 웨슬리가 말하는 성화는 마음과 생활에서의 성화이지 신비적인 것이 아니었다. 따라서 웨슬리가 강조하는 성화론은 전도와 봉사 곧 홀리스틱한 전도(Holistic Evangelism)의 원동력이 되었다. 이와 같이 '성화'와 '기독자 완전'의 본질을 사랑으로 보며 강조하는 웨슬리에게 있어서 성화는 사회적 성격을 띠고 있다. 웨슬리는 다음과 같이 말하였다.

그리스도의 복음은 단순히 종교를 말하는 것이 아니라 사회적 종교(social religion)를 의미한다. 마찬가지로 단순한 성결(mere holiness)은 없고 사회적 성결(social holiness)이 있을 뿐이다. 기독자 완전의 길이와 넓이 그리고 깊이와 높이는 바로 '사랑으로 역사하는 믿음'이다. … 사실, 자기 형제를 사랑하되 말로만이 아니라 그리스도께서 사랑하셨듯이 사랑하는 자는 그 누구나 '선한 일'에 열심을 아니 낼 수 없다. 그의 영혼은 형제들을 위하여 사역하고 함께 있어 주기를 열망할 것이다. … 그리하여 그는 기회가 있을 때, 주님이 그랬듯이, 선한 일을 하려고 할 것이다.[67]

웨슬리에 의하면 사랑의 행동은 곧 하나님에 대한 사랑과 이웃을 향한 사랑으로 나타나는 것이다. 행동으로 이어지는 사랑을 떠나서는 성결은 그 내용이 없어지고 만다.[68] 그대가 하나님을 사랑한다면 하나님께서 원하시는 일을 행하여야 할 것이 아닌가. 하나님의 사랑은 폭넓은 사랑(comprehensive love)이다. 그러므로 메소디스트는 먼저 복음을 전파하여야 하며 또한 사랑의 봉사를 하여야 한다고 웨슬리는 주장하였다. 그리하여 메소디스트는 전도와 아울러 경제적으로 어려운 자들을 도와주며 공장사역과 교육을 통하여 어두운 사회를 밝게 변화시키는 일을 하였다. 웨슬리는 당시의 노예문제, 감옥의 상태, 그리고 가진 자들의 착취행위에 대하여 항변하기를 주저하지 않았다. 웨슬리는 메소디스트가 교회와 사회를 변화시키는 성화의 누룩의 역할을 해야 한다고 믿었다.[69]

맺는말

요약해서 웨슬리의 성화의 메시지의 핵심은 삶과 사회를 변화시키는 복음이었다. 우리 죄인을 위하여 예수 그리스도 안에 마련하신 구원은 온전한 구원, 온전한 복음(the whole Gospel, Full Gospel)이기 때문이다. 이와 같이 웨슬리가 그의 구원론에 있어 경험적인 성화를 강조함으로 신자의 생활과 교회 생활에서 새로워질 것이 촉구되었다.

웨슬리가 주장한 온전한 성화(성화) 또는 기독자의 완전은 신자를 향한 도전이었다. 신자는 모름지기 초보의 믿음에 머물지 말고 완전한 데로 나아가야 한다. 하나님 앞에 깨끗할 뿐만 아니라 더 많은 사랑의 생활로 나아가야 한다. 이런 성결의 메시지는 18세기 영국교회와 사회를 부흥케 하였다. 이런 운동은 19세기 미국에서의 성결-오순절 운동에서 다시 꽃을 피웠다.

이런 성화의 메시지와 강조는 명목상의 신자(nominal Christians)들이 성령충만의 생활을 추구하게 한다. 이 성화의 메시지는 명목상적인 신자들로 가득 차 있는 오늘의 교회에 큰 도전과 호소가 될 것이다. 더 나아가, 성령충만을 강조하면서 권위주의로 나가는 경향이 있는 곳에 겸손과 회개의 생활을 촉구하는 것이 될 것이다.

7
웨슬리의 성결체험
언제 처음으로 성결을 체험하였는가?

들어가는 말:

18세기의 웨슬리의 전도사역의 중심 메시지는 성결 곧 기독자의 완전이었다. 그 운동이 개인뿐 아니라, 교회 그리고 사회를 변화시켰다. 그러므로 그가 외친 성결의 복음 곧 기독자의 완전에 대한 교리는 대단히 귀중하다.

그러면 그렇게 성결을 외친 웨슬리 자신은 언제 그런 체험을 처음 하였는가? 이에 대한 학자들의 견해가 다르다. 어떤 이는 그의 1738년 5월 24일에 올더스게이트에서의 사건이 바로 그가 성결을 체험한 것이라고 한다. 또 어떤 이는 1739년 1월 1일에 패터레인 신도회에서였다고 한다. 또 어떤 이는 1744년 12월 24-25일에 있은 집회에서였다고 말한다. 또 어떤 학자는 웨슬리가 기독자의 완전을 강조하였으나, 자신은 체험하지 않은 양 말한다. 그러면 이들의 입장을 살펴보고, 어느 견해가 가장 타당한가를 살펴보고자 한다.

1. 1739년 1월 1일 설

웨슬리는 그날에 있었던 일을 그의 일기에 다음과 같이 기록하고 있다.

"홀(Hall), 킨친(Kinchin), 잉함(Ingham), 휫필드(Whitefield) 그리고 나의 동생 찰스(Charles)가 패터레인 신도회(Fetter-Lane)에서 약 60명이나 되는 형제들과 애찬식(love feast)에 참석하고 있었다. 아침 3시쯤 되어, 우리가 계속하여 기도하고 있는데, 하나님의 강한 능력이 우리 위에 임하였다. 그래서 많은 사람이 기뻐서 소리를 질렀으며, 많은 사람이 땅에 엎드러졌다. 그 놀라운 하나님의 임재의 놀람에서 벗어나자, 우리는 소리를 내어 목소리로 소리를 질렀다. "오 하나님! 우리는 당신을 찬양합니다. 당신이 우리 주님이십니다."[1]

이날에는 놀라운 성령의 역사가 있었다. 기사 이적도 있었다. 그러나 이때 웨슬리 개인의 심령에 끼친 변화에 대하여는 언급이 없다는 것을 주목하여야 한다. 한국의 많은 사람이 지지하는 견해인 것 같으나, 내가 알기로는, 이를 지지하는 외국 학자는 없는 듯하다.

2. 1744년 12월 24−25일 설

이는 미국의 오린 커티스(Olin A. Curtis)가 주장하는 견해이다.[2] 그는 이 주장의 근거로 웨슬리의 1744년 12월 24-25일의 일지를 인용하고 있다.

나는 저녁 애찬의 시간까지 이상하게 기운이 하나도 없고 우둔했다. 내가 억지로라도 설교를 하려고 하다 멈추었다. 코에서 피가 터져 나왔다. 그래서 한마디 말도 못 했다. 그러나 몇 분 동안 지나서, 우리는 모두 마음과 입을 열어 하나님을 찬양하였다.

그런데 그다음 날 나는 다시 죽은 사람 같았다. 그러나 저녁에 스노우필드(Snowfield)에서 기도문을 읽고 있을 때, 나는 과거에 가져보지 못했던 빛과 힘을 얻었다. … "하나님 앞에 가만히 있다는 것(to be still before God)이 이렇게 귀한 것인 줄을 나는 전에는 전혀 몰랐다."

다음 날, 25일 화요일에, 나는 하나님의 은혜로, 같은 정신으로 깨어났다. 8시쯤 되어서 예수를 믿는 두세 사람과 함께 있으면서, 나는 하나님의 임재에 대한 두려움과 다정함을 느꼈다. … 그리고 온종일 하나님은 나와 함께 하셨다. 나는 어디서나 하나님을 발견하였다. 밤에 취침하고자 할 때, 나는 진실로 말할 수 있었다. "하루를 참 잘 지냈다."[3]

죠지 터너(George Turner) 박사는 이 사건이 웨슬리가 처음 기독자의 완전을 체험한 것이라고 주장한다.[4] 피터스에 의하면 나단 뱅스(Nathan Bangs) 박사도 이 견해를 지지한다.[5]

3. 1738년 5월 24일 설

스테이플스(Rob L. Staples)는 그의 박사 논문에서 주장하기를, 웨슬리는 초기부터 첫째로, 자신의 구원에 대한 확신(an assurance of personal salvation)과 기독자의 완전(Christian perfection)을 추구하고 있었는데,[6] 마침내 1738년 5월 24일 올더스게이트 집회에서 1725년에 그가 결심한 그리스도인의 목표(committed himself to the Christian life)가 성취되었다고 하였다. 그러기에 웨슬리에 있어서 올더스게이트 사건이 그의 복음적 회심(evangelical conversion)이요 온전한 성화(entire sanctification)의 체험이라고 주장한다.[7]

웨슬리는 1738년 5월 24일에는 무려 7쪽에 걸쳐 자신의 심령 변화의 과정을 기록하고 있다. 여기에 그중의 한 대목만 소개한다.

"저녁에 나는 내키지 않은 채, 올더스게이트(Aldersgate-street)에 있는 신도회에 갔다. 거기서 한 사람이 루터가 쓴 로마서 주석서의 서문을 읽고 있었다. 밤 9시 15분 전경, 그가 그리스도를 믿을 때 하나님께서 그 마음에 역사하시는 변화를 말하고 있을 때, 나는 내 마음이 이상하게 뜨거워짐을 느꼈다. 나는 구원을 위해 유일하신 그리스도, 바로 그 그리스도를 진실로 신뢰하고 있음을 느꼈다. 그리고 그리스도께서 나의 죄를, 바로 내 죄를 없애셨다는 확신과 그리고 죄와 사망의 법에서 나를 구원하셨다는 확신이 주어졌다." … "나는 지금의 상태와 과거의 상태가 다른 것을 발견하였다. 나는 과거에는 은혜 아래 있으면서도 또한 율법 아래 속하여 있으므로 비록 전력을 다하여 싸웠을지라도, 나는 자주는 아닐지라도 여러 번 패하였다. 그러나 지금은 나는 늘 승리하는 사람이다(now, I was always conqueror)."[8]

영국의 웨슬리 학자, 에이트(Arthur Yate)는 웨슬리의 올더스게이트에서의 변화는 그에게 구원에 대한 확신을 가져다주었으며, 그에게는 하나의 오순절 경험(a Pentecostal experience)이었다고 말하면서 이 입장을 지지한다.[9]

마키(A. C. F. McKee)와 겐트리(Peter Gentry)는 웨슬리가 1738년 이전에도 착실한 신자였다는 전제 아래, 1738년 5월 24일에 있은 올더스게이트 사건을 그의 중생의 사건으로 볼 수는 없다고 한다. 그기에 그가 가슴이 이상하게 뜨거움을 느끼면서 체험한 올더스게이트 체험은 온전한 성화 곧 성결의 체험이었다고 생각한다.[10] 이들은 웨슬리의 올더스게이트 체험은 순간적인 것이었으며, 그는 이 사건을 통하여 그의 영적 성장을 가졌으며, 내적 확신을 얻게 되며, 전도에 대한 새로운 비전을 갖게 되었다고 말하였다.

큐비(David Cubie) 교수는 웨슬리가 후년에 이르러 신앙의 단계를 말하였다는 것을 상기시킨다. 곧 사도 요한이 언급했듯이 그리스도 안에서 어린이의 상태, 청년의 상태 그리고 아버지의 상태가 있다. 그리고 웨슬리는 어린이의 신앙을 '종의 신앙'(faith of a servant)과 동일시하였다. 웨슬리의 1738년 이전의 믿음이 종의 믿음이었다면, 올더스게이트의 사건은 그의 중생의 반복이 아니라 한 단계 상승한 믿음 곧 '아들의 믿음'(faith of child)을 갖게 된 것이 아니겠는가? 그러기에 그는 올더스게이트 사건이 웨슬리가 성결을 체험한 사건이라고 주장하며, 올더스게이트 사건을 대단히 중요하게 취급한다.[11]

4. 웨슬리는 분명히 그의 체험을 증언했다.

존 피터스(John Peters)는 웨슬리가 1748년 3월 22일에 존 스미스(John Smith)에게 쓴 편지에서의 웨슬리가 기록한 다음의 한 구절을 인용하며, 이는 웨슬리가 전에(아마도 1744년에) 성결 체험을 했다는 것을 분명히 부정하는 말이라고 한다.[12]

> "나는 그것을 이미 얻었다고 상상하지 않는다. 내가 셋째 하늘에 있다고 상상할 수 없는 것과 같이 내 마음과 영혼 그리고 힘을 다하여 하나님을 사랑한다고 상상하지 않는다."(I no more imagine that I have already attained, that I love God with all my heart, soul, and strength, than that I am in the third heaven.)[13]

그러나 피터스의 그런 주장은 웨슬리의 말의 진의를 잘못 이해한 데서 나온 실언이다. 그때의 편지의 문맥을 보면, 존 스미스가 그저 우스꽝스럽게, "웨슬리는 이미 셋째 하늘에 올라가, 죄 없는 완전(sinless perfection)을 얻은 것처럼 상상한단 말이야."[14]라고 한 말에 대하여, 웨슬리가 반박한 말이다. 웨슬리는 다음과 같이 기록하였다.

"나는 당신에게나 다른 사람에게, 내가 죄 없는 완전(sinless perfection)에 이미 이르렀다거나, 나는 그런 완전을 이미 얻었다고 상상하지 않는다. 내가 셋째 하늘에 있다는 것을 상상할 수 없듯이, 내가 벌써 하나님을 온 마음과 영혼 그리고 힘을 다하여 사랑한다고 상상하지 않소. 그것은 당신의 생각으로, 내가 있지 않은 것을 상상한 것처럼 한 말이요."[15]

그러기에 피터스의 설명은 전적으로 잘못된 것이다. 사실, 웨슬리는 죄 없는 완전(sinless perfection)이라는 용어는 절대로 사용하지 않은 용어이다.[16]

실제로, 웨슬리는 기독자의 완전(성결)을 체험했고, 그것을 증거한 것이 사실이다. 그는 이를 그의 일기 여러 곳에서 증언했고, 또한 그가 쓴 편지들에서도 언급했다.

그는 1762년 토마스 맥스필드(Thomas Maxfield)에게 쓴 편지에서는 다음과 같이 증언하고 있다.

"나는 20년 이상, 그것(곧 온전한 성화)을 알고 있었고 또한 가르쳐 왔다(I have known and taught it (entire sanctification) above twenty years)."[17]

1764년 5월 23일에 동생 찰스에 쓴 편지에서 존 웨슬리는 다음과 같이 기록하였다.

"런던에서 온 이상한 이야기 때문에 북쪽에 있는 모든 전도자들이 완전에 대하여 말하기조자 두려워하고 있다. … 너와 나는 우리가 완전을 얻은 것을 굳건히 지키자(O let you and I hold fast whereunto we have attained)."[18]

그리고 1771년 6월 19일에 헌팅돈의 백작 부인(the Countess of Huntingdon)에게 쓴 편지에서 웨슬리는 다음과 같이 증언하였다.

"거룩함이 없이는 아무도 주님을 보지 못하리라"(히 12:14)는 말씀을 본 후에, 나는 성결을 추구하기 시작했다. 그리고 내가 만나 사귄 사람들에게도 그렇게 하라고 격려하였다. 10년 후에 하나님께서는 나에게 성결을 얻는 방법을, 전에 알았던 것보다, 더 분명하게 알려 주셨다. 즉 하나님의 아들을 믿음으로 받는다고 알려 주셨다. 그 후 나는 "우리는 믿음으로, 죄에서 구원받았고 또한 거룩하게 되었다"고 모든 사람에게 외쳤다. 나는 이것을 사석에서, 공석에서, 글로, 공공연히 증언(testified)하였다. 그리고 하나님은 이것을 약 1,000명의 증언(witness)으로 확증하여(confirmed) 주셨다. 나는 이것을 30년 이상의(for above thirty years) 기간 동안 계속해서 선언하였다.[19]

커티스가 말하는 대로, 이 기록은 웨슬리가 성결을 체험하였다는 데 대한 중요한 증언이 아닐 수 없다.[20]

5. 웨슬리의 처음 성결 체험은 1738년에 있었다.

그러면 웨슬리가 처음으로 성결(기독자 완전)을 체험한 것은 언제인가? 나는 여러 성결학자들이 주장하는 대로, 웨슬리의 첫 번째 성결의 체험은 1738년 5월 24일, 올더스게이트에서였다고 추론한다. 웨슬리가 1771년 6월에 헌팅돈 백작 부인에게 쓴 편지에서, "우리는 믿음으로, 죄에서 구원받았고 또한 거룩하게 되었다"는 것을 30년 이상 되는 기간 동안 선언하였다"[21]고 하였으니, 이는 그가 30년 이전에도 체험하였다는 것과 또한

그가 1744년 12월 이전부터 그렇게 증언하여 왔다는 것을 암시하는 것이
아니겠는가?

그는 그 1738년 5월 24일의 일기의 마지막에서 다음과 같이 말한다.

> 나는 지금의 상태와 과거의 상태가 다른 것을 발견하였다. 나는 과거에는
> 은혜 아래 있으면서도 또한 율법 아래 속하여 있음으로 인하여 비록 전력
> 을 다하여 싸웠을지라도, 나는 자주는 아닐지라도 여러 번 패하였다. 그
> 러나 지금은 나는 늘 승리하는 사람이다(now, I was always conqueror).[22]

그리고 이어서, 5월 24일에 죄와 죽음의 법에서 구원받았다고 고백한[23]
웨슬리는 5일 후인 5월 29일 일기에서는 다음과 같이 증언한다.

> "나에겐 변치 않는 평화가 있다. ㅡ불안한 생각은 하나도 없다. 그리고 나
> 는 죄로부터 자유를 얻었다. ㅡ나에게는 거룩하지 않은 욕망은 하나도 없
> 다. (For I have constant peace ㅡnot one uneasy thought. And I have freedom from
> sin: ㅡnot one unholy desire.)"[24]

이런 웨슬리의 증언은 성결을 체험한 자의 고백과 같은 것이 아닌가?
미국 나사렛신학교의 교수인 스테이플스(Rob L. Staples)가 그의 박사 논문
에서[25] 주장하듯이, 웨슬리는 1725년에 그가 결심한 그리스도인의 목표
가 그의 올더스게이트 체험에서 성취된 것이다. 웨슬리가 고민하며 추구
하고 있었던 것은 구원에 대한 확신뿐만이 아니라, 기독자 완전에 관한
것이었는데, 웨슬리는 올더스게이트에서의 체험에서 구원의 확신을 얻었
으며 또한 성결을 체험한 것으로 추론하는 것이다.

1739년 1월, 페터레인 신도회에서 있었던 사건은 성령이 강한 역사의
나타남이었다. 그러나 그때 웨슬리가 자기 심령의 변화에 대하여는 아무

언급이 없다. 그러기에 이 사건이 웨슬리의 성결체험이라고 주장하기는 적당치 않다고 이해한다.

커티스가 주장하는 1744년 12월에 있었던 사건은 그날의 일기에서 읽듯이, 웨슬리가 은혜에서 실족하여 실의에 빠졌다가 극적으로 회복되는 체험, 곧 성결을 회복한 사건이었다고 본다. 이런 일은 웨슬리의 일기를 보면 여러 번 있었다.[26] 커티스가 말하는 1744년의 사건은 그런 사건들 중의 하나였다고 본다. 우리가 성결 체험의 성격을 이해하면, 그런 체험이 반복될 수 있음을 잘 이해하게 된다.

성결 체험은 스테이플스가 말하듯이 순간적인 것이다. 그래서 성결을 한 번 받음으로 평생 계속하여 지니고 있는 상태(continuous state)로 이해할 것이 아니다. 성결을 소유물처럼 생각하면 안 된다. 웨슬리는 하나님께서는 성결을 덩어리(a stock of holiness)로 주시지 않는다고 말했다.[27] 그러기에 이는 현재(now)의 실존적 상태에서 언제나 가능하고(ever-possible), 그 은혜에서 떨어질(ever-fleeting) 수도 있고, 언제나 새로워질 수 있는(ever-renewable) 현재의 실존적 상태에서 하나님과의 만남(I-Thou relation)으로 이해하여 한다.[28]

그러기에 생스터(Sangster)가 말한 대로, 기독자의 완전은 "순간순간 (주를 의지하는) 생활(It is, in fact, moment by moment life)"이요,[29] 현재(now)에서의 "그리스도 주심의 삶(Christ centred living)"인 것이다.[30]

따라서, 웨슬리가 말했듯이, 사람이 이 은혜에서 떨어질 수 있고, 다시 회복할 수 있다. 웨슬리는 그런 예가 수없이 많다고 하였다.[31] 그래서 그는 "예수님을 계속해서 믿으십시오. … 우리가 계속 믿음에서 믿음으로 나아가고 … 예수님의 생애와 죽음 그리고 우리를 위한 그리스도의 중보의 기도를 믿음으로 말미암아 순간순간 새로워져 아주 깨끗해지며, … 순간순간 우리 위에 머물러 있는 그리스도의 능력을 느낍니다."[32]라고 말하였다.

6. 웨슬리는 올더스게이트 사건 이전에도 착실한 신자였다.

어떤 학자들은 올더스게이트의 체험을 웨슬리의 중생의 체험이었다고 생각한다. 이는 그때까지 웨슬리는 거듭나지 못한 신자였다는 전제에서 그렇게 주장하지만, 나는 웨슬리는 그전에도 거듭난 신자였다고 믿는다.

웨슬리는 올더스게이트 이전에는 확신의 교리가 분명하지 않아 그릇된 감정 표현을 한 것들이 있다. 예로서 미국 조지아 선교에서 돌아오면서, 그의 일지(1738년 1월 29일)에서 기록하기를, "나는 다른 사람들을 거듭나게 하기 위해 미국으로 갔었지만, 나 자신은 하나님 앞에 거듭나지 않았다. … 나는 진노의 자식이요, 지옥에 갈 사람(heir)이다."라고 하였다.[33]

이런 기록을 보면, 그렇게 생각할 것이다. 그러나 이는 확신에 대한 웨슬리가 가진 혼돈에서 온 것이다. 웨슬리는 그 후(1774년)에 출판되는 전집에서, 이 기사의 하단에 정오표(errata)를 붙여 이를 시정하는 주를 다음과 같이 기록하였다. "나는 그때 아들의 믿음은 없었지만 종의 믿음은 가지고 있었다. 내가 지옥에 갈 사람이라고 믿지 않는다."[34]

그리고 웨슬리는 1738년 5월 24일의 일기에서, 올더스게이트 사건 이전에 지내온 삶을 말하면서, 그가 1738년 1월 29일에 말한 것과는 정반대로, "나는 이미 1725년(22살 때)에, 나는 하루에 2, 3시간은 신앙 수련을 위해 보냈고, 매주 성찬에 참여했고 … 내적 성결(inward holiness)에 이르기 위하여(aim at) 기도하기 시작했다. … 내가 선량한 그리스도인이었다는 것을 나는 의심하지 않았다(I doubted not but I was a good Christian). … 나는 이미 그때 구원받은 상태에 있었다(I was even then in a state of salvation)"라고 기록하고 있다.[35]

그러므로 올더스게이트의 사건을 웨슬리가 처음으로 중생을 체험한 것으로 볼 수는 없다. 나는, 과거에 웨슬리의 올더스게이트의 체험을 복음적 회심, 구원에 대한 확신을 얻은 사건으로 보았으나,[36] 지금 다시 살펴보는 가운데, 웨슬리의 올더스게이트에서의 성령 체험은 구원에 대한 확신과 더불어 믿음의 한 단계 높은 성결을 체험한 사건이었다고 이해하게 된다.

웨슬리는 그날에 있었던 심령 변화를 분명하게 말하였다.

> "나는 내 마음이 이상하게 뜨거워짐을 느꼈다. 나는 구원을 위해 유일하신 그리스도, 바로 그 그리스도를 진실로 신뢰하고 있음을 느꼈다. 그리고 그리스도께서 나의 죄, 바로 내 죄를 없애셨다는 확신과 그리고 죄와 사망의 법에서 나를 구원하셨다는 확신이 주어졌다. … 나는 지금의 상태와 과거의 상태가 다른 것을 발견하였다. 나는 과거에는 은혜 아래 있으면서도 또한 율법 아래 속하여 있음으로 비록 전력을 다하여 싸웠을지라도, 나는 자주는 아닐지라도 여러 번 패하였다. 그러나 지금은 나는 늘 승리하는 사람이다(now, I was always conqueror)."[37]

7. 체험에 대한 증언을 조심스럽게 해야 한다.

기억할 것은 앞에서 언급했듯이, 성결을 소유물처럼 생각하면 안 된다. 이는 현재(now)의 실존적 상태에서 언제나 가능하고(ever-possible), 그 은혜에서 떨어질(ever-fleeting) 수도 있고, 언제나 새로워질 수 있는(ever-renewable) 현재의 실존적 상태에서의 하나님과의 만남(I-Thou relation)으로 이해하여야 한다. 이에 앞에서 언급했듯이 웨슬리도 이에서 실족했다가 또는 불신에 빠졌다가 회복하는 경험을 하였다.[38] 그러기에 신앙 체험에 대한 증언은 조심하여야 한다.

웨슬리는 성결을 체험한 사람들에게 주는 권고에서 다음과 같이 말하였다.

"남들이 그대에게서 분리해 나가지 않도록 조심하시오. … 무슨 일에나 그대의 실제 행동이 그대의 신앙고백에 합당하게 하여 우리를 구원하신 하나님의 교리를 빛나게 하시오. 자신의 이야기를 할 때는 특별히 주의하시오. … 할 수 있는 데까지 귀에 거슬리지 않도록 이야기하시오. 웅장하고 과장된 용어들은 모두 피하시오. 나는 다 이루었다(having attained)든가 나는 완전해졌다(perfection)든가 두 번째 축복(second blessing)을 받았다든가 하는 말을 사용할 필요가 없다. 오히려 하나님께서 그대를 위하여 행하신 구체적인 변화에 대하여 말하시오. 아마도 이렇게 말할 수 있을 것이다. "이러이러한 때에 나로서는 형언할 수 없는 변화를 느꼈다. 그 후에 … 불신앙이 일어나지 않고 … 충만한 사랑 밖에 아무것도 느낀 적이 없다."고.[39]

그와 같이 충고한 웨슬리는 그의 1738년 올더스게이트에서 있는 체험에서도, 자신의 심령에 이루어진 변화를 말하였지, 기독자 완전(perfection)이나 성결(holiness)이라는 말을 사용하지 않았다. 그 후에 1744년 12월에 있은 체험에서도, 그때 실족하였던 심령과 거기에서 극적으로 변화를 받은 일을 기록하였지, 성결이니, 기독자 완전이니 하는 웅장하고 과장된 용어를 사용하지 않았다.

또한 피터스가 웨슬리는 공석에서 또한 사람들 앞에서, 기독자 완전을 체험한 일(its attainment)에 대한 명확한 증언(unequivocal testimony)[40]을 하지 않았다고 하는데, 웨슬리가 그렇게 하지 않았다면, 그것도 앞에서 말한 그런 이유와 입장에서 그랬을 것이다.

또는 피터스가 추측한 대로, 자신의 신도회의 일로 적지 않은 문제 속에 있는 자신이 비판자들의 주목 대상이 되고 있는 것을 알기에 그렇게 증언히기를 자제했을 것이다.[41] 피터스노 그래서 웨슬리가 그런 표현을 자제했다(Therefore Wesley refrained)고 보았다.[42] 사실 웨슬리는 체험에 대한

증언(testimony)은 그 시간과 장소 그리고 동기 등이 좋을 때에만 하라고 권고하였었다. [43]

그러기에, 웨슬리는 증언하되, 공개석상에서 증언하지 않고, 그의 편지에서 겸손하게 자신을 포함한 우리(we)란 말로 강하게 증언하였다.

> "성결함이 없이는 아무도 주를 볼 수 없느니라"라는 말씀을 본 후 나는 성결을 추구하기 시작했다. … 우리는 믿음으로, 죄에서 구원받았고 또한 거룩하게 되었다(since I saw that "without holiness no man shall see the Lord" I began following afte it … We are saved from sin, we are made holy, by faith)라고 나는 모든 사람에게 외쳤다. 나는 이것을 사석에서, 공석에서, 글로, 공공연히 증언(testified)하였다. 나는 이것을 30년 이상 되는 기간 동안 계속해서 선언하였다. [44]

맺는말:

웨슬리의 전도 사역의 강조와 목표는 사람으로 하여금 거듭나고 성결(기독자 완전)에 이르도록 설교하고 독려하는 것이었다. 그는 하나님께서 메소디스트를 세우신 것은 바로 이 온전한 성결(full sanctification)을 전국에 전파하기 위함이었고, 이 복음은 하나님께서 메소디스트 사람들에게 위탁하신 위대한 유산(Grand Depositum) 이라고[45]고 말하였다.

웨슬리는 이 교리를 확실히 믿었고 체험하였고, 증언하였고, 모든 사람에게 성결로 나가라고 강권하였다. 그는 임종하는 침상에서의 마지막 말에서도 말했다. "우리는 믿음으로 의롭다함을 받아야 하고, 그리고는 성결로 나가야 한다(We must be justified by faith, and then go on to sanctification)."[46]

8
웨슬리의 갱신운동의 특징
-한국교회 갱신을 위하여-

서론:

오늘의 한국의 형편과 사정은 어렵다. 경제적인 위기라고 하지만, 더 심각한 문제는 도덕성의 타락, 그에 따르는 가정의 파괴 등 각 곳에 스며들고 있는 부패 때문이다. 이에 겹쳐서 일어나고 있는 음주, 폭력, 마약, 그리고 각 곳에서 부정부패! 일어나고 있는 부정부패! 이것, 어떻게 할까? 그렇다고 이런 위기에서 벗어날 방안을 자신 있게 내놓는 정책이나 사회적 운동도 없는 듯하기에 걱정을 한다.

그런가 하면, 사회가 교회에 기대하는 바도 없는 듯, 오히려 사회는 교회의 무기력을 냉소하는 듯하다. 사회인은 교회를 향하여 말한다. 한국교회가 그렇게 숫자상으로 성장하였는데, 사회정화에 공헌한 것이 무엇이냐? 라고.

한국교회는 그동안 여러 면에서 성장하였다. 이는 하나님의 축복이다. 물론 한국교회의 장점도 많다. 한국 신자들의 기도 생활, 교회에 대한 헌신 봉사 등은 세계 교회가 부러워하는 장점이다. 그러나 오늘에 있어 뜻있는 분들은 한국교회를 염려한다. 그동안 한국교회가 물량적인 성장을 가져오긴 했지만, 내적인 갱신이 없다는 것이다. 명목상의 신자(nominal

Christian)가 많이 생겼다. 따라서 한국교회는 새로워져야 한다. 역사가 교훈하듯이 갱신 없는 교회 성장은 부패를 초래하기 때문이다.

그런가 하면, 한편에서 한국교회에 생기를 불러일으키듯이 믿음을 강조하고 성령을 강조하는 운동도 일어나고 있다. 그리하여 교회 부흥을 가져왔다. 귀한 일이다. 그러나 이런 운동도 기사 이적, 권능을 강조하나 그에 따르는 거룩한 생활이 없기에 사회의 빈축을 사고 있는 듯하다. 믿음과 생활의 이원화 현상을 보이기 때문이다.

위와 같은 이분화 현상은 선교에서 전도와 사회참여의 양극화 현상을 초래하기도 한다. 보수 경향에 있는 교회에서는 교회의 사명은 전도에만 있는 듯 주장하는가 하면, 다른 한편에서는 사회참여를 주된 교회 사명으로 주장하기에, 원치 않는 양극화 현상이 일고 있다. 이에 신학이 공헌한 것은 무엇인가? 교회는 이 양극화를 해결할 신학적 모델을 찾고 있다.

그런가 하면 최근에는 한국교회 성장률이 감소하고 있다는 통계가 나오고 있다. 그보다도 교회 자체가 타락했다는 비난을 듣고 있지 않은가? 교회 정치에서의 부패상이 일반 사회 정치보다 나은 것이 없다는 평을 듣고 있다. 교회 정치에 따라오는 교권주의는 교회 분열을 초래하고 서로 비방하기에 사회를 향하여 예언자적인 사면을 할 수 없게 만들고 있지 않는가?

여기에 한국교회는 갱신 곧 새롭게 하시는 성령의 역사 그리고 이를 뒷받침할 신학의 모델이 요청된다. 이에 뜻있는 분들은 교회갱신의 역사적 모델로서 웨슬리의 신앙 운동을 들고 있다. 진실로 웨슬리 부흥 운동은 교회 부흥과 사회의 갱신을 가져왔기 때문이다.

웨슬리 운동이 누란의 위기에 있는 영국 사회를 갱신시킨 것은 주지의 사실이다. 당시의 영국 사회와 교회 상을 보면, 민중은 가난했다. 음주와 향락, 런던 거리의 1/4이 술집이었다고 한다. 교회는 무기력하고, 일반 사회 인사들은 교회를 향하여 냉소하였다. 이런 부패상은 이웃 나라에서도 마찬가지였다. 그리하여 분란에서는 피비린내 나는 혁명이 있었다.

그러나 영국은 혁명 없이 새로워졌다. 영국은 웨슬리의 각성 운동을 통하여 영국교회와 사회가 새로워졌다. 역사가 레키(Lecky)는 18세기의 영국에서 진정으로 새롭게 하는 혁명이 웨슬리를 통하여 일어났고, 웨슬리의 운동은 하나의 혁명이었다고 말한다.

여기에, 우리는 웨슬리의 갱신운동의 특징을 살펴보기로 한다. 웨슬리의 갱신운동의 성격을 우리는 두 가지 측면, 곧 그의 선교 활동과 신도들의 훈련과 활동에서 살펴보고자 한다.

웨슬리의 올더스게이트의 체험은 그로 하여금 성서와 성서적 기독교를 믿게 만들었다. 그리하여, 그의 신학은 성서적 기독교를 긍정하는 건설적인 신학으로서, 종교개혁자의 주장과 신학에 피와 살을 붙여 산 신학을 만들었다. 그리하여 웨슬리는 151편 이상의 설교를 출판하여, 하늘나라에 이르는 바른길을 가르치고 천명하느라고 노력했다.

1. 뜨거운 신앙체험에서 시작한 전도운동: Orthopathy

두 번째로, 웨슬리 운동은 건전한 신학과 동시에 올바른 신앙체험에서 불붙여진 운동이었다. 이리하여 그의 운동은 전도 활동으로 이어졌다. 그의 올더스게이트에서의 가슴 뜨거운 체험은 그가 하나님의 사랑에 대한 감격에서 선교에 나서게 만들었다.

웨슬리의 신학은 이에서 Orthopraxy(올바른 신천)로 옮겨졌다. 곧 복음 선포와 사회, 국가 개혁 운동으로 나타났다. 동시에 하나님의 권세를 나타내는 능력의 사역이었다.

그러면 웨슬리의 선교활동을 살펴보기로 하자.

2. 회개를 강조하는 전도

1738년 올더스게이트에서 가슴이 뜨거워지는 신앙체험을 한 웨슬리는 하나님의 은혜와 사랑에 감격하여 "세계를 나의 교구로 여긴다."고 하면서 교회당에서의 설교뿐 아니라 들과 광산으로 사람을 찾아가 설교를 하였다. 1738년 이후로부터 계산해 51년 동안 마상(馬上) 여행을 25만 마일이나 한 셈이며, 하루에 90마일씩 여행하며 두세 번씩 설교하였다. 대략 4만 2천 4백 번의 설교를 했다고 한다. 이는 한 해에 800번의 설교를 한 셈이 된다. 웨슬리는 자신이 말한 대로 설교로 생을 보낸 전도자였다.[1] 이런 웨슬리의 열정은 영국을 넘어 아일랜드와 미국 등 외국으로까지 펴져 나갔다.

웨슬리의 설교의 테마(theme)는 성서적 구원이었다. 그의 설교는 될 수 있는 대로 평이하게 평범한 사람들을 위한 것이었다. 웨슬리는 가난한 사람들을 사랑하였다. 이들에게 하나님의 보편적인 사랑을 외침으로써 가난한 사람들, 절망에 빠진 민중에게 소망을 주며 구원의 비전을 주었다.

그리하여, 웨슬리는 당시의 명색뿐인 신자들(Nominal Christians), 곧 얼굴은 천국을 향해 있지만 마음은 딴 곳에 가 있는 형식주의자들에게 '회개하고 거듭나야' 한다고 외쳤다. 이런 운동은 당시의 영국교회가 이성주의와 자연신론에 물들어 있던 지적인 상황에 항거하여 성서적 기독교를 적극적으로 천명하는 운동이었다.[2]

웨슬리는 복음을 말함에 있어 먼저 우리 자신이 죄인으로서 자기 자신의 힘으로는 자기 구원을 위하여 아무 일도 할 수 없는 무능한 자라는 것을 강조하였다. 웨슬리가 인간의 죄를 심각히 인지한 점에서 종교개혁자와 맥락을 같이 한다.

그에 의하면 아담이 하나님께 불순종함으로 하나님께로부터 받은 생명을 상실했고 영적인 생명의 관계를 상실했다. 따라서 인간의 이성과 의지와 자유의 기능은 부패하였으며, 하나님께 대한 인간의 사랑과 순종은 자기사랑과 자기 의지로 대치되었다.[3]

그러므로 웨슬리는 모든 인간은 전적으로 부패했고, 진노의 자식이 되었다고 보았다. '진노의 자식'이란 원죄의 죄책을 함축하는 말이다. 곧 "아담의 죄로 인하여 죄책이 모든 사람에게 전가되었다는 것을 부정할 수가 없다."[4] 그러므로 영아도 원죄를 물려받은 죄인이며, 따라서, 결국 그리스도가 없다면 멸망 받을 수밖에 없다고 보았다.[5] 그는 말하기를, "이것이 이방종교와 기독교를 구분하는 첫 근거(the first ground)라"고 했다.[6] 그리고 이 진리는 '은혜를 받은 영안(grace healed eyes)'에만 알려진 진리요, 이방인과 눈이 먼 자연인은 식별치 못하는 진리로서, 이방인들은 자기의 부패를 깨닫지 못한다고 했다.[7] 그러기에 웨슬리는 '은총만이요'를 주장하는 정통신학자다. 일부에서 웨슬리가 인간의 자유의지를 말한다 하여 그가 마치 자유주의 신학자이니, 인본주의 신학자이니 하는 말은 웨슬리를 올바로 이해하지 못한 데서 나오는 주장이다.

웨슬리는 그의 동역자들의 질문에 답하면서, 죄를 강조하는 면에서는 칼빈주의의 끝에(very edge of Calvinism) 이르렀다고 했다.[8] 차이가 있다면, 하나님께서 은총을 어떻게 역사하시느냐(how to operate)에서 머리칼 하나의 차이(a hair's breadth difference)가 있을 뿐이라고 했다.[9] 여기에 우리는 웨슬리가 개진한 은총관의 특징과 그 선교학적 공헌을 발견하게 된다.

그러면 웨슬리는 하나님의 은총의 역사를 어떻게 보았는가? 웨슬리는 그의 신학을 설교의 광장에서 개진했다. 그러므로 웨슬리의 신학은 선교와 직결되어 있었다. 설교에서 '하나님의 온전한 가르침'(the whole council of God)을 설교하기 위해서는, 하나님의 절대주권과 인간의 책임과의 관련이 분명히 있어야 한다. 이런 출발점에서 웨슬리는 설교 도장에서 청중이 죄인이라는 것을 지적하며 동시에 하나님의 은혜를 강조하였다. 하나님께서 예수 그리스도를 통하여 '값없이 모든 사람에게 주시는 하나님의 은총'을 강조하며 또한 동시에 듣는 자의 호응(회개와 믿음)을 호소하였다.

이런 신학적 입장에서, 웨슬리는 청중들을 향하여 "회개하고 거듭나야" 한다고 외쳤던 것이다. 그의 설교 본문 가운데 "때가 찼고 하나님의 나라가 가까웠으니 회개하고 복음을 믿으라"(마 16:15)는 말씀을 제일 많이(무려 190회나) 사용했다.[10] 그의 설교의 한 단면을 들어 보자.

> "진실로 진실로 나는 여러분에게 말합니다. 당신들도 또한 거듭나야 합니다. 당신들은 거듭나지 않고서는 결코 하나님 나라를 볼 수 없습니다. 세례에 의해서 거듭났다고 하는 상한 갈대로 만든 지팡이를 다시는 의지하지 마십시오. … 당신들은 거듭나야 합니다."[11]

사실 웨슬리는 1725년부터 시작한 그의 초기의 설교사역에서는 회개를 별로 강조하지 않았다. 그때 설교를 듣는 사람들이 이미 신자인 줄 알고 그들은 회개가 필요하지 않은 줄로 생각하였던 것이다. 그러나 1738년 이후의 그의 설교는 "처음부터 마지막까지 그리스도가 주춧돌이 되어, 그 내용은 "하나님의 나라가 가까이 왔으니 회개하고 복음을 믿으라"는 것이었다. 그랬더니 하나님의 말씀은 마른 덩굴 속의 불처럼 역사하여, 군중들은 모두가 "은혜로 인하여 믿음으로 말미암아 구원을 받는다"고 증언하였다고 한다.[12]

이런 역사로 교회는 부흥하는 것이며, 명목상의 신자들이 새롭게 거듭남으로 진정한 교회 갱신은 시작되는 것이다.[13]

또한 사회도 정화되는 것이다. 사회의 부패와 곤란의 근본 원인이 '죄'에 있기 때문이다. 은혜로 거듭나는 역사 있는 곳에는 변화가 일어난다.

도전: 오늘의 한국교회의 문제는 바로 회개의 메시지가 없다는 것이다. 한국교회는 회개를 강조하는 전도사역이 살아나야 한다. 회개 없는 사죄(죄에서의 용서)를 믿는다면 이는 비극이 아닐 수 없다. 교회는 죄인을 거듭나게 하는 하나님의 사역을 일으켜야 한다.[14]

우리가 아는 대로 1907년 한국에서 있었던 큰 부흥운동은 죄인들의 회개를 강조하는 운동이었다. 그런데 최근에 이르러 한국교회 강단에서는 회개에 관한 설교가 세속적인 축복에 관한 설교로 대치된 듯하다. 이것이 한국교인 숫자가 감소하여가며 명목적인 신자가 늘어가는 이유일 것이다.[15]

그러면 이런 문제를 어떻게 해결해 나갈 것인가? 여기에 우리는 회개를 강조하는 전도 메시지를 뒷받침하는 웨슬리 신학에 주목하게 된다. 루터란 신학자, 홀던(William Hordern)은 말하기를 웨슬리의 설교가 그렇게 효과적이었던 것은 그의 메시지 뒤에 건설적인 신학이 있었기 때문이라고 했다.[16] 웨슬리는 칼빈주의가 말하는 이중예정론의 신 결정론에 반하여 책임 있는 은총 곧 하나님이 은총을 주심으로 사람은 그에 응답하여야 한다고 주장하였기 때문이다.

웨슬리는 신자들이 거듭난 것으로 자족하지 말고, 믿음 안에서 성장하여야 하며, 성장의 과정에서 성령 충만으로 큰 변화 곧 온전한 성화의 은혜를 받아야 한다고 강조했다.

웨슬리는 믿음은 사랑으로 역사하는 믿음(faith working through love)이라야 한다고 주장하면서, 구원받은 자의 생활에서의 변화, 더 나아가 교회와 사회를 거룩하게 하는 사역을 강조했다. 웨슬리의 후년의 설교 메시지의 중심은 성서적 성결(Scriptural Holiness)이었다. 그는 이 교리는 하나님께서 메소디스트에 부여하신 거대한 기탁물(the grand dipositum)로서, 하나님께서는 이 복음을 전하기 위하여 메소디스트를 일으키신 것이라고 믿으며[17] 전국에 다니며 외쳤다.

웨슬리의 사역은 이렇게 함으로 무기력한 신자들에게 활력소를 불어 넣는 부흥운동으로 이어졌다. 이런 웨슬리의 성결운동은, 역사가들이 증명하는 대로, 18세기 영국교회를 부흥케 하였으며 또한 갱신하였다. 그리고 19세기 미국의 성결-오순절 운동에서 다시 세계선교와 부흥의 불길을 일으켰다. 미국의 성결운동에서는 웨슬리의 성결의 은혜를 '성령의 불세례' 또는 '성령 충만'으로 표현하고, 신자들에게 성령의 충만을 받으라고 강조했다.[18]

그러면 어떤 면에서 웨슬리의 성결운동(곧 성령 충만 운동)이 교회 갱신에 특별한 공헌을 하였는가를 이해하기 위하여 그의 성결론의 특징을 간단히 설명하고 넘어가야 하겠다. 웨슬리는 한 곳에서 다음과 같이 말한다.

"나는 거듭거듭 아주 쉽게 우리가 주장하는 교리들이 무엇인가를 외쳤습니다. 바로… 이 교리들에 의하여 우리들은 이교도(heathens), 그리고 명목적인 신자(nominal Christians)와 구분됩니다. 이 교리는 우리가 말하는 모든 교리를 포함합니다. 이 주요 교리는 회개(Repentance), 믿음(faith), 성결(holiness)의 교리입니다. 회개가 마치 종교의 현관과 같다면 믿음은 문과 같고, 성결을 종교자체입니다. … 여기서 종교 자체라는 것은 곧 마음과 정성과 뜻을 다하여 하나님을 사랑하고 우리의 이웃을 우리의 몸과 같이 사랑하는 것입니다."[19]

우리가 아는 대로 종교개혁자들은 구원론에서 의인(Justification by faith)의 교리를 강조하였다. 이는 위대한 재발견이요 중요한 교리이다. 그러나, 그 당시 교회에서는 믿음만 강조하는 나머지 율법무용론(Antinomianism)에 이르는 경우가 있어, 신자들이 믿음으로 구원받았다는 위로에서 개인의 윤리 생활과 사회정화를 등한시하는 경우가 많았다. 이것은 믿음과 생활의 이원성을 초래하고, 교회의 부패를 가중시켰다. 이에 웨슬리는 성령을 통하여 역사하는 하나님의 은총은 우리를 의롭게 하실 뿐 아니라, 신자를 새롭게 하는 역사를 한다고 주장하면서, 특히 후자 곧 성화(Sanctification)를 더 강조하였다.

그러면 이 성화의 과정은 어떻게 이루어지는가? 성화(성결)의 과정에 대하여, 웨슬리는 첫째로 로마 가톨릭의 입장을 비판하면서, 이는 사람의 행위나 공로에 의한 것이 아니라, 하나님의 은혜로 인하여 믿음으로 말미암아 이루어지는 것이라고 강조한다.

다른 한편 당시의 모라비안 파들은 신비주의자들로서 사람이 거듭나는 순간에 아주 완전히 성화되어 더 이상 성장의 여지가 없는 것으로 주장하며 정숙주의에 빠졌다. 웨슬리는 이에 반론을 제기하면서, 마치 어린이가 점진적으로 성장하는 것처럼 거듭난 신자가 점진적으로 성장하는 것이라고 주장하였다. 웨슬리는 인간이 거듭난 후에도 신자 안에 아직 내재적인 죄가 남아있다고 본 것이다. 이런 면에서 웨슬리는 당시의 칼빈주의자들의 밭에서 성화론을 개진하고 있음을 볼 수 있다. 그러나 그는 거기에 머무르지 않았다. 그는 성화는 목적론적으로 계속 성장하는 것이지만, 그 점진적인 성장 과정에 순간적인 요소(instantaneous element)가 결합되어 있음을 주장하였다.[20]

웨슬리가 성화의 과정에는 신생과 같은 순간적인 단계가 있다고 주장한 것은 성화가 인간의 수양으로 되는 것이 아니라, 하나님의 은혜의 역사로 이루어지는 것이라고 이해하였기 때문이다. 그러면서 그는 또한 거듭난 신자가 성화의 과정에서, 신자가 자기 안에 있는 죄와 무능(impotence)을 회개하고 믿음으로 그에서 씻음을 받는 순간적인 역사 곧 온전한 성화를 기대할 수 있다고 말한다. 그러기에 웨슬리는 신자는 현재 여기에서(here and now)보다 높은 은혜를 사모하여야 한다고 주장한다. 웨슬리의 이런 주장은 신자가 되면 죄를 짓고도 구원을 받을 수 있기에

회개가 필요치 않은 양 생각하던 자들에게는 큰 도전이 아닐 수 없다.[21]

도전: 그러므로 웨슬리는 신자의 회개(repentance of believers)를 강조하였다. 신자의 회개와 믿음은 곧 성결(온전한 성화)로 가는 길이며, 이를 강조함이 곧 성결운동인 것이다. 웨슬리의 성결운동이 결국 영국 교인들을 깨우치며 교회의 부흥을 가져 왔던 것이다.

우리는 한국교회에서 성령의 충만을 강조하며 부흥회를 개최하고 있는 것을 안다. 이는 교회 부흥과 성장에 공헌하였다. 그러나 이런 운동에서 성령의 권능과 기사 이적은 강조되었지만, 그에 따르는 성결은 강조 안 되었기에 교회갱신에는 기대한 만큼 공헌을 못한 것 같다. 이 점에 있어, 성령충만을 외침에 있어 신자의 회개를 강조하는 웨슬리 신학의 도전을 받게 된다.

웨슬리는 신자가 온전한 성화(성령충만)의 단계에서 모든 내재적인 죄에서 씻음을 받을 뿐 아니라 부르심에 종사하기에 합당한 능력을 받는다고 주장한다. 그러므로 이를 기독자의 완전이라고 부르기도 하였다. 여기서 웨슬리가 온전한 성화 또는 기독자의 완전을 말하는 것은 철학적인 개념에서의 절대 완전이 아니라, 상대적인 것이며 곧 성서가 말하는 것 이상을 말하는 것이 아니다.[22] 웨슬리도 절대적인 완전은 영화의 순간에서 이루어지는 것이라고 믿는다.

그러기에 웨슬리가 말하는 기독자 완전은 타락한 인간이 지니고 있는 인간의 연약성(infirmities) 곧 무지, 실수할 수 있는 가능성 등으로부터의 자유를 말하는 것이 아니다. 따라서 온전한 성화의 은혜를 받은 신자도 실수할 수 있으며, 무의식적인 죄(involuntary transgression of the perfect law of God, known or unknown)를 범할 수 있다. 달리 표현하여, 웨슬리는 인간이 지니고 있는 연약성(infirmities) 자체를 죄로 보지 않지만, 신자가 이 땅 위에서 살고 있는 동안은 그로 인하여 실수나 무의식적인 범죄를 범하지 않을 수 없다고 한다. 따라서 성결을 유지하기 위해서는 완전한 신자도 순간순간 회개와 믿음의 생활을 하여야 한다. 완전한 성결은 계속 그리스도를 통하여서만 가능하기 때문이다.[23]

웨슬리는 그의 "신자의 회개"라는 설교에서 다음과 같이 말하고 있다.

> "당신을 사랑하여 … 당신의 죄를 그의 몸으로 친히 감당하신 예수를 계속하여 믿으시오! 그는 항상 효험 있는 그 보혈로 인하여 당신을 모든 정죄함에서 구원하십니다. 이리하여 우리는 의롭다 함을 받은 상태에 계속 머무르게 됩니다. … 그래서 우리는 이렇게 고백합니다.

> "주여, 나에게는 순간순간 당신의 죽으심의 공로가 필요합니다.
> 그러나 또한 우리는 믿음의 확신을 가지고 다음과 같이 외칩니다.
> 주여, 나에게는 순간순간 당신의 죽으심의 공로가 효험됩니다."

> 우리는 예수님의 생애와 죽음, 그리고 우리를 위한 그의 중보의 기도를 믿음으로 말미암아 순간순간 새로워져서 아주 깨끗해지며, 바로 이 같은 믿음으로 말미암아 우리는 순간순간 우리 위에 머물러 있는 그리스도의 능력을 느낍니다. … 이 믿음에 의해 우리는 영적 생활을 계속할 수 있습니다."[24]

위와 같이 웨슬리는 무의식적으로 범죄하는 신자의 실상과 믿는 자에게 효험 되는 그리스도의 보혈의 효험과의 긴장을 유지하면서, 하나님의 은혜가 더 풍성함을 강조한 것이다.[25] 따라서 성결은 그리스도 중심의 삶이다. 곧 그리스도를 본받아 살아가는 헌신과 사랑의 삶이다.

웨슬리는 성화를 신자의 하나님과 사이의 역동적인 사랑의 관계에서 설명한다. 그래서 성결의 본질을 '순전한 사랑' 또는 '완전한 사랑'으로 설명하는 것이 가장 적절하다고 보았다.[26] 사랑이란 순수하면서 동시에 무한히 성장하는 것이다. 또한 웨슬리가 말하는 사랑은 소극적인 의미에서는 바로 죄적인 것을 모두 추방하며, 적극적인 의미에서는 사람의 마음을 채워 사람의 모든 말과 행동을 지배하여 일하게 한다.[27]

그러므로 성화는 순간적으로 끝나는 것이 아니다. 중단 없는 인격적인 관계에서 (회개와 믿음으로) 지속되며 성장하는 것이다. 또한 완전한 사랑 (perfect love)은 곧 마음과 뜻과 정성을 다하여 하나님을 사랑하고 또한 이웃을 사랑하는 것이다. 그런 까닭에, 웨슬리가 강조하는 온전 성화는 주님 앞에 기도하면서 앉아 있는 삶이 아니라 사랑의 활동으로 살아가는 사랑의 생활에 강조점이 있는 것이다.

이 점에서, 19세기 미국의 성령 운동이 부흥운동의 물결을 타면서 온전한 성화 곧 성령충만의 순간적 체험을 강조하는 나머지, 성화의 지속적인 과정의 중요성을 약화시킨 것은 잘못이다. 웨슬리의 입장에서는 오히려 성화의 지속적인 과정에 더 강조점이 있었던 것이다.

웨슬리가 성화의 본질을 사랑으로 보는 그의 강조는 한국에서 일반적으로 성령충만은 곧 권능이요, 신자들은 더 회개할 필요가 없는 양 생각하는 것과는 대조적인 것을 주목하여야 한다. 웨슬리는 신자들이 오로지 권능 받고자 하는 것이 아니라, 그에 앞서 신자 안에 있는 죄를 회개하고 씻음을 받아야 한다고 강조한다.

다른 한편 기독자의 완전의 본질을 사랑으로 이해할 때, 성령 운동은 신자의 윤리 생활, 사회 갱신운동으로 나타난다. 웨슬리는 다음과 같이 말한다.

"그리스도의 복음은 단순히 종교를 말하는 것이 아니라 사회적 종교 (social religion)를 의미합니다. 마찬가지로 단순한 성결(mere holiness)은 없고 사회적 성결(social holiness)이 있을 뿐입니다. 기독자의 완전의 길이와 넓이 그리고 깊이와 높이는 바로 '사랑으로 역사하는 믿음'입니다. … 사실에 있어, 자기 형제를 사랑하되, 말로만이 아니라 그리스도께서 사랑하셨듯이 사랑하는 자는 그 누구나 '선한 일'에 열심을 아니 낼 수가 없습니다. 그의 영혼에는 형제들을 위하여 사역하고 함께 있어 주기를 열망할 것입니다. … 그리하여 그는 기회가 있을 때는, 주님이 그랬듯이, 선한 일을 하려고 할 것입니다."[28]

이와 같이 사랑의 행동은 이웃을 향한 사랑으로 나타나는 것이다. 행동으로 이어지는 사랑을 떠나서의 성결은 그 내용이 넘어지고 마는 것이다. 하나님의 사랑은 폭넓은 사랑(comprehensive love)이다. 그러므로 메소디스트는 첫째로 복음을 전파하여야 하며 또한 사랑의 봉사를 하여야 한다고 웨슬리는 주장하였다. 그리하여 웨슬리의 선교 사역은 사회참여를 동반하였다.

웨슬리가 성서와 체험을 통하여 재발견한 성령의 역사는 사람에게 죄를 깨닫게 하여 거듭나게 하며 성결케 할 뿐 아니라 내적으로 증거하며 때로는 외적 표적으로 전하는 말씀을 확증하여 주는 것이었다.[29]

웨슬리의 일지를 보면, 그는 그의 사역에서 많은 기사 이적이 동반되는 것을 체험했다. 신유의 역사도 있었고, 귀신 들린 사람을 치유하는 사역 등, 여러 가지 표적이 따름을 체험했다. 그런 성령의 강한 역사는 때로는 야외에 2,000명 이상의 증인들 앞에서도 나타났다.[30] 명실공히, 웨슬리의 사역은 초대교회에서 보듯이 말씀의 전파일 뿐만 아니라 하나님의 권능을 나타내는 것이었다. 이에 그의 복음 증거는 권능으로 이루어졌다.[31]

그러나 웨슬리는 이 문제 때문에 당시의 교회 지도자들로부터 비난을 받았다. 때로는 그들로부터 '열광주의자'라는 비난을 받았다. 왜냐하면 당시의 영국교회는 성령의 직접적인 증거나 성령의 기사 이적을 믿지 않았

기 때문이다.[32]

당시의 유명한 정통주의 신학자요 브리스톨의 감독인 버틀러(Bishop Butler)는 웨슬리에게 충고했다.[33]

"당신이 집회에서 사람들이 발작을 하고, 그러면 당신이 그들을 위해 기도한다고 들었는데 … 성령의 기적적인(extraordinary) 계시나 은사들이 있는 것처럼 행하는 것은 무서운 일, 참으로 끔찍한 일입니다. 당신은 이 지역에서 설교하지 말고 떠나라."

이런 반대자는 버틀러 감독뿐 만이 아니었다. 리치필드의 감독은 출판물까지 발행하여 웨슬리의 주장은 열광주의자들의 교리이며, 무용한 것이라고 다음과 같이 비난했다.

"성령이 신자 안에 내주하며, 내적 증거를 한다고 주장한다든가, 또는 성령에 의하여 기도하고 설교한다고 하는 것은 결국 성령의 기적적인(비정상적인) 은사나 역사를 인정하는 것인데, 이런 사역은 사도 시대와 초대교회에만 속한 것입니다. 따라서 말세(오늘날)에서 그런 일이 일어나는 것처럼 행하는 것은 헛된 일이며, 이는 열광주의자들의 교리입니다."[34]

타이어맨에 의하면, 이런 반대는 깁슨 감독(Bishop Gibson), 와버튼 감독(Bishop Warburton) 등 여러 지도자들 그리고 불신하는 일반 신자들로부터도 있었다.[35]

그런 논란 속에서 웨슬리는 이런 문제에 대하여 깊은 관심을 갖고 동료 교역자들과 상의도 하며[36] 자기가 하고 있는 일에 대하여 변호했다. 비판하고 비난하는 당시의 교회 지도자들에게 다음과 같이 자기의 입장을 말하였다.

"지금도 복음이 권능으로 전파되며, 사람들이 하나님께 가까이 살고 있다면, 성령은 극적인 은사를 나타낸다고 믿습니다. 그런 성령의 역사가 초대교회, 곧 성서시대에 성행했다는 것을 인정합니다. 그러나 그런 것이 사도 시대에만 국한된 것이 아닙니다. 그런 역사가 현재 나타나지 않는 것은 교회가 콘스탄틴 시대에 들어서면서 많은 성도가 세속적인 교인이 되어 신앙에 변화를 가져왔기 때문입니다. 이런 기사 이적들이 정지되고 있음은 교회가 평온과 안전 속에 있으면서 안위와 명예롭게 신앙생활을 하고자 하기 때문이지 성령이 후퇴하신 것이 아닙니다."[37]

그러면서, 웨슬리는 비난과 공격이 있음에도 불구하고, 성령의 감동(Inspiration)과 증거(Witness)는 필요한 것이며 항상 있는 것이라고 주장했다. 이런 성령의 증거는 웨슬리에 의하면 직접적이며 사람이 인식할 수 있도록 체험되는 것이로되, 사람에 따라 다양하게 나타나는 것이다. 곧 신자에게 역사하는 성령은 같은 성령이지만, 성령은 자신의 뜻에 따라 여러 가지 모양으로 역사하신다.[38] 어떤 때에는 강한 능력으로, 또 어떤 때는 조용히, 보이지 않게 역사하신다. 이런 성령의 내적 역사는 때로는 기사 이적과 같은 기이한 현상도 동반한다.

웨슬리는 초대교회가 보여주었듯이, 복음이 능력으로 전파되며 진실한 믿음이 있는 곳에는 언제나, 지금도 성령의 기적적인 은사들이 나타난다고 믿었다.[39] 웨슬리는 말한다. "성령으로 하여금 자신의 방법대로 행하시게 하시오. 성령은 당신보다 더 현명하시며, 그분은 모든 일을 잘 행하실 것입니다."[40]

이와 같은 신앙은 19세기 미국에 있었단 성결-오순절 운동에서 활발하게 나타났고, 최근에는 세계복음화를 위한 로잔운동에서 메아리치고 있음을 본다. 로잔운동은 그리스도의 온전한 복음(The Whole Gospel)의 선포에는 기사 이적이 동반함을 인지한다.[41] 그리스도의 복음 선포는 하나님

나라의 도래를 의미하며, 이는 사탄에게서의 해방, 곧 하나님의 능력의 나타냄을 부분적으로나마 동반하는 것이기 때문이다.

웨슬리는 이어 말하기를 중요한 것은, 내적으로 이루어진 사역의 내용이 하나님께로 온 것이냐 하는 문제라고 한다. 후자가 본질적인 것이라면, 전자는 우연적인 것(accidental)으로 그 표적이 다양하다. 본질적인 것이 없는 현상은 무의미한 것이다. 그리고 본질적인 내용은 하나님께로부터 오는 것이라야 한다. 그래서 웨슬리는 은혜의 경험도 강조했지만, 그의 신학의 최고권위는 성서였음을 잊어서는 안 된다고 하면서 "나의 근거는 성서입니다. 그렇다. … 나는 모든 일에 있어서, 그것이 큰일이든 작은 일이든, 성서를 따른다."[42]고 하였다. 여기에 웨슬리는 열광주의자들을 경계하기에 이른다.

당시의 열광주의자들은 나타나는 현상과 표적에 치중하여, 은혜의 수단(교회출석, 성례전에 참여하는 것, 또한 성경을 읽고 상고하는 일들)을 무시했다. 때로는 입신함으로 모든 것이 다 이루어졌다고 간주하며 정숙주의(Quietism)에 빠졌다. 이에 웨슬리는 '은혜의 수단'이라는 설교를 거듭하면서 그들의 그릇됨을 지적하면서 시정하려고 했다. 웨슬리는 때로는 마귀의 역사도 흡사한 기적적인 현상이 일어나는 것을 보았기 때문이다.[43]

웨슬리는 교인들의 형식주의의 위험성을 경계하며, 다른 한편 열광주의를 따라 악마의 올가미에 빠지지 않도록 경계하는 일에 주관점을 두었기에, 성령론적 설명을 피한 것을 엿볼 수 있다.[44] 또한 웨슬리는 성령의 은사를 특별 은사(extraordinary gifts)와 일반적 열매(ordinary fruits)로 구분하여 설명하면서, 성령의 일반적 열매를 더 중요하게 여겼다. 웨슬리에 의하면 특별 은사는 신유와 그 밖의 이적을 행하는 능력, 예언, 영 분별의 능력, 여러 가지 방언을 하는 능력과 통역하는 능력(고전 12:9-10) 등을 말하며, 이런 은사는 어떤 일부 사람에게 어떤 때에 주어지는 것이요 보편적인 것이 아니다. 그러나 성령의 일반적 열매는 윤리적 사역과 연관된 것으로 모든 신자에게 필수적이다. 이는 보다 훌륭한 목적을 위하여 주시는 것이다. 이는 신자들에게 그리스도의 마음을 가지게 함이요, 따라서 내적 변화의 결과로 '믿음의 역사와 소망의 인내와 사랑의 수고'를 하는 중에 '그리스도가 행한 것 같이 행할 것을 가능케 하기 위함이다.'[45] 그러기에 웨슬리의 사역에서는 19세기 미국에서의 성령운동에서 보듯이 특별 은사를 위한 집회 같은 것은 가지지 않았다.

성결 메시지에 근거한 웨슬리의 선교 활동은 처음부터 말로서의 전도와 행동으로의 사회 참여를 병행하였다. 웨슬리의 선교 활동은 힌슨이 지적한 대로 교회와 국가를 개혁하는 운동이었다.[46] 마크 바르트가 지적한 대로 웨슬리의 설교는 두 가지 목적을 가지고 있었기 때문이다. 즉 사람 개인들을 하나님의 은총 가운데 거듭나며 성결케 되어 의미 있는 사회생활을 하게 할 뿐 아니라, 그들이 살고 있는 사회 전체를 변화시키는 활동으로 인도하는 것이었다.[47]

웨슬리는 당시의 목회 지역을 3구역으로 나누어서 평신도들의 사역을 분담시켜 사회사업, 교육 사업, 고아 사업 등의 활동을 하게 하였다. 그러면 메소디스트가 행한 사회참여는 어떤 것들이었는가?

웨슬리가 주도한 옥스퍼드에서의 신성 클럽의 활동은 회원 자신들의 경건 생활뿐 아니라 자선사업도 꾸준히 시행했다. 그들은 일반 사회에 편만하고 있는 음주, 증수회(bribery)를 시정하려고 여러 가지로 노력을 했다. 사회에 범람하고 있는 밀수, 도박, 도둑 행위 등에 대하여 관심을 두고 개혁을 추진하였다. 또 교회 내에서의 선거에 따르는 부패를 지적하고 시정에 나섰다.[48]

메소디스트의 회원들은 정기적으로 감옥을 찾아가 사역하였다. 그리고 1778년의 연회(Annual Conference)는 교역자들이 감옥 심방(Prison ministry)을 의무화하도록 결의까지 하였다. 그의 사회참여는 자선사업에 머문 것이 아니고, 민생 사업(development)에까지 미쳤다. 그리하여 웨슬리는 편물 공장, 빈민 학교, 의료원, 빈민 은행, 고아원 등을 설치 운영하였다.[49]

웨슬리의 선교 활동은 정치적 면에도 관여하였다. 당시의 노예 문제, 감옥의 상태 또는 산업에서 가진 자들의 착취행위에 대하여 항변하기를 주저하지 않았다. 국가적인 선거에서의 부패를 지적하여 경고하며 공정한 선거를 호소하는 팸플릿을 발행하기도 했다. 특히 당시 영국에서 시행되고 있었던 노예매매(the slave trade)가 1897년에 폐지될 때까지의 웨슬리의 공헌은 컸다. 사실 이 일에 웨슬리가 선구자적 역할을 했던 것이다.[50]

1774년에 웨슬리가 발행한 「노예매매에 대하여」(*Thoughts upon slavery*)라는 책자는 유명하다. 웨슬리는 이 글에서 당시의 노예들의 상태와 노예매매자들의 비인간적인 모습을 폭로하는 동시에, 노예매매를 정당화시키고 있는 사람들의 주장을 맹렬히 반박했다.[51] 그리고 노예매매에 종사하는 자들에게는 채찍, 쇠사슬이나 강제성은 다 버리고 모든 사람을 인간답게 다루며, 친절해야 한다고 강권했다. 무엇보다도 그들은 하나님의 의로우신 진노를 두려워하는 가운데 피 묻은 죄로부터 손을 씻으라고 호소했다. 이런 웨슬리의 주장은 소책자로, 편지로, 또는 설교로 전개되었다. 웨슬리는 이런 주장을 당시의 정치가들에 호소하였다.[52]

이처럼, 웨슬리의 활동은 사람 개인들을 하나님의 은총 가운데 거듭나며 성결케 되어 의미 있는 사회생활을 하게 할 뿐 아니라, 그들이 살고 있는 사회 전체를 변화시키는 활동으로 인도하는 것이었다.[53]

특히 웨슬리는 전도 곧 예수 그리스도의 복음 전파라는 전통적인 방법을 우선적으로 하였지만,[54] 결과는 최근 일각에서 사회 참여만을 고조하는 사람들의 사역보다 더 큰 효과를 냈다는 데 큰 의의가 있다 하겠다.

웨슬리는 기독교의 특색은 그 시작부터 성령이 충만한 교회였다고 말한다. 웨슬리에 의하면 성경에 나타난 성령이 충만한 교회와 신앙을 보면 개인들이 다 성령의 역사로 회개하고 거듭날 뿐 아니라, 영적 확신이 있었다. 그들에게는 하나님의 사랑이 부은 바 되어, 그들은 하나님을 사랑할 뿐 아니라 이웃을 사랑하되 말로만이 아니라 행실로 사랑하였다. 모든 사역자는 성령이 충만한 성도였다. 그런데 그 어간에 가라지가 뿌려져서, 다시 말해 악의 신비(the mystery of iniquity)가 역사하여서 교회는 타락했다고 다음과 같이 말한다.

> "박해가 순수한 기독교에 영속적인 해를 끼치지 못하였습니다. 그러나 기독교의 본질이요, 기독교의 법을 성취시키는 것 곧 겸손과 온유와 인내하는 사랑의 뿌리를 흔들어 놓은 큰 타격을 교회가 받게 되는데, 그것은 4세기 때 자칭 그리스도인이라고 하는 콘스탄틴 대황제에 의하여 그리스도인들, 특히 교직자들이 부귀와 영화와 세력을 누릴 때였습니다. … 그와 마찬가지로, 박해의 공포가 사라지고 그리스도를 믿는 사람들이 부귀영화를 누릴 때에, 그리스도인들은 점진적으로 타락하고 갖가지 악으로 빠져들어 갔습니다."[55]

웨슬리는 역사 속에 있는 교회는 정도의 차이는 있으나 모두 타락한 교회라고 본 것이다. 18세기의 영국교회도 타락하였다고 보았다. 그러나 웨슬리는 이같이 타락한 교회라도 교회 그 본래의 표적, 곧 순수한 하나님의 말씀 선포, 성례전의 정당한 집행이 있고, 그곳에 순수한 성령의 임재가 있다면 여전히 교회라고 보았다.[56] 곧 형식적 의미에서는 영국교회는 아직도 참된 교회라고 본 것이다. 여기서 우리는 웨슬리가 교회를 이원적으로 곧 변증법적 대립에서 이해하고 있음을 본다.

웨슬리에 의하면 교회의 머리이신 예수가 거룩하시며, 또한 교회의 모든 제도가 성결을 촉진시키도록 되어 있기 때문에 형식적 면에서는 여전히 거룩한 교회이다. 이것이 교회의 객관적인 거룩이다(given holiness). 그러므로 비록 무가치한 교직자가 성례전을 집행했다 할지라도 그 성례(God's ordinance)에 따르는 그 효과를 막는 것이 아니다.[57] 전달자(성례의 집행자) 자신은 은혜를 받지 않을지라도 하나님께서는 이로 말미암아 그 은혜가 단절되는 것을 허락지 않으신다고 이해하였다.[58]

그러나 웨슬리에 의하면 그 객관적인 성결이 신자들의 삶 속에서 호응되는 주관적 성결을 가져오지 않는다면 교회는 진정으로 거룩한 교회가 아니다.[59] 그러므로 신자는 현재 역사하시는 하나님의 구속 사업의 동역자로서 교회를 참으로 거룩한 교회 되도록 하는 책임이 있다고 웨슬리는 강조한다. 웨슬리는 이런 사명이 바로 당시의 메소디스트 그룹에 있다고 본 것이다. 여기서 그는 메소디스트를 교회 안에 있는 작은 교회(ecclesiolae in ecclesia)라고 부른 것이다.

메소디스트는 하나님의 말씀과 경건한 삶의 훈육 아래 큰 교회 안에서 성결의 누룩(a leaven of holiness)의 역할을 하기 위하여 자의로 모인 그룹으로서, 대외적으로는 교회 밖에 있는 사람들을 교회 생활로 인도하는 역할을 하고, 대내적으로는 교회를 새롭게 하며 부흥케 하는 역할을 하였다.[60] 스나이더는 메소디스트의 갱신운동을 평가하여 말하기를 "메소디즘은 영적인 갱신운동이었다. 사람들로 하여금 하나님의 권능을 깨닫게 하고 일상생활에서 참 기독교 공동체의 힘을 알게 하는 대중 운동이었다. 그러므로 이 운동은 역사 속에서 성령의 새롭게 하는 역사를 보여주는 가장 으뜸가는 본보기입니다."라고 하였다.[61] 메소디스트가 그 사명을 수행하기 위하여 웨슬리는 신자들을 훈련했다.

웨슬리는 메소디스트가 성결의 누룩의 역할을 하기 위하여 평신도를 훈련시켜 효율적으로 봉사하게 하였다.

종교개혁자들이 주장한 원리 가운데 하나는 만인 제사직이다. 그러나 실제 교회 생활과 전도사역에서 웨슬리만큼 이 원리를 활용한 지도자는 없었다. 웨슬리는 모든 신자를 조직적으로 훈련시킬 뿐 아니라 그들이 조직적으로 전도와 봉사에 참여케 하였다.

그러기 위하여 웨슬리는 신자들을 하나의 속회(the class meeting)로 12~13명, 또 그 안에는 착실히 믿는 사람들을 조(Band)로 6명 정도, 그리고 특별 신도회(the selected society)라고 해서 특별한 핵심 분자들을 모아 그룹별로 훈련을 받게 하였다. 여기 특별 신도회 회원은 지도자에게 절대 복종한다는 서약과 함께 모든 사유재산까지도 다 맡기면서 신앙 훈련을 받고 평신도 지도자로서의 책임을 수행하였다.

웨슬리는 평신도들을 그와 같이 동원할 뿐 아니라, 그들을 계속적으로 훈련하였다. 평신도 전도자들로 하여금 투철한 신앙이 있어야 함은 물론이거니와 지식을 쌓게 하기 위하여 하루에 5시간씩 독서를 시켰고, 1주일에 2회 이상 설교를 하게 하였다. 그래서 메소디스트가 10만 명일 때에 평신도 지도자로 내세울 수 있는 일꾼이 1만 명이나 되었다는 것이다. 그 중에는 여자들도 많이 있었다.

이와 같이 평신도의 영성 훈련(spiritual formation)을 통하여 모든 하나님의 백성이 전도에 임하게 하는 운동이 결국은 교회를 새롭게 할 뿐 아니라 교회를 부흥시키는 놀라운 결과를 가져오게 했던 것이다.

웨슬리가 메소디스트를 하나의 eccelesiolae로 주장한 데는 또 하나의 중요한 의미가 있다. 즉 웨슬리는 자기들은 큰 교회 안에 있는 신자들의 작은 모임(작은 교회)으로서, 메소디스트들은 자신들만을 위하여 사는 분리된 종파가 되는 것을 원치 않았다. 그들은 전체 교회를 강건하게 하고 새롭게 하기 위해 존속한다고 믿었다. 다른 말로 표현해, 웨슬리는 당시의 퇴폐적이었던 큰 교회 안에서 그 교회를 진정한 기독교로 갱신하려는 운동으로, 여전히 영국교회에 예속된 그룹으로 간주했다.[62]

그러므로, 웨슬리는 교회갱신의 패턴에 있어, 카리스마적이면서도 제도적인 견해를 지녔던 것이다. 웨슬리의 교회갱신의 입장은 비유컨대 하나의 크고 오랜 나무가 새싹을 내면서 계속 성장하여 나가는 모습, 곧 큰 나무는 부분적으로 죽었지만 새로운 싹을 내며 성장해 가는 고목과 같이, 교회는 부분적으로 타락했으나 그 안에서 새롭게 솟아 나오는 '새 생명' 곧 갱신운동이 있어, 교회는 교회로서 지속되는 것을 지향했던 것이다.[63] 이런 갱신운동은 제도적인 교회와 갱신운동이 상호 의존적이요 또한 공존한다는 것이다.[64]

맺는말:

교회는 항상 성서적이요 영적인 뿌리로 돌아갈 때 가장 충실한 교회가 되며 새로워진다. 이는 우리가 웨슬리의 운동에서 보듯이, 신도의 뜨거운 신앙체험에서 시작한다. 웨슬리의 특징적인 윤리사상이나 경건의 훈련은 힌슨이 지적한 대로, 웨슬리의 올더스게이트에서의 가슴 뜨거운 신앙 체험이 그 전환점을 이루어진 것이다.[65]

웨슬리는 그런 체험이 있기 전에는, 사람의 노력을 강조하였다. 곧 그는 '인간 노력의 복음'(a gospel of human effort) 또는 '인간 자아실현과 노력의 윤리'(self-realization and commitment)를 주장했던 것이다.[66] 이는 펠라기우스주의 또는 반 펠라기우스주의(Pelagianism or Semi-Pelagianism)의 입장이다.

그러나 웨슬리의 올더스게이트에서의 가슴 뜨거운 신앙체험은 그에게 윤리관에 대한 변화(Ethical Conversion)를 가져왔다.[67] 과거에는 웨슬리는 의무감과 자아실현 곧 구원을 얻기 위해 행동했으나, 지금은 그 순서가 바뀐 것이다. 그에게 믿음이 들어옴으로 그는 사랑할 수 있는 사람으로 해방된 것이다. 하나님께서 사람의 삶에서 역사하시매 그는 새사람이 되었고, 그 결과 웨슬리는 개인과 사회 변화를 위하여 일하게 된 것이다.

그러므로 그리스도인의 윤리의 근거는 사람이 거듭남으로, 하나님의 사랑에 감격할 때 성립된다고 하겠다. 또한 그리스도인의 경건훈련은, 하나님의 사랑에 감격하는 가운데, 하나님의 선한 청지기로서 자기를 부인하며 십자가를 지고 주님을 따르는 데서 이루어진다. 웨슬리가 강조하고 실행하였듯이 하나님의 말씀을 읽고 상고하며, 기도하고, 성례전에 참여하고, 성도의 사귐에 참여하는, 신도회 활동이 갱신운동의 원동력이 될 것이다.

또한 우리는 웨슬리의 갱신운동을 조명하여 봄으로, 한국교회 갱신을 위하여 우리가 강조하여야 할 것을 제시하였다. 여기에 우리가 살펴본 웨슬리의 갱신운동의 역사적 본보기는 한국교회에 희망과 기대를 준다. 무엇보다도 하나님이 자기 교회를 사랑하시고 위하여 역사하시기에 갱신은 가능한 것이다.

9
웨슬리의 갱신운동과 신도회

1991년에 '더 퍼블릭 인터리스트'(The Public Interest)라는 잡지에 뉴욕 주립대학의 교수인 로저 스타(Roger Starr)가 흥미 있는 글을 실었다. 이 사람은 미국의 민주당원으로서, 자유주의자인 유대인이다. 그는 18세기 영국의 사정이 자기들이 사는 오늘의 상황과 같다는 것을 알았다. 그 당시 영국에는 술과 마약의 문제가 있었고, 가정들은 분해되고 있었으며 많은 타락과 범죄 또는 폭동이 일어나고 있었는데, 너무나도 미국의 현 상황과 비슷하다는 결론을 내렸다. 이런 사실을 발견한 저자는 그러면 그러한 영국을 구원한 것이 무엇인가를 연구하여야 하겠다고 생각했다. 그러는 가운데 이 유대인 자유주의자인 스타(Starr) 박사는 당시의 영국을 구원한 것은 그가 그때까지 들어보지도 못한 사람, 바로 메소디스트 운동을 시작한 웨슬리에 의한 것이었다고 주장하였다.

저자 스타 박사는, 자기는 메소디스트에 대하여는 아는 바가 없었으나 웨슬리가 시작한 그 운동이 문자 그대로 영국을 구원하였고, 웨슬리의 운동은 그 당시의 사회, 경제 그리고 정치에도 많은 영향을 끼쳐 결국 영국이라는 국가를 구원한 것이라고 하였다. 그러면서 그는 말하기를 우리들은 웨슬리 운동이 어떻게 사역하였는지를 연구할 필요가 있으며, 그리하여 오늘날에도 그런 운동이 재현되도록 해야 할 것이라고 말하였다.

한 달 후에 조지 윌(George Will)이라는 사람이 '워싱턴 포스트'(Washington Post)지에 스타의 글에 대한 글을 썼다. 윌은 아주 완고한 공화당원으로 보수적인 성공회 신자이다. 이 저자는 글의 서두에서 말하기를, "내가 자유주의자 스타가 쓴 글에 동의한다는 것은 상상을 못 했다. 그런데 이번에는 이 자유주의자가 실제로 잘 지적하였다. 사실 18세기에는 독일, 프랑스, 그리고 세계 각처에서 혁명이 있었지만, 영국에는 그런 혁명이 없었다. 영국에는 바로 메소디스트가 그들의 국가를 새롭게 한 혁명이 있었다. 이런 점에서 스타의 주장을 진지하게 다룰 필요가 있다. 그러므로 웨슬리 운동의 비결(secret)이 무엇이었는지 알아보아야 하겠다."라고 하였다. 그러면서 그는 "내가 이렇게 말하는 것이 이상하게 들릴지는 모르나, 우리에게는 이 세상을 구원할 메소디스트가 필요하다. 이렇게 글을 마치고 싶지는 않지만, 그보다 더 좋은 아이디어(idea)를 가진 자가 있는가 말해 보시오."라고 덧붙여 말하였다.

다시 그 후 한 달 후에, '뉴 퍼블릭'(New Republic)이라는 잡지의 편집장인 프레드 반스(Fred Barns)는 "세상에 이런 일도 있는가? 자유주의자이요 유대인인 민주당원 스타씨와, 완고하며 보수적인 공화당원인 윌씨가 동의하다니? 생각해 보면 볼수록 이 두 사람이 지적한 내용은 옳다."고 말하였다.

그러면서 그는 다음과 같이 지적하였다. "그러나 그들이 잊은 것이 하나 있다. 그것은 웨슬리 운동은 근본적으로 가슴에서 일어나는 영적인 각성 운동이었다는 것이다. 웨슬리의 운동이 경제적 정치적 변화를 가져온 것은 사실이다. 그러나 그 운동은 영적인 부흥 운동, 정신적 각성으로 시작한 것이다. 오늘날, 우리가 이 나라에서 정신적인 각성과 영적인 부흥이 일어나서 그런 경제적 정치적 변화를 일으키지 않는 한, 그런 역사는 일어나지 않을 것이다. 우리는 영적 운동으로 시작하여야 한다. 그 길이 있을 뿐이다. 우리는 이런 운동을 시작하여야만 한다. 그리고 우리에게는 18세기 영국에서 있었던 그런 사역을 오늘의 세대를 위하여 할 수 있는 새로운 메소디스트의 세대(사람들)가 있어야만 한다.”

이와 같이 미국의 자유주의자요 유대인인 민주당원과, 보수주의적인 공화당원, 그리고 복음주의자인 온건한 성공회 신자가 다 모두 한목소리로 자기들의 국가를 구원하기 위하여 웨슬리안에게 기대를 걸고 있는 것은 놀라운 일이라 아니할 수 없다.

앞에서 말했지만, 이는 한국에서도 마찬가지일 것이다. 오늘의 한국의 상황에서도 우리가 기대할 수 있는 이보다 더 좋은 아이디어가 있겠는가? 학자들은 교회 갱신의 역사적 모델로서 요한 웨슬리의 신앙 운동을 들고 있다.

진실로 웨슬리 부흥운동은 교회부흥과 사회의 갱신을 가져왔다. 웨슬리 운동이 썩은 달걀과 같은 영국 사회를 갱신시킨 것은 주지의 사실이다. 당시 영국 사회의 민중은 가난했다. 음주와 향락으로 타락하고 있었다. 런던 거리의 1/4이 술집이었으며 범죄가 많이 일어나 감옥은 죄수들로 가득 차 있었다. 한편 교회는 무기력하여 일반 사회 인사들은 교회를 향하여 냉소를 보내었다. 이런 부패상은 이웃 나라에서도 마찬가지였다. 그러나 영국은 웨슬리의 각성운동을 통하여 교회와 사회가 새로워졌다. 역사가 레키(Lecky)는 말하기를 “18세기의 영국에서 진정으로 새롭게 하는 혁명이 웨슬리를 통하여 일어났다. 이는 피트(Pitt) 장군의 영도 하에 바다나 땅 위에서 얻은 그 어떤 승리보다 큰 것이었다.”라고 하였다.

이제 우리는 웨슬리의 갱신운동의 특징을 살펴보고자 한다. 웨슬리의 갱신운동은 그의 열렬한 복음 전도에서 시작되었고, 가장 중요한 역할을 하였다. 그러나 오늘은 그 선교운동의 요람이 되었던 신도회의 역할과 그들에게 요청되었던 경건 훈련을 상고해 보고자 한다. [복음전도, 사회 참여에 대한 것은 생략함]

Ⅰ. 신도회를 통한 활동:

웨슬리의 갱신운동의 또 하나의 특징은, 이를 그는 신도회의 조직과 활동으로 시행하였다는 것이다. 하나님의 사람들과의 공동생활을 통한 경건 훈련 훈련과 갱신 사역을 하였다. 곧 웨슬리는 society 안에서, 서로 나누고 함께 기도하는 일을 힘썼다.

웨슬리는 메소디스트가 성결의 누룩의 역할을 하기 위하여 평신도를 훈련시켜 효율적으로 봉사하게 하였다. 곧 웨슬리의 갱신운동의 원동력 또는 base는 신도회였던 것이다.

그러기 위하여 웨슬리는 신자들을 하나의 속회(the class meeting)로 12~13명, 또 그 안에는 착실히 믿는 사람들을 조(Band)로 6명 정도, 그리고 선택신도회(the selected society)라고 해서 특별한 핵심 분자들을 모아 그룹별로 훈련을 받게 하였다. 여기 특별 신도회 회원은 지도자에게 절대 복종한다는 서약과 함께 모든 사유재산까지도 다 맡기면서 신앙 훈련을 받고 평신도 지도자로서의 책임을 수행하였다.

이와 같이 평신도의 영성 훈련(spiritual formation)과 협동 활동을 통하여 모든 하나님의 백성이 전도에 임하게 하는 운동이 결국은 교회를 새롭게 할 뿐 아니라 교회를 부흥시키는 놀라운 결과를 가져오게 했던 것이다.

1.1. 홀리클럽의 특징

이런 신도회의 처음 시작이 '홀리클럽'(The Holy Club)이다.

웨슬리의 옥스퍼드 시절, 특히 1729년에 그의 동생 찰스(Charles)와 함께 3, 4명이 일주일에 3번 내지 4번 저녁에 함께 모여서 고전과 원전 성경을 읽으며, 또한 그 뒤로 social work를 함께 하면서, 경건 생활을 하기로 한 것에서 시작되었다. 웨슬리가 Lincoln College 의 fellow로 옥스퍼드에 상주하면서는 그가 열심히 이 클럽을 인도하였다.

너무 엄격한 활동을 하기에, 많은 사람이 별명을 붙여 부르며 조롱하기도 했다. 예로서, Sacramentarians, Enthusiasts, Supererogation Men, The Reforming Club, The Godly Club, The Bible bigot, Methodists. 그러던 중, 1730년대부터는 The Holy Club으로 널리 알려진 운동이 되었다. [1]

웨슬리는 Christ Church의 많은 젊은이를 향하여, 1731년에 아래와 같이 홀리클럽이 하고자 하는 일을 설명하였다.

그리스도인들은 그리스도를 본받아야 한다. 그러기 위하여, 우리들은 다니면서 선한 일들을 한다. 예로서, 굶주린 자들에게 먹을 것을 주며, 헐벗은 자들에게 입을 것을 주며, 병든 자들과 감옥에 있는 죄수들을 심방하고, 그러나 보다 중요한 것을 사망에서 영혼을 구원하는 일이다.

이러기 위하여 우리들은 모여서 함께 귀한 책을 읽고, 그들이 말하는 대로 살기로 다짐하며, 또한 저들도 다니며 선한 일을 하며, 성경책과 기도문을 배부하며, 그들의 자녀들을 가르치면서, 모두가 경건한 생활을 하도록 돕는 데 있는 것이다. [2]

이러는 중, 많은 사람이 이 클럽에 가입하여, 이 모임은 그 모임의 횟수도 일주일에 4번에서 6번으로 늘어났으며, 계속하여 고전과 성경을 공부

할 뿐 아니라, 일주일에 두 번씩-수요일과 금요일에 금식을 하였다.[3]

그들은 모일 때마다 기도로 시작하며, 하루 동안의 일들을 나누며, 끝낼 때는 소박한 저녁으로 끝마쳤다. 그들은 한마음과 한뜻이 되었다.[4]

그런 가운데, 홀리클럽 회원들은 성경 한 책의 사람들이 되기로 헌신하였다. 그리하여 그들에게는 성경책이 그들의 일상생활을 지배하는 척도가 되었다.

그들은 자기들의 신앙생활을 위한 성경적 지침으로서 "성찰의 계획표"를 만들어, 성결한 생활을 추구하였다. 자기 성찰을 위한 계획표의 내용은 다음과 같다.[5]

1) 내가 말하거나 행동한 모든 것에 나는 단순하며 또 묵상했는가? 다시 말해, 나는 하나님, 나의 선이시오, 나의 모형이시오, 나의 유일한 욕구이시오, 선의 원천이신 하나님을 바라보았으며: 전폭적으로 그분을 위하여 행동하였는가? 묵상했는가? 그런 생각을 지속했는가?

2) 나는 열정을 가지고 기도했는가? 나는 적절하게 기도하였는가? 다시 말해, 나는 매시간 겸손, 믿음 소망, 사랑 및 그날에 필요한 특별한 미덕을 위하여 기도하였는가?

3) 나는 그날의 미덕을 위하여 적절하게 기도하였는가? 다시 말해 의도적으로, 진지하게 열정적으로 하였는가?

4) 나는 식사 전후에 기도하였는가? 내 방에서 큰 목소리로? 의도적으로 진지하게 열정적으로 기도했는가?

5) 나는 적절하게 묵상하였는가? 필요한 긍휼을 위하여, … 4시부터 5시까지? 오늘의 섭리에서 특별한 것이 무엇이었나? 어떻게 그 미덕을 사용하였나? 그 미덕이 부족하지는 않았는가?

* 월요일 – 사람의 사랑

1) 나는 선을 행함에 있어서 열심이었으며 또 적극적이었는가? 다시 말

해, 나는 선을 행할 수 있는 가능한 모든 기회를 포착하여 악을 예방하
거나, 제거하거나 감소시켰는가? 나는 선을 추구함에 최선을 다하였는
가? 나의 이웃을 섬김에 있어 이기심 때문에 나누어 주지 못한 것이 있
지 않는가? 나는 대화함에 있어서는…? 나는 낯선 사람에게 말할 때,
종교에 대하여 말하였는가?

2) 나는 이웃이 미덕을 행하거나 즐거워서 할 때 그와 같이 즐거워하였는
가? 그가 죄 가운데 있을 때 슬퍼하였는가?

3) 나는 그의 약점들을 동정으로 받아들였는가? 아니면 분노로 받아들였
는가?

4) 나는 그에게 불친절하게 생각하거나 말하지 않았는가?

5) 다른 사람을 향한 나의 행위의 동기는 선의였는가?

6) 나는 중보기도를 적절히 하였는가? 누구에게 말하기 전에, 그리고 후
에? 주일에 친구들을 위하여? 월요일에는 나의 학생들을 위하여? 수
요일과 금요일에는 특히 중보를 원하는 사람들을 위하여? 매일 내게
속해 있는 가족을 위하여?

이와 같은 영적 실습과 훈련을 통하여, 그들의 내적 성결과 교제는 필
요를 지니고 있는 세상을 향하여 분출하였다. 그리하여, 클럽 회원들은 1
주일에 한두 번씩 감옥을 방문하였고, 굶주린 자들에게 먹거리를 제공하
였으며, 헐벗은 자들에게 옷을 입혔으며, 아이들을 교육했으며, 병든 자
들을 찾아갔다.[6] 그러나 이 모든 것은 하나님의 사랑에서 우러나오는 것
이었다.

1.2. 갱신운동의 요람이 된 신도회

위에서도 말했지만, 이런 신도회는 메소디스트가 성장함에 따라, 그리
고 상황에 따라, 신도회(Class Meeting), 밴드 모임, 선택 신도회. 회개 신도

회 등등으로 조직 운영되면서 웨슬리의 갱신운동의 base 역할을 하였다.

여기서 우리가 관찰할 것은, 위에서 역설한 대로,

(1) 갱신을 가져오며 지속적인 윤리적 갱신은 종교적인 것이라야 한다는 것이다. "종교적이 아닌 어떤 것도 무시하는 경건성은 그 생명력을 잃게 되기 때문이다."[7] 모든 부패의 원인이 죄에 있는데, 이를 도외시하는 자기실현의 윤리는 근본적인 해결이나 지속적인 운동이 될 수 없는 것이다.

(2) 동시에, 성경이 말하며, 웨슬리가 외친 '성결'은 개인의 심령의 깨끗함과 동시에 사랑으로 역사하는 사회적 성결이라는 것이다. 비취가 지적했듯이, 웨슬리에게 있어서 그랬듯이 "영혼을 구원한다"라는 것은 사람을 사랑한다는 것과 사회 정의를 다 포함하는 것이기 때문이다.[8]

(3) 또 한 가지 기억하여야 할 것은, 웨슬리는 이 신도회 운동 곧 메소디스트는 Ecclesiolae in Ecclesia로 이해하고 활동하였다는 것이다. 결코, 또 하나의 교회 또는 교파를 만들려는 의도가 아니다. 교회 안에서 뜻 있는 소수가 모인 신도회로서 교회 안에서, 교회를 갱신하는 성결의 누룩으로 활동하기를 의도하고 노력하였던 것이다.

II. 웨슬리의 갱신운동에서의 경건 훈련

이런 운동을 주도한 웨슬리 자신에게는 엄격한 경건의 훈련이 있었음을 간과해서는 안 된다.[9] 그는 altogether Christian이 되기를 원했으며, 노력했다. 그리고 기독교는 사회를 새롭게 하고, 국가를 개혁하는 데까지 나가야 한다고 믿었다. 그러기 위해서는 교회가 거룩한 교회가 되어야 할 것을 강조하였다(이것이 웨슬리가 강조한 사회윤리의 골격이다).

이를 실현하기 위해서는 자신과 신자들이 철저한 기독인(altogether

Christian)이 되어야 하며, 이를 위하여 모든 신자를 새롭게 무장시키는 윤리를 주장하며 실행했다. 그의 목표는 모두가 하나님의 선한 청지기가 되어, 자기를 부인하고 십자가를 지고 주님을 따르는 데 있었다. 그러기 위해서는, 성실하게 주님과 교회가 제정한 은혜의 수단을 활용하며 하나님이 주신 은사를 불일 듯 일으켜야 한다고 강조했다.

2.1. 하나님의 선한 청지기가 되어야 한다.

웨슬리는 사람은 하나님의 피조물로서, 현재 가지고 있는 모든 것에 있어 하나님께 빚진 자로서 그것들은 마침내는 하나님께 돌려 드려야 하겠지만, 그때까지는 가지고 있는 것들은 사용할 자유가 있을 뿐 아니라 그것들을 자기 자신을 기쁘게 하기 위하여서야 아니라, 하나님을 기쁘시게 하는 방향으로 잘 사용하여야 한다고 주장한다.[10] 이 모든 것들은 엄밀한 의미에서는 우리들에게 일시 맡겨진 것에 불과하기 때문이다. 여기에 청지기의 사명을 말하게 된다.

2.1.1. 영혼, 육체 모든 재간을 하나님의 영광을 위하여 사용하여야 한다.

우리에게 주어진 것으로 우선, 우리의 영혼, 육체를 들 수 있다. 거기에 따르는 여러 가지 재간(talents)들, 우리의 향락을 위하여 사용할 것이 아니라, 그것들을 주신 하나님의 영광을 위하여 사용하여야 한다고 웨슬리는 말한다.[11] 따라서, 우리는 절제하고 자기 훈련(discipline)을 게을리해서는 안 된다. 건강을 해치는 것들은 마시거나 행하여서는 안 된다고 웨슬리는 말한다.

2.1.2. 우리에게 주어진 물질, 음식, 돈도 하나님을 위하여 사용하여야

한다.

웨슬리는 그의 설교, "돈을 사용함에 있어서"(The Use of Money)에서 돈을 사랑하는 것이 만 악의 근원이라 하지만, 돈 자체가 그런 것이 아니고 돈을 사용하는 자에 따라 그리되는 것이다. 동시에 돈은 문명사회와 사람의 일반적인 생활에 있어 말할 수 없는 봉사자가 된다고 이해한다. 그러기에, 웨슬리는 그 설교에서 주장하기를, 될 수 있는 대로 돈을 많이 벌라(gain all you can)고 한다. 그리고 많이 저축하라(save all you can), 그러나 할 수 있는 대로 모두를 주라(now give all you can)고 권고한다.

웨슬리는 부(riches)가 하나님을 향한 사랑은 세상과 자아 사랑으로 변질시키는 위협이라고 본다. 그러나 이런 위험을 방지하기 위해서는 벌고 저축한 것을, 지금은 다 주라고 하는 것이다. 첫째, 둘째의 권고, 곧 많이 모으고 많이 저축하라는 것은, 많이 주라는 목적을 위한 수단인 것이다. 이 점에서 우리는 웨슬리의 윤리 구조에서의 또 하나의 특징 또는 전제를 발견하게 된다. 곧 그는 자기의 윤리에서 수단/목적 구조(means/end structure)를 가지고 있는 것이다. 이런 것은 그가 신자의 자기부정(self-denial)을 강조하는 데 잘 나타나 있다.

도전: 우리는 청지기이지, 목장장이 아님을 알아야 한다. 오늘의 목회자 상.

선한 청지기가 되기 위해서는 무단한 자기 훈련이 있어야 한다. 웨슬리는 여러 가지를 연구하며 활용했다.

오늘의 교회 지도자는? 컴퓨터와 영어. 초대 한국교회는 경영상에서 모든 것에 앞서 있었다. 그러나 오늘의 형편은?

2.2. 십자가를 지고 자기를 부인하며 주를 따라야 한다.

웨슬리는 사랑은 늘 있어야 하고 고귀한 것이지만, 인간의 죄와 불 신앙에서 나오는 지나친 자기사랑(self-love)으로 인하여 좌절되고 마는 것을 잘 알고 있다. 그래서 개인의 도덕 생활을 위하여 기초적인 처방은 자기 부정(self-denial)이라고 웨슬리는 말한다. 그러기에, 예수님께서 말씀하시기를, "누구든지 나를 따라 오려거든 자기를 부인하고 날마다 제 십자가를 지고 나를 좇을 것이니라"(눅 9:23)고 하셨다.

2.2.1. 자기를 부인하고 주를 따라야 한다.

웨슬리는 바로 '자기 부인'이라는 설교[12]에서 말하기를, 자기를 부인하고 날마다 제 십자가를 지고 주님을 좇으라는 명령은 당시에 제자들에게만 주신 것이 아니라, 예외나 가감 없이 모든 사람에게 주신 명령이라고 주장한다. 따라서 자기 부인은 절대 필요한 것이며, 이를 이행하지 않는 자는 주의 제자가 아니다라고 말한다. 더 나아가 말하기를 만약 우리가 계속하여서 '자기 부인'을 하지 않는다면, 우리는 예수님을 배우는 것이 아니라, 다른 주인을 배우고 있는 것이며, 만약 우리가 날마다 제 십자가를 지지 않는다면, 우리는 주님을 따르는 것이 아니라, 세상을 또는 세상의 군주(prince)를 따르는 것이요, 또한 자기 자신의 '육의 생각'을 따르는 것이다.

웨슬리는 당시에 일고 있던 무도덕론자들(antinomians), 그리고 자유를 방종으로 이용하는 경향에 대하여 경고하며, 이 자기 부인의 가르침을 중요시하였다. 심지어 웨슬리는 이 교리가 기독교의 중대한 교리 가운데 하나라고까지 하였다.[13]

그러면 자기 부인이란 어떤 것인가?

웨슬리는 그의 설교에서 설명하기를, '자기 부인'은 모든 일에 있어서 성도의 생활에 있어서 최고의 규범(the supreme, unalterable rule)으로 삼는다.[14] 인간은 타락하였기에, 부패한 자기의 뜻을 따르기를 좋아한다. 하나님의 뜻은 우리를 하나님께로 인도하는 것이다. 그러나 사람의 뜻은 한때는 하나님의 뜻과 병행하는 것 같지만, 결국 다르고, 하나님의 뜻과 반대된다. 그러므로 이 두 가지 뜻을 동시에 따른다는 것은 불가능하다. 두 가지 중 하나를 택하여야 한다. 곧 하나님의 뜻을 부정하고 자기의 뜻을 따르는가, 아니면 자기의 뜻을 부인하고 하나님의 뜻을 따르는가의 양자에서 하나를 택하여야 한다. 그러기에 결국, 자기를 부인한다는 것은 나의 뜻이 하나님의 뜻에 맞지 않을 때는 그것이 얼마나 나를 기쁘게 하는 일이든지 간에, 나 자신의 뜻을 부인하는 것이다.[15]

2.2.2. 자기 십자가를 지고 주를 좇아야 한다.

물론 여기서 자기 부인을 한다는 것은 단순한 자기 부인보다는 보다 높은 것이며, 보다 많은 것을 요청한다고 볼 수 있다. 자기 십자가를 진다는 것은 고통당한다는 것을 전제하기 때문이다.[16]

우리 앞에 놓인 경주를 달림에 있어, 웨슬리는 말하기를, 하나님의 뜻에 따르면 우리의 가는 길에 십자가가 그릇(instrument)이 되며, 하나님의 축복을 인류에게 부어주기 위한 귀한 그릇(a suitable instrument)이 되기 위한 것이다. 웨슬리의 윤리는 남을 위한 사랑의 윤리요, 성화의 윤리이다.[17]

여기에 웨슬리는 신자가 하나님의 말씀을 읽고, 기도하고, 성례전에 참여하고, 성도의 사귐에 참여하는 등, 우리 안에 주어진 하나님의 은사를 다시 불일 듯하게 하기 위하여 힘써야 한다고 강조한다.

2.3. 은혜의 수단을 통해 하나님의 은사를 불일 듯하여야 한다.

웨슬리의 경건 생활은 사도 바울이 자기를 훈련함에 있어 고린도후서 9장 27절에서, 내가 매일 내 몸을 쳐서 복종케 한다고 하였듯이, 의지적인 노력이었다. 그가 60년간 일기를 썼다는 것은 이를 뒷받침하고 남는다.

이런 경건의 생활 과정에는 굴곡(up and down)이 있다. 웨슬리에게도 있었다. 그러나 늘 자기 일지를 쓰면서, 매일 매일 자기 신앙생활을 점검하곤 했다. 1732년경에는 늘 일지를 보면서, 자기의 실수한 것을 들쳐내곤 하였다. 곧 defeatist devotionalism, negative side에 accent를 두는 자세였다.

그러나 그 후 특히 하나님의 놀라운 은총을 체험한 후에는, 생각하는 자세가 긍정적으로 변했다. 곧 현재 여기에서 역사하시는 하나님의 은총을 느끼며 강조하게 되었다.

하나님의 놀라운 은총을 체험한 웨슬리는 회개만이 아니라, 회개와 믿음을 동시에 강조하게 된 것이다. 아니, 믿음의 소중함을 더 느끼게 된 것이다. "Not by applying our problems but by applying God's grace"(Rom. 5:20): 웨슬리의 신학이 은총의 낙관론인 것과 상통한다.

여기에, 그는 교회가 정한 '은혜의 수단'(Means of grace)을 중요시하고, 성실하게 지켰다. 이 점에서, 그는 1739년 말에 모라비안들이 모이는 Fetter lane Society를 떠나고, United Methodist society를 시작하게 된 것이다.

그는 은혜의 수단으로서, the instituted means of grace(Baptism, Lord's supper)뿐만 아니라, 예수님의 생애와 교훈에 뚜렷이 나타난 수단들 곧 기도, 성경읽기, 금식기도, 교회 생활과, 더 나아가, 자선사업, 경건 사역들을 성실히 지켰다.

예로서,

2.3.1. 기도의 성도가 되어야 한다. 기도의 사람, 웨슬리

웨슬리는 기도의 사도였다. 새벽 4시 30분부터 5시까지 기도를 하였다. 50년간을 계속하였다(10시에 취침). 그는 "기도는 하나님께 다가가는 유일한 방법이라"고 했다(Letter 4:90). 또한 기도는 예수 그리스도를 통하여 하나님과의 관계를 유지하는 유일한 방법이다. 따라서, 그는 기도로 하루를 시작하곤 했다. 그는 먼저 하나님을 생각하고, 하나님의 뜻을 따른다는 생각을 갖고 하루를 살았다.

웨슬리는 말한다. "O Begin! Fix some part of every day for private experience whether you like or no, read and pray daily. It is for your life; there is no other way; else you will be trifler all your days."[18]

1) 웨슬리는 즉흥적인 기도도 하였지만, 기록된 기도문을 즐겨 사용했다. 기도의 내용을 중요시한 것이다.

2) 웨슬리의 교훈에 따르면, 기도는 하나의 사역인 줄 알고, 의지적으로 기도 생활을 하여야 한다. 기도는 성도의 일이다.

3) 웨슬리는 다른 사람들과 함께 기도하는 것을 주장했다(Prayed corporately).[19] 곧 웨슬리는 아침과 저녁에 교회에서 사람들과 함께 기도했다. 그룹으로 기도했다. 이렇게 함으로, 코이노니아를 깊게 하고, 하나님의 역사를 나타낸다. 웨슬리는 하나님이 우리가 그렇게 하기를 원하시기 때문이라고 했다. "두세 사람이 합심하여 무엇이든지 구하면 하늘에 계신 내 아버지께서 저희를 위하여 이루게 하시리라"(마 18:19). "두세 사람이 내 이름으로 모인 곳에는 나도 그들 중에 있느니라"(마 18:20).

4) 그는 금식기도로 주기적으로 행하였다. -초대교회의 실행을 따라- 수요일과 금요일에는 금식을 하였다. 웨슬리는 금식기도는 초대교회에서

행하던 일이라고(마 6:16) 믿고, 이를 신도들에게 권하였다. 이는 성도의 영적 성장에 큰 도움이 된다고 믿었다.

웨슬리는 위기를 당하여 기도하기보다는, 예방을 위하여 기도하여야 한다고 권하였다.

1743년에 쓴 General Rules of Societies에는, 금요일은 메소티스트의 금식의 날로 정했다. 그 방법은, (1) 음식 전폐, (2) 음료수는 마시는 것으로, (3) 음식을 자제하는 것으로 했다. 그러나 그는 지나친 금욕주의는 배격했다.

2.3.2. 성경 한 책의 사람이 되어야 한다. 성경 한 책의 사람, 웨슬리

1729년부터 그는 비교적 성경만 연구하기로 하고, 1730년부터는 성경 한 책의 사람(homo unis libri)이 되겠다고 하면서, 성경을 더 중요시하였다.

웨슬리는 다음과 같이 외쳤다.

"O, give me that book! At Any price, give me the book of God! Here is knowledge enough for me. … here then I am, far from the busy way of men. I sit down alone: only God is here. In his presence I open, I read book; for this end, to find the way of heaven."[20]

그러나 이 말은 그가 다른 책을 읽지 않았다는 말이 결코 아니다. 그는 많은 독서를 했다. 예로서, 1725-1734년 곧 Oxford 시절에 무려 400여 권의 고전을 읽었다. 1788년까지 무려 5, 6백 권의 책을 읽었다는 것이다. 그가 편집한 Christian Library-30vols은 바로 그가 읽고, 평민들을 위하여 책의 내용을 간추린 문고이다.

이 사실은 그가 성경 한 책의 사람이라고 할 때, 지적으로 협소한 소견을 지닌 사람이 아니었다는 것이다. 예: 성경 외에는 다른 책을 읽지 않는다? 아니요! We need to be challenged to break out of a devotional narrowness and listen to the saints of the ages, all the while testing by the Bible.

그는 그럼에도 불구하고, 성경이 모든 것의 위에 있다는 것이다. 그러기에 그는 매일 일정한 시간을 정하고 성경을 읽었다. 그리고 성경을 연구하였다. 그가 자기의 신앙 문제를 점검할 때는 늘 성경을 상고하였다 (1738년에 모라비안들과의 사귐에 있어). 그리고 신구약 성경주석을 저술하였다.

맺는말:

교회는 항상 성서적이요 영적인 뿌리로 돌아갈 때 가장 충실한 교회가 되며 새로워진다. 이는 우리가 웨슬리의 운동에서 보듯이, 신도가 뜨거운 신앙 체험에서 시작한다. 웨슬리의 특징적인 윤리사상이나 경건의 훈련은 힌슨이 지적한 대로, 웨슬리의 올더스게이트에서의 가슴 뜨거운 신앙 체험이 그 전환점을 이루어진 것이다.[21]

그러므로 그리스도인의 윤리의 근거는 사람이 거듭남으로, 하나님의 사랑에 감격할 때 설립된다고 하겠다. 또한 그리스도인의 경건훈련은, 하나님의 사랑에 감격하는 가운데, 하나님의 선한 청지기로서 자기를 부인하며 십자가를 지고 주님을 따르는 데서 이루어진다. 이러기 위하여, 우리는 웨슬리가 강조하고 실행하였듯이 하나님의 말씀을 읽고 상고하며, 기도하고, 성례전에 참여하고, 성도의 사귐에 참여하는 신도회 활동은 갱신운동의 원동력이 될 것이다.

10
웨슬리의 갱신운동의 특징
-복음의 온전한 증거와 영성수련-

I. 서론:

한국교회는 그동안 여러 면에서 성장하였다. 이는 하나님의 축복이다. 그러나 선교 2세기인 21세기에 접어드는 오늘에 있어 뜻있는 분들은 한국교회를 염려한다. 그동안 한국교회가 물량적인 성장을 가져오긴 했지만 내적인 갱신이 없고 명목상의 신자(nominal Christian)가 많이 생겼다는 것이다. 따라서 한국교회는 새로워져야 한다. 역사가 교훈하듯이 갱신 없는 교회 성장은 부패를 초래하기 때문이다.

그런가 하면, 한편에서 한국교회에 생기를 불어 일으키듯이 믿음을 강조하고 성령을 강조하는 운동도 일어나고 있다. 이러한 운동이 교회 부흥을 가져온 것은 참으로 귀한 일이다. 그러나 이도 역시 기사와 이적과 권능을 강조하지만 그에 따르는 거룩한 생활이 없기에 사회의 빈축을 사고 있는 듯하다. 믿음과 생활이 이원화되는 현상을 보이고 있기 때문이다.

이와 같은 이원화 현상은 선교에서 전도와 사회참여의 양극화 현상을 초래하기도 한다. 보수 경향이 있는 교회에서는 교회의 사명이 전도에만 있는 것처럼 주장하는가 하면, 또 다른 한편에서는 주된 교회의 사명이란 사회참여라고 주장하기 때문이다.

한국에 많은 교회가 있다고 하지만, 한국의 사회는 여전히 부패해 가고 있다. 문란해진 성윤리는 수많은 10대의 매춘 행위를 낳게 하고, 가정이 파괴되고, 고아 아닌 고아가 속출하고 있다. 정계나 사회에 많은 신자가 있다고 하지만, 한국 사회는 여전히 여러 면에서 타락하고 있다. 그러하기에 한국교회는 무엇을 하였는가라는 비난이 일어나며 그에 따른 교회의 무기력함이 드러나고 있다.

그런가 하면 최근에는 한국교회 성장률이 감소되고 있다는 통계가 나오고 있다. 한국교회의 성장이 1960년대는 41.2%, 1970년대는 12.5%, 1980년대는 4.4%, 1990년대는 3% 미만으로 그 성장률이 계속 감소하고 있다. 또 다른 통계에 의하면, 1991년에는 기독교 인구가 전체 인구의 18.6%를 차지했었는데, 1994년에는 18.2%로 내려와 기독교 인구가 0.4% 정도 감소를 보이고 있다.[1]

무엇보다도 교회 자체가 타락했다는 비난을 듣고 있지 않는가? 교회 정치에서의 부패상이 일반 사회 정치보다 나은 것이 없다는 평을 듣고 있다. 교회 정치에 따라오는 교권주의는 교회 분열을 초래하고 서로 비방함으로 교회가 사회를 향하여 예언자적인 사명을 할 수 없게 만들고 있다.

그러하기에 한국교회에는 갱신의 사역, 곧 새롭게 하시는 성령의 역사가 요청된다.

오늘의 한국의 사정은 18세기의 영국사회의 타락상과도 흡사한 면이 많다. 18세기의 영국은 정치, 경제계, 그리고 사회 전반이 부패하고 있었다. 교회는 무기력하였다. 아니, 교회 자체도 부패하고 있었다.

그러나 웨슬리의 운동으로 인하여 교회는 활기를 회복하였고 사회 전반에 새로운 역사가 일어났다. 그리하여 영국은 이웃 나라 프랑스와는 달리 피비린내 나는 혁명이 아닌 색다른 혁명, 곧 웨슬리의 운동을 통한 정신적 혁명이 일어남으로 새로워졌던 것이다.

이에 뜻있는 사람들은 오늘날의 교회 갱신과 사회 갱신을 위하여 웨슬리 운동에 주의를 기울이기 시작하였다. 이는 미국에서도 마찬가지인 듯하다.

1991년에 '더 퍼블릭 인터리스트'(The Public Interest)라는 잡지에 뉴욕 주립대학의 교수인 로저 스타(Roger Starr)가 흥미 있는 글을 실었다. 이 사람은 미국의 민주당원으로서, 자유주의자인 유대인이다. 그는 18세기 영국의 사정이 자기들이 살고 있는 오늘의 상황과 같다는 것을 알았다. 그 당시 영국에는 술과 마약의 문제가 있었고, 가정들은 분해되고 있었으며 많은 타락과 범죄 또는 폭동이 일어나고 있었는데, 너무나도 미국의 현 상황과 비슷하다는 결론을 내렸다. 이런 사실을 발견한 저자는 그러면 그러한 영국을 구원한 것이 무엇인가를 연구하여야 하겠다고 생각했다. 그러는 가운데 이 유대인 자유주의자인 스타(Starr) 박사는 당시의 영국을 구원한 것은 그가 그때까지 들어보지도 못한 사람, 바로 메소디스트 운동을 시작한 웨슬리에 의한 것이었다고 주장하였다.

저자 스타 박사는, "자기는 메소디스트에 대하여는 아는 바가 없었으나 웨슬리가 시작한 그 운동이 문자 그대로 영국을 구원하였고, 웨슬리의 운동은 그 당시의 사회, 경제 그리고 정치에도 많은 영향을 끼쳐 결국 영국이라는 국가를 구원한 것이다."라고 하였다. 그러면서 그는 말하기를 "우리들은 웨슬리 운동이 어떻게 사역하였는지를 연구할 필요가 있으며, 그리하여 오늘날에도 그런 운동이 재현되도록 해야 할 것이라."고 하였다.

한 달 후에 조지 윌(George Will)이라는 사람이 '워싱턴 포스트'(Washington Post)지에 스타의 글에 대한 글을 썼다. 윌은 아주 완고한 공화당원으로 보수적인 성공회 신자이다. 이 저자는 글의 서두에서 말하기를, "내가 자유주의자 스타가 쓴 글에 동의한다는 것은 상상을 하지 못했다. 그런데 이번에는 이 자유주의자가 실제로 잘 지적하였다. 사실 18세기에는 독일, 프랑스, 그리고 세계 각처에서 혁명이 있었지만 영국에는 그런 혁명이 없었다. 영국에는 바로 메소디스트가 그들의 국가를 새롭게 하였던 혁명이 있었다. 이런 점에서 스타의 주장을 진지하게 다룰 필요가 있다. 그러므로 웨슬리 운동의 비결(secret)이 무엇이었는지 알아보아야 하겠다."라고 하였다. 그러면서 그는 "내가 이렇게 말하는 것이 이상하게 들릴지는 모르나, 우리에게는 이 세상을 구원할 메소디스트가 필요하다. 이렇게 글을 마치고 싶지는 않지만, 그보다 더 좋은 아이디어(idea)를 가진 자가 있는가 말해 보시오."라고 덧붙여 말하였다.

다시 그 후 한 달 후에, '뉴 리퍼블릭'(New Republic)이라는 잡지의 편집장인 프레드 반스(Fred Barns)는 "세상에 이런 일도 있는가? 자유주의자이요 유대인인 민주당원 스타씨와, 완고하며 보수적인 공화당원인 윌씨가 동의하다니? 생각하여 보면 볼수록 이 두 사람이 지적한 내용은 옳다."고 말하였다. 그러면서 그는 다음과 같이 지적하였다. "그러나 그들이 잊은 것이 하나 있다. 그것은 웨슬리 운동은 근본적으로 가슴에서 일어나는 영적인 각성운동이었다는 것이다. 웨슬리의 운동이 경제적 정치적 변화를 가져온 것은 사실이다. 그러나 그 운동은 영적인 부흥 운동, 정신적 각성으로 시작한 것이다. 오늘날, 우리가 이 나라에서 정신적인 각성과 영적인 부흥이 일어나서 그런 경제적 정치적 변화를 일으키지 않는 한, 그런 역사는 일어나지 않을 것이다. 우리는 영적 운동으로 시작하여야 한다. 그 길이 있을 뿐이다. 우리는 이런 운동을 시작하여야만 한다. 그리고 우리에게는 18세기 영국에서 있었던 그런 사역을 오늘의 세대를 위하여 할 수 있는 새로운 메소디스트의 세대(사람들)가 있어야만 한다."

이와 같이 미국의 자유주의자요 유대인인 민주당원과, 보수주의적인 공화당원, 그리고 복음주의자인 온건한 성공회 신자가 다 모두 한목소리로 자기들의 국가를 구원하기 위하여 웨슬리안에게 기대를 걸고 있는 것은 놀라운 일이라 아니할 수 없다.

이는 한국에서도 마찬가지일 것이다. 여당이건, 야당이건, 진보파이건, 보수파이건 간에, 뜻 있는 지도자들은 오늘의 사회를 구원하기 위하여 과거의 웨슬리 운동의 재현에 관심을 갖게 될 것이다. 오늘의 한국의 상황에서도 우리가 기대할 수 있는 이보다 더 좋은 아이디어가 있겠는가? 학자들은 교회 갱신의 역사적 모델로서 요한 웨슬리의 신앙 운동을 들고 있다.

진실로 웨슬리 부흥운동은 교회부흥과 사회의 갱신을 가져왔다.

웨슬리 운동이 썩은 계란과 같은 영국 사회를 갱신시킨 것은 주지의 사실이다. 당시 영국 사회의 민중은 가난했다. 음주와 향락으로 타락하고 있었다. 런던 거리의 1/4이 술집이었으며 범죄가 많이 일어나 감옥은 죄수들로 가득 차 있었다. 한편 교회는 무기력하여 일반 사회 인사들은 교회를 향하여 냉소를 보내었다. 이런 부패상은 이웃 나라에서도 마찬가지였다. 그러나 영국은 웨슬리의 각성운동을 통하여 교회와 사회가 새로워졌다. 역사가 렉키(Lecky)는 말하기를 "18세기의 영국에서 진정으로 새롭게 하는 혁명이 웨슬리를 통하여 일어났다. 이는 피트(Pitt) 장군의 영도 하에 바다나 땅 위에서 얻은 그 어떤 승리보다 큰 것이었다."고 하였다.

이제 우리는 웨슬리의 갱신운동의 특징을 살펴보고자 한다. 웨슬리의 갱신운동의 성격을 우리는 그의 선교 활동, 신도회 활동, 그리고 그의 영성 수련의 이 세 가지 측면에서 살펴보게 될 것이다. 그에 앞서 웨슬리의 갱신운동의 성격을 개관하여 보자.

II. 웨슬리의 갱신운동의 성격 개관

2.1. 성서적 기독교의 긍정으로 시작한 신학 운동: Orthodoxy

웨슬리의 올더스게이트에서의 성령 체험은 그로 하여금 성서와 성서적 기독교를 적극적으로 믿게 만들었다. 그리하여 그의 신학은 성서적 기독교를 긍정하는 운동이었다. 그는 성서에 입각하여 그리스도의 복음의 유일성을 강조하며 복음 증거에 나섰다. 윈쿠프(M. B. Wynkoop) 박사의 말대로 웨슬리는 정통신학의 내용을 그대로 견지하였다. 그러나 한편 웨슬리는 신학자요 동시에 전도자로서 신학을 전도의 도장에 개진하여 종교개혁자의 신학에 피와 살을 붙여 산 신학을 만들었다.[2]

전도에는 바른 신학이 뒷받침되어야 한다. 루터란 신학자 홀던(William Hordern)이 지적한 대로 웨슬리의 설교에는 건설적인 신학이 뒷받침하고 있었기에 그의 설교가 힘이 있었던 것이다. 과연 웨슬리는 홀던이 지적하는 대로 능력 있는 신학자였다.[3]

2.2. 뜨거운 신앙체험에서 시작한 전도 운동: Orthopathy

웨슬리의 운동은 건전한 신학과 동시에 올바른 신앙체험에서 불붙여진 운동이었다. 그리하여 그의 운동은 자연스럽게 전도활동으로 이어졌다.

웨슬리는 가슴이 뜨거워지는 성령 체험을 통하여 그동안 품었던 구원에 대한 불확실성과 고민을 해결하고 복음에 대한 확신과 하나님의 사랑에 대한 감격을 가지고 설교하게 되었다.

은혜에 대한 감격 없이는 보람 있는 사역을 할 수 없다. 오늘의 한국교회에 전도의 열심이 없어져 가는 경향의 주요한 원인은 바로 이런 체험적인 신앙이 결여되고 있기 때문일 것이다.

2.3. 복음 선포와 행동으로 교회와 사회를 갱신시키는 운동: Orthopraxy

그와 같은 바른 신학과 성령 체험에서 나온 웨슬리의 사역은, 다음 장에서 살펴보는 대로, 올바른 실천(Orthopraxy)이었다. 그것은 곧 온전한 복음을 증거하는 운동으로 교회 갱신 그리고 사회, 국가 개혁운동으로 나타났다.

III. 복음에 대한 온전한 증거(Whole Gospel)

3.1. 회개를 강조하는 전도

1738년 올더스게이트에서 가슴이 뜨거워지는 성령체험을 한 웨슬리는 하나님의 은혜와 사랑에 감격하여 세계를 나의 교구로 여긴다고 하면서 교회당에서의 설교뿐 아니라 들과 광산으로 사람을 찾아가 설교를 하였다. 그는 하루에 90마일씩 여행하며 두세 번씩 설교하였다. 이를 1738년 이후로부터 계산하면 51년 동안 마상(馬上) 여행을 25만여 마일이나 한 것이며, 대략 총 4만 2천 4백 번의 설교를 했다고 한다. 이는 한 해에 평균 800번의 설교를 한 셈이 된다.[4] 이런 웨슬리의 열정은 영국을 넘어 아일랜드와 미국 등 외국으로까지 퍼져 나갔다.

웨슬리의 설교의 주제는 성서적 구원이었다. 그의 설교는 할 수 있는 한 평이한 것이었으며 평범한 사람들을 위한 것이었다. 웨슬리는 가난한 사람들을 사랑하였다. 그리하여 하나님의 보편적인 사랑을 외침으로써 가난하고 절망에 빠진 민중에게 소망을 주며 구원의 비전을 주었다.

웨슬리는 당시의 명목상의 신자들, 곧 얼굴은 천국을 향해 있지만 마음은 딴 곳에 가 있는 형식주의자들에게 회개하고 거듭나야 한다고 외쳤다. 이것은 당시의 영국 교회가 이성주의와 자연신론에 물들어 있던 지적인 상황에 항거하여 성서적 기독교를 적극적으로 천명하는 운동이었다.[5]

웨슬리는 복음을 말함에 있어 먼저 우리 자신이 죄인으로서 자신의 힘으로는 자기 구원을 위하여 아무 일도 할 수 없는 무능한 자라는 것을 깨달았다. 웨슬리가 인간의 죄를 심각히 인지한 점은 종교개혁자와 맥락을 같이 한다.

그에 의하면 아담이 하나님께 불순종함으로 하나님께로부터 받은 생명을 상실했고 영적인 생명의 관계를 상실했다. 따라서 인간의 이성과 의지와 자유의 기능은 부패되었으며, 하나님께 대한 인간의 사랑과 순종은 자기사랑과 자기 의지로 대치되었다.[6]

그러므로 웨슬리는 모든 인간은 전적으로 부패했고, 진노의 자식이 되었다고 보았다. '진노의 자식'이란 원죄의 죄책을 함축하는 말이다. 웨슬리에 의하면 아담의 죄로 인하여 죄책이 모든 사람에게 전가되었다는 것을 부정할 수 없다.[7] 그러므로 영아도 원죄를 물려받은 죄인이며, 따라서 결국 그리스도가 없다면 멸망 받을 수밖에 없다.[8] 이것이 이방종교와 기독교를 구분하는 첫 근거(the first ground)이다.[9] 그리고 이 진리는 '은혜를 받은 영안'(grace healed eyes)에만 알려진 진리요, 이방인과 눈이 먼 자연인은 식별치 못하는 진리로서, 이방인들은 자기의 부패를 깨닫지 못한다고 했다.[10] 그러기에 웨슬리는 '은총만으로'를 주장하는 정통 신학자이다. 일부에서 웨슬리가 인간의 자유의지를 말한다 하여 그가 마치 자유주의 신학자이니, 인본주의 신학자이니 하는 말은 웨슬리를 올바로 이해하지 못한 데서 나오는 주장이다.

웨슬리는 그의 동역자들의 질문에 답하면서, 죄를 강조하는 면에 있어서는 칼빈주의의 끝(very edge of Calvinism)에 이르렀다고 했다.[11] 만일 차이가 있다면 하나님의 은총이 어떻게 역사하느냐(how to operate)에 있어서 머리칼 하나의 차이(a hair's breadth difference)가 있을 뿐이라고 했다.[12] 여기에 우리는 웨슬리가 개진한 은총관의 특징과 그 선교학적 공헌을 발견하게 된다.

그러면 웨슬리는 하나님의 은총의 역사를 어떻게 보았는가? 웨슬리는 그의 신학을 설교의 광장에서 개진하였다. 그러므로 그의 신학은 설교와 직결되어 있다. '하나님의 온전한 가르침'(the whole council of God)'을 설교하기 위해서는 하나님의 절대주권과 인간의 책임과의 관련이 분명히 있어야 한다. 이런 출발점에서 웨슬리는 설교의 도장에서 청중이 죄인이라는 것을 지적하며 동시에 하나님의 은혜를 강조하였다. 예수 그리스도를 통하여 값없이 모든 사람에게 주시는 하나님의 은총을 강조하며, 동시에 듣는 자의 호응(회개와 믿음)을 호소하였다.

이런 신학적 입장에서, 웨슬리는 청중들을 향하여 회개하고 거듭나야 한다고 외쳤던 것이다. 그는 때가 찼고 하나님의 나라가 가까웠으니 회개하고 복음을 믿으라(마 16:15)는 말씀을 설교 본문으로 제일 많이(무려 190회나) 사용했다.[13] 그의 설교의 일부를 들어보자.

> 진실로 진실로 나는 여러분에게 말합니다. 당신들도 또한 거듭나야 합니다. 당신들은 거듭나지 않고서는 결코 하나님 나라를 볼 수 없습니다. 세례에 의해서 거듭났다고 하는 상한 갈대로 만든 지팡이를 더 이상 의지하지 마십시오. 당신들은 거듭나야 합니다.[14]

사실 웨슬리는 1725년부터 시작한 그의 초기의 설교사역에서는 회개를 별로 강조하지 않았다. 설교를 듣는 사람들을 이미 모두 신자인 줄로 알아 그들은 회개가 필요하지 않은 줄로 생각하였던 것이다. 그러나 1738

년 이후의 그의 설교는 처음부터 마지막까지 그리스도가 주춧돌이 되었고, 그 내용은 하나님의 나라가 가까이 왔으니 회개하고 복음을 믿으라는 것이었다. 그랬더니 하나님의 말씀이 마른 덩굴 속의 불처럼 역사하여, 군중들 모두가 은혜로 인하여 믿음으로 말미암아 구원을 받는다고 증언하였다고 한다.[15]

이런 역사로 교회는 부흥하는 것이며, 명목상의 신자들이 새롭게 거듭남으로 진정한 교회 갱신은 시작되는 것이다.[16] 또한 사회도 정화되는 것이다. 사회의 부패와 곤란의 근본 원인이 '죄'에 있기 때문에 은혜로 거듭나는 역사가 있는 곳에는 변화가 일어난다.

한국교회의 문제점 중 하나는 이렇게 강단에서 회개를 외치는 소리가 적어졌다는 것이다. 또한 교회에 훈계(discipline)가 없어졌다. 한국교회는 회개를 강조하는 전도 메시지를 회복하여야 한다. 만약에 회개 없이 죄에서 용서 받는다(forgiveness of sins without repentance)고 믿는다면 이는 비극이 아닐 수 없다. 교회는 죄인을 거듭나게 하여 성결에 이르도록 하는 하나님의 사역에 동참하여야 한다.[17]

그러한 점에서 1907년에 일어났던 한국의 부흥운동은 바로 회개운동이었다는 것을 상기하여야 할 것이다.[18] 그러나 오늘의 한국 강단에서는 회개의 메시지가 신자의 세속적인 축복의 메시지로 대치된 인상이 있다.

김승연 목사가 최근에 쓴 책에서 오늘날 한국교인이 감소되는 이유가 바로 회개를 강조하는 전도 메시지가 결여된 데 있다고 지적한 것은 옳다고 생각한다.[19] 한국교회에서는 전통적으로 주일 저녁 예배를 전도집회로 갖던 것도 오늘날에는 없어지지 않았는가! 많은 신자가 거듭남의 체험도 없이 신자 행세를 하는 명목상의 신자가 증가되고 있는 것도 바로 그러한 데서 기인되고 있다고 생각된다.

여기에 칼빈주의자들의 이중예정론에 반대하며 하나님의 은총과 아울러 인간의 회개를 강조하는 웨슬리의 은총관의 의의를 느끼게 된다. 웨슬리가 강조한 하나님의 은총은 모든 사람을 위한 것이며, 모두에게 값없이 주어진 것이다. 그러기에 사람은 회개할 수 있으며 또한 회개하여 믿음으로 거듭나야 하는 것이다.

홀던 박사가 지적한 대로 이렇게 웨슬리의 전도는 건설적인 신학이 있었기에 효율적이었다.[20]

3.2. 표적이 따르는 능력 전도

웨슬리가 성서와 체험을 통하여 재발견한 성령의 역사는 사람에게 죄를 깨닫게 하여 거듭나게 하며 성결케 할 뿐 아니라 내적으로 증거하며 때로는 전하는 말씀을 외적 표적으로 확증하여 주는 것이었다.[21]

3.2.1. 전도 사역에 기사와 이적이 나타남

웨슬리 일지를 보면 그는 그의 사역에서 많은 기사와 이적이 동반되는 것을 체험했다. 신유의 역사도 있었고, 귀신 들린 사람을 치유하는 사역 등, 여러 가지 표적이 따름을 체험했다. 그런 성령의 강한 역사는 때로는 야외에 모인 2,000명 이상의 증인들 앞에서도 나타났다.[22] 명실공히 웨슬리의 사역은 초대교회에서 보였듯이 말씀의 전파일 뿐만 아니라 하나님의 권능을 나타내는 것이었다. 곧 그의 복음 증거는 권능으로 이루어졌다.[23]

그러나 웨슬리는 이 문제 때문에 당시의 교회 지도자들로부터 비난을 받았다. 때로는 그들로부터 '열광주의자'라는 비난을 받았다. 왜냐하면 당시의 영국교회는 성령의 직접적인 증거나 성령의 기사 이적을 믿지 않았기 때문이다.[24]

당시의 유명한 정통주의 신학자요 브리스톨의 감독인 버틀러(Bishop

Butler)는 웨슬리에게 당신의 집회에서 사람들이 발작을 하고, 그러면 당신이 그들을 위해 기도한다고 들었는데 … 성령의 기적적인(extraordinary) 계시나 은사들이 있는 것처럼 행하는 것은 무섭고 참으로 끔찍한 일이다. 당신은 이 지역에서 설교하지 말고 떠나라고 충고했다.[25] 이런 반대자는 버틀러 감독뿐 만이 아니었다. 리치필드의 감독은 출판물까지 발행하여 웨슬리의 주장은 열광주의자들의 교리이며, 무용한 것이라고 다음과 같이 비난했다.

성령이 신자 안에 내주하며, 내적 증거를 한다고 주장한다든가, 또는 성령에 의하여 기도하고 설교한다고 하는 것은 결국 성령의 기적적인(비정상적인) 은사나 역사를 인정하는 것인데, 이런 사역은 사도 시대와 초대교회에만 속한 것이다. 따라서 말세(오늘날)에서 그런 일이 일어나는 것처럼 행하는 것은 헛된 일이며, 이는 열광주의자들의 교리이다.[26]

타이어맨(Luke Tyerman)에 의하면, 이런 반대는 깁슨 감독(Bishop Gibson), 와버튼 감독(Bishop Warburton) 등 여러 지도자들과, 웨슬리를 불신하는 일반 신자들로부터도 있었다.[27]

3.2.2. 기적을 부정하는 신학자들에 대한 충고

그런 논란 속에서 웨슬리는 이런 문제에 대하여 깊은 관심을 갖고 동료 교역자들과 상의도 하며[28] 자기가 하고 있는 일에 대하여 변호했다. 비판하고 비난하는 당시의 교회 지도자들에게 다음과 같이 자기의 입장을 말하였다.

지금도 복음이 권능으로 전파되며, 사람들이 하나님께 가까이 살고 있다면, 성령은 극적인 은사를 나타낸다고 믿는다. 그런 성령의 역사가 초대

교회, 곧 성서시대에 성행했다는 것을 인정한다. 그러나 그런 것이 사도시대에만 국한된 것이 아니다. 그런 역사가 현재 나타나지 않는 것은 교회가 콘스탄틴 시대에 들어서면서 많은 성도가 세속적인 교인이 되어 신앙에 변화를 가져왔기 때문이다. 이런 기사와 이적들이 정지되고 있음은 교회가 평온과 안전 속에 있으면서 안위와 명예롭게 신앙생활을 하고자 하기 때문이지 성령이 후퇴하신 것이 아니다.[29]

그러면서, 웨슬리는 비난과 공격이 있음에도 불구하고, 성령의 감동(inspiration)과 증거(witness)는 필요한 것이며 항상 있는 것이라고 주장했다. 이런 성령의 증거는 웨슬리에 의하면 직접적이며 사람이 인식할 수 있도록 체험되는 것이로되, 사람에 따라 다양하게 나타나는 것이다. 곧 신자에게 역사하는 성령은 같은 성령이지만, 성령은 자신의 뜻에 따라 여러 가지 모양으로 역사하신다.[30] 어떤 때에는 강한 능력으로, 또 어떤 때는 조용히, 보이지 않게 역사하신다. 이런 성령의 내적 역사는 때로는 기사 이적과 같은 기이한 현상도 동반한다.

웨슬리는 초대교회가 보여주었듯이 복음이 능력으로 전파되며 진실한 믿음이 있는 곳에는 언제나 지금도 성령의 기적적인 은사들이 나타난다고 믿었다.[31] 웨슬리는 말한다. "성령으로 하여금 자신의 방법대로 행하시게 하시오. 성령은 당신보다 더 현명하시며, 모든 일을 잘 행하실 것이오."[32]

이와 같은 신앙은 19세기 미국에 있었던 성결-오순절 운동에서 활발하게 나타났고, 최근에는 세계복음화를 위한 로잔운동에서 메아리치고 있음을 본다. 로잔운동은 그리스도의 온전한 복음(The Whole Gospel)의 선포에는 기사와 이적이 동반함을 인지한다.[33] 그리스도의 복음 선포는 하나님의 나라의 도래를 의미하며, 이는 사탄에게서의 해방, 곧 하나님의 능력의 나타냄을 부분적으로나마 동반하는 것이기 때문이다.

웨슬리는 이어 말하기를 중요한 것은, 내적으로 이루어진 사역의 내용이 하나님께로부터 온 것이냐 하는 문제라고 한다. 내용이 본질적인 것이라면, 나타나는 현상은 우연적인 것(accidental)으로 그 표현이 다양하다. 본질적인 것이 없는 현상은 무의미한 것이다. 그리고 본질적인 내용은 하나님께로부터 오는 것이라야 한다. 그래서 웨슬리는 은혜의 경험도 강조했지만, 그의 신학의 최고권위는 성서였음을 잊어서는 안 된다고 하면서 "나의 근거는 성서이다. 그렇다. … 나는 모든 일에 있어서 그것이 큰일이든 작은 일이든지 간에 성서를 따른다."[34]고 하였다. 그리하여 웨슬리는 열광주의자들을 경계하기에 이른다.

3.2.3. 열광주의자들에 대한 경고

당시의 열광주의자들은 나타나는 현상과 표적에 치중하여, 은혜의 수단(교회출석, 성례전에 참여하는 것, 또한 성경을 읽고 상고하는 일 등)을 무시했다. 때로는 입신함으로 모든 것이 다 이루어졌다고 간주하며 정숙주의(Quietism)에 빠졌다. 이에 웨슬리는 '은혜의 수단'이라는 설교를 거듭하면서 그들의 그릇됨을 지적하고 시정하려고 했다. 때때로 마귀의 역사도 흡사한 기적적인 현상을 일으키는 것을 보았기 때문이다.[35]

웨슬리가 교인들의 형식주의의 위험성을 경계하며, 동시에 열광주의를 따라 악마의 올가미에 빠지지 않도록 경계하는 일에 주관점을 두었기에, 성령론적 설명을 피한 것을 엿볼 수 있다.[36] 또한 웨슬리는 성령의 은사를 특별 은사(extraordinary gifts)와 일반적 열매(ordinary fruits)로 구분하여 설명하면서, 성령의 일반적 열매를 더 중요하게 여겼다. 웨슬리에 의하면 특별 은사는 신유와 그 밖의 이적을 행하는 능력, 예언, 영 분별의 능력, 여러 가지 방언을 하는 능력과 통역하는 능력(고전 12:9-10) 등을 말하며, 이런 은사는 어떤 일부 사람에게 어떤 때에 주시는 것이요 보편적인 것이 아니다. 그러나 성령의 일반적 열매는 윤리적 사역과 연관된 것으로 모든 신자에게 필수적인 것이다. 이는 보다 훌륭한 목적을 위하여 주시는 것이다. 즉 신자들에게 그리스도의 마음을 가지게 함이요, 따라서 내적 변화의 결과로 '믿음의 역사와 소망의 인내와 사랑의 수고'를 하는 중에 '그리스도가 행한 것같이' 행할 것을 가능케 하기 위함이다.[37]

그러하기에 웨슬리의 사역에서는 19세기 미국에서의 성령운동에서 보이는 특별 은사를 위한 집회같은 것은 보이지 않는다.

3.3. 성결 곧 성령충만을 강조하는 갱신운동.

3.3.1. 구원에 있어 성화를 더 강조하다.

웨슬리는 신자들은 거듭난 것으로 자족하지 말고 믿음 안에서 성장하여야 하며, 성장의 과정에서 성령 충만으로 큰 변화 곧 온전한 성화의 은혜를 받아야 한다고 강조했다.

웨슬리는 믿음은 사랑으로 역사하는 믿음(faith working through love)이라야 한다고 주장하면서, 구원받은 자의 생활에서의 변화, 더 나아가 교회와 사회를 거룩하게 하는 사역을 강조했다. 웨슬리 후년의 설교 메시지의 중심은 성서적 성결(Scriptural Holiness)이었다. 그는 이 교리는 하나님께서 메소디스트에게 부여하신 거대한 기탁물(the grand depositum)이며 하나님께서는 이 복음을 전하기 위하여 메소디스트를 일으키신 것이라고 믿었고,[38] 이것을 전국에 다니며 외쳤다.

이렇게 함으로써 웨슬리의 사역은 무기력한 신자들에게 활력소를 불어넣는 부흥운동으로 이어졌다. 이런 웨슬리의 성결운동은 역사가들이 증명하는 대로 18세기 영국 교회를 부흥, 갱신하였다. 그리고 19세기 미국의 성결-오순절 운동에서 다시 부흥과 세계선교의 불길을 일으켰다. 미국의 성결운동에서는 웨슬리의 성결의 은혜를 '성령의 불세례' 또는 '성령 충만'으로 표현하며, 신자들에게 성령의 충만을 받으라고 강조했다.[39]

그러면 어떤 면에서 웨슬리의 성결운동(곧 성령 충만 운동)이 교회 갱신에 특별한 공헌을 하였는가를 이해하기 위하여 그의 성결론의 특징을 간단히 설명하고 넘어갈 필요가 있다. 웨슬리는 한 곳에서 다음과 같이 말한다.

> 나는 거듭거듭 아주 쉽게 우리가 주장하는 교리들이 무엇인가를 외쳤다. 바로 … 이 교리들에 의하여 우리들은 이교도(heathens), 그리고 명목적인 신자(nominal Christians)와 구분된다. 이 교리는 우리가 말하는 모든 교리를 포함한다. 이 주요 교리는 회개(Repentance), 믿음(faith), 성결(holiness)의 교리이다. 회개가 마치 종교의 현관과 같다면 믿음은 문과 같고, 성결을 종교 자체이다. … 여기서 종교 자체라는 것은 곧 마음과 정성과 뜻을 다하여 하나님을 사랑하고 우리의 이웃을 우리의 몸과 같이 사랑하는 것이다.[40]

우리가 아는 대로 종교개혁자들은 구원론에서 의인(Justification by faith)의 교리를 강조하였다. 이는 위대한 재발견이요 중요한 교리이다. 그러나 그 당시 교회에서는 믿음만 강조한 나머지 도덕폐기론(Antinomianism)에 이르는 경우가 있어, 신자들이 믿음으로 구원받았다는 위로에서 개인의 윤리 생활과 사회정화를 등한시하는 경우가 많았다. 이것은 믿음과 생활의 이원성을 초래하고, 교회의 부패를 가중시켰다. 이에 웨슬리는 성령을 통하여 역사하는 하나님의 은총은 우리를 의롭게 하실 뿐 아니라, 신자를 새롭게 하는 역사를 한다고 주장하면서, 성화(Sanctification)를 더 강조하였던 것이다.

3.3.2. 신자의 회개를 강조함

그러면 이 성화의 과정은 어떻게 이루어지는가? 성화(성결)의 과정에 대하여, 웨슬리는 첫째로 로마 가톨릭의 입장을 비판하면서, 이는 사람의 행위나 공로에 의한 것이 아니라, 하나님의 은혜로 인하여 믿음으로 말미암아 이루어지는 것이라고 강조한다.

다른 한편 신비주의자들이었던 당시의 모라비안파들은 사람이 거듭나는 순간에 아주 완전히 성화되어 더 이상 성장의 여지가 없는 것으로 주장하였다. 웨슬리는 이에 반론을 제기하면서, 마치 어린이가 점진적으로 성장하는 것처럼 거듭난 신자가 점진적으로 성장하는 것이라고 주장하였다. 웨슬리는 인간이 거듭난 후에도 신자 안에 아직 내재적인 죄가 남아있다고 본 것이다. 이런 면에서 웨슬리는 당시의 칼빈주의자들의 밭에서 성화론을 개진하고 있음을 볼 수 있다. 그러나 그는 거기에 머무르지 않았다. 그는 성화는 목적론적으로 계속 성장하는 것이지만, 그 점진적인 성장과정에 순간적인 요소(instantaneous element)가 결합되어 있다고 말한다.[41]

웨슬리가 성화의 과정에 신생과 같은 순간적인 단계가 있다고 주장한 것은 성화가 인간의 수양으로 되는 것이 아니라 하나님의 은혜의 역사로 이루어지는 것이라고 이해하였기 때문이다. 그러면서 그는 또한 성화의 과정에서, 거듭난 신자가 자기 안에 있는 죄와 자신의 힘으로 거기에서 벗어날 힘이 없다는 자기 무능(impotence)을 회개하고 믿음으로 그에서 씻음을 받는 순간적인 역사 곧 온전한 성화를 기대할 수 있다고 말한다. 그러기에 웨슬리는 신자는 현재 여기에서(here and now) 보다 높은 은혜를 사모하여야 한다고 주장한다. 웨슬리의 이런 주장은 신자가 되면 죄를 짓고도 구원을 받을 수 있기에 회개가 필요치 않은 양 생각하던 자들에게는 큰 도전이 아닐 수 없었다.[42] 여기에서 웨슬리는 신자를 향하여서도 회개하라고 강조하였던 것이다.[43]

한국교회는 성령의 사역, 특히 성령충만을 강조하여 오고 있다. 이는 교회의 부흥회를 통하여 교회성장에 이바지하기도 하였다. 그러나 성령충만에서 주요한 관심은 능력 받는 데 있고, 내재적인 죄에서의 씻음은 강조하지 않기에 교회 갱신에는 기대하는 만큼 공헌을 하지 못하였다. 신자의 회개가 적절히 강조되지 않고 있는 것이다.

또 한편에서는 칼빈주의의 이중예정론에 근거하여 '오직 믿음으로'와 그리스도의 의의 전가를 강조하는 나머지 도덕폐기론에 빠지는 경향이 있다. 그러므로 만약에 신자 특히 교회 지도자가 성화를 추구하는 것 없이 권능만 추구하게 될 때 이것이 곧 권위주의적인 자세로 연결되는 듯하다. 바로 이런 경향이 지도자들을 도덕적으로 타락하게 만드는 이유가 아닌가 생각되기도 한다.

그러므로 우리는 웨슬리의 성화론의 중요성에 새삼 주의하게 된다. 웨슬리는 신자가 온전한 성화(성령충만)의 단계에서 모든 내재적인 죄에서 씻음을 받을 뿐 아니라 부르심에 종사하기에 합당한 능력을 받는다고 주장한다. 그러므로 이를 기독자의 완전이라고 부르기도 하였다. 여기서 웨슬리가 온전한 성화 또는 기독자의 완전을 말하는 것은 철학적인 개념에서의 절대 완전이 아니라, 상대적인 것이다. 또한 그것은 성서가 말하는 것 이상을 말하는 것이 아니다.[44] 웨슬리도 절대적인 완전은 영화의 순간에서 이루어지는 것이라고 믿는다.

그러기에 웨슬리가 말하는 기독자의 완전은 타락한 인간이 지니고 있는 인간의 연약성(infirmities) 곧 무지, 실수할 수 있는 가능성 등으로부터의 자유를 말하는 것이 아니다. 따라서 온전한 성화의 은혜를 받은 신자도 실수할 수 있으며, 무의식적으로 범하는 죄(involuntary transgression of the perfect law of God, known or unknown)를 범할 수 있다. 달리 표현하여, 인간이 지니고 있는 연약성 자체를 죄로 보지 않지만, 신자가 이 땅 위에서 살고 있는 동안은 그로 인하여 실수나 무의식적으로 죄를 범하지 않을 수 없다는 것이다. 그러므로 따라서 성결을 유지하기 위하여는 완전한 신자도 순간순간 회개와 믿음의 생활을 하여야 한다. 완전한 성결은 계속 그리스도를 통하여서만 가능하기 때문이다.[45]

웨슬리는 그의 '신자의 회개'라는 설교에서 다음과 같이 말하고 있다.

> 당신을 사랑하여 … 당신의 죄를 그의 몸으로 친히 감당하신 예수를 계속하여 믿으시오! 그는 항상 효험 있는 그 보혈로 인하여 당신을 모든 정죄함에서 구원하십니다. 이리하여 우리는 의롭다 함을 받은 상태에 계속 머무르게 됩니다. … 그래서 우리는 이렇게 고백합니다.
>
> "주여, 나에게는 순간순간 당신의 죽으심의 공로가 필요합니다.
> 그러나 또한 우리는 믿음의 확신을 가지고 다음과 같이 외칩니다.
> 주여, 나에게는 순간순간 당신의 죽으심의 공로가 효험됩니다."
>
> 우리는 예수님의 생애와 죽음, 그리고 우리를 위한 그의 중보의 기도를 믿음으로 말미암아 순간순간 새로워져서 아주 깨끗해지며, 바로 이 같은 믿음으로 말미암아 우리는 순간순간 우리 위에 머물러 있는 그리스도의 능력을 느낍니다. … 이 믿음에 의해 우리는 영적 생활을 계속할 수 있습니다.[46]

위와 같이 웨슬리는 무의식적으로 범죄하는 신자의 실상과 믿는 자에게 효험되는 그리스도의 보혈의 효험과의 긴장을 유지하면서, 하나님의 은혜가 더 풍성함을 강조했다.[47] 따라서 성결은 그리스도 중심의 삶이다. 곧 그리스도를 본받아 살아가는 헌신과 사랑의 삶인 것이다.

3.3.3. 성화는 홀리스틱(holistic)한 선교의 동기와 근거가 됨

웨슬리는 성화를 신자의 하나님과 사이의 역동적인 사랑의 관계에서 설명한다. 그래서 성결의 본질을 '순전한 사랑' 또는 '완전한 사랑'으로 설명하는 것이 가장 적절하다고 보았다.[48] 사랑이란 순수하면서 동시에 무한히 성장하는 것이다. 또한 웨슬리가 말하는 사랑은 소극적인 의미에서는 바로 죄적인 것을 모두 추방하며, 적극적인 의미에서는 사람의 마음을 채워 사람의 모든 말과 행동을 지배하여 일하게 하는[49] 것이다

그러므로 성화는 순간적으로 끝나는 것이 아니다. 중단 없는 인격적인 관계에서 (회개와 믿음으로) 지속되며 성장하는 것이다. 또한 완전한 사랑(perfect love)은 곧 마음과 뜻과 정성을 다하여 하나님을 사랑하고 또한 이웃을 사랑하는 것이다. 그런 까닭에, 웨슬리가 강조하는 온전한 성화는 주님 앞에 기도하면서 앉아 있는 삶이 아니라 사랑의 활동으로 살아 가는 사랑의 생활에 강조점이 있는 것이다.

이러한 점에서 볼 때, 19세기 미국의 성령운동이 부흥운동의 물결을 타면서 온전한 성화 곧 성령충만의 순간적 체험을 강조한 나머지 성화의 지속적인 과정의 중요성을 약화시킨 것은 잘못이다. 웨슬리의 입장에서는 오히려 성화의 지속적인 과정에 더 강조점이 있었던 것이다.

성화의 본질을 사랑으로 보는 웨슬리의 강조점은 한국에서 일반적으로 성령충만은 곧 권능이요, 신자들은 더 회개할 필요가 없는 양 생각하는 것과는 대조적인 것을 주목하여야 한다. 웨슬리는 신자들이 오로지 권능만을 받고자 하기보다는 그에 앞서 신자 안에 있는 죄를 회개하고 씻음을 받아야 한다고 강조한다.

기독자의 완전의 본질을 사랑으로 이해할 때, 성령 운동은 다른 한편으로 신자의 윤리 생활, 사회 갱신운동으로 나타난다. 웨슬리는 다음과 같이 말한다.

그리스도의 복음은 단순한 종교를 말하는 것이 아니라 사회적 종교(social religion)를 의미한다. 마찬가지로 단순한 성결(mere holiness)은 없고 사회적 성결(social holiness)이 있을 뿐이다. 기독자의 완전의 길이와 넓이 그리고 깊이와 높이는 바로 '사랑으로 역사하는 믿음'이다. … 사실에 있어, 자기 형제를 사랑하되, 말로만이 아니라 그리스도께서 사랑하셨듯이 사랑하는 자는 그 누구나 '선한 일'에 열심을 아니 낼 수가 없다. 그의 영혼은 형제들을 위하여 사역하고 함께 있어 주기를 열망할 것이다. … 그리하여 그는 기회가 있을 때, 주님이 그랬듯이, 선한 일을 하려고 할 것이다.[50]

이와 같이 사랑의 행동은 이웃을 향한 사랑으로 나타나는 것이다. 행동으로 이어지는 사랑을 떠난 성결은 그 내용이 사라지고 마는 것이다. 하나님의 사랑은 폭넓은 사랑(comprehensive love)이다. 그러므로 메소디스트는 첫째로 복음을 전파하여야 하며 또한 사랑의 봉사를 하여야 한다고 웨슬리는 주장하였다. 그리하여 웨슬리의 선교 사역은 사회참여를 동반한다.

3.4. 사회참여를 통한 행동의 선교-교회와 사회, 국가 개혁 운동

성결 메시지에 근거한 웨슬리의 선교 활동은 처음부터 말로서의 전도와 행동으로의 사회참여를 병행하였다.

웨슬리의 선교 활동은 힌슨(Leon O. Hynson)이 지적한 대로 교회와 국가를 개혁하는 운동이었다.[51] 마크바르트(M. Marquardt)가 지적한 대로 웨슬리의 설교는 두 가지 목적을 가지고 있었기 때문이다. 즉 설교는 사람들 개개인이 하나님의 은총 가운데 거듭나며 성결케 되어 의미 있는 사회 생활을 하게 할 뿐 아니라, 그들이 살고 있는 사회 전체를 변화시키는 활동으로 인도하는 것이었다.[52]

웨슬리는 당시의 목회 지역을 3구역으로 나누어서 평신도들의 사역을 분담시켜 사회사업, 교육사업, 고아사업 등의 활동을 하게 하였다.

3.4.1 사회 구호, 민생 사업

웨슬리가 주도한 옥스포드에서의 신성클럽의 활동은 회원 자신들의 경건 생활뿐 아니라 자선사업을 꾸준히 시행했다. 그들은 일반 사회에 편만 하고 있는 음주, 뇌물수수(bribery)를 시정하려고 여러 가지로 노력했다. 사회에 범람하고 있는 밀수, 도박, 도적 행위 등에 대하여 관심을 갖고 개혁을 추진하였다. 또 교회 내에서의 선거에 따르는 부패를 지적하고 시정에 나섰다.[53]

메소디스트 회원들은 정기적으로 감옥을 찾아가 사역하였다. 그리고 1778년의 연회(Annual Conference)는 교역자들이 감옥 심방(Prison ministry)을 의무화하도록 결의까지 하였다. 그의 사회참여는 자선사업에만 머문 것이 아니고, 민생 사업(development)에까지 미쳤다. 그리하여 웨슬리는 편물 공장, 빈민 학교, 의료원, 빈민 은행, 고아원 등을 설치 운영하였다.[54]

3.4.2. 사회 정치 참여

웨슬리의 선교 활동은 정치적 면에도 관여하였다. 당시의 노예문제, 감옥의 상태 또는 가진 자들의 착취행위에 대하여 항변하기를 주저하지 않았다. 국가적인 선거에서의 부패를 지적하여 경고하며 공정한 선거를 호소하는 팜플렛을 발행하기도 했다. 특히 당시 영국에서 시행되고 있었던 노예매매(the slave trade)가 1897년에 폐지되는 데에는 웨슬리의 공헌이 컸다. 이 일에 웨슬리가 선구자적 역할을 했던 것이다.[55]

1774년에 웨슬리가 발행한 「노예매매에 대하여」(*Thoughts upon slavery*)라는 책자는 유명하다. 웨슬리는 이 글에서 당시의 노예들의 상태와 노예매매자들의 비인간적인 모습을 폭로하는 동시에, 노예매매를 정당화시키고 있는 사람들의 주장을 맹렬히 반박했다.[56] 그리고 노예매매에 종사하는 자들에게 채찍이나 쇠사슬, 강제성을 다 버리고 모든 사람을 인간답게 다루어야 하며 친절해야 한다고 강권했다. 무엇보다도 그들에게 하나님의 의로우신 진노를 두려워하며 피 묻은 죄로부터 손을 씻으라고 호소했다. 이런 웨슬리의 주장은 소책자로, 편지로, 또는 설교로 전개되었다. 웨슬리는 이런 주장을 당시의 정치가들에게도 호소하였다.[57] 이러한 웨슬리의 주장은 마침내 1789년에 미국 감리교회로 하여금 연회에서 노예제도 폐지를 건의하게 하였다.

이처럼 웨슬리의 활동은 위에서 언급한 바와 같이 사람들이 하나님의 은총 가운데 거듭나며 성결케 되어 의미 있는 사회생활을 하게 할 뿐 아니라, 그들이 살고 있는 사회 전체를 변화시키는 활동으로 인도하는 것이었다.[58]

특히 웨슬리가 전도 곧 예수 그리스도의 복음 전파라는 전통적인 방법을 우선적으로 하였음에도[59] 그 결과는 최근 일각에서 사회 참여만을 고조하는 사람들의 사역보다 더 큰 효과를 냈다는 점은 주목할 만하다.

IV. 신도회 활동을 통한 교회 갱신

4.1. 타락한 교회 안에서의 작은 교회의 사명

웨슬리는 그리스도의 교회는 그 시작부터 성령이 충만한 교회였다고 말한다. 또한 성경에 나타난 성령이 충만한 교회와 신앙을 보면 개개인들이 모두 성령의 역사로 회개하고 거듭날 뿐 아니라 영적 확신이 있었다는 것이다. 하나님의 사랑이 부은 바된 그들은 하나님을 사랑할 뿐 아니라 이웃을 사랑하되 말로만이 아니라 행실로 사랑했고 모든 사역자는 성령이 충만한 성도였다. 그런데 그 어간에 가라지가 뿌려져서, 다시 말해 악의 신비(the mystery of iniquity)가 역사하여서 교회는 타락했다고 웨슬리는 다음과 같이 말한다.

> 박해가 순수한 기독교에 영속적인 해를 끼치지 못하였다. 그러나 기독교의 본질이요. 기독교의 법을 성취시키는 것 곧 겸손과 온유와 인내하는 사랑의 뿌리를 흔들어 놓은 큰 타격을 교회가 받게 되는데, 그것은 4세기 때 자칭 그리스도인이라고 하는 콘스탄틴 대황제에 의하여 그리스도인들, 특히 교직자들이 부귀와 영화와 세력을 누릴 때였다. … 그와 마찬가지로, 박해의 공포가 사라지고 그리스도를 믿는 사람들이 부귀영화를 누릴 때에, 그리스도인들은 점진적으로 타락하고 갖가지 악으로 빠져 들어 갔다.[60]

웨슬리는 역사 속에 있는 교회는 정도의 차이는 있으나 모두 타락한 교회라고 본 것이다. 18세기의 영국 교회도 타락하였다고 보았다. 그러나 웨슬리는 이같이 타락한 교회라도 교회 그 본래의 표적, 곧 순수한 하나님의 말씀 선포, 성례전의 정당한 집행이 있고, 그곳에 순수한 성령의 임재가 있다면 여전히 교회라고 보았다.[61] 곧 형식적 의미에서는 영국교회는 아직도 참된 교회라고 본 것이다. 여기서 우리는 웨슬리가 교회를 변증법적 대립에서 이원적으로 이해하고 있음을 본다.

웨슬리에 의하면, 교회의 머리이신 예수가 거룩하시며 또한 교회의 모든 제도가 성결을 촉진시키도록 되어 있기 때문에 교회는 형식적 면에서는 여전히 거룩하다. 이것이 교회의 객관적인 거룩이다(given holiness). 그러므로 비록 무가치한 교직자가 성례전을 집행했다 할지라도 그 성례(God's ordinance)에 따르는 효과까지 막는 것은 아니다.[62] 전달자(성례의 집행자) 자신은 은혜를 받지 않았을지라도 하나님께서는 이로 말미암아 그 은혜가 단절되는 것을 허락치 않으신다고 이해하였다.[63]

그러나 웨슬리에 의하면 그 객관적인 성결이 신자들의 삶 속에서 호응되는 주관적 성결을 가져오지 않는다면 교회는 진정으로 거룩한 교회가 아니다.[64] 그러므로 신자는 현재 역사하시는 하나님의 구속 사업의 동역자로서 교회를 참으로 거룩한 교회 되도록 하는 책임이 있다고 웨슬리는 강조한다. 웨슬리는 이런 사명이 바로 당시의 메소디스트 그룹에 있다고 본 것이다. 그리하여 그는 메소디스트를 교회 안에 있는 작은 교회(eccelesiolae in ecclesia)라고 불렀다.

메소디스트는 하나님의 말씀과 경건한 삶의 훈육 아래 큰 교회 안에서 성결의 누룩(a leaven of holiness) 역할을 하기 위하여 자의로 모인 그룹으로서, 대외적으로는 교회 밖에 있는 사람들을 교회 생활로 인도하는 역할을 하고, 대내적으로는 교회를 새롭게 하며 부흥케 하는 역할을 하였다.[65] 스나이더(H. Snyder)는 메소디스트의 갱신운동을 평가하여 말하기를 "메소디즘은 영적인 갱신운동이었다. 사람들로 하여금 하나님의 권능을 깨닫게 하고 일상생활에서 참 기독교 공동체의 힘을 알게 하는 대중 운동이었다. 그러므로 이 운동은 역사 속에서 성령의 새롭게 하는 역사를 보여 주는 가장 으뜸가는 본보기이다."[66]라고 하였다. 메소디스트가 그러한 사명을 수행하도록 하기 위하여 웨슬리는 신자들을 훈련한 것이다.

4.2. 신자 훈련을 통한 조직적 사역

웨슬리는 메소디스트가 성결의 누룩으로서의 역할을 하도록 하기 위하여 평신도를 훈련시켜 효율적으로 봉사하게 하였다.

종교개혁자들이 주장한 원리 가운데 하나는 만인제사직이다. 그러나 실제 교회 생활과 전도사역에서 웨슬리만큼 이 원리를 활용한 지도자는 없었다. 웨슬리는 모든 신자를 조직적으로 훈련시킬 뿐 아니라 또한 그들을 조직적으로 전도와 봉사에 참여케 하였다.

그러기 위하여 웨슬리는 신자들을 하나의 속회(the class meeting)로 12~13명, 또 그 안에는 착실히 믿는 사람들을 조(Band)로 6명 정도, 그리고 특별 신도회(the selected society)라고 해서 특별한 핵심 분자들을 모아 그룹별로 훈련을 받게 하였다. 특히 특별 신도회 회원은 지도자에게 절대복종한다는 서약과 함께 모든 사유재산까지도 다 맡기면서 신앙 훈련을 받고 평신도 지도자로서의 책임을 수행하였다.

웨슬리는 이와 같이 평신도들을 동원할 뿐 아니라, 그들을 계속적으로 훈련하였다. 평신도 전도자들로 하여금 투철한 신앙이 있어야 함은 물론이거니와 지식을 쌓게 하기 위하여 하루에 5시간씩 독서를 시켰고, 1주일에 2회 이상 설교를 하게 하였다. 그래서 메소디스트가 10만 명일 때 평신도 지도자로 내세울 수 있는 일꾼이 1만 명이나 되었다. 그중에는 여자들도 많이 있었다.

이와 같이 평신도의 영성 훈련(spiritual formation)을 통하여 모든 하나님의 백성이 전도에 임하게 하는 운동이 결국은 교회를 새롭게 할 뿐 아니라 교회를 부흥시키는 놀라운 결과를 가져오게 했던 것이다.

4.3. 카리스마적인 것과 제도적인 입장을 종합한 교회갱신

웨슬리가 메소디스트를 하나의 작은 교회(eccelesiolae)로 주장한 데는 또 하나의 중요한 의미가 있다. 즉 웨슬리는 큰 교회 안에 있는 신자들의 작은 모임(작은 교회)인 메소디스트들이 자기 자신들만을 위하여 사는 분리된 종파가 되는 것을 원치 않았고, 그들이 전체 교회를 강건하게 하고 새롭게 하기 위해 존속한다고 믿었다. 다른 말로 표현해, 웨슬리는 메소디스트를 당시의 퇴폐적이었던 큰 교회 안에서 그 교회를 진정한 기독교로 갱신하려는 단체로서 여전히 영국교회에 예속된 그룹으로 간주했다는 것이다.[67]

그러므로, 웨슬리는 교회갱신의 패턴에 있어 카리스마적이면서도 제도적인 견해를 지녔다. 비유컨대 하나의 크고 오랜 나무가 새싹을 내면서 계속 성장하여 나가는 모습, 곧 큰 나무는 부분적으로 죽었지만 새로운 싹을 내며 성장해 가는 고목과 같이, 교회는 부분적으로 타락했으나 그 안에서 새롭게 솟아 나오는 '새 생명'인 갱신운동이 있어 교회로서 지속되는 것을 지향하는 것이 웨슬리의 교회갱신의 입장이었던 것이다.[68] 이는 제도적인 교회와 갱신운동이란 상호 의존적이요 또한 공존한다는 것을 의미한다.[69]

V. 웨슬리의 갱신운동의 원동력이 된 영성수련

5.1. 웨슬리의 가슴 뜨거워지는 성령체험

역사가 렉키가 그의 저서 「18세기 영국사」에서 지적하였듯이 웨슬리가 16세기 이후 어느 누구보다도 실제 종교 생활에 광범위하게 건설적인 영향을 끼쳤을 뿐 아니라 영국을 새롭게 하는 한 혁명을 이루었다.[70] 그러면 그런 선교의 원동력은 어디에서 온 것인가? 물론 복음 자체에 능력이 있다는 것을 전제한다. 또한 그의 복음적 메시지와 조직적인 선교사역이 있었기 때문일 것이다. 그러나 다른 한편 이런 놀라운 선교운동은 웨슬리의 가슴을 뜨겁게 했던 올더스게이트에서의 성령체험과 계속적인 영성수련, 그리고 그에 따르는 성령의 역사에서 왔다는 것을 간과해서는 안 된다.

웨슬리의 생애를 상고해 보면, 웨슬리의 선교 활동에 올더스게이트에서의 성령체험이 결정적인 영향을 끼쳤다는 것은 자명하다. 웨슬리는 이 체험을 통하여 예수 그리스도의 복음과 자신의 구원에 대한 확신을 얻게 되었고 이로 인한 감격은 그로 하여금 전도하지 않을 수 없게 만들었다. 웨슬리는 이런 성령의 체험을 통하여 성경 말씀을 참 하나님의 말씀으로 믿게 되었다. 스타키(L. M. Starkey)가 지적한 대로 이런 성령의 증거가 웨슬리의 신앙생활에 능력과 목적을 부여한 것이다.[71] 그리하여 웨슬리의 전도사역은 성령의 계속적인 역사에 힘입어서 힘차게 전개되어 나갔다. 곧 웨슬리의 복음 증거는 말과 행동(사회 참여) 그리고 능력으로 수행된 것이다. 곧 온전한 복음을 성실히 증거한 것이다.

이를 실현하기 위하여 웨슬리는 자신과 신자들이 철저한 기독인(altogether Christian)이 되어야 한다고 주장하면서 모든 신자를 새롭게 무장시키는 영성수련을 강조했고 그것을 실행했다. 그의 목표는 모두가 하나님의 선한 청지기가 되어 자기를 부인하고 십자가를 지고 주님을 따르는 데 있었다. 그러기 위하여서는 성실하게 주님과 교회가 제정한 은혜의 수단을 활용하며 하나님이 주신 은사를 불일 듯 일으켜야 한다고 강조했다.

5.2. 하나님의 선한 청지기가 되어야 한다.

웨슬리는 주장하기를 하나님의 피조물인 사람은 현재 가지고 있는 모든 것에 있어 하나님께 빚진 자로서 그것들은 마침내는 하나님께 돌려 드려야 하겠지만, 그 이전까지는 가지고 있는 것들은 사용할 자유가 있다고 했다. 뿐만 아니라 그것들을 자기 자신을 기쁘게 하기 위해서가 아니라 하나님을 기쁘시게 하는 방향으로 잘 사용해야 한다고 주장했다.[72] 이 모든 것들은 엄밀한 의미에서 우리에게 일시적으로 맡겨진 것에 불과하기 때문이다. 여기에서 청지기의 사명을 말하게 된다.

5.2.1. 영혼, 육체 모든 재능을 하나님의 영광을 위하여 사용하여야 한다.

우리에게 주어진 것으로는 먼저 우리의 영혼과 육체를 들 수 있다. 거기에 따르는 여러 가지 재능(talents)들을 우리의 향락을 위하여 사용할 것이 아니라 그것들을 주신 하나님의 영광을 위하여 사용하여야 한다고 웨슬리는 말한다.[73] 따라서 우리는 절제하고 자기 훈련(discipline)을 게을리해서는 안 된다. 건강을 해치는 것들은 마시거나 행하여서는 안 된다고 웨슬리는 말한다.

5.2.2. 우리에게 주어진 물질, 음식, 돈도 하나님을 위하여 사용하여야 한다.

웨슬리는 그의 설교 '돈을 사용함에 있어서'에서[74] 돈을 사랑하는 것이만 악의 근원이라 하지만 돈 자체가 그런 것이 아니고 돈을 사용하는 자에 따라 그리되는 것이라고 했다. 동시에 그는 돈은 문명 사회와 사람의 일반적인 생활에 있어 말할 수 없는 봉사자가 된다고 이해한다. 그래서 웨슬리는 그 설교에서 될 수 있는 대로 많이 돈을 벌라(gain all you can), 그리고 많이 저축하라(save all you can), 그러나 할 수 있는 대로 모두를 주라(now give all you can)고 권고하였다.

웨슬리는 부(riches)가 하나님을 향한 사랑을 세상과 자아 사랑으로 변질시키는 위협이라고 본다. 그러나 이런 위험을 방지하기 위하여 벌고 저축한 것을 다 주라고 하는 것이다. 첫째와 둘째의 권고, 곧 많이 모으고 많이 저축하라는 것은 많이 주라는 목적을 위한 수단인 것이다. 이 점에서 우리는 웨슬리의 윤리 구조에서 또 하나의 특징 또는 전제를 발견하게 된다. 곧 그는 그의 윤리에서 수단/목적 구조(means/end structure)를 가지고 있는 것이다. 이런 것은 그가 신자의 자기 부정(self-denial)을 강조하는 데서 잘 나타나 있다.

5.3. 십자가를 지고 자기를 부인하며 주를 따라야 한다.

웨슬리는 사랑은 늘 있어야 하고 고귀한 것이지만 인간의 죄와 불신앙에서 나오는 지나친 자기사랑으로 인하여 결국 좌절되고 만다는 것을 잘 알고 있다. 그래서 그는 개인의 도덕 생활을 위한 기초적인 처방은 자기 부정(self-denial)이라고 말한다. 이에 대해 예수님께서는 "누구든지 나를 따라 오려거든 자기를 부인하고 날마다 제 십자가를 지고 나를 좇을 것이니라"(눅 9:23)고 말씀하셨다.

5.3.1. 자기를 부인하고 주를 따라야 한다.

웨슬리는 바로 '자기 부인'이라는 설교[75]에서 말하기를, 자기를 부인하고 날마다 제 십자가를 지고 주님을 좇으라는 명령은 당시에 제자들에게만 주신 것이 아니라 예외나 가감 없이 모든 사람들에게 주신 명령이라고 주장한다. 따라서 자기 부인은 절대 필요한 것이며 이를 이행하지 않는 자는 주의 제자가 아니라고 말한다. 더 나아가 말하기를 만약 우리가 계속하여서 '자기 부인'을 하지 않는다면 우리는 예수님을 배우는 것이 아니라 다른 주인을 배우고 있는 것이며, 만약 우리가 날마다 제 십자가를 지지 않는다면 우리는 주님을 따르는 것이 아니라 세상 또는 세상의 군주(prince)를 따르는 것이요 또한 자기 자신의 육의 생각을 따르는 것[76]이라고 하였다.

웨슬리는 당시에 일고 있던 도덕폐기론자들(antinomians)과 자유를 방종으로 이용하는 경향에 대해 경고하며 이러한 자기 부인의 가르침을 중요시하였다. 심지어 웨슬리는 이 교리가 기독교의 중대한 교리 가운데 하나라고까지 하였다.[77]

그러면 자기 부인이란 어떤 것인가?

웨슬리는 그의 설교에서 '자기 부인'을 성도의 생활에 있어서 최고의 규범(the supreme, unalterable rule)으로 삼는다.[78] 인간은 타락하였기에 부패한 자기의 뜻을 따르기를 좋아한다. 하나님의 뜻은 우리를 하나님께로 인도하는 것이다. 그러나 사람의 뜻은 한때는 하나님의 뜻과 병행하는 것 같지만 결국 다르고 하나님의 뜻과 반대된다. 그러므로 이 두 가지 뜻을 동시에 따른다는 것은 불가능하다. 두 가지 중 하나를 택하여야 한다. 곧 하나님의 뜻을 부정하고 자기의 뜻을 따르는가, 아니면 자기의 뜻을 부인하고 하나님의 뜻을 따르는가의 그 양자 중의 하나를 택하여야 하는 것이다. 그러기에 결국 자기를 부인하는 것은, 나의 뜻이 하나님의 뜻에 맞지 않을 때는 그것이 얼마나 나를 기쁘게 하는 일이든지 간에, 나 자신의 뜻을 부인하는 것이다.[79]

5.3.2. 자기 십자가를 지고 주를 좇아야 한다.

물론 여기서 자기를 부인한다는 것과 제 십자가를 진다는 것은 상호 연관되어 있는 개념이다. 그러나 자기 십자가를 진다는 것은 단순한 자기 부인보다 높은 것이며 보다 많은 것을 요청한다고 볼 수 있다. 자기 십자가를 진다는 것은 고통당한다는 것을 전제하기 때문이다.[80]

우리 앞에 놓인 경주를 달림에 있어 하나님의 뜻에 따르려면 우리의 가는 길에는 십자가가 놓이곤 한다. 그 십자가는 즐겁지도 않고 고통스러울 것이다. 그러나 우리는 그 십자가를 지고 따라야 한다고 웨슬리는 주장한다. 왜냐하면 하나님께서는 그를 도구로 사용하시어 우리들이 하나님의 축복을 인류에게 부어 주기 위한 귀한 그릇(suitable instrument)이 되게 하시기 때문이다.[81]

여기에서 웨슬리는 신자는 하나님의 말씀을 읽고, 기도하고, 성례전에 참여하고, 성도의 사귐에 참여하는 등 우리 안에 주어진 하나님의 은사를 다시 불일듯하게 하기 위하여 힘써야 한다고 강조한다.

5.4. 은혜의 수단을 통해 하나님의 은사를 불러일으켜야 한다.

웨슬리는 사도 바울이 자기를 훈련함에 있어 내가 매일 내 몸을 쳐서 복종케 한다[82]고 했던 것과 같이 경건생활을 위해 의지적인 노력을 하였다. 그가 60년간 일기를 썼다는 것은 이를 뒷받침하고도 남는다. 웨슬리는 자기 일지를 쓰며 매일매일 자기 신앙생활을 점검하곤 했다. 경건 생활의 과정에는 굴곡(up and down)이 있기 마련이고 이는 물론 웨슬리에게도 있었다. 1732년경에는 늘 일지를 보면서 자기가 실수한 것을 들쳐내곤 하였다. 그러나 그가 하나님의 놀라운 은총을 체험한 후에는 생각하는 자세가 긍정적으로 변했다.[83] 곧 하나님의 놀라운 은총을 체험한 웨슬리는 회개만이 아니라 회개와 믿음을 동시에 강조하게 된 것이다. 아니, 믿음의 소중함을 더 느끼게 된 것이다. 그는 적극적으로 하나님의 은총을 적응함으로써 영성수련을 해 나갔다. 웨슬리의 신학이 이렇게 은총의 낙관론에 기초하고 있는 것과 같이 우리의 영성은 하나님의 은총에 힘입어 형성되어 나가는 것이다. 그러므로 그는 교회가 정한 은혜의 수단(Means of grace)을 중요시하고 성실하게 활용하였다.

그는 은혜의 수단으로서, 주님이 제정하신 것(the instituted means of grace) 곧 세례와 성만찬뿐만 아니라 예수님의 생애와 교훈에 뚜렷이 나타난 수단들, 즉 기도, 성경읽기, 금식기도, 교회 생활, 더 나아가 자선사업, 경건 사역들을 성실히 지켰다. 여기서 우리는 지면 관계로 기도와 성경 연구에 관한 것만을 상고하고자 한다.

5.4.1. 성경 한 책의 사람이 되어야 한다

웨슬리에게 있어서 신학의 원천과 최고 권위는 성경이었다. 따라서 그는 모든 일에 있어서 그것이 큰일이든 작은 일이든지 간에 성경을 따랐다. 그의 근거는 성경이었다.[84] 웨슬리는 1729년부터 비교적 성경만 연구하기로 하고, 1730년부터는 성경 한 책의 사람(homo unis libri)이 되겠다고 하였다. 그러나 그가 자기는 성경 한 책의 사람이라고 할 때, 이 말은 그가 다른 책을 읽지 않았다는 말이 결코 아니다. 그는 많은 독서를 했다. 한 예를 들면, 1725~1734년 곧 Oxford 시절에 무려 400여 권의 고전을 읽었다고 한다. 그리고 1788년까지는 무려 5, 6백 권의 책을 읽었다는 것이다. 그가 편집한 「기독자 문고」(Christian Library-30vols.)는 바로 그가 읽고, 평민들을 위하여 책의 내용을 30권으로 간추려 출판한 문고이다. 이 사실은 그가 성경 한 책의 사람이라고 하여 지적으로 협소한 소견을 가진 사람은 아니었다는 것을 보여준다. 이 말은 그럼에도 불구하고 그는 성경을 모든 것의 위에 있는 최고의 권위로 인정하였다는 의미이다.

웨슬리는 매일 일정한 시간을 정하고 성경을 읽었다. 또한 성경을 연구하여 신구약 성경 주석을 저술하였다. 그는 자신의 신앙문제를 점검할 때는 늘 성경을 상고하였다. 웨슬리는 다음과 같이 외쳤다.

> 오! 주여 그 책을 내게 주십시오! 어떤 대가를 치르더라도 하나님의 책을 나는 가져야겠습니다. 그 책을 나에게 주십시오. 자, 이제 나는 그 책을 가졌습니다. 이 속에 나에게 충족을 주는 지식이 담겨 있습니다. 주여, 나로 하여금 한 책의 사람이 되게 해 주십시오. … 하나님의 현존 앞에서 하늘로 가는 길을 발견하려는 목적으로 나는 그 책을 펴서 읽습니다.[85]

그는 영성수련을 위하여 성경을 읽는 태도와 방법을 제시한 바 있다. 아주 실제적인 도움을 주는 권고이다. 이를 아래에 소개하고자 한다.[86]

아침 저녁으로 하나님의 말씀을 명상하라. 그리하면 최선의 지식, 곧 유일하신 참 하나님, 곧 하나님이 보내신 예수 그리스도를 알게 될 것이다. 그리고 이 지식이 여러분으로 하여금 하나님을 사랑하도록 인도할 것이다. 이는 하나님께서 여러분을 먼저 사랑하셨기 때문이다. … 이 결과로써 여러분은 성서에 기록된 거룩한 모든 성품(tempers)을 즐겁게 체험하면서 여러분을 거룩해지라고 부르신 그대로 모든 언어와 행실에 있어서 거룩해질 것이다. 이런 목적이 응답되기를 바란다면 성서를 다음과 같은 방법으로 읽으라고 권하고 싶다.

1) 가능하면 성서를 상고하기 위하여 적은 시간이나마 아침 저녁으로 시간을 따로 정하라.

2) 시간이 허락하면 매번 구약성서에서 한 장, 그리고 신약성서에서 한 장씩을 읽으라. 시간이 허락하지 않으면 한 장만 읽든지, 또는 그 일부만을 읽으라.

3) 성서를 읽을 때는 하나님의 뜻을 알고 그대로 행하겠다는 결의, 그 한 가지 관심을 가지고 읽도록 하라. 또한 하나님의 뜻을 알기 위하여는 여러분은 다음과 같이 해야 한다.

4) 항상 신앙의 유추와 성서의 기본적인 교리들 곧 원죄, 이신득의(以信得義), 신생, 성결 같은 교리들 간의 연결과 조화에 유의하라.

5) 하나님의 말씀을 상고하기 전에 진지하고 간절하게 기도하라. 성서는 성서를 주신 바로 그 성령을 통하여서만 이해될 수 있음을 알기 때문이다. 성서읽기를 마칠 때에도 기도하라. 이는 우리가 읽은 것들이 우리 마음에 기록되기 위하여서이다.

6) 또한 읽는 동안에도 가끔 멈추어 읽는 말씀에 비추어 우리 자신의 마

음과 생활에 관하여 검토해 본다면 유익할 것이다. 이와 같이 하여 하나님의 뜻과 일치한 것을 발견할 때에는 하나님을 찬양케 되고 또 우리가 미치지 못한 것을 느끼게 될 때에는 겸손하게 기도하게 될 것이다. 읽는 가운데 빛을 받으면 그 즉시 그를 최대한으로 활용할 것이다. 지체하지 말라. 무엇인가 결심한 것이 있으면 될 수 있는 대로 그 순간부터 실행에 옮기라. 이와 같이 함으로 너희는 읽는 그 말씀이 현재와 영원한 구원에 이르게 하는 하나님의 능력이 됨을 알게 될 것이다.

5.4.2. 기도의 성도가 되어야 한다

웨슬리는 기도는 하나님께 다가가는 유일한 방법이며,[87] 또한 예수 그리스도를 통하여 하나님과의 관계를 유지하는 유일한 방법이라고 믿었다. 따라서 그는 성경을 읽고 기도하는 것으로 하루를 시작하곤 했다. 그는 먼저 하나님을 생각하고 하나님의 뜻을 따른다는 생각을 갖고 하루를 살았다. 기도는 웨슬리의 영성수련의 중심을 차지하였다.

1) 웨슬리는 즉흥적인 기도도 하였지만, 기록된 기도문을 즐겨 사용했다. 기도의 내용을 중요시한 것이다. 오늘날 우리도 기도하고자 할 때 무엇으로 기도를 시작할지 막막할 때가 있는가? 그렇다면 기록된 기도문을 사용하는 것이 좋다. 그 예로서, 주기도문은 훌륭한 기도문이다. 주기도문은 인간의 필요한 모든 것을 언급하고 있다. 이렇게 기도하라고 하신 주님의 사랑과 관심에 대하여 감사한다.

2) 웨슬리의 교훈에 따르면 우리는 기도를 하나의 사역으로 알고 의지적으로 기도 생활을 하여야 한다. 성도는 그리스도와 연합되었으므로 모두가 제사장적인 직무를 행할 특권과 책무가 있는 것이다. 그러므로 성도는 자신을 위할 뿐만 아니라 하나님의 사역을 위하여 중보 기도를 드

릴 특권과 책임이 있다. 기도는 성도의 할 일이다. 기도는 승리의 요인이
다.[88]

3) 그는 금식 기도를 주기적으로 행하였다. 웨슬리는 초대교회의 실행
을 따라 수요일과 금요일에는 금식을 하였다. 웨슬리는 금식 기도는 초
대 교회에서 행하던 일이라고(마 6:16) 믿고 이를 신도들에게 권하였다. 이
는 성도의 영적 성장에 큰 도움이 된다고 믿었다. 웨슬리는 위기를 당하
여 기도하기보다는 예방을 위하여 기도하여야 한다고 권하였다. 또한
그는 1743년에 쓴 '메소디스트 단체의 총칙'(General Rules of Societies)에서 금
요일을 메소디스트의 금식의 날로 정했다. 그 방법은 ⑴ 음식 전폐, ⑵ 음
료수는 마시는 것으로, ⑶ 음식을 자제하는 것으로 했다. 그러나 그는
지나친 금욕주의는 배격했다.

4) 웨슬리는 사람들과 함께 기도할 것을 주장했다.[89] 곧 웨슬리는 아침
과 저녁에 교회에서 사람들과 함께 기도했다. 그룹으로 기도했다. 그렇
게 함으로 코이노니아를 깊게 하고 하나님의 역사를 나타낸다. 웨슬리는
하나님이 우리가 그렇게 하기를 원하시기 때문이라고 했다. 주님은 "두
세 사람이 합심하여 무엇이든지 구하면 하늘에 계신 내 아버지께서 저희
를 위하여 이루게 하시리라"(마 18:19)고 말씀하셨다.

5) 웨슬리는 더 나아가 성도는 쉬지 말고 기도하여야 한다고 믿었다(살
전 5:17). 그러나 쉬지 않고 기도한다는 것은 항상 기도의 행위를 하고 있
으라는 것이 아니라 마음의 성전 안에서 항상 현존하시는 하나님 아버지
를 성령의 간구하심을 통해 대면하는 마음의 기도를 의미하는 것이다. 이
로써 성도의 마음이 항상 주님과 함께 있게 된다.[90] 이 기도는 언어를 초
월하여 마음을 하나님께로 향하여 들어올리는 것으로, 내면의 보이지 않

는 깊은 곳에서 하나님의 경이로운 현존 가운데 주님과 함께 하는 친교를 누리는 것이다.[91]

6) 그러나 그가 마음의 기도를 말한다고 하여 구체적인 기도를 소홀히 하는 것은 아니었다. 웨슬리는 나는 항상 기도하고 있으니까 개인 기도를 위하여 기도시간을 따로 정해 놓을 필요가 없다: 나는 항상 깨어 지키고 있으니까 특별한 자아검토가 필요 없다는 그러한 생각을 품지 않도록 주의하라.[92] "기분이 내키든 안 내키든 하루에 일정한 시간을 정하여 개인의 신앙향상을 위하여 매일 성경을 읽고 기도하라. 이는 당신이 살기 위하여서이다."[93]라고 권면하고 있다.

웨슬리는 매일 아침 일찍이 기상하여 새벽 4시 30분부터 5시까지 기도를 하였다. 그는 실제로 50년간 이렇게 일찍 일어나 기도를 함으로 하루를 시작하였다. 저녁에는 보통 10시 이전에 취침을 하였다.

그는 일찍부터 일정한 규칙을 세워 기도생활을 하기도 하였다. 곧 한 주간을 다음과 같은 단위로 명상을 위한 목록을 세우고 그대로 생활하였는가를 성찰하면서 기도로 성화로의 행진을 하였던 것이다. 참고로, 그가 자기 성찰에 사용한 질문들을 열거하여 보자.[94]

• 매일 아침에 하는 질문:
1. 나는 하나님을 언제나 최우선으로 생각하는가?
2. 어제 저녁 이후에 내가 어떻게 행동했는지 자신을 살펴보았는가?
3. 오늘 내가 할 수 있는 모든 선한 일을 다하며, 나의 소명에 충실할 결심
   이 되어 있는가?

• 일요일 저녁에 하는 질문: '하나님의 사랑'에 관하여.

1. 하나님의 온전하심과 자비에 대해서 생각할 시간을 가진 적이 있는가?

2. 오늘 하루 하나님의 거룩한 사랑을 느끼며 하늘의 평화를 맛보는 날이 되도록 힘썼는가?

3. 기도와 묵상, 그리고 책을 읽는데 사용하는 시간 말고 남은 시간의 일부를 자비를 베푸는 일에 사용하였는가?

• 월요일 저녁에 하는 질문: '이웃에 대한 사랑'에 관하여.

1. 이웃을 기쁘게 하고 그들을 위해 봉사하는 것보다 더 중요하다고 생각되는 일들이 있었는가?

2. 나는 이웃과 같이 즐거워하고 슬퍼하였는가?

3. 나는 사람들의 연약함을 보고 화를 내지 않고 동정하는 마음으로 받아들였는가?

4. 좋은 생각이 있는 것도 아니고 상대방을 설득시킬 가능성도 없으면서 나는 다른 사람의 의견을 반대하지는 않았는가?

5. 내가 잘못 생각하고 있는 것에 대해서 다른 사람이 말할 수 있는 기회를 주었는가?

• 화요일 저녁에 하는 질문: '겸손'에 관하여.

1. 나의 모든 생각과 말 그리고 행동을 기본적인 원칙("나는 부족하며, 아무것도 가진 것이 없고, 아무것도 할 수 없다")에 일치시키도록 노력했는가?

2. 오늘 하루 중에 시간을 따로내서 자신의 부족함과 어리석음, 그리고 죄에 대하여 생각하여 보았는가?

3. 하나님이 나를 통하여 하신 선행을 조금이라도 나의 공로로 돌린 적이 있는가?

4. 사람들의 칭찬을 받을 목적으로 무슨 말을 하거나 일을 한 적이 있는가?

5. 나는 사람들의 칭찬을 갈망하고 있는가?

6. 사람들로부터 칭찬받는 것을 즐겨 하는가?

7. 사람들 앞에서 나 자신이나 다른 사람을 칭찬하였는가?

8. 다른 사람의 충고를 무시한 적이 있는가?

9. 잘못했다는 생각이 들 때 내가 잘못했다라고 말을 했는가?

10. 온유함으로 일을 하고 즐거운 마음으로 나의 임무를 감당할 때 다른 사람의 조소를 받은 적이 있는가?

11. 하나님의 영광과 상관없는 일에서 자신이 잘했다고 하지나 않았는가?

12. 다른 사람에게 비난을 받았을 때, 첫째로, 내 자신이 실망하지 않도록, 둘째로, 그 사람을 원망하지 않도록, 셋째로, 그것을 통하여 나의 교만함이 치유될 수 있도록 하나님께 기도했는가?

13. 내가 당한 치욕을 각별히 선한 생각 없이 다른 사람에게 언급하지나 않았는가?

• 수요일과 금요일 저녁에 하는 질문: '금욕'에 관하여.

1. 단순히 어떤 일이 즐겁기 때문에 그것을 한 적이 있는가?

2. 감정이 나를 유혹할 때 거기에 따라서 일을 하는 것이 아니라 오히려 그 반대로 옳은 일이니까 행하였는가?

3. 하나님이 나를 위하여 정하신 금욕의 수단들이 불편하더라도 그것을 피하지 않고 사용하였는가?

4. 자기 자신을 부정하는 일(self-denial)을 피하기 위해서 핑계를 만들어낸 적이 있는가?

5. 나의 의사를 반대하는 다른 사람의 생각을, 그것이 하나님의 영광을 침해하는 것이 아닐 경우에 따라본 적이 있는가?

6. 그리스도의 고난과 나의 죄를 보다 실감나게 느끼고 나의 잘못을 어떻게 고칠 수 있는가를 생각할 시간을 가졌는가?

• 목요일 저녁에 하는 질문: '자기 부정과 온유함'에 관하여.

1. 하나님께서 원하시는 것만을 생각하려고 노력했는가?

2. 나 자신이 선택한 일은 아니지만 나에게 일어나는 모든 일을 무한하신 지혜를 가지신 선하신 하나님께서 나를 위해서 하신 것이라고 감사하는 마음으로 받아들였는가?

3. 하나님이 나에게 지시하신 일들을 한 이후에, 미래의 모든 일을 완전히 하나님의 인도하심에 맡겼는가? 하나님이 어떤 길로 인도하시든 거기에 따를 준비가 되어 있는가?

4. 내가 이미 하나님에게 맡겨 버린 나의 육체, 영혼, 친구, 명예, 그리고 재산을 다시 찾고자 하는 마음이 생긴 적이 있는가?

5. 나의 말이나 행동에 있어서 언제나 즐겁고 온유하며 예의 바르도록 노력하고 있는가?

6. 어떤 일에 대해서, 특히 종교의 문제를 가지고 말을 할 때 엄한 모습을 하거나 강한 어조와 몸짓을 사용한 적이 있는가?

• 토요일 저녁에 하는 질문: '감사'에 관하여.

1. 지난 주간에 베풀어주신 하나님의 축복에 감사할 시간을 가졌는가?

2. 하나님의 축복에 보다 민감하기 위해서 그의 축복을 받은 일들을 신중하게 그리고 의도적으로 생각해본 적이 있는가?

3. 하나님의 축복을 받을 때 그것이 하나님을 더욱 사랑하며 더 거룩한 생활을 하라는 뜻임을 깨닫고 있는가?

위와 같이 자문자답하면서 자기를 [95]성찰하며 기도를 드렸다. 성찰 뒤에 따르는 그의 기도문이 참으로 아름답고 은혜롭다.[96] 그는 이렇게 기도생활을 하면서 하나님과 사람 앞에서 끊임없이 성결한 삶을 살려고 노력

했던 것이다. 그러나 이렇게 웨슬리가 노력하였다고 해서 그의 영성수련
이 인간의 노력에 의한 자아실현 운동이라고 오해하여서는 안 된다.

물론 위에서 언급한 것처럼 초기에는 그런 경향도 있었다. 그런 방법
은 '인간의 자아 실현과 노력의 윤리'(self-realization and commitment)에 근거
한 영성수련인 것이다.[97] 이는 펠라기우스주의 또는 반 펠라기우스주의
(Pelagianism or Semi-Pelagianism)의 입장이다. 그러나, 웨슬리가 올더스게이트
에서 가슴 뜨거운 성령체험을 한 후에는 그에게 하나님의 은총의 역사에
대한 믿음이 들어옴으로 그에게는 은총의 역사에 의한 긍정적인 영성 형
성이 일어났다.[98] 하나님께서 사람의 삶에서 역사하시매 성도는 새사람
이 되고, 그 결과로 개인과 사회 변화를 위하여 일하게 되는 것이다.

그러므로 그리스도인의 영성 형성의 근거는 사람이 거듭남으로 하나님
의 사랑에 감격할 때 성립된다고 하겠다. 또한 그리스도인의 영성수련은
하나님의 사랑에 감격하는 가운데 하나님의 선한 청지기로서 자기를 부
인하며 십자가를 지고 주님을 따르는 데서 이루어진다. 그러기 위하여 우
리는 웨슬리가 강조하고 실행하였듯이 하나님의 말씀을 읽고 상고하며,
기도하고, 성례전에 참여하고, 성도의 사귐에 참여하는 신도회 활동을 하
여야 한다.

이런 영성수련이 우리가 되찾아야 할 훈련이 아니겠는가?

VI. 맺는 말:

교회는 항상 성서적이요 영적인 뿌리로 돌아갈 때 가장 충실한 교회가 되며 새로워지는 것이다. 그러기 위하여는 웨슬리의 운동에서 보듯이 온전한 복음이 증거되어야 한다. 곧 그리스도의 복음이 말씀 전도, 능력 전도, 성결로 악을 이기는 힘의 복음으로 그리고 사랑으로 증거되어야 한다. 또한 웨슬리의 그런 갱신운동의 원동력이 뜨거운 성령체험과 영성수련에 있음을 깨달았다. 이에 대한 역사적인 본보기를 우리는 웨슬리의 갱신운동에서 보았다. 그의 본보기는 한국교회에 희망과 기대를 준다고 믿는다. 무엇보다도 하나님이 자기 교회를 사랑하시고 위하여 역사하시기에 갱신은 가능할 것이다.

그러나 그렇다고 과연 한국교회가 새로워질 수 있을까 하고 비관하는 마음이 들 때가 있다. 그것은 오늘날 교회의 타락한 모습에 너무나 실망하고 있기 때문일 것이다.

성경을 보면 엘리야 선지자가 당시의 상황에 절망하여 소망을 포기하려 할 때 여호와께서 "나(여호와)를 위하여 바알에 무릎을 꿇지 아니한 사람 칠천을 남겨 두었다"고 하셨다. 마찬가지로 우리도 하나님께서 이제도 은혜로 택하심을 따라 남은 자를 두셨으며, 하나님의 영이 바로 그들을 통해 지금도 역사하실 것을 믿는다. 거룩한 하나님은 '남은 자'를 통하여 역사하신다.

그러기에 한국교회의 타락을 걱정하는 성도가 있어 '남은 자'로서 성결의 누룩의 역할을 할 때 우리 교회는 새로워질 것이다. 역사 속에 있는 교회가 타락하고 있으나 그 안에서 새롭게 하시는 성령의 역사는 더 강하기 때문이다. 이것이 웨슬리가 가졌던 믿음이요 신념이었다.

참고 문헌:

1. *The works of John Wesley*, ed. By Thomas Jackson, 1829-31.

2. *The Works of John Wesley*, ed. by Albert Outler, 1984.

3. *John Wesley, A Plain Account on Christian Perfection*(조종남 편역, 「웨슬레의 기독자 완전에 대한 해설」, 1996).

4. *John Wesley, Explanatory Notes Upon the New Testament*, Epworth, London, 1941.

5. John Telford Ed., *The Letters of the Rev. John Wesley*, 8 vols. Epworth Press, 1931

6. Nehemiah Curnock, ed., *The Journals of the Rev. John Wesley*, 8 vols. Epworth Press, 1938.

7. Edward Sugden, ed., *Wesley's Standard Sermons*, Epworth and Allenson, 1956.

8. Luke Tyerman, *The Life and Times of Rev. John Wesley*, London, Hodder and Stoughton, 1872.

9. Maximin Piette, *John Wesley in the evolution of Protestantism.*

10. L. Starkey, *The Work of the Holy Spirit: A Study of Wesleyan Theology*, Nashville, Abingdon, 1962.

11. William Cannon, *The Theology of John Wesley*, New York, Abingdon, 1946.

12. L. O. Hynson, *To Reform the Nation; Theological Foundation of Wesley's Ethics,* Grand Rapid, 1984.

13. Howard A. Snyder, *The Radical Wesley & Patterns for Church Renewal*, IVP, 1980(조종남 역, 「혁신적 교회 갱신과 웨슬레」, 대한 기독교출판사, 1986).

14. M. Marquardt, *John Wesley's Social Ethics: Praxis and Principles,*

Abingdon Press, 1992.

15. Maldyn L. Edwards, *John Wesley and the Eighteenth Century: A Study of His Social and Political Influence*, London: George Allen & Unwin Ltd., 1933.

16. J. B. Atkinson, *The Beauty of Holiness, Salem*, Schmul Publisher, 1979.

17. Vinson Synan, *The Holiness-Pentecostal Movement in the United States*, Erdmans, Pub. 1981.

18. Samuel H. Moffet, *The Christians of Korea*, New York, Friendship Press, 1962.

19. 조종남, 「요한 웨슬레의 신학」(증보판), 대한기독교출판사, 1992.

20. 조종남 편역, 「요한 웨슬레의 설교 선집」, 서로사랑, 1998.

21. 조종남 편저, 「로잔 세계 복음화 운동의 역사와 정신」, 한국 IVP, 1990.

22. 김승연, 「서구 교회의 몰락과 한국 교회의 미래(상,하)」, 생명의 말씀사, 1997.

11
웨슬리의 회개운동과 영성수련

Ⅰ. 서론

한국교회는 그동안 여러 면에서 성장하였다. 이는 하나님의 축복이다. 그러나 선교 2세기인 21세기에 접어드는 오늘에 있어 뜻있는 분들은 한국교회를 염려한다. 그동안 한국교회가 물량적인 성장을 가져오긴 했지만 내적인 갱신이 없고 명목상의 신자(nominal Christian)가 많이 생겼다는 것이다. 따라서 한국교회는 새로워져야 한다. 역사가 교훈하듯이 갱신 없는 교회 성장은 부패를 초래하기 때문이다.

그런가 하면, 한편에서 한국교회에 생기를 불어 일으키듯이 믿음을 강조하고 성령을 강조하는 운동도 일어나고 있다. 이러한 운동이 교회 부흥을 가져온 것은 참으로 귀한 일이다. 그러나 이도 역시 기사와 이적과 권능을 강조하지만 그에 따르는 거룩한 생활이 없기에 사회의 빈축을 사고 있는 듯하다. 믿음과 생활이 이원화되는 현상을 보이고 있기 때문이다.

이와 같은 이원화 현상은 선교에서 전도와 사회참여의 양극화 현상을 초래하기도 한다. 보수 경향이 있는 교회에서는 교회의 사명이 전도에만 있는 것처럼 주장하는가 하면, 또 다른 한편에서는 주된 교회의 사명이란 사회참여라고 주장하기 때문이다.

한국에 많은 교회가 있다고 하지만, 한국의 사회는 여전히 부패해 가고 있다. 문란해진 성윤리는 수많은 10대의 매춘 행위를 낳게 하고, 가정이 파괴되고, 고아 아닌 고아가 속출하고 있다. 정계나 사회에 많은 신자가 있다고 하지만, 한국 사회는 여전히 여러 면에서 타락하고 있다. 그러하기에 한국교회는 무엇을 하였는가라는 비난이 일어나며 그에 따른 교회의 무기력함이 드러나고 있다.

그런가 하면 최근에는 한국 교회성장률이 감소되고 있다는 통계가 나오고 있다. 한국교회의 성장이 1960년대는 41.2%, 1970년대는 12.5%, 1980년대는 4.4%, 1990년대는 3% 미만으로 그 성장률이 계속 감소하고 있다. 또 다른 통계에 의하면, 1991년에는 기독교 인구가 전체 인구의 18.6%를 차지했었는데 1994년에는 18.2%로 내려와 기독교 인구가 0.4% 정도 감소를 보이고 있다.[1]

무엇보다도 교회 자체가 타락했다는 비난을 듣고 있지 않는가? 교회 정치에서의 부패상이 일반 사회 정치보다 나은 것이 없다는 평을 듣고 있다. 교회 정치에 따라오는 교권주의는 교회 분열을 초래하고 서로 비방함으로 교회가 사회를 향하여 예언자적인 사명을 할 수 없게 만들고 있다.

그러하기에 한국교회에는 갱신의 사역, 곧 새롭게 하시는 성령의 역사가 요청된다.

오늘의 한국의 사정은 18세기의 영국사회의 타락상과도 흡사한 면이 많다. 18세기의 영국은 정치, 경제계, 그리고 사회 전반이 부패하고 있었다. 교회는 무기력하였다. 아니, 교회 자체도 부패하고 있었다.

그러나 웨슬리의 운동으로 인하여 교회는 활기를 회복하였고 사회 전반에 새로운 역사가 일어났다. 그리하여 영국은 이웃 나라 프랑스와는 달리 피비린내 나는 혁명이 아닌 색다른 혁명, 곧 웨슬리의 운동을 통한 정신적 혁명이 일어남으로 새로워졌던 것이다.

이에 뜻있는 사람들은 오늘날의 교회갱신과 사회갱신을 위하여 웨슬리 운동에 주의를 기울이기 시작하였다. 이는 미국에서도 마찬가지인 듯하다.

1991년에 '더 퍼블릭 인터리스트'(The Public Interest)라는 잡지에 뉴욕 주립대학의 교수인 로저 스타(Roger Starr)가 흥미로운 글을 실었다. 이 사람은 미국의 민주당원으로서, 자유주의자인 유대인이다. 그는 18세기 영국의 사정이 자기들이 살고 있는 오늘의 상황과 같다는 것을 알았다. 그 당시 영국에는 술과 마약의 문제가 있었고, 가정들은 분해되고 있었으며 많은 타락과 범죄 또는 폭동이 일어나고 있었는데, 너무나도 미국의 현 상황과 비슷하다는 결론을 내렸다. 이런 사실을 발견한 저자는 그러면 그러한 영국을 구원한 것이 무엇인가를 연구하여야 하겠다고 생각했다. 그러는 가운데 이 유대인 자유주의자인 스타(Starr) 박사는 당시의 영국을 구원한 것은 그가 그때까지 들어보지도 못한 사람, 바로 메소디스트 운동을 시작한 웨슬리에 의한 것이었다고 주장하였다.

저자 스타 박사는, 자기는 메소디스트에 대하여는 아는 바가 없었으나 웨슬리가 시작한 그 운동이 문자 그대로 영국을 구원하였고, 웨슬리의 운동은 그 당시의 사회, 경제 그리고 정치에도 많은 영향을 끼쳐 결국 영국이라는 국가를 구원한 것이라고 하였다. 그러면서 그는 말하기를 우리들은 웨슬리 운동이 어떻게 사역하였는지를 연구할 필요가 있으며, 그리하여 오늘날에도 그런 운동이 재현되도록 해야 할 것이라고 말하였다.

한 달 후에 조지 윌(George Will)이라는 사람이 '워싱턴포스트'(Washington Post)지에 스타의 글에 대한 글을 썼다. 윌은 아주 완고한 공화당원으로 보수적인 성공회 신자이다. 이 저자는 글의 서두에서 말하기를, "내가 자유주의자 스타가 쓴 글에 동의한다는 것은 상상을 못했다. 그런데 이번에는 이 자유주의자가 실제로 잘 지적하였다. 사실 18세기에는 독일, 프랑스, 그리고 세계 각처에서 혁명이 있었지만 영국에는 그런 혁명이 없었다. 영국에는 바로 메소디스트가 그들의 국가를 새롭게 하였던 혁명이 있었다. 이런 점에서 스타의 주장을 진지하게 다룰 필요가 있다. 그러므로 웨슬리 운동의 비결(secret)이 무엇이었는지 알아보아야 하겠다.”라고 하였다. 그러면서 그는 “내가 이렇게 말하는 것이 이상하게 들리는지 모르나, 우리에게는 이 세상을 구원할 메소디스트가 필요하다. 이렇게 글을 마치고 싶지는 않지만, 그보다 더 좋은 아이디어(idea)를 가진 자가 있는가 말해 보시오.”라고 덧붙여 말하였다.

다시 그 후 한 달 후에, ‘뉴 퍼블릭’(New Republic)이라는 잡지의 편집장인 프레드 반스(Fred Barns)는 “세상에 이런 일도 있는가? 자유주의자이요 유대인인 민주당원 스타씨와, 완고하며 보수적인 공화당원인 윌씨가 동의하다니? 생각하여 보면 볼수록 이 두 사람이 지적한 내용은 옳다.”고 말하였다. 그러면서 그는 다음과 같이 지적하였다. “그러나 그들이 잊은 것이 하나 있다. 그것은 웨슬리 운동은 근본적으로 가슴에서 일어나는 영적인 각성운동이었다는 것이다. 웨슬리의 운동이 경제적 정치적 변화를 가져온 것은 사실이다. 그러나 그 운동은 영적인 부흥 운동, 정신적 각성으로 시작한 것이다. 오늘날, 우리가 이 나라에서 정신적인 각성과 영적인 부흥이 일어나서 그런 경제적 정치적 변화를 일으키지 않는 한, 그런 역사는 일어나지 않을 것이다. 우리는 영적 운동으로 시작하여야 한다. 그 길이 있을 뿐이다. 우리는 이런 운동을 시작하여야만 한다. 그리고 우리에게는 18세기 영국에서 있었던 그런 사역을 오늘의 세대를 위하여 할 수 있는 새로운 메소디스트의 세대(사람들)가 있어야만 한다.”

이와 같이 미국의 자유주의자요 유대인인 민주당원과, 보수주의적인 공화당원, 그리고 복음주의자인 온건한 성공회 신자가 다 모두 한목소리

로 자기들의 국가를 구원하기 위하여 웨슬리안에게 기대를 걸고 있는 것
은 놀라운 일이라 아니할 수 없다.

이는 한국에서도 마찬가지일 것이다. 여당이건, 야당이건, 진보
파이건, 보수파이건 간에, 뜻 있는 지도자들은 오늘의 사회를 구원
하기 위하여 과거의 웨슬리 운동의 재현에 관심을 갖게 될 것이다.
오늘의 한국의 상황에서도 우리가 기대할 수 있는 이보다 더 좋은
아이디어가 있겠는가? 학자들은 교회 갱신의 역사적 모델로서 요
한 웨슬리의 신앙 운동을 들고 있다.

웨슬리 운동이 썩은 계란과 같은 영국사회를 갱신시킨 것은 주지의 사
실이다. 당시 영국사회의 민중은 가난했다. 음주와 향락으로 타락하고
있었다. 런던 거리의 1/4이 술집이었으며 범죄가 많이 일어나 감옥은 죄
수들로 가득 차 있었다. 한편 교회는 무기력하여 일반 사회 인사들은 교
회를 향하여 냉소를 보내었다. 이런 부패상은 이웃 나라에서도 마찬가지
였다. 그러나 영국은 웨슬리의 각성운동을 통하여 교회와 사회가 새로워
졌다. 역사가 렉키(Lecky)는 말하기를 "18세기의 영국에서 진정으로 새롭
게 하는 혁명이 웨슬리를 통하여 일어났다. 이는 피트(Pitt) 장군의 영도 하
에 바다나 땅 위에서 얻은 그 어떤 승리보다 큰 것이었다."고 하였다.

이제 우리는 웨슬리의 갱신운동의 특징을 살펴보고자 한다. 웨슬리의
갱신운동의 성격을 우리는 그의 선교 활동, 신도회 활동, 그리고 그의 영
성수련의 이 세 가지 측면에서 살펴보게 될 것이다. 그에 앞서 웨슬리의
갱신운동의 성격을 개관하여 보자.

II. 웨슬리의 갱신운동의 성격개관

2.1. 성서적 기독교의 긍정으로 시작한 신학 운동: Orthodoxy

웨슬리의 올더스게이트에서의 성령 체험은 그로 하여금 성서와 성서적 기독교를 적극적으로 믿게 만들었다. 그리하여 그의 신학은 성서적 기독교를 긍정하는 운동이었다. 그는 성서에 입각하여 그리스도의 복음의 유일성을 강조하며 복음 증거에 나섰다. 윈쿠프(M. B. Wynkoop) 박사의 말대로 웨슬리는 정통신학의 내용을 그대로 견지하였다. 그러나 한편 웨슬리는 신학자요 동시에 전도자로서 신학을 전도의 도장에 개진하여 종교개혁자의 신학에 피와 살을 붙여 산 신학을 만들었다. [2]

전도에는 바른 신학이 뒷받침되어야 한다. 루터란 신학자 홀던(William Hordern)이 지적한 대로 웨슬리의 설교에는 건설적인 신학이 뒷받침하고 있었기에 그의 설교가 힘이 있었던 것이다. 과연 웨슬리는 홀던이 지적하는 대로 능력 있는 신학자였다. [3]

2.2. 뜨거운 신앙체험에서 시작한 전도 운동: Orthopathy

웨슬리의 운동은 건전한 신학과 동시에 올바른 신앙체험에서 불붙여진 운동이었다. 그리하여 그의 운동은 자연스럽게 전도활동으로 이어졌다.

웨슬리는 가슴이 뜨거워지는 성령체험을 통하여 그동안 품었던 구원에 대한 불확실성과 고민을 해결하고 복음에 대한 확신과 하나님의 사랑에 대한 감격을 가지고 설교하게 되었다.

은혜에 대한 감격 없이는 보람 있는 사역을 할 수 없다. 오늘의 한국교회에 전도의 열심이 없어져 가는 경향의 주요한 원인은 바로 이런 체험적인 신앙이 결여되고 있기 때문일 것이다.

2.3. 복음 선포와 행동으로 교회와 사회를 갱신시키는 운동: Orthopraxy.

그와 같은 바른 신학과 성령체험에서 나온 웨슬리의 사역은 올바른 실천(Orthopraxy)이었다. 그것은 곧 복음 선포와 교회 갱신 그리고 사회, 국가 개혁운동으로 나타났다.

그러나 그의 홀리스틱한 선교는 회개를 강조하는 복음 선포에서 시작되었다. 그러므로 우리는 다음으로 웨슬리의 회개를 강조하는 복음 전파와 그에 따르는 영성 수련에 대하여 살펴보고자 한다.

III. 복음 전파와 영성 수련

3.1. 죄인의 회개를 강조하는 전도

1738년 올더스게이트에서 가슴이 뜨거워지는 성령체험을 한 웨슬리는 하나님의 은혜와 사랑에 감격하여 '세계를 나의 교구로 여긴다'고 하면서 교회당에서의 설교뿐 아니라 들과 광산으로 사람을 찾아가 설교를 하였다. 그는 하루에 90마일씩 여행하며 두세 번씩 설교하였다. 이를 1738년 이후로부터 계산하면 51년 동안 마상(馬上) 여행을 25만여 마일이나 한 것이며, 대략 총 4만 2천 4백 번의 설교를 했다고 한다. 이는 한 해에 평균 800번의 설교를 한 셈이 된다.[4] 이런 웨슬리의 열정은 영국을 넘어 아일랜드와 미국 등 외국으로까지 퍼져 나갔다.

웨슬리의 설교의 주제는 성서적 구원이었다. 그의 설교는 할 수 있는 한 평이한 것이었으며 평범한 사람들을 위한 것이었다. 웨슬리는 가난한 사람들을 사랑하였다. 그리하여 하나님의 보편적인 사랑을 외침으로써 가난하고 절망에 빠진 민중에게 소망을 주며 구원의 비전을 주었다.

웨슬리는 당시의 명목상의 신자들, 곧 얼굴은 천국을 향해 있지만 마음은 딴 곳에 가 있는 형식주의자들에게 '회개하고 거듭나야' 한다고 외쳤다. 이것은 당시의 영국교회가 이성주의와 자연신론에 물들어 있던 지적인 상황에 항거하여 성서적 기독교를 적극적으로 천명하는 운동이었다.[5]

웨슬리는 복음을 말함에 있어 먼저 우리 자신이 죄인으로서 자신의 힘으로는 자기 구원을 위하여 아무 일도 할 수 없는 무능한 자라는 것을 깨달았다. 웨슬리가 인간의 죄를 심각히 인지한 점은 종교개혁자와 맥락을 같이 한다.

그에 의하면 아담이 하나님께 불순종함으로 하나님께로부터 받은 생명을 상실했고 영적인 생명의 관계를 상실했다. 따라서 인간의 이성과 의지와 자유의 기능은 부패되었으며, 하나님께 대한 인간의 사랑과 순종은 자기사랑과 자기 의지로 대치되었다.[6]

그러므로 웨슬리는 모든 인간은 전적으로 부패했고, 진노의 자식이 되었다고 보았다. '진노의 자식'이란 원죄의 죄책을 함축하는 말이다. 웨슬리에 의하면 아담의 죄로 인하여 죄책이 모든 사람에게 전가되었다는 것을 부정할 수가 없다.[7] 그러므로 영아도 원죄를 물려받은 죄인이며, 따라서 결국 그리스도가 없다면 멸망 받을 수밖에 없다.[8] 이것이 이방종교와 기독교를 구분하는 첫 근거(the first ground)이다.[9] 그리고 이 진리는 '은혜를 받은 영안'(grace healed eyes)에만 알려진 진리요, 이방인과 눈이 먼 자연인은 식별치 못하는 진리로서, 이방인들은 자기의 부패를 깨닫지 못한다고 했다.[10] 그러기에 웨슬리는 '은총만으로'를 주장하는 정통 신학자이다. 일부에서 웨슬리가 인간의 자유의지를 말한다 하여 그가 마치 자유주의 신학자이니, 인본주의 신학자이니 하는 말은 웨슬리를 올바로 이해하지 못한 데서 나오는 주장이다.

웨슬리는 그의 동역자들의 질문에 답하면서, 죄를 강조하는 면에 있어서는 칼빈주의의 끝(very edge of Calvinism)에 이르렀다고 했다.[11] 만일 차이가 있다면 하나님의 은총이 어떻게 역사하느냐(how to operate)에 있어서 머리칼 하나의 차이(a hair's breadth difference)가 있을 뿐이라고 했다.[12] 여기에 우리는 웨슬리가 개진한 은총관의 특징과 그 선교학적 공헌을 발견하게 된다.

그러면 웨슬리는 하나님의 은총의 역사를 어떻게 보았는가? 웨슬리는 그의 신학을 설교의 광장에서 개진하였다. 그러므로 그의 신학은 설교와 직결되어 있다. '하나님의 온전한 가르침'(the whole council of God)을 설교하기 위해서는 하나님의 절대주권과 인간의 책임과의 관련이 분명히 있어야 한다. 이런 출발점에서 웨슬리는 설교의 도장에서 청중이 죄인이라는 것을 지적하며 동시에 하나님의 은혜를 강조하였다. 예수 그리스도를 통하여 '값없이 모든 사람에게 주시는 하나님의 은총'을 강조하며, 동시에 듣는 자의 호응(회개와 믿음)을 호소하였다.

이런 신학적 입장에서, 웨슬리는 청중들을 향하여 "회개하고 거듭나야 한다"고 외쳤던 것이다. 그는 "때가 찼고 하나님의 나라가 가까웠으니 회개하고 복음을 믿으라"(마 16:15)는 말씀을 설교 본문으로 제일 많이(무려 190회나) 사용했다.[13] 그의 설교의 일부를 들어보자.

"진실로 진실로 나는 여러분에게 말합니다. 당신들도 또한 거듭나야 합니다. 당신들은 거듭나지 않고서는 결코 하나님 나라를 볼 수 없습니다. 세례에 의해서 거듭났다고 하는 상한 갈대로 만든 지팡이를 더 이상 의지하지 마십시오. … 당신들은 거듭나야 합니다."[14]

사실 웨슬리는 1725년부터 시작한 그의 초기의 설교사역에서는 회개를 별로 강조하지 않았다. 설교를 듣는 사람들을 이미 모두 신자인 줄로 알아 그들은 회개가 필요하지 않은 줄로 생각하였던 것이다. 그러나 1738년 이후의 그의 설교는 처음부터 마지막까지 그리스도가 주춧돌이 되었고, 그 내용은 "하나님의 나라가 가까이 왔으니 회개하고 복음을 믿으라"는 것이었다. 그랬더니 하나님의 말씀이 마른 덩굴 속의 불처럼 역사하여, 군중들 모두가 "은혜로 인하여 믿음으로 말미암아 구원을 받는다"고 증언하였다고 한다.[15]

이런 역사로 교회는 부흥하는 것이며, 명목상의 신자들이 새롭게 거듭남으로 진정한 교회갱신은 시작되는 것이다.[16] 또한 사회도 정화되는 것이다. 사회의 부패와 곤란의 근본 원인이 '죄'에 있기 때문에 은혜로 거듭나는 역사가 있는 곳에는 변화가 일어난다.

한국교회의 문제점 중 하나는 이렇게 강단에서 회개를 외치는 소리가 적어졌다는 것이다. 또한 교회에 훈계(discipline)가 없어졌다. 한국교회는 회개를 강조하는 전도 메시지를 회복하여야 한다. 만약에 회개 없이 죄에서 용서받는다(forgiveness of sins without repentance)고 믿는다면 이는 비극이 아닐 수 없다. 교회는 죄인을 거듭나게 하여 성결에 이르도록 하는 하나님의 사역에 동참하여야 한다.[17]

그러한 점에서 1907년에 일어났던 한국의 부흥운동은 웨슬리 운동에서 있었던 것과 같은 회개운동이었다는 것을 상기하여야 할 것이다.[18] 그러나 오늘의 한국 강단에서는 회개의 메시지가 신자의 세속적인 축복의 메시지로 대치된 인상이 있다.

김승연 목사가 최근에 쓴 책에서 오늘날 한국교인이 감소되는 이유가 바로 회개를 강조하는 전도 메시지가 결여된 데에 있다고 지적한 것은 옳다고 생각한다.[19] 한국교회에서는 전통적으로 주일 저녁 예배를 전도집회로 갖던 것도 오늘날에는 없어지지 않았는가! 많은 신자가 거듭남의 체험도 없이 신자 행세를 하는 명목상의 신자가 증가되고 있는 것도 바로 그러한 데서 기인되고 있다고 생각된다.

여기에 하나님의 은총과 아울러 인간의 회개를 강조하는 웨슬리의 은총관의 의의를 느끼게 된다. 웨슬리가 강조한 하나님의 은총은 모든 사람을 위한 것이며, 모두에게 값없이 주어진 것이다. 그러기에 사람은 회개할 수 있으며 또한 회개하여 믿음으로 거듭나야 하는 것이다.

홀던 박사가 지적한 대로 이렇게 웨슬리의 전도는 건설적인 신학이 있기에 효율적이었다.[20]

3.2 신자의 회개를 강조하는 성결의 복음 증거

3.2.1. 성결 곧 성령충만을 강조함

웨슬리는 신자들은 거듭난 것으로 자족하지 말고 믿음 안에서 성장하여야 하며, 성장의 과정에서 성령 충만으로 큰 변화 곧 온전한 성화의 은혜를 받아야 한다고 강조했다.

웨슬리는 믿음은 사랑으로 역사하는 믿음(faith working through love)이라야 한다고 주장하면서, 구원 받은 자의 생활에서의 변화, 더 나아가 교회와 사회를 거룩하게 하는 사역을 강조했다. 웨슬리 후년의 설교 메시지의 중심은 성서적 성결(Scriptural Holiness)이었다. 그는 이 교리는 하나님께서 메소디스트에게 부여하신 거대한 기탁물(the grand diposium)이며 하나님께서는 이 복음을 전하기 위하여 메소디스트를 일으키신 것이라고 믿었고[21] 이것을 전국에 다니며 외쳤다.

이렇게 함으로써 웨슬리의 사역은 무기력한 신자들에게 활력소를 불어넣는 부흥운동으로 이어졌다. 이런 웨슬리의 성결운동은 역사가들이 증명하는 대로 18세기 영국교회를 부흥, 갱신하였다. 그리고 19세기 미국의 성결-오순절 운동에서 다시 부흥과 세계선교의 불길을 일으켰다. 미국의 성결운동에서는 웨슬리의 성결의 은혜를 '성령의 불세례' 또는 '성령 충만'으로 표현하며, 신자들에게 성령의 충만을 받으라고 강조했다.[22]

그러면 어떤 면에서 웨슬리의 성결운동(곧 성령 충만 운동)이 교회 갱신에 특별한 공헌을 하였는가를 이해하기 위하여 그의 성결론의 특징을 간단히 설명하고 넘어갈 필요가 있다. 웨슬리는 한 곳에서 다음과 같이 말한다.

"나는 거듭거듭 아주 쉽게 우리가 주장하는 교리들이 무엇인가를 외쳤다. 바로 … 이 교리들에 의하여 우리들은 이교도(heathens), 그리고 명목적인 신자(nominal Christians)와 구분된다. 이 교리는 우리가 말하는 모든 교리를 포함한다. 이 주요 교리는 회개(Repentance), 믿음(faith), 성결(holiness)의 교리이다. 회개가 마치 종교의 현관과 같다면 믿음은 문과 같고, 성결을 종교 자체이다. … 여기서 종교 자체라는 것은 곧 마음과 정성과 뜻을 다하여 하나님을 사랑하고 우리의 이웃을 우리의 몸과 같이 사랑하는 것이다."[23]

우리가 아는 대로 종교개혁자들은 구원론에서 의인(Justification by faith)의 교리를 강조하였다. 이는 위대한 재발견이요 중요한 교리이다. 그러나 그 당시 교회에서는 믿음만 강조한 나머지 도덕폐기론(Antinomianism)에 이르는 경우가 있어, 신자들이 믿음으로 구원받았다는 위로에서 개인의 윤리 생활과 사회정화를 등한시하는 경우가 많았다. 이것은 믿음과 생활의 이원성을 초래하고, 교회의 부패를 가중시켰다. 이에 웨슬리는 성령을 통하여 역사하는 하나님의 은총은 우리를 의롭게 하실 뿐 아니라, 신자를 새롭게 하는 역사를 한다고 주장하면서, 성화(Sanctification)를 더 강조하였던 것이다.

3.2.2. 신자의 회개를 강조함

그러면 이 성화의 과정은 어떻게 이루어지는가? 성화(성결)의 과정에 대하여, 웨슬리는 첫째로 로마 가톨릭의 입장을 비판하면서, 이는 사람의 행위나 공로에 의한 것이 아니라, 하나님의 은혜로 인하여 믿음으로 말미암아 이루어지는 것이라고 강조한다.

다른 한편 신비주의자들이었던 당시의 모라비안파들은 사람이 거듭나는 순간에 아주 완전히 성화되어 더 이상 성장의 여지가 없는 것으로 주장하였다. 웨슬리는 이에 반론을 제기하면서, 마치 어린이가 점진적으로 성장하는 것처럼 거듭난 신자가 점진적으로 성장하는 것이라고 주장하였다. 웨슬리는 인간이 거듭난 후에도 신자 안에 아직 내재적인 죄가 남아있다고 본 것이다. 이런 면에서 웨슬리는 당시의 칼빈주의자들의 밭에서 성화론을 개진하고 있음을 볼 수 있다. 그러나 그는 거기에 머무르지 않았다. 그는 성화는 목적론적으로 계속 성장하는 것이지만, 그 점진적인 성장과정에 순간적인 요소(instantaneous element)가 결합되어 있다고 말한다.[24]

웨슬리가 성화의 과정에 신생과 같은 순간적인 단계가 있다고 주장한 것은 성화가 인간의 수양으로 되는 것이 아니라 하나님의 은혜의 역사로 이루어지는 것이라고 이해하였기 때문이다. 그러면서 그는 또한 성화의 과정에서, 거듭난 신자가 자기 안에 있는 죄와 자신의 힘으로 거기에서 벗어날 힘이 없다는 자기 무능(impotence)을 회개하고 믿음으로 그에서 씻음을 받는 순간적인 역사 곧 온전한 성화를 기대할 수 있다고 말한다. 그러기에 웨슬리는 신자는 현재 여기에서(here and now) 보다 높은 은혜를 사모하여야 한다고 주장한다. 웨슬리의 이런 주장은 신자가 되면 죄를 짓고도 구원을 받을 수 있기에 회개가 필요치 않은 양 생각하던 자들에게는 큰 도전이 아닐 수 없었다.[25] 여기에서 웨슬리는 신자를 향하여서도 회개하라고 강조하였던 것이다.[26]

한국교회는 성령의 사역, 특히 성령충만을 강조하여 오고 있다. 이는 교회의 부흥회를 통하여 교회성장에 이바지하기도 하였다. 그러나 성령 충만에서 주요한 관심은 능력 받는 데 있고, 내재적인 죄에서의 씻음은 강조하지 않기에 교회갱신에는 기대하는 만큼 공헌을 하지 못하였다. 신자의 회개가 적절히 강조되지 않고 있는 것이다.

또 한편에서는 칼빈주의의 이중예정론에 근거하여 '오직 믿음으로'와 그리스도의 의의 전가를 강조하는 나머지 도덕폐기론에 빠지는 경향이 있다. 그러므로 만약에 신자 특히 교회 지도자가 성화를 추구하는 것 없이 권능만 추구하게 될 때 이것이 곧 권위주의적인 자세로 연결되는 듯하다. 바로 이런 경향이 지도자들을 도덕적으로 타락하게 만드는 이유가 아닌가 생각되기도 한다.

그러므로 우리는 웨슬리의 성화론의 중요성에 새삼 주의하게 된다. 웨슬리는 신자가 온전한 성화(성령충만)의 단계에서 모든 내재적인 죄에서 씻음을 받을 뿐 아니라 부르심에 종사하기에 합당한 능력을 받는다고 주장한다. 그러므로 이를 기독자의 완전이라고 부르기도 하였다. 여기서 웨슬리가 온전한 성화 또는 기독자의 완전을 말하는 것은 철학적인 개념에서의 절대 완전이 아니라, 상대적인 것이다. 또한 그것은 성서가 말하는 것 이상을 말하는 것이 아니다.[27] 웨슬리도 절대적인 완전은 영화의 순간에서 이루어지는 것이라고 믿는다.

그러기에 웨슬리가 말하는 기독자 완전은 타락한 인간이 지니고 있는 인간의 연약성(infirmities) 곧 무지, 실수할 수 있는 가능성 등으로부터의 자유를 말하는 것이 아니다. 따라서 온전한 성화의 은혜를 받은 신자도 실수할 수 있으며, 무의식적으로 범하는 죄(involuntary transgression of the perfect law of God, known or unknown)를 범할 수 있다. 달리 표현하여, 인간이 지니고 있는 연약성 자체를 죄로 보지 않지만, 신자가 이 땅 위에서 살고 있는 동안은 그로 인하여 실수나 무의식적으로 죄를 범하지 않을 수 없다는 것이다. 그러므로 따라서 성결을 유지하기 위해서는 완전한 신자도 순간순간 회개와 믿음의 생활을 하여야 한다. 완전한 성결은 계속 그리스도를 통하여서만 가능하기 때문이다.[28]

웨슬리는 그의 '신자의 회개'라는 설교에서 다음과 같이 말하고 있다.

> 당신을 사랑하여 … 당신의 죄를 그의 몸으로 친히 감당하신 예수를 계속하여 믿으시오! 그는 항상 효험 있는 그 보혈로 인하여 당신을 모든 정죄함에서 구원하십니다. 이리하여 우리는 의롭다 함을 받은 상태에 계속 머무르게 됩니다. … 그래서 우리는 이렇게 고백합니다.
>
> "주여, 나에게는 순간순간 당신의 죽으심의 공로가 필요합니다.
> 그러나 또한 우리는 믿음의 확신을 가지고 다음과 같이 외칩니다.
> 주여, 나에게는 순간순간 당신의 죽으심의 공로가 효험됩니다."
>
> 우리는 예수님의 생애와 죽음, 그리고 우리를 위한 그의 중보의 기도를 믿음으로 말미암아 순간순간 새로워져서 아주 깨끗해지며, 바로 이 같은 믿음으로 말미암아 우리는 순간순간 우리 위에 머물러 있는 그리스도의 능력을 느낍니다. … 이 믿음에 의해 우리는 영적 생활을 계속할 수 있습니다.[29]

위와 같이 웨슬리는 무의식적으로 범죄하는 신자의 실상과 믿는 자에게 효험 되는 그리스도의 보혈의 효험과의 긴장을 유지하면서, 하나님의 은혜가 더 풍성함을 강조했다.[30] 따라서 성결은 그리스도 중심의 삶이다. 곧 그리스도를 본받아 살아가는 헌신과 사랑의 삶인 것이다.

3.2.3. 성화는 홀리스틱(holistic)한 선교의 동기와 근거가 됨

웨슬리는 성화를 신자의 하나님과 사이의 역동적인 사랑의 관계에서 설명한다. 그래서 성결의 본질을 '순전한 사랑' 또는 '완전한 사랑'으로 설명하는 것이 가장 적절하다고 보았다.[31] 사랑이란 순수하면서 동시에 무한히 성장하는 것이다. 또한 웨슬리가 말하는 사랑은 소극적인 의미에서는 바로 죄적인 것을 모두 추방하며, 적극적인 의미에서는 사람의 마음을 채워 사람의 모든 말과 행동을 지배하여 일하게 하는[32] 것이다

그러므로 성화는 순간적으로 끝나는 것이 아니다. 중단 없는 인격적인 관계에서 (회개와 믿음으로) 지속되며 성장하는 것이다. 또한 완전한 사랑(perfect love)은 곧 마음과 뜻과 정성을 다하여 하나님을 사랑하고 또한 이웃을 사랑하는 것이다. 그런 까닭에, 웨슬리가 강조하는 온전한 성화는 주님 앞에 기도하면서 앉아 있는 삶이 아니라 사랑의 활동으로 살아가는 사랑의 생활에 강조점이 있는 것이다.

이러한 점에서 볼 때, 19세기 미국의 성령운동이 부흥운동의 물결을 타면서 온전한 성화 곧 성령충만의 순간적 체험을 강조한 나머지 성화의 지속적인 과정의 중요성을 약화시킨 것은 잘못이다. 웨슬리의 입장에서는 오히려 성화의 지속적인 과정에 더 강조점이 있었던 것이다.

성화의 본질을 사랑으로 보는 웨슬리의 강조점은 한국에서 일반적으로 성령충만은 곧 권능이요, 신자들은 더 회개할 필요가 없는 양 생각하는 것과는 대조적인 것을 주목하여야 한다. 웨슬리는 신자들이 오로지 권능만을 받고자 하기보다는 그에 앞서 신자 안에 있는 죄를 회개하고 씻음을 받아야 한다고 강조한다.

기독자의 완전의 본질을 사랑으로 이해할 때, 성령 운동은 다른 한편으로 신자의 윤리 생활, 사회 갱신운동으로 나타난다. 웨슬리는 다음과 같이 말한다.

"그리스도의 복음은 단순한 종교를 말하는 것이 아니라 사회적 종교 (social religion)를 의미한다. 마찬가지로 단순한 성결(mere holiness)은 없고 사회적 성결(social holiness)이 있을 뿐이다. 기독자 완전의 길이와 넓이 그리고 깊이와 높이는 바로 '사랑으로 역사 하는 믿음'이다. … 사실에 있어, 자기 형제를 사랑하되, 말로만이 아니라 그리스도께서 사랑하셨듯이 사랑하는 자는 그 누구나 '선한 일'에 열심을 아니 낼 수 없다. 그의 영혼은 형제들을 위하여 사역하고 함께 있어 주기를 열망할 것이다. … 그리하여 그는 기회가 있을 때, 주님이 그랬듯이, 선한 일을 하려고 할 것이다."[33]

이와 같이 사랑의 행동은 이웃을 향한 사랑으로 나타나는 것이다. 행동으로 이어지는 사랑을 떠난 성결은 그 내용이 사라지고 마는 것이다. 하나님의 사랑은 폭넓은 사랑(comprehensive love)이다. 그러므로 메소디스트는 첫째로 복음을 전파하여야 하며 또한 사랑의 봉사를 하여야 한다고 웨슬리는 주장하였다. 그리하여 웨슬리의 선교 사역은 사회참여를 동반한다.

IV. 회개운동에 따르는 영성수련

4.1. 웨슬리의 가슴 뜨거워지는 성령체험

역사가 렉키가 그의 저서 「18세기 영국사」에서 지적하였듯이 웨슬리가 16세기 이후 어느 누구보다도 실제 종교 생활에 광범위하게 건설적인 영향을 끼쳤을 뿐 아니라 영국을 새롭게 하는 한 혁명을 이루었다.[34] 그러면 그런 선교의 원동력은 어디에서 온 것인가? 물론 복음 자체에 능력이 있다는 것을 전제한다. 또한 그의 복음적 메시지와 조직적인 선교사역이 있었기 때문일 것이다. 그러나 다른 한편 이런 놀라운 선교운동은 웨슬리의 가슴을 뜨겁게 했던 올더스게이트에서의 성령체험과 계속적인 영성수련, 그리고 그에 따르는 성령의 역사에서 왔다는 것을 간과해서는 안 된다.

웨슬리의 생애를 상고해 보면, 웨슬리의 선교 활동에 올더스게이트에서의 성령체험이 결정적인 영향을 끼쳤다는 것은 자명하다. 웨슬리는 이 체험을 통하여 예수 그리스도의 복음과 자신의 구원에 대한 확신을 얻게 되었고 이로 인한 감격은 그로 하여금 전도하지 않을 수 없게 만들었다. 웨슬리는 이런 성령의 체험을 통하여 성경 말씀을 참 하나님의 말씀으로 믿게 되었다. 스타키(L. M. Starkey)가 지적한 대로 이런 성령의 증거가 웨슬리의 신앙생활에 능력과 목적을 부여한 것이다.[35] 그리하여 웨슬리의 전도 사역은 성령의 계속적인 역사에 힘입어서 힘차게 전개되어 나갔다. 곧 웨슬리의 복음 증거는 말과 행동(사회 참여) 그리고 능력으로 수행된 것이다.

이를 실현하기 위하여 웨슬리는 자신과 신자들이 철저한 기독인(altogether Christian)이 되어야 한다고 주장하면서 모든 신자를 새롭게 무장시키는 영성수련을 강조했고 그것을 실행했다. 그의 목표는 모두가 하나님의 선한 청지기가 되어 자기를 부인하고 십자가를 지고 주님을 따르는데 있었다. 그러기 위하여서는 성실하게 주님과 교회가 제정한 은혜의 수단을 활용하며 하나님이 주신 은사를 불일 듯 일으켜야 한다고 강조했다.

4.2. 하나님의 선한 청지기가 되어야 한다.

웨슬리는 주장하기를 하나님의 피조물인 사람은 현재 가지고 있는 모든 것에 있어 하나님께 빚진 자로서 그것들은 마침내는 하나님께 돌려 드려야 하겠지만, 그 이전까지는 가지고 있는 것들은 사용할 자유가 있다고 했다. 뿐만 아니라 그것들을 자기 자신을 기쁘게 하기 위해서가 아니라 하나님을 기쁘시게 하는 방향으로 잘 사용해야 한다고 주장했다.36 이 모든 것들은 엄밀한 의미에서 우리들에게 일시적으로 맡겨진 것에 불과하기 때문이다. 여기에서 청지기의 사명을 말하게 된다.

4.2.1. 영혼, 육체 모든 재능을 하나님의 영광을 위하여 사용하여야 한다.

우리에게 주어진 것으로는 먼저 우리의 영혼과 육체를 들 수 있다. 거기에 따르는 여러 가지 재능(talents)들을 우리의 향락을 위하여 사용할 것이 아니라 그것들을 주신 하나님의 영광을 위하여 사용하여야 한다고 웨슬리는 말한다.37 따라서 우리는 절제하고 자기 훈련(discipline)을 게을리해서는 안 된다. 건강을 해치는 것들은 마시거나 행하여서는 안 된다고 웨슬리는 말한다.

4.2.2. 우리에게 주어진 물질, 음식, 돈도 하나님을 위하여 사용하여야 한다.

웨슬리는 그의 설교 '돈을 사용함에 있어서'에서, 돈을 사랑하는 것이만 악의 근원이라 하지만 돈 자체가 그런 것이 아니고 돈을 사용하는 자에 따라 그리되는 것이라고 했다. 동시에 그는 돈은 문명사회와 사람의 일반적인 생활에 있어 말할 수 없는 봉사자가 된다고 이해한다. 그래서 웨슬리는 그 설교에서 될 수 있는 대로 많이 돈을 벌라(gain all you can), 그리고 많이 저축하라(save all you can), 그러나 할 수 있는 대로 모두를 주라(now give all you can)고 권고하였다.38

웨슬리는 부(riches)가 하나님을 향한 사랑을 세상과 자아 사랑으로 변질시키는 위협이라고 본다. 그러나 이런 위험을 방지하기 위하여 벌고 저축한 것을 다 주라고 하는 것이다. 첫째와 둘째의 권고, 곧 많이 모으고 많이 저축하라는 것은 많이 주라는 목적을 위한 수단인 것이다. 이 점에서 우리는 웨슬리의 윤리 구조에서 또 하나의 특징 또는 전제를 발견하게 된다. 곧 그는 그의 윤리에서 수단/목적 구조(means/end structure)를 가지고 있는 것이다. 이런 것은 그가 신자의 자기 부정(self-denial)을 강조하는 데서 잘 나타나 있다.

4.3. 십자가를 지고 자기를 부인하며 주를 따라야 한다.

웨슬리는 사랑은 늘 있어야 하고 고귀한 것이지만 인간의 죄와 불신앙에서 나오는 지나친 자기사랑으로 인하여 결국 좌절되고 만다는 것을 잘 알고 있다. 그래서 그는 개인의 도덕 생활을 위한 기초적인 처방은 '자기부인'(self-denial)이라고 말한다. 이에 대해 예수님께서는 "누구든지 나를 따라 오려거든 자기를 부인하고 날마다 제 십자가를 지고 나를 좇을 것이니라"(눅 9:23)고 말씀하셨다.

4.3.1. 자기를 부인하고 주를 따라야 한다.

웨슬리는 바로 '자기 부인'이라는 설교[39] 에서 말하기를, 자기를 부인하고 날마다 제 십자가를 지고 주님을 좇으라는 명령은 당시에 제자들에게만 주신 것이 아니라 예외나 가감 없이 모든 사람에게 주신 명령이라고 주장한다. 따라서 자기 부인은 절대 필요한 것이며 이를 이행하지 않는 자는 주의 제자가 아니라고 말한다. 더 나아가 말하기를 만약 우리가 계속하여서 '자기 부인'을 하지 않는다면 우리는 예수님을 배우는 것이 아니라 다른 주의을 배우고 있는 것이며, 만약 우리가 날마다 제 십자가를 치지 않는다면 우리는 주님을 따르는 것이 아니라 세상 또는 세상의 군주(prince)를 따르는 것이요 또한 자기 자신의 육의 생각을 따르는 것[40]이라고 하였다.

웨슬리는 당시에 일고 있던 도덕폐기론자들(antinomians)과 자유를 방종으로 이용하는 경향에 대해 경고하며 이러한 자기 부인의 가르침을 중요시하였다. 심지어 웨슬리는 이 교리가 기독교의 중대한 교리 가운데 하나라고까지 하였다.[41] 그러면 자기 부인이란 어떤 것인가?

웨슬리는 그의 설교에서 '자기 부인'을 성도의 생활에 있어서 최고의 규범(the supreme, unalterable rule)으로 삼는다[42]. 인간은 타락하였기에 부패한 자기의 뜻을 따르기를 좋아한다. 하나님의 뜻은 우리를 하나님께로 인도하는 것이다. 그러나 사람의 뜻은 한 때는 하나님의 뜻과 병행하는 것 같지만 결국 다르고 하나님의 뜻과 반대된다. 그러므로 이 두 가지 뜻을 동시에 따른다는 것은 불가능하다. 두 가지 중 하나를 택하여야 한다. 곧 하나님의 뜻을 부정하고 자기의 뜻을 따르는가, 아니면 자기의 뜻을 부인하고 하나님의 뜻을 따르는가의 그 양자 중에 하나를 택하여야 하는 것이다. 그러기에 결국 자기를 부인하는 것은, 나의 뜻이 하나님의 뜻에 맞지 않을 때는 그것이 얼마나 나를 기쁘게 하는 일이든지 간에, 나 자신의 뜻을 부인하는 것이다.[43]

4.3.2. 자기 십자가를 지고 주를 좇아야 한다.

물론 여기서 자기를 부인한다는 것과 제 십자가를 진다는 것은 상호 연관되어 있는 개념이다. 그러나 자기 십자가를 진다는 것은 단순한 자기 부인보다 높은 것이며 보다 많은 것을 요청한다고 볼 수 있다. 자기 십자가를 진다는 것은 고통당한다는 것을 전제하기 때문이다.[44]

우리 앞에 놓인 경주를 달림에 있어 하나님의 뜻에 따르려면 우리의 가는 길에는 십자가가 놓이곤 한다. 그 십자가는 즐겁지도 않고 고통스러울 것이다. 그러나 우리는 그 십자가를 지고 따라야 한다고 웨슬리는 주장한다. 왜냐하면 하나님께서는 그를 도구로 사용하시어 우리들이 하나님의 축복을 인류에게 부어 주기 위한 귀한 그릇(suitable instrument)이 되게 하시기 때문이다. [45]

여기에서 웨슬리는 신자는 하나님의 말씀을 읽고, 기도하고, 성례전에 참여하고, 성도의 사귐에 참여하는 등 우리 안에 주어진 하나님의 은사를 다시 불일 듯하게 하기 위하여 힘써야 한다고 강조한다.

4.4. 은혜의 수단을 통해 하나님의 은사를 불러 일으켜야 한다.

웨슬리는 사도 바울이 자기를 훈련함에 있어 내가 매일 내 몸을 쳐서 복종케 한다[46]고 했던 것과 같이 경건생활을 위해 의지적인 노력을 하였다. 그가 60년간 일기를 썼다는 것은 이를 뒷받침하고도 남는다. 웨슬리는 자기 일지를 쓰며 매일매일 자기 신앙생활을 점검하곤 했다. 경건 생활의 과정에는 굴곡(up and down)이 있기 마련이고 이는 물론 웨슬리에게도 있었다. 1732년경에는 늘 일지를 보면서 자기가 실수한 것을 들쳐내곤 하였다. 그러나 그가 하나님의 놀라운 은총을 체험한 후에는 생각하는 자세가 긍정적으로 변했다. [47] 곧 하나님의 놀라운 은총을 체험한 웨슬리는 회개만이 아니라 회개와 믿음을 동시에 강조하게 된 것이다. 아니, 믿음의 소중함을 더 느끼게 된 것이다. 그는 적극적으로 하나님의 은총을 적응함으로써 영성수련을 해 나갔다. 웨슬리의 신학이 이렇게 은총의 낙관론에 기초하고 있는 것과 같이 우리의 영성은 하나님의 은총에 힘입어 형성되어 나가는 것이다. 그러므로 그는 교회가 정한 은혜의 수단(Means of grace)을 중요시하고 성실하게 활용하였다.

그는 은혜의 수단으로서, 주님이 제정하신 것(the instituted means of grace) 곧 세례와 성만찬뿐만 아니라 예수님의 생애와 교훈에 뚜렷이 나타난 수단들 즉 기도, 성경읽기, 금식기도, 교회 생활, 더 나아가 자선사업, 경건 사역들을 성실히 지켰다. 여기서 우리는 지면 관계로 기도와 성경 연구에 관한 것만을 상고하고자 한다.

4.4.1. 성경 한 책의 사람이 되어야 한다.

웨슬리에게 있어서 신학의 원천과 최고 권위는 성경이었다. 따라서 그는 모든 일에 있어서 그것이 큰일이든 작은 일이든지 간에 성경을 따랐다. 그의 근거는 성경이었다.[48] 웨슬리는 1729년부터 비교적 성경만 연구하기로 하고, 1730년부터는 성경 한 책의 사람(homo unis libri)이 되겠다고 하였다. 그러나 그가 자기는 성경 한 책의 사람이라고 할 때 이 말은 그가 다른 책을 읽지 않았다는 말이 결코 아니다. 그는 많은 독서를 했다. 한 예를 들면, 1725~1734년 곧 Oxford 시절에 무려 400여 권의 고전을 읽었다고 한다. 그리고 1788년까지는 무려 5,6백 권의 책을 읽었다는 것이다. 그가 편집한 「기독자 문고」(Christian Library-30vols.)는 바로 그가 읽고, 평민들을 위하여 책의 내용을 30권으로 간추려 출판한 문고이다. 이 사실은 그가 성경 한 책의 사람이라고 하여 지적으로 협소한 소견을 가진 사람은 아니었다는 것을 보여준다. 이 말은 그럼에도 불구하고 그는 성경을 모든 것의 위에 있는 최고의 권위로 인정하였다는 의미이다.

웨슬리는 매일 일정한 시간을 정하고 성경을 읽었다. 또한 성경을 연구하여 신구약 성경 주석을 저술하였다. 그는 자신의 신앙문제를 점검할 때는 늘 성경을 상고하였다. 웨슬리는 다음과 같이 외쳤다.

> "오! 주여 그 책을 내게 주십시오! 어떤 대가를 치르더라도 하나님의 책을 나는 가져야겠습니다. 그 책을 나에게 주십시오. 자, 이제 나는 그 책을 가졌습니다. 이 속에 나에게 충족을 주는 지식이 담겨 있습니다. 주여, 나로 하여금 한 책의 사람이 되게 해 주십시오. … 하나님의 현존 앞에서 하늘로 가는 길을 발견하려는 목적으로 나는 그 책을 펴서 읽습니다."[49]

그는 영성수련을 위하여 성경을 읽는 태도와 방법을 제시한 바 있다. 이주 실제적인 도움을 주는 권고이다. 이를 아래에 소개하고자 한다.[50]

"아침 저녁으로 하나님의 말씀을 명상하라. 그리하면 최선의 지식, 곧 유일하신 참 하나님, 곧 하나님이 보내신 예수 그리스도를 알게 될 것이다. 그리고 이 지식이 여러분으로 하여금 하나님을 사랑하도록 인도할 것이다. 이는 하나님께서 여러분을 먼저 사랑하셨기 때문이다. … 이 결과로써 여러분은 성서에 기록된 거룩한 모든 성품(tempers)을 즐겁게 체험하면서 여러분을 거룩해지라고 부르신 그대로 모든 언어와 행실에 있어서 거룩해질 것이다. 이런 목적이 응답되기를 바란다면 성서를 다음과 같은 방법으로 읽으라고 권하고 싶다.

1) 가능하면 성서를 상고하기 위해 적은 시간이나마 아침저녁으로 시간을 따로 정하라.

2) 시간이 허락하면 매번 구약성서에서 한 장, 그리고 신약성서에서 한 장씩 읽으라. 시간이 허락지 않으면 한 장만 읽든지, 또는 그 일부만을 읽으라.

3) 성서를 읽을 때는 하나님의 뜻을 알고 그대로 행하겠다는 결의, 그 한 가지 관심을 가지고 읽도록 하라. 또한 하나님의 뜻을 알기 위해서 여러분은 다음과 같이 해야 한다.

4) 항상 신앙의 유추와 성서의 기본적인 교리들 곧 원죄, 이신득의(以信得義), 신생, 성결 같은 교리들 간의 연결과 조화에 유의하라.

5) 하나님의 말씀을 상고하기 전에 진지하고 간절하게 기도하라. 성서는 성서를 주신 바로 그 성령을 통해서만 이해될 수 있음을 알기 때문이다. 성서 읽기를 마칠 때에도 기도하라. 이는 우리가 읽은 것들이 우리 마음에 기록되기 위해서이다.

6) 또한 읽는 동안에도 가끔 멈추어 읽는 말씀에 비추어 우리 자신의 마

음과 생활에 대해 검토해 본다면 유익할 것이다. 이와 같이 하여 하나님의 뜻과 일치한 것을 발견할 때에는 하나님을 찬양하게 되고 또 우리가 미치지 못한 것을 느끼게 될 때에는 겸손하게 기도하게 될 것이다. 읽는 가운데 빛을 받으면 그 즉시 그것을 최대한으로 활용할 것이다. 지체하지 말라. 무엇인가 결심한 것이 있으면 될 수 있는 대로 그 순간부터 실행에 옮기라. 이와 같이 함으로 읽는 그 말씀이 현재와 영원한 구원에 이르게 하는 하나님의 능력이 됨을 알게 될 것이다.

4.4.2. 기도의 성도가 되어야 한다.

웨슬리는 기도는 하나님께 다가가는 유일한 방법이며,[51] 또한 예수 그리스도를 통하여 하나님과의 관계를 유지하는 유일한 방법이라고 믿었다. 따라서 그는 성경을 읽고 기도하는 것으로 하루를 시작하곤 했다. 그는 먼저 하나님을 생각하고 하나님의 뜻을 따른다는 생각을 갖고 하루를 살았다. 기도는 웨슬리의 영성 수련의 중심을 차지하였다.

1) 웨슬리는 즉흥적인 기도도 하였지만, 기록된 기도문을 즐겨 사용했다. 기도의 내용을 중요시한 것이다. 오늘날 우리도 기도하고자 할 때 무엇으로 기도를 시작할지 막막할 때가 있는가? 그렇다면 기록된 기도문을 사용하는 것이 좋다. 그 예로서, 주기도문은 훌륭한 기도문이다. 주기도문은 인간의 필요한 모든 것을 언급하고 있다. 이렇게 기도하라고 하신 주님의 사랑과 관심에 대하여 감사한다.

2) 웨슬리의 교훈에 따르면 우리는 기도를 하나의 사역으로 알고 의지적으로 기도 생활을 하여야 한다. 성도는 그리스도와 연합되었으므로 모두가 제사장적인 직무를 행할 특권과 책무가 있는 것이다. 그러므로 성도는 자신을 위할 뿐만 아니라 하나님의 사역을 위하여 중보 기도를 드

릴 특권과 책임이 있다. 기도는 성도의 할 일이다. 기도는 승리의 요인이
다.[52]

3) 그는 금식 기도를 주기적으로 행하였다. 웨슬리는 초대교회의 실행
을 따라 수요일과 금요일에는 금식을 하였다. 웨슬리는 금식 기도는 초
대 교회에서 행하던 일이라고(마 6:16) 믿고 이를 신도들에게 권하였다. 이
는 성도의 영적 성장에 큰 도움이 된다고 믿었다. 웨슬리는 위기를 당하
여 기도하기 보다는 예방을 위하여 기도하여야 한다고 권하였다. 또한
그는 1743년에 쓴 '메소디스트 단체의 총칙'(General Rules of Societies)에서 금
요일을 메소디스트의 금식의 날로 정했다. 그 방법은 (1) 음식 전폐, (2) 음
료수는 마시는 것으로, (3) 음식을 자제하는 것으로 했다. 그러나 그는
지나친 금욕주의는 배격했다.

4) 웨슬리는 사람들과 함께 기도할 것을 주장했다.[53] 곧 웨슬리는 아침
과 저녁에 교회에서 사람들과 함께 기도했다. 그룹으로 기도했다. 그렇
게 함으로 코이노니아를 깊게 하고 하나님의 역사를 나타낸다. 웨슬리는
하나님이 우리가 그렇게 하기를 원하시기 때문이라고 했다. 주님은 "두
세 사람이 합심하여 무엇이든지 구하면 하늘에 계신 내 아버지께서 저희
를 위하여 이루게 하시리라"(마 18:19)고 말씀하셨다.

5) 웨슬리는 더 나아가 성도는 쉬지 말고 기도하여야 한다고 믿었다(살
전 5:17). 그러나 쉬지 않고 기도한다는 것은 항상 기도의 행위를 하고 있
으라는 것이 아니라 마음의 성전 안에서 항상 현존하시는 하나님 아버지
를 성령의 간구하심을 통해 대면하는 마음의 기도를 의미하는 것이다. 이
로서 성도의 마음이 항상 주님과 함께 있게 된다.[54] 이 기도는 언어를 초
월하여 마음을 하나님께로 향하여 들어올리는 것으로, 내면의 보이지 않

는 깊은 곳에서 하나님의 경이로운 현존 가운데 주님과 함께 하는 친교를 누리는 것이다.[55]

6) 그러나 그가 마음의 기도를 말한다고 하여 구체적인 기도를 소홀히 하는 것은 아니었다. 웨슬리는 "나는 항상 기도하고 있으니까 개인 기도를 위하여 기도시간을 따로 정해 놓을 필요가 없다: 나는 항상 깨어 지키고 있으니까 특별한 자아검토가 필요 없다는 그러한 생각을 품지 않도록 주의하라."[56] "기분이 내키든 안 내키든 하루에 일정한 시간을 정하여 개인의 신앙향상을 위하여 매일 성경을 읽고 기도하라. 이는 당신이 살기 위하여서이다."[57]라고 권면하고 있다.

웨슬리는 매일 아침 일찍이 기상하여 새벽 4시 30분부터 5시까지 기도를 하였다. 그는 실제로 50년간 이렇게 일찍 일어나 기도를 함으로 하루를 시작하였다. 저녁에는 보통 10시 이전에 취침을 하였다.

그는 일찍부터 일정한 규칙을 세워 기도생활을 하기도 하였다. 곧 한 주간을 다음과 같은 단위로 명상을 위한 목록을 세우고 그대로 생활하였는가를 성찰하면서 기도로 성화로의 행진을 하였던 것이다. 참고로, 그가 자기 성찰에 사용한 질문들을 열거하여 보자.[58]

• 매일 아침에 하는 질문:
1. 나는 하나님을 언제나 최우선으로 생각하는가?
2. 어제 저녁 이후에 내가 어떻게 행동했는지 자신을 살펴보았는가?
3. 오늘 내가 할 수 있는 모든 선한 일을 다하며, 나의 소명에 충실할 결심이 되어 있는가?
• 일요일 저녁에 하는 질문: '하나님의 사랑'에 관하여.
1. 하나님의 온전하심과 자비에 대해서 생각할 시간을 가진 적이 있는가?

2. 오늘 하루 하나님의 거룩한 사랑을 느끼며 하늘의 평화를 맛보는 날이 되도록 힘썼는가?

3. 기도와 묵상, 그리고 책을 읽는데 사용하는 시간 말고 남은 시간의 일부를 자비를 베푸는 일에 사용하였는가?

• 월요일 저녁에 하는 질문: '이웃에 대한 사랑'에 관하여.

1. 이웃을 기쁘게 하고 그들을 위해 봉사하는 것보다 더 중요하다고 생각되는 일들이 있었는가?

2. 나는 이웃과 같이 즐거워하고 슬퍼하였는가?

3. 나는 사람들의 연약함을 보고 화를 내지 않고 동정하는 마음으로 받아들였는가?

4. 좋은 생각이 있는 것도 아니고 상대방을 설득시킬 가능성도 없으면서 나는 다른 사람의 의견을 반대하지는 않았는가?

5. 내가 잘못 생각하고 있는 것에 대해서 다른 사람이 말할 수 있는 기회를 주었는가?

• 화요일 저녁에 하는 질문: '겸손'에 관하여.

1. 나의 모든 생각과 말 그리고 행동을 기본적인 원칙("나는 부족하며, 아무것도 가진 것이 없고, 아무것도 할 수 없다")에 일치시키도록 노력했는가?

2. 오늘 하루 중에 시간을 따로내서 자신의 부족함과 어리석음, 그리고 죄에 대하여 생각하여 보았는가?

3. 하나님이 나를 통하여 하신 선행을 조금이라도 나의 공로로 돌린 적이 있는가?

4. 사람들의 칭찬을 받을 목적으로 무슨 말을 하거나 일을 한 적이 있는가?

5. 나는 사람들의 칭찬을 갈망하고 있는가?

6. 사람들로부터 칭찬받는 것을 즐겨 하는가?

7. 사람들 앞에서 나 자신이나 다른 사람을 칭찬하였는가?

8. 다른 사람의 충고를 무시한 적이 있는가?

9. 잘못했다는 생각이 들 때 내가 잘못했다라고 말을 했는가?

10. 온유함으로 일을 하고 즐거운 마음으로 나의 임무를 감당할 때 다른 사람의 조소를 받은 적이 있는가?

11. 하나님의 영광과 상관없는 일에서 자신이 잘했다고 하지나 않았는가?

12. 다른 사람에게 비난을 받았을 때, 첫째로, 내 자신이 실망하지 않도록, 둘째로, 그 사람을 원망하지 않도록, 셋째로, 그것을 통하여 나의 교만함이 치유될 수 있도록 하나님께 기도했는가?

13. 내가 당한 치욕을 각별히 선한 생각 없이 다른 사람에게 언급하지나 않았는가?

• 수요일과 금요일 저녁에 하는 질문: '금욕'에 관하여.

1. 단순히 어떤 일이 즐겁기 때문에 그것을 한 적이 있는가?

2. 감정이 나를 유혹할 때 거기에 따라서 일을 하는 것이 아니라 오히려 그 반대로 옳은 일이니까 행하였는가?

3. 하나님이 나를 위하여 정하신 금욕의 수단들이 불편하더라도 그것을 피하지 않고 사용하였는가?

4. 자기 자신을 부정하는 일(self-denial)을 피하기 위해서 핑계를 만들어낸 적이 있는가?

5. 나의 의사를 반대하는 다른 사람의 생각을, 그것이 하나님의 영광을 침해하는 것이 아닐 경우에 따라본 적이 있는가?

6. 그리스도의 고난과 나의 죄를 보다 실감나게 느끼고 나의 잘못을 어떻게 고칠 수 있는가를 생각할 시간을 가졌는가?

• 목요일 저녁에 하는 질문: '자기 부정과 온유함'에 관하여.

1. 하나님께서 원하시는 것만을 생각하려고 노력했는가?

2. 나 자신이 선택한 일은 아니지만 나에게 일어나는 모든 일을 무한하신 지혜를 가지신 선하신 하나님께서 나를 위해서 하신 것이라고 감사하는 마음으로 받아들였는가?

3. 하나님이 나에게 지시하신 일들을 한 이후에, 미래의 모든 일을 완전히 하나님의 인도하심에 맡겼는가? 하나님이 어떤 길로 인도하시든 거기에 따를 준비가 되어 있는가?

4. 내가 이미 하나님에게 맡겨 버린 나의 육체, 영혼, 친구, 명예, 그리고 재산을 다시 찾고자 하는 마음이 생긴 적이 있는가?

5. 나의 말이나 행동에 있어서 언제나 즐겁고 온유하며 예의 바르도록 노력하고 있는가?

6. 어떤 일에 대해서, 특히 종교의 문제를 가지고 말을 할 때 엄한 모습을 하거나 강한 어조와 몸짓을 사용한 적이 있는가?

• 토요일 저녁에 하는 질문: '감사'에 관하여.

1. 지난 주간에 베풀어주신 하나님의 축복에 감사할 시간을 가졌는가?

2. 하나님의 축복에 보다 민감하기 위해서 그의 축복을 받은 일들을 신중하게 그리고 의도적으로 생각해본 적이 있는가?

3. 하나님의 축복을 받을 때 그것이 하나님을 더욱 사랑하며 더 거룩한 생활을 하라는 뜻임을 깨닫고 있는가?

위와 같이 자문자답하면서 자기를 성찰하며 기도를 드렸다. 성찰 뒤에 따르는 그의 기도문이 참으로 아름답고 은혜롭다.[59] 그는 이렇게 기도생활을 하면서 하나님과 사람 앞에서 끊임없이 성결한 삶을 살려고 노력했던 것이다. 그러나 이렇게 웨슬리가 노력하였다고 해서 그의 영성운동이 인간의 노력에 의한 자아실현 운동이라고 오해하여서는 안 된다.

물론 위에서 언급한 것처럼 초기에는 그런 경향도 있었다. 그런 방법은 '인간의 자아 실현과 노력의 윤리(self-realizationand commitment)'에 근거한 영성수련인 것이다.[60] 이는 펠라기우스주의 또는 반 펠라기우스주의(Pelagianism or Semi-Pelagianism)의 입장이다. 그러나 웨슬리가 올더스게이트에서 가슴 뜨거운 성령체험을 한 후에는 그에게 하나님의 은총의 역사에 대한 믿음이 들어옴으로 그에게는 은총의 역사에 의한 긍정적인 영성 형성이 일어났다.[61] 하나님께서 사람의 삶에서 역사하시매 성도는 새사람이 되고, 그 결과 개인과 사회 변화를 위하여 일하게 되는 것이다.

그러므로 그리스도인의 영성 형성의 근거는 사람이 거듭남으로 하나님의 사랑에 감격할 때 성립된다고 하겠다. 또한 그리스도인의 영성수련은 하나님의 사랑에 감격하는 가운데 하나님의 선한 청지기로서 자기를 부인하며 십자가를 지고 주님을 따르는 데서 이루어진다. 그러기 위하여 우리는 웨슬리가 강조하고 실행하였듯이 하나님의 말씀을 읽고 상고하며, 기도하고, 성례전에 참여하고 성도의 사귐에 참여하는 신도회 활동을 하여야 한다.

V. 맺는말:

교회는 항상 성서적이요 영적인 뿌리로 돌아갈 때 가장 충실한 교회가 되며 새로워지는 것이다. 또한 그러한 운동의 원동력은 웨슬리의 운동에서 보듯이 신도의 뜨거운 성령체험과 회개운동과 영성수련에 있음을 깨달았다. 이와 함께 우리가 살펴본 웨슬리의 갱신운동의 역사적 본보기는 한국교회에 희망과 기대를 준다고 믿는다. 무엇보다도 하나님이 자기 교회를 사랑하시고 위하여 역사하시기에 갱신은 가능한 것이다.

그러나 '그렇다고 과연 한국교회가 새로워질 수 있을까' 하고 비관하는 마음이 들 때가 있다. 그것은 오늘날 교회의 타락한 모습에 너무나 실망하고 있기 때문일 것이다.

성경을 보면 엘리야 선지자가 당시의 상황에 절망하여 소망을 포기하려 할 때 여호와께서 "나(여호와)를 위하여 바알에 무릎을 꿇지 아니한 사람 칠천을 남겨 두었다"고 하셨다. 마찬가지로 우리도 하나님께서 "이제도 은혜로 택하심을 따라 남은 자"를 두셨으며, 하나님의 영이 바로 그들을 통해 지금도 역사하실 것을 믿는다. 거룩한 하나님은 '남은 자'를 통하여 역사하신다.

그러기에 한국교회의 타락을 걱정하는 성도가 있어 '남은 자'로서 성결의 누룩의 역할을 할 때 우리 교회는 새로워질 것이다. 역사 속에 있는 교회가 타락하고 있으나 그 안에서 새롭게 하시는 성령의 역사는 더 강하기 때문이다. 이것이 웨슬리가 가졌던 믿음이요 신념이었다.

12
웨슬리의 윤리의 신학적 근거와 목표

들어가는 말:

18세기 영국에서의 요한 웨슬리의 신학 운동이 전반적으로 부패하였던 영국의 교회와 사회를 새롭게 한 것은 너무나 넓이 알려진 역사적 사실이다. 그의 운동은 당시의 교회에 만연되고 있던 무도덕주의(Antinomianism)로 극도로 불 경건했던 신자의 생활을 경건하게 이끌었고, 이런 운동은 마침내 교회와 사회 전반을 새롭게 하였던 것이다. 그러기에 이런 웨슬리의 갱신운동 곧 윤리 운동이 오늘의 한국교회에서도 일어나야 한다. 오늘의 교회는 18세기의 영국 사회를 방불할 만큼 신자 생활에 있어 '믿음'과 '생활'이 이분화 현상을 보이고 있기 때문이다.

그러면, 이런 웨슬리의 윤리운동의 신학적 근거와 그 목표는 무엇인가를 살펴보기로 하자. 웨슬리의 윤리를 다룸에 있어, 우리는 웨슬리의 여러 선교문과 글들, 그리고 최근에 나온 서적들을 참고하였다.

A. 웨슬리의 윤리의 신학적 근거

웨슬리는 윤리를 하나님의 은총에 의한 구원의 역사에서 개진하고 있는데 그 특징이 있다. 그런 의미에서 웨슬리 신학에서는 그의 신학 자체가 윤리를 말하는 것이라 할 수 있다.[1] 웨슬리는 인간이 죄인이지만, 하나님의 은총의 역사로 인하여 인간은 도덕적인 자각이 있으며, 또한 책임적인 존재라는 전제에서 구원론을 개진하였기에 그의 구원론은 그 자체가 윤리적인 기초가 되고 있는 것이다. 따라서 웨슬리의 윤리는 바로 삼위일체 신학에 기초하였고, 하나님 아버지의 창조적 사역, 성자의 구속적 사역 그리고 성령의 영적인 사역이 모두 윤리적인 관계(implication)를 가지고 있는 것이다.[2]

I. 하나님의 창조와 은총

하나님께서 사람을 하나님의 형상을 따라 창조하셨다는 창조의 신학을 깊은 윤리적 교훈이 있다. 하나님은 사람을 하나님의 형상(imago dei)을 따라 창조했으며, 또한 인간이 타락하였음에도 불구하고 은총으로 회복하시기를 원하시기 때문이다.

1.1. 하나님의 형상을 따라 창조된 사람

인간이 하나님의 형상을 따라 지음을 받았다는 신학적 주장을, 인간의 존엄성, 살 권리, 또는 하나님께로 위임 맡은 청지기라는 윤리적 인식의 근거를 제시한다. 국가의 권위 앞에서도 양심의 자유를 말하는 근거도 된다. 아무도 이런 존재인 인간을 부당하게 처벌하거나 학대할 수는 없는 것이다.

힌슨에 의하면 웨슬리는 이에 근거한 인간의 권리(Human rights)를 중요시했다고 한다.[3] 웨슬리는 인간의 존엄성(dignity), 삶의 가치, 정치나 종교에서의 개인의 자유, 또한 개인이 행복하기 위하여 필요한 것들을 소유할 권리 등을 주장했다. 특히 노예 매매, 제도에 대한 강한 반박도 이에 근거한 것이라고 할 수 있다.

1.2. 하나님의 선행적 은총 아래 있는 인간

1.2.1 무능한 자연인(타락한 인간)

그러면 창조된 인간이 범죄함으로 타락하였다는 주장에 있어 종교개혁자들의 견해에 동의한다. 웨슬리는 아담의 범죄로 인하여 온 인류가 전적으로 타락했다고 주장한다. 따라서'자연인'은 아무 선을 행할 능력이 없다. 자유도 완전히 상실했고, 자유가 있다면 악으로 가는 자유뿐이다.[4] 따라서, 거듭나기 전에 행한 모든 일은 그 자체 안에 죄의 성격을 가지고 있으며, 거듭나기 전에는 하나님을 기쁘시고 하나님이 열납하실 어떤 일도 할 능력이 없다고 웨슬리는 이해하고 있다.[5]

이런 신학적 입장에서 시작한다면, 곧 인간은 하나님의 뜻도 모르고, 아무 선을 행할 능력도 없다고 한다면 윤리의 기초는 없는 것이다. 이런 이해에서는 인간에게 도덕적 책임을 물을 수가 없기 때문이다. 이런 입장에 시작하며, 하나님의 예정으로 운명론적인 은총 이해를 하는 개혁주의 신학의 딜레마는 여기에 있는 것이다.[6] 그러나, 웨슬리는 이런 곤경에서 해결을 제시한다. 곧 웨슬리는 개혁주의 신학과는 달리 '선행적 은총'을 설명함으로 이 문제를 해결하여 윤리적 근거를 제시한다.

1.2.2. 선행적 은총으로 회복된 자유 의지와 양심

위에서 말했듯이 웨슬리는 원죄로 인한 인간의 전적인 타락을 말한다. 그러나 동시에, 그는 하나님의 사랑에서 나오는 선행적인 은총으로 인하여, 아담의 범죄로 인한 형벌에서 면케 되었고, 다소나마 자유 의지가 일

부 회복되어 하나님의 부름에 응할 수 있는 도덕적 인간이 되었다고 주장한다.[7]

이는 성서에 나타난 하나님의 은혜의 역사에서 읽을 수 있는 것으로[8] 중요한 의미를 제공한다. 인간이 선을 행할 수 있는 가능성과 하나님이 부름에 대답할 수 있는 가능성 곧 회개할 수 있는 가능성도 하나님께로부터 주어진 것이다. 웨슬리는 이 선행적 은총으로 값없이 모두에게 주어졌다고 주장한다(Free grace for all and in all). 하나님이 모든 선의 원천이다. 그러나 동시에, 그러기에, 은혜 아래 있는 인간 곧 실존적인 인간은 모두가 하나님의 은총으로 인하여 '행할 수' 있는 능력이 제한된 것이지만 소유하게 된 것이다. 따라서 인간은 윤리적 결정을 할 수 있는 존재가 된 것이다.[9]

하나님의 선행적 은총은 성령의 보편적 역사(universality of the work of the Spirit)를 의미한다. 성령은 모든 사람에게 역사하시는 것이다. 이에서 원죄로 인하여 전적으로 타락하였으나, 하나님의 선행적 은총(곧 성령의 감화)으로 인하여 하나님의 법이 말하는 선과 악을 인식하는 도덕적 지식이 어느 정도나마 주어진 것이다.[10] 다른 말로 표현하여, 사람에게는 양심이 있다는 것이다. 그러나 웨슬리에 의하면 이 양심도 엄밀히 말하면 하나님의 선행적 은총인 것이다.[11]

"따라서 하나님께서 여러분 안에서 일하시는 한 여러분은 자신의 구원을 이룩할 수 있습니다. 여러분의 공로가 없어도 하나님께서 자기의 기쁘신 뜻을 따라 여러분 안에서 소원하시고 행하시므로 여러분은 모든 의를 성취할 수 있습니다. 하나님께서 먼저 우리를 사랑하셨으므로 여러분은 하나님을 사랑할 수 있으며, 우리의 대 스승의 형상을 따라 사랑 안에서 거닐 수 있습니다."[12]

이런 은총관에서 웨슬리는 우리의 구원에 있어서 또는 윤리 생활에서의 신인 협동(Synergism)을 말하게 된다. 그러나 우리가 주의하여야 할 것은, 웨슬리의 협동설은 반펠라기우스주의(Semi-Pelagianism)가 말하는 신인 동등한 입장에서의 협동은 아니다. 이는 전적으로 하나님의 은총에 근거한 그리고 은총 안에서의 협동이다. 그러므로 우리는 이를 복음적 협동설(Evangelical Synergism)이라고 칭한다.

1.3. 하나님의 계속적인 은총의 역사 아래 있는 신자

웨슬리의 은총관의 또 하나의 특징은 은총의 일관된 계속을 말하는 것이다. 곧 칼빈이 말하듯이 '일반은총'과 '구원은총'으로 이분화하며 불연속을 말하지 않는다. 웨슬리에게 있어서는 은총은 한 분이신 하나님이 그의 피조물을 향한 사랑, 역사를 의미한다. 따라서 선행적 은총은, 깨우치는 은총, 거듭나게 하는 은총, 성결케 하는 은총으로 연결된다. 여기에 신자는 은총으로 가능케 하시고, 역사하시는 하나님의 사랑, 은혜에 호응하여 거룩하게 성장하여야 하는 것이다. 우리의 구원의 성취는 복음적인 협동으로 이루어 나간다. 따라서 우리의 도덕적 삶은 하나님의 은총에서 가능하고 진행되는 것이지만, 그렇다고 하여 사람의 책임을 모면할 수는 없는 것이다. 이에 웨슬리의 은총관은 윤리에 대한 건전한 근거를 제시하는 것이다. 캐논 박사가 웨슬리의 윤리 체계는 그의 신학에 견고히 서 있다'[13]고 한 표현은 타당하다고 하겠다.

II. 예수 그리스도의 구속: 사랑의 윤리

웨슬리의 윤리가 그의 구원론에 근거하고 있기에, 예수 그리스도를 통하여 하나님과 화목케 되는, 칭의, 중생, 성화의 교리는 대단히 중요하게 연관되어 있다.

웨슬리는 종교개혁자들이 칭의(Justification)에서 의의 전가(mere imputation of righteousness)를 말함에 반하여 실제적인 변화를 말한다. 그리스도의 구원의 사역을 우리를 위한(for us) 대속일 뿐 아니라, 우리 안에서(in us) 새롭게 하는 사역으로 신자로 하여금 그리스도의 영 안에서 행할 수 있는 능력을 주시는 것이다. 따라서 웨슬리에 있어서는 구원받은 신자는 믿음의 사역을 할 수 있을 뿐 아니라, 책임이 있는 것이다. 웨슬리는 사도 바울과 함께 우리의 믿음은 '사랑으로 역사하는 믿음'뿐이라고 주장한다.[14]

2.1. 윤리의 표준으로서의 예수와 그의 계명

그리스도의 은혜로 거듭나, 책임 있는 행동을 할 수 있는 신자에게는 그리스도의 생이 그 도덕생활의 본이 된다. 주님은 거듭 말씀하시기를, "내가 너희를 사랑한 것같이 서로 사랑하라"고 분부하셨다. 또한 성경은 하나님 안에 거한다 하는 자는 그(그리스도)의 행하시는 대로 자기도 행할 지니라고 가르치고 있다.[15] 그러나 웨슬리가 예수를 닮으라고 할 때에, 우리 인간이 예수의 삶을 복사하듯이 그와 똑같이 행한다는 의미는 아니다. 이는 예수님이 사랑이 충만하여 행하였듯이 신자도 사랑이 충만하여, 사랑의 지배에서 행하라는 것이다.[16] 따라서, 웨슬리는 하나님께서는 하나님의 백성이 도덕적인 행실을 함에 있어서 지침이 될 계명을 주셨다고 믿는 것이다.

2.1.1. 하나님의 사랑에 대한 호응으로서의 이웃 사랑

하나님께서 주신 계명은 이웃을 자기 몸과 같이 사랑하는 것이다.[17] 웨슬리에게 있어 이는 자연인에게서 나오는 사랑이 아니다. 하나님의 사랑에 대한 호응이다. 하나님을 사랑하는 것, 하나님을 봉사하는 것은 무엇인가? 성경은 하나님을 사랑하는 것은 곧 하나님의 계명을 지니고 지키는 것이라고 한다.[18] 이 사랑은 믿음 없이는 불가능하다.

웨슬리는 모든 선한 행동에는 사랑이 불가피한 조건이라도 보았다. 사랑에서 나오지 않은 소위 선한 행실은 엄밀한 의미에서 선하다고 볼 수 없는 것이다. 웨슬리는 고린도전서 13장을 인용하면서 말한다. "우리가 악하지 않은 것들, 그리고 선한 일을 하고, 모든 것을 빈곤한 사람에게 주워서 먹게 한들, 우리가 사랑이 없다면 그것이 우리에게 주는 유익이 무엇이겠는가?"[19] 웨슬리는 사랑에 나오지 않는 선도 인정하나, 그것은 진정한 의미에서 선이라고 볼 수 없다는 것이다.

이웃 사랑이 하나님의 사랑에 대한 호응으로서의 사랑일 때는 우리의 사랑은 광범위하여야 한다.[20] 전도와 봉사 모두를 포함한다. 동시에 이 사랑은 모든 사람을 위한 것이라야 한다. 왜냐하면 웨슬리는 모든 사람이 하나님의 사랑을 받고 있기에, 모든 사람을 우리의 사랑을 받을 가치가 있다고 이해한 것이다.[21]

2.1.2. 도덕적 율법과 사랑의 관계

18세기의 교회에는 도덕적 율법에 대한 이해에 있어 양극화된 모습이 있었다. 한편으로, 구원받기 위해서는 율법을 먼저 지켜야 한다는 견해 (doctrine of Justification by Works)와 믿음을 지나치게 강조함으로 법의 무용론을 주장하는 무도덕주의자(Antinomians)의 견해이다. 여기에 웨슬리는 양자 중 그 어느 편에도 빠지지 않는 입장을 취하여, 거기에서 오는 딜레마를 해결하였다.[22]

하나님께서 주신 법은 두 가지로 분류되는데, 하나는 의식에 관한 법 (ceremonial law)이요, 또 하나는 도덕적인 법(moral law)으로서, 그리스도께서 우리가 감당하기 어려운 멍에가 되는 의식에 관한 법은 폐지하셨으나, 도덕적 법은 폐기시키지 않았다고 말한다. 의식에 관한 법은 하나님께서 주셨지만 영원한 것이 아니나, 도덕적 법은 하나님의 변치 않는 뜻을 담고 있는 것이다. 23 웨슬리에 의하면, "(도덕적)법은 계속하여서 복음으로 길을 준비하며, 우리를 복음으로 인도한다(points us to the gospel). 그런가 하면 다른 한편, 복음은 우리가 법을 보다 정확하게 충족시킬 수 있도록 우리를 인도한다."[24] 분명한 것은, 웨슬리는 사람이 구원을 받는 수단으로 의식적인 법이나 도덕적인 법에서 자유하나, 그리스도인은 자유인으로서 법을 지키며, 하나님의 계명 안에서 부끄러움 없이 걸을 수 있다. 따라서 신자는 하나님의 풍성한 은혜에 계속 머물기 위해서는 하나님의 도덕적인 법에 순종하여야 한다고 믿었다. 이것이 믿음의 열매를 맺는 데 필요하다고 본 것이다.[25] 이것이 웨슬리가 말하는 율법의 제3의 용도이다. 곧 율법이 우리를 하나님 앞에서 계속 살게 하는 것으로, 하나님께서는 이를 통하여 우리가 하나님과 더 깊이 교통하게 하시는 것이다.[26] 웨슬리에 의하면, 율법이 우리를 그리스도에게로 인도하면, 그리스도께서는 우리의 갈 길의 지침과 교훈으로 율법을 우리에게 돌려보내시는 것이다. 이와 같이 웨슬리에 있어서는 이 두 가지 작용은 우리가 성도의 생애에 있어서 믿음과 동시에 성결의 삶을 강조하는 데, 모두 필요한 것이다.

III. 성령의 성화 사역: 성화의 윤리

3.1. 온전한 성화: 완전한 사랑

웨슬리의 성화론의 특징은 거듭난 신자가 성령 안에서 점진적으로 성장하지만, 한 단계에 가서는 온전한 성화의 지경 곧 온전한 사랑에 지배되는 지경에 이른다는 것이다. 그리고 이 단계는 동시에 종전이 아니라 목적론적으로 성장하는 또 하나의 시작으로 보는 것이다. 이 점에서 많은 반대와 논쟁도 초래하였지만, 웨슬리 신학의 큰 특징이요 공헌인 것이다.

사랑에서 나오는 윤리 행동만이 선한 행동이라고 보는 웨슬리에 있어, 온전한 성화는 확실한 윤리적인 소망과 승리를 보장하는 것이라 하겠다. 곧 웨슬리는 신자이지만, 아직도 그 속에 죄가 있기에, 온전히 이웃을 사랑하지 못하는 것이며, 하나님 앞에서 두려워하는 것이다. 개혁주의자들은 이런 상태가 육신을 가지고 있는 신자에게는 운명적인 것으로 그 해결을 체념하고 있는 반면, 웨슬리는 그 갈등과 자기라는 감옥에 아직도 갇혀있는 자아가 해방을 받으며, 온전히 사랑할 수 있는 능력을 받는다고 본 것이다. 웨슬리의 말을 들어보자.

"이는 바로 죄를 다 내어 좇는 사랑이요, 동시에 우리 영혼의 전체를 지배하사 우리의 말과 행동을 주장하는 사랑이다. 이는 바로 항상 기뻐하고 쉬지 않고 기도하며 범사에 감사하는 사랑이다."[27]

이는 승리로운 성도의 생활을 할 수 있는 근거를 제공하는 것으로 웨슬리의 성화론을 소망적이며 적극적인 윤리 자제를 제공한다 하겠다.

3.2. '윤리적 성결'

웨슬리가 온전한 성화를 온전한 사랑으로 설명할 때, 이는 자연히 사랑의 수고를 전제로 한 것이다. 혹 일각에서 성결을 오해하기에 웨슬리는 강조해서, 성결에는 사회적 성결 곧 윤리적 성결(social holiness)밖에 없다고 힘주어 말한다.[28] 따라서, 성결한 생활을 한다는 것은 하나님의 사랑에 응답하여 온전히 남을 곧 개인이나 사회를 사랑하는 것이다. 하나님의 사랑이기에, 전도하며 사회의 개혁을 위하여 봉사하는 것이 아닐 수 없다.

또 하나의 웨슬리의 성화론의 특징은 성화는 목적론적으로 성장하며 계속되어야 한다고 강조하는 것이다. 이는 그리스도를 계속 그리고 순간순간 의지하며 하나님 앞에서 더 가까이 나가는 성도의 생활을 하여야 한다는 것을 의미하는 동시에, 사랑의 증진을 말하는 것이다. 그러므로 사랑의 봉사는 날로날로 증진되어 나가게 되는 것이다.

웨슬리가 증거한대로, 성결이 외쳐지고 성도가 성결의 은혜를 사모할 때, 교회는 새로워졌고, 사회는 변화되었던 것이다. 이는 오늘에도 적용되는 성서적 진리일 것이다.

B. 웨슬리의 윤리의 목표(Aim of Ethics)

그러면 위에서 말한 신학적 근거 곧 하나님의 구원론(사랑)에서 동기 된 윤리는 무엇인가? 웨슬리 윤리가 목표하는 바는, 그의 구원론의 포함하는 것과 연관된다. 하나님의 사랑은 그의 모든 피조물에 미친다. 하나님의 사랑은 죄로 타락한 온 세상을 구원하고자 하는 것이다. 따라서 하나님을 경외하는 사람은, 이 지구상에 마귀의 왕국을 추진하는 자들과는 달리, 힘을 합하여 흑암의 역사를 반대하여, 구주 예수 그리스도의 소식을 전파하며, 이 땅 위에 하나님의 왕국을 증진(promote)하기 위하여 힘을 합쳐 나가야 한다고 웨슬리는 주장한다.[29] 이어 그는 다음과 같이 말한다.

"그리스도의 교회의 원래의 계획은 이렇다. 곧 교회는 사람들이 모여서, 첫째로 자기 자신의 영혼을 구원하며, 그다음에는 서로 도와 교인들의 구원을 성취하는 것이다. 그리고 그 후, 될 수 있는 대로 모든 사람(all men)을 현재와 미래의 불행에서 구하며, 사탄의 왕국을 전복하며, 그리고 그리스도의 왕국을 건립하는 데 있다."[30]

위의 인용문에서 읽을 수 있듯이 웨슬리는 그러기에, 먼저, 개개인의 영혼을 구원하여 사람을 새롭게 하는 것을 목적으로 한다. 그러나 그의 목적은 거기에 머무르지 않고, 악과 싸워 사회와 국가를 새롭게 하여 마침내 그리스도의 왕국을 세우는 데 있었다. 그러므로 우리는 웨슬리의 윤리를 개인 윤리와 사회 윤리로 구분하여 설명할 수 있다.

IV. 웨슬리의 개인 윤리: 개인을 새롭게 무장시키는 윤리

4.1. 하나님의 선한 청지기

웨슬리는 사람은 하나님의 피조물로서, 현재 가지고 있는 모든 것에 있어 하나님께 빚진 자로서 그것들은 마침내는 하나님께 돌려 드려야 하겠지만, 그때까지는 가지고 있는 것들은 사용할 자유가 있을 뿐 아니라 그것들을 자기 자신을 기쁘게 하기 위하여서가 아니라, 하나님을 기쁘시게 하는 방향으로 잘 사용해야 한다고 주장한다.[31] 이 모든 것은 엄밀한 의미에서는 우리에게 일시 맡겨진 것에 불과하기 때문이다. 여기에 청지기의 사명을 말하게 된다.

4.1.1. 영혼, 육체 모든 재간을 하나님을 기쁘시게 하며, 하나님의 영광을 위하여 사용하여야 한다.

우리에게 주어진 것으로 우선, 우리의 영혼, 육체를 들 수 있다. 거기에 따르는 여러 가지 재간들(talents)은, 우리의 향락을 위하여 사용할 것이 아니라, 그것들을 주신 하나님의 영광을 위하여 사용하여야 한다고 웨슬리는 말한다.[32] 따라서, 우리는 절제하고 자기 훈련(discipline)을 게을리해서는 안 된다. 건강을 해치는 것들은 마시거나 행하여서는 안 된다고 웨슬리는 말한다.

4.1.2. 우리에게 주어진 물질, 음식, 돈도 하나님을 위하여 사용하여야 한다.

이런 뜻을 대표하는 것으로 우리는 웨슬리의 설교, '돈을 사용함에 있어서'를 들 수 있다.[33] 여기서 웨슬리는 돈을 사랑하는 것이 만 악의 근원이라 하지만, 이는 돈 자체가 그런 것이 아니고 돈을 사용하는 자에 따라 그렇게 되는 것이다. 동시에 돈은 문명사회와 사람의 일반적인 생활에 있어 말할 수 없는 봉사자가 된다고 이해한다. 그러기에, 웨슬리는 그 설교에서 주장하기를, 될 수 있는 대로 많이 돈을 벌라(gain all you can)고 한다. 그리고 많이 저축하고(save all you can), 그러나 지금은 할 수 있는 대로 모두를 주라(now give all you can)고 권고한다.

웨슬리는 부(riches)가 하나님을 향한 사랑은 세상과 자아 사랑으로 변질시키는 위협이라고 본다. 그러나 이런 위험을 방지하기 위해서는 벌고 저축한 것을, 지금은 다 주라고 하는 것이다. 첫째 둘째의 권고 곧 많이 모으고 많이 저축하라는 것은, 많이 주라는 목적을 위하여 수단인 것이다. 이 점에서 우리는 웨슬리의 윤리 구조에서의 또 하나의 특징 또는 전제를 발견하게 된다. 곧 그는 그의 윤리에서 수단/목적 구조(means/end structure)를 가지고 있는 것이다. 이런 것은 그가 신자의 자기 부인(self-denial)을 강조하는 데 잘 나타나 있다.

4.2. 남을 위한 자기 부인(self-denial)

웨슬리는 사랑은 늘 있어야 하고 고귀한 것이지만, 인간의 죄와 불신앙에서 나오는 지나친 자기 사랑(self-love)으로 인하여 좌절되고 마는 것을 잘 알고 있다. 그래서 개인의 도덕 생활을 위하여 기초적인 처방은 자기 부인(self-denial)이라고 웨슬리는 이해하였다. 왜냐하면, 예수님께서 말씀하시기를, "누구든지 나를 따라 오려거든 자기를 부인하고 날마다 제 십자가를 지고 나를 좇을 것이니라"(눅 9:23)고 하셨기 때문이다.

4.2.1. 자기 부인은 모든 사람에게 주어진 주님의 명령이다.

웨슬리는 바로 '자기 부인'이라는 설교[34]에서 말하기를, 자기를 부인하고 날마다 제 십자가를 지고 주님을 좇으라는 명령은 당시에 제자들에게만 주신 것이 아니라, 예외나 가감 없이 모든 사람에게 주신 명령이라고 한다. 따라서 자기 부인은 절대 필요한 것이며, 이를 이행하지 않는 자는 주의 제자가 아니다라고 말한다. 더 나아가 말하기를 만약 우리가 계속하여서 '자기 부인'을 하지 않는다면, 우리는 예수님을 배우는 것이 아니라, 다른 주인을 배우고 있는 것이며, 만약 우리가 '날마다 제 십자가를 지지 않는다면, 우리는 주님을 따르는 것이 아니라, 세상을 또는 세상의 군주(prince)를 따르는 것이요, 또한 자기 자신의 '육의 생각'을 따르는 것이다.[35]

웨슬리는 당시에 일고 있던 무도덕론자들(antinomians), 그리고 자유를 방종으로 이용하는 경향에 대하여 경고하며, 이 자기 부인의 가르침을 중요시하고 있다. 심지어 웨슬리는 이 교리가 기독교의 중대한 교리 가운데 하나라고까지 하였다.[36] 그러면 자기 부인이란 어떤 것인가?

4.2.2. 자기 부인은 하나님의 뜻을 변할 수 없는 최고의 생활 규범으로 삼는 것이다.

웨슬리는 그의 설교에서 설명하기를, 이는 첫째로 모든 일에 있어서 하나님의 뜻을 변할 수 없는 최고의 규범(the supreme, unalterable rule)으로 삼는 것이다.[37] 인간은 타락하였기에, 부패한 자기의 뜻을 따르기를 좋아한다. 하나님의 뜻은 우리를 하나님께로 인도하는 것이다. 그러나 사람의 뜻은 한때는 하나님의 뜻과 병행하는 것 같지만, 결국 다르고, 결국은 하나님의 뜻과 반대된다. 그러므로 이 두 가지 뜻을 동시에 따른다는 것은 불가능하다. 두 가지 중 하나를 택하여야 한다. 곧 하나님의 뜻을 부정하고 자기의 뜻을 따르는가, 아니면 자기의 뜻을 부인하고 하나님의 뜻을 따르는가의 양자에서 하나를 택하여야 한다. 그러기에 결국, 자기를 부인한다는 것은 나의 뜻이 하나님의 뜻에 맞지 않을 때는 그것이 얼마나 나를 기쁘게 하는 일이든지 간에, 나 자신의 뜻을 부인하는 것이다.[38]

4.2.3. 자기 십자가를 지고 주를 좇아야 한다.

물론 여기서 자기를 부인한다는 것과 제 십자가를 진다는 것은 상호 연관되어 있는 개념이다. 그러나 자기 십자가를 진다는 것은 단순한 자기 부인보다는 보다 높은 것이며, 보다 많은 것을 요청한다고 볼 수 있다. 자기 십자가를 진다는 것은 고통당한다는 것을 전제하기 때문이다.[39]

우리 앞에 놓인 경주를 달림에 있어, 웨슬리는 말하기를, 하나님의 뜻에 따르면 우리의 가는 길에 십자가가 놓여 있곤 한다. 그 십자가는 우리에게 즐겁지도 않고, 우리의 뜻에 반하여 슬프고 고통스러운 것들이다. 그런 때는 어떻게 할 것인가? 웨슬리는 말한다. 우리는 십자가를 지고 따라야 한다. 우리의 부패한 성정을 치유하기 위해서는 '오른손을 자르는' 듯한 고통도 감수하여야 한다는 것이다. 여기에 웨슬리는 신자가 하나님의 말씀을 읽고, 기도하고, 성례전에 참여하고, 성도의 사귐에 참여하는 등, 우리 안에 주어진 하나님의 은사를 불붙이는 훈련을 하여야 하는 것이다.[40]

4.2.4. 우리는 큰 목적을 위하여 자기를 부인하고 제 십자가를 지고 주를 좇는 것이다.

웨슬리의 윤리를 말함에 있어, 앞에서 간단히 언급했듯이, 웨슬리의 윤리는 수단/목적의 구조에서 이해하여야 한다. 웨슬리가 강조하는 개인 윤리, 특히 자기 부인, 또는 선한 청지기의 훈련 등이 자기 자신을 위한 것, 곧 자기 자신의 개발에(for the improvement of one's own spiritual estate) 있는 것이 아니다. 다시 말해서 self-directed가 아니라 other-directed 곧 남을 위한 수단(means)인 것이다. 웨슬리에 있어서, 자기 부인, 선한 청지기 등, 이 모두는 하나님이 사용할 수 있는 그릇(instrument)이 되며, 하나님의 축복을 인류에게 부어 주기 위하여 귀한 그릇(a suitable instrument)이 되기 위한 것이다. 웨슬리가 말하는 시간 사용, 돈의 사용, 심지어는 의복(on dress)에 관한 여러 가지 충고도 모두 하나님 사랑과 이웃 사랑을 위한 것이지, 자신의 의나 자신의 도덕성의 높임을 위한 것이 아니다. 그리하여 힌슨은 웨슬리의 윤리는 남을 위한 사랑의 윤리요, 성화의 윤리라고 불렀다.[41] 웨슬리에 있어서, 개인 윤리는 결국 다른 이들을 봉사하기 위하여 준비하는 것이라고 요약할 수 있다.

이런 점에서 웨슬리의 윤리는 바로 사회 윤리로 연결된다.

V. 웨슬리의 사회 윤리: 사회를 새롭게 하는 윤리

웨슬리는 그의 성화론에서 성결, 온전한 사랑을 강조했다. 그러나 웨슬리가 말하는 성결은 그저 성결(mere holiness)이 아니었다. 그는 말하는 성결은 '윤리적 성결'(social holiness)이었다. 웨슬리는 말한다.

"그리스도의 복음은 그냥 종교를 말하지 않는다. 늘 사회적 종교(social religion)를 말한다. 성결을 말하되 그저 성결이 아니라, 사회적 성결(social holiness)을 말한다. '사랑으로 역사하는 믿음', 바로 이것이 우리가 말하는 기독자의 완전의 길이와 높이와 깊이를 말한다…. 사실을 말한다면, 누구든지 형제를 사랑하되 말로만이 아니라, 그리스도께서 사랑한 것같이 하는 자는 선한 일에 열심을 안 내려야 안 낼 수 없을 것이다."[42]

다른 말로 표현해서 행동하는 사랑은 바로 형제 사랑으로 변한 하나님의 사랑인 것이다. 이렇게 역사하는 사랑을 떠나서는 성결은 그 내용이 없는 성결이 될 것이다.[43] 그러므로 웨슬리는 메소디스트는 세상 안에서 활동적이어야 한다. 곧 복음을 전하는 전도 그리고 사랑의 봉사, 빈곤한 사람을 돕는 일들로 바빠야 한다고 요구했다.[44] 웨슬리는 일을 위하여 잠깐 퇴수하는 것은 인정했지만, 종교 또는 교회가 사회에서 후퇴하는 것은 반대했다. 따라서 웨슬리에 있어서 메소디스트는 사회 속에서 성결의 누룩의 역할을 하여야 한다. 따라서 웨슬리의 사회 윤리는 교회 갱신과 사회 갱신으로 이어진다.

5.1. 교회를 새롭게: 성결의 누룩으로서의 메소디스트

위에서 언급했듯이 웨슬리는 그의 구원론 특히 성화론에서 메소디스트가 갱신의 누룩(leaven of holiness)이 되어야 한다고 주장한다. 역사 속에 있는 교회가 부패하여 초대교회의 특징을 잃고 있기 때문이다. 바로 이런 지적 때문에 웨슬리가 옥스퍼드대학에서 설교를 중지당했던 것은 너무나 유명한 이야기이다.[45] 웨슬리는 다음과 같이 말했다.

"박해가 순수한 기독교에 결코 영속적인 해를 끼치지를 못하였다. 해를 끼칠 수도 없다. 그러나 참 기독교의 본질이요 … 뿌리를 흔들어 놓은 큰 타격을 교회가 받게 되었다. 그것은 4세기 때, 자칭 그리스도인이라고 하는 콘스탄틴 대황제에 의하여 그리스도인들, 특히 교직자들이 부귀와 영화와 세력을 누릴 때였다. 그와 마찬가지로, 박해의 공포가 사라지고 그리스도를 믿는 사람들이 부귀영화를 누릴 때에, 그리스도인들은 점진적으로 타락하고 갖가지 악으로 빠져들어 갔다. … 성서에서 말하고 있는 형태의 기독교 국가나 기독교 도시는 이 땅 위에서 볼 수 없게 되었다. 모든 도시나 마을은 그곳에 사는 소수의 성도를 제외하고는 모두가 갖가지 악에 물들고 말았다."[46]

역사 속에 있는 교회는 타락하였다. 그럼에도 불구하고 거룩한 주님께서 교회에서 계시고 역사하고 계시는 한 교회는 (객관적으로) 거룩하다고 웨슬리는 주장한다. 웨슬리는 다음과 같이 말한다.

"이는 교회의 머리이신 그리스도가 거룩하시기 때문이다. 교회는 거룩하다. 왜냐하면 교회의 모든 제도가 '성결'을 촉진시키도록 계획되어 있기 때문이다. … 또한 우리 주님께서 모든 교인들이 거룩하여지기를 원하시기 때문이다."[47]

이와 같이 웨슬리는 교회의 타락과 객관적인 거룩 사이의 긴장을 인정하면서, 교회가 할 일은 교회를 (주관적으로) 새롭게, 거룩하게 하는 일이라고 주장한다. 여기에 웨슬리는 메소디스트의 사명을 성결의 누룩으로 교회를 새롭게 하는 일이라고 믿고, 그리 강조하였다. 따라서 교인들은 교회가 거룩한 교회 되기 위하여서는 믿음을 일으키는 역할을 해야 할 말씀 선포와 성례전의 집행, 곧 객관적 성결을 통하여 신자들이 거룩해지는 결과를 가져와야만 한다고 웨슬리는 강조하였다.[48]

5.2. 교인들끼리는 사랑하고 협력하여야 한다.

오늘에 그렇듯이 하나님의 자녀들끼리 서로 용납하지 못하며 사랑하지 못하는 것은 매우 유감스러운 일이 아닐 수 없다. 왜 그런가? 웨슬리는 그의 설교, '관용의 정신'(The Catholic Spirit)에서, 그 원인을 주로 "저들은 나처럼 생각하지 않는다", 또 "저들은 나처럼 행동하지 않는다"는 두 가지에서 온다고 봤다.[49] 물론 그리스도인들의 생각과 행동에 있어 다를 수밖에 없는 가운데 협력할 수 있는 기초(basis)를 제시하였다. 곧 열왕기하 10장 15절에서 예후가 여호나답에게 "내 마음이 네 마음을 향하여 진실함과 같이 네 마음도 진실하냐 … 그러면 나와 손을 잡자"고 제의하였듯이 다른 하나님의 자녀들에게 관용을 베풀라고 제의한다.

그러나 우리는 이 점에 있어 웨슬리가 근본적인 기독교의 교리와 의견(mere opinion)을 구분하고 말하고 있음을 간과해서는 안 된다. 곧 웨슬리는 기본적인 기독교의 교리에 대하여는 양보가 없다. 그러나 그에 대한 해석 또는 예배드리는 형식, 세례 주는 양식 등에 있어서는 '의견을 달리하는 것으로 동의할 수 있다'(We may agree to disagree)는 자세였다.[50] 그러나 웨슬리는 또한 교권주의(dogmatism)인 편협한 고집도 조심하라고 말한다.[51] 그러므로 웨슬리는 의견이 다르다 하여 하나님의 사랑에 손실을 주어서는 안 되며, 동시에 그것이 하나님의 사역을 손실케 하여서도 안 된다고 보기 때문이다.

5.3. 사회를 새롭게: 나라를 개혁한다.

우리는 웨슬리가 많은 사회봉사와 활동을 한 것을 안다.[52] 그의 사회의 악과 나쁜 관습을 시정하기 위한 관심은 그의 설교, '관습 예절의 개혁'(The Reformation of Manners)에서 잘 읽을 수 있다. 이 설교는 '사회 관습 예절 개선 촉진회(The Society for the Reformation of Manners)에서 1763년에 행한 설교로,[53] 그 당시 사회에 만연되고 있는 주일을 지키지 않는 일, 음주, 도박, 매춘과 같은 사회악(public vice)을 지적하면서 도덕적인 권고를 하고 있다. 그리하여 어떤 학자는 이 설교는 웨슬리가 1738년 후에 한 설교 가운데 가장 복음적 색채가 없는 설교였다고 평한다.[54] 그러나 이는 웨슬리를 깊이 이해하지 못하는 데서 나오는 말이다. 왜냐하면 웨슬리에 있어서는 사회 개혁이 그의 복음적 관심에서 떠난 하나의 별개의 도덕주의의 예로 볼 수 없는 것이다. 웨슬리에 있어서는 사회 개혁이라는 것이 그의 복음 운동의 일환인 것이다. 다시 말해서, 이런 관심은 그의 전도를 강조하는 심정(evangelical emphases)에서 나온 것이라 하겠다. 웨슬리는 사람을 불행하게 만드는 사회 악을 제거하고, 자유케 하는 것은 바로 하나님의 사랑의 나타남이라고 보는 것이다. 따라서 교회는 사회 악 제거와 사회 개혁에 나서야 하는 것이다. 다음의 웨슬리의 말을 들어 보라.

> "그리스도의 교회의 원래의 계획(the original design of the church of Christ)은 이렇다. 곧 교회는 사람들이 모여서, 첫째로, 자기 자신의 영혼을 구원하며, 그다음에는 서로 도와 교인들의 구원을 성취하는 것이다. 그리고 그 후, 될 수 있는 대로 모든 사람(all men)을 현재와 미래의 불행에서 구하며, 사탄의 왕국을 전복하며, 그리고 그리스도의 왕국을 건립하는 데 있다."[55]

이런 면을 간파한 힌슨은 웨슬리의 사회윤리를 "나라를 개혁하는 것"(To Reform the Nation)이라는 제목으로 책을 썼다. 힌슨의 말에 의하면, "메소디스트 단체 안에서의 웨슬리가 가졌던 목적은 새로운 교회를 세우는 것이 아니라 나라와 교회를 개혁하여, 온 땅 위에 성결을 펼치는 것이었다." 그러므로 웨슬리에 있어서는 '개혁과 성결'(Reformation and holiness)은 결합된 관심이었다. 웨슬리는, 개혁은 성결한 삶(holy living)을 통하여 올 것이며, 성결의 메시지가 전파되는 곳마다 도덕적 영적 변화가 생길 것이라고 생각했다.[56]

이와 같이 웨슬리에 있어서는 하나님의 사랑, 복음의 역사가 바로 사회 개혁으로 연결되는 것이다. 이 점에서, 오늘날 많은 학자들은 복음사역과 사회 참여를 이분화하는 경향이 있는 데 반하여, 그의 윤리관의 특색이 있는 것이다. 그러므로 웨슬리는 사회 윤리를 말함에 있어서도 신자

개인의 내적인 영적 변화의 필요성을 강조한다. 웨슬리는 그의 설교에서 다음과 같이 참 그리스도인의 모습을 그리고 있다.

> "그리스도 신자 안에, 그의 영혼 깊숙한 곳에 자리 잡는 사랑, 바로 그 사랑이 왕좌를 차지하고 있다. 다른 말로 표현해서, 하나님과 사람을 사랑하는 그 사랑이 가슴 속에 있고 그 자신을 온전히 지배하고 있다. 이 왕좌(throne)를 둘러싼 중심 옆에 거룩한 성품들이 있다: 곧 오래 참음과 친절, 양선, 온유, 충성, 절제가 있다. 그 외 어떤 다른 성품이 있다면, 모두 그리스도 예수 안에 있는 마음에 포함된 성품들이다.
>
> 그리고 그런 내적 서클 밖에 있는 외부 서클에는 모든 사람의 영혼과 육체를 돌보는 자비의 사역(all the works of mercy)이 있다. 이런 사역을 통하여 우리는 '거룩한 성품'을 훈련하고, 또 계속적으로 향상시켜, 이것들이 은혜의 수단(means of grace) 되게 한다. 우리가 이런 것들은 은혜의 수단이라고 흔히 칭하지는 않지만 말이다.
>
> 이런 것들 다음에는 '경건의 사역'(the works of piety)이 있다. 곧 이 사역은 하나님의 말씀을 가족끼리 또는 공석에서 읽고 듣는 일이며, 은밀히 기도하는 일, 금식하는 일, 성찬 예식에 참여하는 일들이다.
>
> 마지막으로 주를 따르는 자들은 보다 효율적으로 서로 자극하여 사랑하게 하고, 거룩한 성품과 선행(good works)과 주님이 결합시켜 세우신 교회를 향상케 한다. 교회는 온 지구에 흩어져 있지만 하나이다. 이것이 우리가 참석하고 있는 교회의 표상이다." [57]

그러기에 웨슬리의 윤리는 각 개인이 참 그리스도의 신자 되는 데서 시작하는 것이다. 곧 하나님의 구속의 사랑의 사역에서 이해된다. 웨슬리는 교직자들(preachers)에게 다음과 같이 분부하였다.

> "당신들은 영혼을 구원하는 일 외에는 아무 일도 하지 마시오. 당신들이.

얼마나 많이 설교했느냐 또는 이런저런 일들에 얼마나 많은 관심을 가졌느냐가 문제가 아니라 당신이 최선을 다해 많은 영혼을 구원했느냐 못했느냐가 당신의 문제입니다.

여러분이 할 수 있는 모든 것을 다 하여 많은 죄인을 데려와 회개하도록 인도하시오. 그리고 당신의 전력을 다하여 그들을 성결케 하시오. 거룩함이 없이는 그들이 주를 볼 수 없기 때문입니다."[58]

맺는말: 웨슬리의 윤리와 그의 신앙 체험

우리가 지금까지 살펴본대로, 웨슬리의 윤리는 그의 은총관과 구원론에 근거할 뿐 아니라, 구원론 그 자체가 윤리였다. 웨슬리의 신학은 윤리와 불가분리의 관계에 있었다. 양자에는 유기적 관계(organic relationship)가 있었다.[59] 웨슬리가 강조하는 '믿음'은 곧 사랑으로 역사하는 믿음'뿐이다.[60] 완전한 사랑을 중심으로 하는 웨슬리의 성화론은 바로 그 자체가 윤리라고 할 수 있다. 이것이 웨슬리의 윤리의 특징이라 하겠다. 그러면 이런 특징이 어떻게 형성되었는가? 이는 웨슬리의 올더스게이트에서의 가슴 뜨거운 신앙 체험이 그 전환점을 이루었다고 힌슨은 말한다.[61]

힌슨이 지적한 대로 웨슬리는 그 체험이 있기 전에는, 가톨릭의 전통과도 같이 사람의 노력을 강조하였다. 곧 사람이 기도, 금식, 교회 사역, 환자 위문, 감옥 심방 등등 선한 사업과 봉사를 함으로 그리스도인이 되고자 추구했던 것이다. 곧 그는 '인간 노력의 복음'(a gospel of human effort)[62] 또는 '인간 자아 실현과 노력의 윤리'(self-realization and commitment)를 주장했던 것이다.[63] 이는 펠라기우스주의 또는 반펠라기우스주의(Pelagianism or Semi-Pelagianism)의 입장이다.

그러나 웨슬리의 올더스게이트에서의 가슴 뜨거운 신앙 체험은 그에게

윤리관에 대한 변화(Ethical Conversion)를 가져왔다.[64] 올더스게이트 이후의
웨슬리의 윤리는 그 동기(primary motivation)에서 달라졌다. 과거에는 웨슬리
는 의무감과 자기실현 곧 구원을 얻기 위해 행동했으나, 지금은 그 순서
가 바뀐 것이다. 그에게 믿음이 들어옴으로 그는 사랑할 수 있는 사람으
로 해방된 것이다. 하나님께서 사람의 삶에서 역사하시매 그는 새사람이
되었고, 그 결과 웨슬리는 개인과 사회 변화를 위하여 일하게 된 것이다.
그러기에 웨슬리에 있어서 '영혼을 구원하기 위하여' 일한다는 것은 곧 사
람 개인을 변화시키는 것이요, 동시에 사회를 변화시키는 것이다.[65] 비취
가 지적했듯이, 웨슬리에게 있어서 '영혼을 구원한다'는 것은 사람을 사랑
한다는 것과 사회 정의를 다 포함하는 것이다.[66]

힌슨이 지적했듯이, 이런 동기의 변화는 그의 윤리의 내용과 질(quality)에
도 영향을 준다. 사랑의 강요에서 나오는 윤리는 하나님의 사랑에 대한
기쁜 호응에서 나오는 것이다. 따라서 이는 억지로 하는 의무감에서(ethics
of obligation or deontological ethics)가 아니라, 의무감이 있다 해도 이는 자유에
근거한 데서 나오는 행동 곧 의지적 행동인 것이다.[67]

사실, 진정한 그리스도인의 사랑은 하나님의 사랑에 대한 반응 또는
호응(reflection or response)이다. 그러므로 결론적으로, 그리스도인의 윤리의
근거는 사람이 거듭남으로, 하나님의 사랑에 감격할 때 설립된다고 하겠
다.

13
웨슬리의 선교와 신유

들어가는 말

우리가 주지하고 있은 대로, 웨슬리의 선교운동은 누란의 위기에 처해 있던 18세기의 영국을 새롭게 하였다. 그의 설교는 많은 영혼을 구원하였으며, 진부한 교회를 갱신시켰고, 부패했던 영국 사회를 새롭게 하였다. 그러면 그 비결이 어디에 있었는가? 루터란 신학자 홀돈은 말하기를 웨슬리의 설교에는 건설적인 신학이 있었기 때문이라고 하였다.

그러나 그의 설교가 능력으로 역사한 배경에는 그의 사역에 놀라운 성령의 역사 특히 신유의 역사가 동반하였다는 사실을 간과해서는 안 된다. 그의 사역에는 신유가 동반함으로써 그의 설교는 능력의 설교(Power Evangelism)가 된 것이었다.

이에 우리는 웨슬리의 선교사역에서 어떤 성령의 역사(신유)가 일어났으며, 또한 그에 대한 웨슬리의 이해는 어떤 것이었으며, 그것이 오늘의 선교사역에 주는 의의는 어떤 것인가를 상고하여 보고자 한다. 그에 앞서 우리는 웨슬리의 성령 체험을 간단히 언급하고자 한다.

I. 웨슬리의 성령 체험

웨슬리는 목사관에서 태어났다. 그는 어려서부터 엄격한 청교도적인 경건한 가정에서 자라났다. 교회의 모든 규율을 엄격히 지키면서 자라났다. 그런 경건과 신앙생활은 그의 옥스퍼드(Oxford) 대학 시절, 신성클럽 활동으로 연결되었다.

촉망을 받는 목사요 옥스퍼드 대학교 링컨 대학의 교수(Fellow)로서, 미국 조지아 주에 선교사로도 갔다 왔다. 그러나 그는 활기가 없는 목사였다.

그러던 중, 1738년 5월 24일 올더스게이트에서 있었던 집회에서, 이상하게 가슴이 뜨거워지면서 그는 자기 구원에 대한 확신을 갖게 되었다. 이는 그가 체험한 성령의 역사였다. 이런 성령의 역사를 통하여, 웨슬리는 "예수 그리스도가 세상의 구주일 뿐 아니라, 바로 '나를 위하여 돌아가셨도다. 그리스도께서 나의 죄까지도 사하셨도다. 진실로 그리스도만이 구주이시다.'라고 확신하게 되었다."[1] 웨슬리는 이런 성령의 증거를 통하여, 참 믿음과 구원에 대한 확신(assurance)을 갖게 될 뿐 아니라, 성경의 말씀을 참 하나님의 말씀으로 믿게 된 것이다.[2]

그 후에도 웨슬리는 성령의 계속적인 역사[3]에 힘입어서 그의 설교사역은 힘차게 전개되어 나갔다. 그의 설교를 통하여 많은 죄인이 회개하고 예수를 구주로 영접하게 되며, 신자가 구원의 확신을 갖게 되었다. 실의에 빠졌던 신자가 새로운 힘과 기쁨을 회복하며, 주를 찬양하게 되었다. 또는 병든 자가 치유를 받았으며, 마귀 들린 자가 고침을 받는 일들이 일어났다.

명실공히, 웨슬리의 사역은 초대교회에서 보듯이 말씀의 전파일 뿐만 아니라 하나님의 권능이 나타나는 것이었다. 그러면 다음에 웨슬리가 친히 기록한 몇 개의 예를 보기로 하자.

II. 신유의 역사

웨슬리는 야고보서 5:14-15을 주해하면서, 신유의 기적은 항상 있는 것으로 보았다. 그러므로 신유의 기도는 특별한 은사를 받은 사람뿐 아니라, 즉 장로들도 병 낫기를 위하여 기도하면 된다고 이해했다.[4] 웨슬리의 이런 신앙과 가르침은 그의 사역에서 여러 번 나타나고 있다.

2.1. 웨슬리의 일기에 기록된 사례

1741년 5월 10일(월)

나는 죄인들에게 회개하라고 외쳤다. 그동안 별로 피곤을 몰랐다. 그러나 그 후 이어진 애찬식 때, 나는 허리와 머리가 아플 뿐 아니라 몸에 열이 계속해서 있었다. 기도를 하려고 하니, 기침이 몹시 나서 말을 할 수가 없었다. 바로 그 순간, 나에게, "믿는 자들에게는 이적이 따르리라"(막 16:17)는 생각이 났다. 그래서 나는 큰 소리로, 주여 나의 믿음을 도우소서(increase my faith), 당신의 은총의 말씀을 입증하소서 하고 주님께 구했다. 내가 그렇게 말하는 동안에, 나의 아픔을 사라졌고, 열도 떨어져서 기운을 차리게 되었다. 그 후 나는 오랫동안(for many weeks) 아픔과 약함을 느끼지 않았다. 오 주님, 당신께 감사를 드립니다.

1746년 11월 12일(수)

저녁 예배 시간에 나는 심한 치통이 생겼다. 집으로 돌아오는 길에, 스피어씨가 말하기를 자기도 치아가 부서져서 여러 해 동안 고생을 했는데, 많은 의사들은 고칠 수 없다고 말했지만 순간적으로 완전히 치유를 받았다는 이야기를 했다. 나도 하나님의 뜻에 맡기는 기도를 드렸다. 나의 치통은 멈추었다. 그리고 치통은 다시 오지 않았다.

1756년 4월 6일(화)

설교를 마치고 돌아오는 아주 어두운 밤이었다. 나는 나무 조각에 발이 부딪쳐 아파서 넘어졌다. '아— 나는 지금부터 여러 주 동안 말씀을 듣지도 설교하지도 못하겠구나' 생각했다. 그 순간 나의 가슴에 와 닿는 말씀이 있었다. "예수의 이름을 부르라, 그리하면 너는 일어서리라." 그래 나는 뛰어 일어나며, 내 발을 뻗치면서 외쳤다. "주 예수 그리스도시여! 내가 당신의 이름을 부르오니, 나로 하여금 일어서게 하시옵소서." 그 순간, 통증이 멈추고, 나는 일어섰다. 그 후 나의 발은 예전처럼 아주 튼튼해졌다.

1757년 5월 5일

토마스 B___라는 사람이, 3마일 쯤 떨어진 곳에 있었는데, 심한 파상을 입고 죽을 뻔했다. 그러나 우리 교회(societies)에서 성도들이 기도하는 가운데, 그는 순간적으로(at once) 고침을 받아 건강을 완전히 회복했다.

1739년 10월 23일 (화)

저녁에 집으로 돌아오는 길에 나는 부득이 킹스우드(Kingswood)에 있는 한 젊은 부인(Sally Jones란 여인임)에게 다시 가야만 했다. (사실을 있는 그대로 말할 터이니 각자가 판단하시기 바람) 그녀는 19~20세 정도였으나 쓰지도 읽지도 못하는 것 같았다. 그녀는 침대에 누워 있었는데, 2~3명이 그녀를 잡고 있었다. 무서운 광경이었다. 말로 표현할 수 없는 실망과 공포와 고뇌가 그녀의 창백한 모습으로 나타났다. 온몸이 수천 번 비틀어지는 것으로 보아 지옥의 개들이 그녀의 심장을 갉아 먹고 있는 것을 나타내고 있었다. 견딜 수 없는 날카로운 비명 소리가 뒤섞여 나왔다. 그러나 그녀의 돌처럼 굳어버린 두 눈은 울 수조차 없었다.

그녀는 입을 열자마자 다음과 같이 말했다. '나는 저주를 받았단 말이에요, 저주를. 영원히 파멸되었어요. 엿새 전에만 왔어도 나를 도울 수 있었을 텐데. 이젠 늦었어요. 이제 나는 마귀의 자식이에요. 나를 마귀에게 주어 버렸어요. 나는 마귀의 것이니 마귀를 섬겨야 해요. 마귀와 함께 지옥에 가야 해요. 나는 마귀의 것이고, 그를 섬겨야 해요. 그와 함께 지옥에 갈 거예요. 나는 구원을 받을 수도 없고, 구원을 받지도 않을 거예요. 나는 저주받아야만 하고 받을 거예요. 그리고서 그녀는 악마에게 기도하기를 시작했다.

우리는 "주님의 군사여, 일어나라, 일어나라"(찰스 웨슬리가 지은 찬송)라는 찬송을 불렀다. 그러자 그녀는 즉시 잠자듯이 푹 쓰러졌다. 그러나 우리가 떠나자마자, 말할 수 없이 격렬하게 다시 소란을 피웠다. "돌 심장이여, 터져버려 …." 그리고 그녀는 두 눈을 천정의 구석을 향해 고정시키고는, "아, 그가 저기 있어요. 좋은 악마여, 와서 나를 데리고 가렴. 네놈이 나의 골통을 부셔버리겠다고 했잖아. 와서, 빨리 하란 말이야. 난 너의 것이고, 너의 것이 될 것이란 말이야. 나를 데리고 가다오."

우리는 다시 그녀에게로 가서 하나님께 부르짖었더니, 그녀는 전처럼 또 한 번 푹 쓰러졌다. 그런데 또 다른 여인(Betty Somers로 판명됨)이 큰소리로 고함을 지르기 시작했다. 9시경 내 동생 찰스가 왔다. 우리는 함께 11시까지 계속 기도했다. 그때 하나님께서 고통당하는 첫 번째 여인과 두 번째 여인의 영혼 속에 한순간 평화의 말씀을 주시니, 그들 두 여인은 원수와 복수자(시 44:16)를 잠잠케 하신 주님을 함께 찬양하였다.

1740년 5월 21일(수)

저녁에. 웃는 귀신들린 여자(a spirit of laughter)가 나타나 모두가 어려움을 겪었다. 모든 사람의 주의가 그녀에게 쏠렸다. 그녀는 외식을 부리는 사람이 아닌 것을 모두가 아는 바다. 그렇게 포악하게 악령에 사로잡혀 날뛰는 것을 일찍이 본 적이 없다. 그녀는 가끔가끔 웃는다, 그리고서는 거의 까무러친다. 그러다가는 큰소리로 저주하고 하나님을 모독하는 말을 한다. 그렇게 하다가, 발을 구르며 야단을 한다. 그때 그녀의 힘이 어찌 강한지, 사, 오명의 사람이 달려들어도 그녀를 억압하기가 힘들었다. 말할 수 없이 강했다. … 그러나 마침내 그녀가 그리스도를 부르며 도와달라고 하자, 그녀를 괴롭히던 난폭함은 사라졌다.

이런 치유의 사건은 계속되었다. 이런 사건들은 주로 그의 설교 사역 중에 일어났다.[5] 웨슬리의 일지, 1739년 4월 17일, 1739년 5월 30일, 1739년 10월 28일, 1740년 5월 23일, 26일, 1742년 6월 17일, 1759년 9월 9일, 1762년 4월 21일, 1764년 4월 4일, 1767년 6월 17일, 1772년 6월 5일, 1790년 10월 7일에서 신유 사역이 있었음을 언급하고 있다.

2.2. 웨슬리의 변증

웨슬리는 구로우세스터의 감독 와버튼(William Warburton, Bishop of Gloucester 1759-79)이 쓴 책, 「성령의 직무와 역사」(*The Office and Operations of the Holy Spirit, Vindicated from the Insults of Infidelity and the Abuses of Fanaticism*)에서 웨슬리를 비판하며 성령의 기사 이적을 부정적으로 설명한 데 대한 논평으로 1760년 11월 26일에 쓴 편지에서 다음과 같이 말하고 있다.

"내가 여기서 증언하는 것은 분명한 사실이다. … 내 말(horse)이 다리를 몹시 절었다. 그리고 나는 심한 두통이 있었다. 나는 하나님께서 사람이나 짐승을 어떤 방법으로든지 치유하실 수 있지 하고 생각했다. 즉각적으로 나의 피로와 두통은 멈추고, 내 말은 같은 순간 다리를 절지 않았다. 그렇다. 진실히 믿는 (수천 명에 달하는) 많은 성도들은 이와 같이 확실한 기도의 응답을 체험했다고 나는 믿는다.

R- - -A- - -씨는 자연법으로는 치유가 불가능하다는 광견병(distemper)에 걸렸었는데, 인간적인 수단을 쓰지 않고 순간적으로 치유를 받았다.…

저녁에 나는 안카루캇트를 방문했다. 그녀는 얼마 동안 말을 하지 못했다. 그러나 우리가 기도를 시작하자마자, 하나님께서 그녀를 치유하시어 그녀는 말을 했다.…

젊은 두 여자가 마귀에 들려 이상한 모양으로 고통을 당하고 있었다. 몇 친구가 나와 내 동생에게 와서 기도해 달라고 요구했다. 우리는 다른 사람들과 함께 위하여 기도했다. 그들은 고침을 받았다. 로마 사람들이 사용하는 마술을 사용했냐고요? 나는 그런 마술을 사용하지 않았다. 나는 그런 마술을 본 적도 없고 알지도 못한다."[6]

III. 웨슬리의 신유사역에 대한 논란과 웨슬리의 이해

3.1 열광주의자라고 비난을 받음

이런 사역이 일어남으로 인하여 웨슬리의 복음 증거는 권능으로 이루어졌다. 그러나 다른 한편 당시의 교회 지도자들로부터 '열광주의자'라고 비난을 받았다. 왜냐하면 당시의 영국교회는 성령의 직접적인 증거나 성령의 기사 이적을 믿지 않았기 때문이다.[7]

당시의 유명한 정통주의 신학자요 브리스톨의 감독인 버틀러(Bishop Butler)는 웨슬리에게, "당신이 집회에서 사람들이 발작을 하고, 그러면 당신이 그들을 위해 기도한다고 들었는데… 성령의 기적적인(특수한, 일시적인) 계시나 은사들이 있는 것처럼 행하는 것은 무서운 일, 참으로 끔찍한 일이다. 당신은 이 지역에서 설교하지 말고 떠나라."고 충고했다.[8]

이런 반대자는 버틀러 감독뿐 만이 아니었다. 리치필드의 감독은 출판물까지 발행하여 웨슬리의 주장은 열광주의자들의 교리며, 무용한 것(futile)이라고 다음과 같이 비난했다.

"성령이 신자 안에 내주하며, 내적 증거를 한다고 주장한다든가, 또는 성령에 의하여 기도하고 설교한다고 하는 것은 결국 성령의 기적적인(비정상적인) 은사나 역사를 인정하는 것인데, 이런 사역은 사도 시대와 초대교회에만 속한 것이다. 따라서 말세(오늘날)에서 그런 일이 일어나는 것처럼 행하는 것은 헛된 일이며, 이는 열광주의자들의 교리이다."[9]

타이어맨에 의하면, 이런 반대는 깁슨 감독(Bishop Gibson), 와버튼 감독(Bishop Warburton) 등 여러 지도자로부터 받았다.[10] 이런 반대는 불신하는 일반 신자들로부터도 받았다.

웨슬리는 1739년 5월 20일(주일)의 일기에서 다음과 같이 기록하고 있다.

1739년 5월 20일
"우리의 마음이 완고하기 때문에 눈으로 보지 않고 그리고 귀로 듣지 않고는 어떤 사실도 받아들이려 하지 않는다. … 그러나 사람들은 '표적과 기사'(요 4:48)를 보고도 믿으려 하지 않은 사람들이 많다. 그 사람들은 사실들(표적과 기사)을 부정할 수 없기 때문에, 그 사실들을 자기 나름대로 설명하려 한다. 어떤 사람들은 '이런 현상은 순전히 자연적인 현상이란 말이야. 사람들은 밀폐된 방에서 열 때문에 쓰러지는 것이야'라고 설명했다. 또한 다른 사람들은 '모두가 속임수야… 왜 자기네들 개인 집회에서만 그런 일들(표적과 기사)이 발생한단 말이야? 왜 태양 아래선 그런 일이 발생하지 않는단 말이야?'라고 빈정댔다."

오늘 21일 월요일, 우리 주님께서 직접 응답해 주셨다. 내가 "너희는 가만히 있어 내가 하나님 됨을 알지어다"(시 46:10)의 말씀을 강조하며 전하는 동안, 하나님께서 밀폐된 방이나 개인 집회에서가 아니라 야외(브릭크야드 옥외집회)에서 2,000명 이상의 증인들 앞에서 권능을 보여주시기 시작했다. 사람들은 한 사람 또 한 사람 그리고 또 한 사람 계속해서 땅바닥에 꼬꾸라짐을 당하여, 하나님의 권능의 현존 앞에서 몹시 떨었다. 다른 사람들은 고뇌에 찬 큰 소리로 "우리가 어떻게 하여야 구원을 얻으리이까?"(행 16:30)라고 울부짖었다. 한 시간이 체 지나기 전에 그들 중에는 내가 처음 보는 일곱 사람이 기쁨이 충만하여 찬송을 부르면서, 자신들을 구원해 주신 데 대하여 하나님께 온갖 힘을 다하여 감사하고 있었다.

"저녁에 니코라스 거리에서의 집회 때 내가 말씀을 전하기 시작하자마자, 한 사람이 '마음에 찔려'(행 2:37) 용서와 평화를 간구하여 몹시 괴로워하는 울부짖는 소리에 예배의 방해를 받았다. 그러나 나는 계속해서 하나님께서 벌써 이루어 주신 일을 선포하면서, 하나님은 '아무도 멸망치 않고 다 회개하기에 이르기를 원하시느니라'(벧후 3:9)라는 중요한 진리를 증거로 내세웠다. 또 다른 사람이 푹 쓰러졌는데, 그 옆에는 반대 이론을 강하게 주장하는 한 사람이 서 있었다. 그가 그 광경을 보고 놀라 서 있는 동안에, 가까이 있던 어린 소년도 똑같은 현상으로 쓰러졌다. 뒤에서 눈을 똑바로 뜨고 그 광경을 바라보고 서 있던 한 청년이 죽은 사람처럼 푹 꼬꾸라지더니, 곧 땅을 치면서 소리 내어 울부짖기 시작했다. 여섯 명의 장정이 그 사람을 저지하기가 힘겨웠다. 그의 이름은 토마스 맥스필드였다(Thomas Maxfield: 그 후 웨슬리와 함께 전도여행을 떠나게 되고 훗날 목사가 됨)."

웨슬리는 비판을 받을 때마다 자기가 하고 있는 일에 대하여 변호했다. 이런 계기는 동시에 웨슬리로 하여금 성령의 역사, 특히 성령의 직접적인 역사에 대한 신학을 개진하는 기회를 제공했다. 그러면 웨슬리의 신유에 대한 의견을 살펴보기로 하자.

3.2. 웨슬리의 신유에 대한 이해

첫째, 웨슬리는 당시의 은사중단론을 말하는 소위 정통신학자들에게 답하면서, 지금도 복음이 권능으로 전파되며, 사람들이 하나님께 가까이 살고 있다면, 성령은 비상적인 극적인 은사 곧 카리스마타(charismata)를 나타낸다고 믿었다.[11]

또한 그런 성령의 역사가 초대교회, 곧 성서시대에 성행했다는 것도 인정한다. 그러나 그는 그런 것이 사도시대에만 국한된 것이 아니다. 그런 역사가 현재 나타나지 않는 것은(disappearance) 교회가 콘스탄틴 시대에 들어서면서 많은 세속적인 로마인들이 교인이 되어, 신앙에 변화를 가져왔기 때문이라고 보았다.

웨슬리에 의하면, 이는 성령이 후퇴하신 것이 아니라, 사랑이 식어져 있는 것이다. 즉 그저 죽은 형태만 가지고 있는 사람들에게서는 성령께서는 역사하시지 않는 것이다.[12] 더 나아가 웨슬리는 말하기를, 이런 기사 이적들이 정지되고 있음은 교회가 평온과 안전 속에 있기 때문이며, 그리스도인들이 안위와 명예롭게 믿고자 하기 때문이라고 하였다.[13] 웨슬리는 말한다. "성령으로 하여금 자신의 방법대로 행하시게 하시오. 성령은 당신보다 더 현명하시며, 그분은 모든 일을 잘 행하실 것이다."[14]

IV. 요약과 결론

웨슬리는 성령의 역사를 중요시하고 강조했다. 그는 올더스게이트에서의 가슴이 뜨거워지는 성령의 증거를 통하여 확신 있는 신자가 되었으며, 그의 사역에 능력과 목적을 갖게 되었다. 그가 이끈 18세기 영국교회에서의 부흥운동, 아니 전 세기에 걸친 복음적 부흥운동은 분명한 성령의 역사였다.

웨슬리는 성령의 강한 역사를 체험했다. 이런 성령의 내적 역사는 기사 이적과 같은 기이한 현상도 동반했다. 그러므로 한편 웨슬리는 오해와 비판도 받았다. 특히 성령의 기사 이적은 사도시대로 종료되었고, 현재는 없다고 생각하는 당시의 정통주의 신학자들과 영국교회 신학자들로부터 비판을 받았으며, 열광주의자로 오해받기도 했다.

이에 대하여 웨슬리는 성서가 인정하는 성령의 기사 이적은 현재도 있다는 것을 교부들의 글과 자신의 경험을 들면서 변호했다. 특히 그가 그로우세스터의 감독, 와버튼(Warburton)에게 보낸 편지에서 구체적으로 변증했다. 웨슬리는 초대교회가 보여주었듯이, 복음이 능력으로 전파되며 진실한 믿음이 있는 곳에는 언제나 지금도 성령의 기적적인 은사들, 곧 카리스마타(charismata)는 나타난다고 믿었다.[15]

오늘날 이런 표적들이 나타나지 않는 이유는 교회의 신앙이 변했기 때문이라고 보았다. 웨슬리에 의하면, 성령의 역사가 멈춘 것이 아니다. 성령께서는 사랑이 차디차게 식었고, 신앙이 죽은 상태로 남아 있는 신자들 안에서는 그런 역사를 할 수 없는 것이다. 참 믿음이 있는 곳에는 지금도 그런 은사로 역사한다고 주장하였다.[16]

그러기에 웨슬리는 선교현장에서 일어나는 기사 이적 특히 신유 역사를 긍정적으로 보며, 그런 사역이 그의 선교사역에 큰 도움이 된 것이다.

그러나 웨슬리의 그의 설교 어느 곳에서도 사역자들에게 신유사역을 권장하지는 않은 것으로 보인다. 신유집회 같은 것도 열지 않았다. 그것은 그 당시, 기사 이적을 강조하면서 신비주의로 빠지는 위험성을 보았기 때문이라고 사료된다. 그는 하나님께서 주시는 신비한 은혜를 과장하거나, 영적인 무지로 인간의 감성에 지나치게 의존하여 영적 흥분과 환상에 빠지는 신신비주의(Neo-mysticism)를 경계하고 있었던 것이다.

웨슬리의 후계들이 웨슬리의 사역에 놀랍게 동반한 신유사역을 별로 언급하지 않아 왔다. 자유주의화한 기독교에서는 기사 이적과 같은 초자연적인 사건을 믿지 않았다. 그런 기독교에서는 그들의 선교사역에서 기사 이적 곧 신유 사건이 일어나지도 않는다.

그런 가운데 19세기 미국에서 일어난 성결-오순절 운동에서 오순절 시대에 있었던 것과 같은 기사 이적, 신유 사건이 많이 일어났다. 어떤 그룹들은 신유집회를 개최하는 등 그쪽으로 치우치는 경향도 있었다. 그리하여 일부 그룹은 이를 경계하기도 하였다.

이런 상황에서 웨슬리의 후예들 가운데 극단적 성결단체라고 불리는 만국성결교회 지도자들이 성결운동에 신유를 적절하게 증거하면 성결운동에 크게 도움이 될 것이라는 확신 가운데, 그들의 성결전도에 신유를 전할 것을 주장하였다. 곧 그들이 "중요하고 첫째 되는 목적은 중생과 성결을 전하는 것인데, 신유와 재림을 그리고 세계복음화에 대한 주장을 적절하고 균형 있게 전하고자 했던 것이다."(We shall aim to place proper and proportionate emphasis on divine healing…).[17]

이는 그동안 웨슬리의 후예들이 간과했던 웨슬리의 유산(legacy)을 암암리에 계승하였다라고 사료된다. 19세기의 만국성결교회의 지도자의 한 사람이었던 고드비(Godbey)는 요한 웨슬리는 신유를 믿는 정통파였다(John Wesley was orthodox on divine healing)고 하였다.[18]

이와 같은 각성은 오늘날 세계복음화를 위한 로잔운동에서 메아리치고 있음을 본다. 로잔운동은 세계복음주의 교회지도자들이 세계선교의 대과제의 중요성을 인식하며, 성서의 빛 아래서 신학적 입장을 정립하며, 오늘의 시대에 적응성 있는 선교방법을 모색하고, 온 교회가 협력하여 세계복음화에 헌신하자고 다짐하는 데서 시작된 운동이다. 이 대회는 여러 교회가 함께 협력하는 기초로서 유명한 로잔언약을 발표했다. 그리고 1989년에 마닐라에서 제2차 대회를 가졌다. 이 대회에는 170국에서 약

3,000명의 지도자가 참석했다. 그리고 로잔언약을 보완하는 마닐라선언문을 발표했다.[19] 이 선언문은 그리스도의 온전한 복음(The Whole Gospel)의 선포에는 기사 이적이 동반함을 인지했다. 그리고 오늘날, 선교에는 마귀와의 영적 대결(power encounter)이 따른다는 것을 새삼 깨달은 시점에서 볼 때 이 신유의 증거는 놀라운 것으로서, 성결 전도를 능력 전도(power evangelism)로 변모시킨다. 그래야 마가가 "제자들이 나가 두루 전파할 새 주께서 함께 역사하사 그 따르는 표적으로 말씀을 확실히 증언하시니라"(막 16:20)고 증언하였듯이 전도는 신유의 역사가 동반함으로 능력전도가 된다.

이는 우리들의 체험에서 확인된 것이 아닌가! 필자는 신유를 체험함으로 확신하는 믿음을 갖게 되었다. 필자는 집회에서 신유역사가 있었음으로 그 집회가 큰 은혜의 집회가 된 것을 체험하였다. 최근에 한국의 최고 지성인이라 일컫는 이어령 박사도 결국 딸의 신유사건을 보고 예수를 믿게 되지 않았는가! 필자는 난관에 처한 교회가 그곳에서 일어나는 신유사건으로 인하여 형통하게 되는 것을 친히 보았다. 사역에서 신유사건이 일어나면 사역자의 믿음은 더욱 견고하여지며 확실해진다. 이는 필자가 최근에도 체험한 바이다. 할렐루야!

또한 신유를 하나님의 구원이 육체에까지 구체적으로 임하는 것으로 또한 앞으로 구체적으로 도래할 하나님의 나라를 미리 맛보는 것으로 이해할 때, 신유의 복음은 하나님 나라의 좋은 소식으로 이해된다.

그러고 보면 성결교회의 초대선배들이 성경에 나타난 신유를 적절히 전함으로 성결운동에 도움이 된다고 믿어 교회의 전도표제에 신유를 첨가한 것은 너무나 적절한 일이며 오늘의 교회에 큰 도전이 아닐 수 없다.

이 글을 마치면서, 웨슬리가 성령의 기적적인 역사에 대한 논증의 마지막에 기록한 구절을 인용하고자 한다.[20]

"나는 성경이 약속한 것들을 기쁨으로 받아 행한다(I enjoy). 기독교에서 행해온 것을 와서 보라. 이것들은 하나님께로부터 온 것이다. 나는 이런 옛 그리스도인들 (그들이 실족함이 있었다 해도) 더 존경한다. … 나는 능력과 사랑의 하나님께서 당신이나 나 자신을 초대 교부들과 같은 그리스도인들로 만드시기를 간절히 기도한다."[21]

참고 도서

조종남. 「요한 웨슬리의 신학(개정증보판)」 대한기독교서회, 1993.

______. 「존 웨슬리 설교 선집」 서울신학대학교 출판부, 2013.

______. 「사중복음의 현대적 의의」 대한기독교서회, 2009.

______. 「로잔 세계복음화운동의 역사와 신학」 선교횃불, 2013.

Tyerman, Luke. *The Life and Times of the Rev. John Wesley*. 2 vols. Hodder Stoughton, 1872-75.

Wesley, John. *The Works of The Rev. John Wesley*, Ed. by Jackson, 14 vols. Zondervan Pu. Co., 1958-1959.

______. *Explanatory Notes Upon the New Testament*, 1755, 1941.

______. *The Journal of the Rev. John Wesley*, Ed. by N. Curnock, 8 vols, Epworth Press, 1938.

______. *The Letters of the Rev. John Wesley*, Ed. by John Telford, 8 vols, Epworth Press, 1931.

The Constitution of The International Apostolic Holiness Union. 1900, 1902, 1910~1911, 1912.

The Constitution of The International Apostolic Holiness Union and Churches. 1905.

The Constitution of The International Apostolic Holiness Church. (1913, 1914~1915, 1916~ 1919).

The Manual of the Oriental Missionary Society. 1925.

Dayton, D. *Theological Roots of Pentecostalism.* Eerdmans, 1987.

14
웨슬리와 카리스마타
−성령 체험에 대한 웨슬리의 견해−

I. 들어가는 말

최근에 교계에서 일어나고 있는 영적 운동과 연관하여, 많은 질문을 받는다. 성령의 역사에 동반하는 표적들―가슴이 뜨거워진다, 사람이 넘어진다 등등. 이런 현상이 성령의 역사의 외적 증거인지, 아니면 인위적인 것인지? 이런 현상이 없다면 성령의 역사가 없다는 것인가?

교회 역사에서 위대한 일을 행한 지도자들에게도 이런 문제가 늘 제기되었던 것 같다. 이에 우리는 18세기 영국의 교회와 사회를 새롭게 한 위대한 전도자요, 신학자인 요한 웨슬리의 경험과 견해를 살펴봄으로 참고를 삼고자 한다.

II. 웨슬리가 경험한 성령의 역사

2.1. 웨슬리의 가슴 뜨거운 신앙 체험

웨슬리는 목사관에서 태어났다. 그는 어려서부터 엄격한 청교도적인 경건한 가정에서 자라났다. 교회의 모든 규율을 엄격히 지키면서 자라났다. 그런 경건과 신앙생활은 그의 옥스퍼드(Oxford) 대학 시절, 신성클럽 활동으로 연결되었다.

촉망을 받는 목사요 옥스퍼드의 강사로서, 미국 조지아에 선교사로 갔다 오기까지 했다. 그러나 그는 명목적인 신자로 활기가 없는 목사였다.

그러던 중, 1738년 5월 24일 올더스게이트에서 있었던 집회에서, 이상하게 가슴이 뜨거워지면서 그는 자기 구원에 대한 확신을 갖게 되었다. 이는 그가 체험한 성령의 증거(역사)였다. 이런 성령의 역사를 통하여, 웨슬리는 지금까지의 지식적인 믿음이 확실한 자기 자신의 믿음(his own)이 된 것이다. 그리하여 그는 "예수 그리스도가 세상의 구주일 뿐 아니라, 바로 '나'를 위하여 돌아가셨도다. 그리스도께서 나의 죄까지도 사하셨도다. 진실로 그리스도만이 구주이시다"라고 확신하게 된 것이다. 그는 그의 일지에서 다음과 같이 기록하고 있다.

1738년 5월 24(수)[1]

저녁에 나는 올더스게이트 거리에서 모이는 집회에 별로 마음이 내키지 않았으나 참석했다. 그 집회에서 어떤 사람이 루터의 '로마서 주석서의 서문'을 읽고 있었다. 오후 9시 15분 전쯤 그가 하나님께서 그리스도를 믿는 믿음을 통하여 우리 마음속에 역사하시는 변화를 말하고 있을 때 나는 내 가슴이 이상하게 뜨거워짐을 느꼈다(I felt my heart strangely warmed). 나는 그리스도, 오직 그리스도만이 나의 구주심을 신뢰하는 마음이 생겼다. 그리고 그가 나 같은 죄인의 죄까지도 가져가 주시고, 죄와 사망의 법에서 나를 구원하여 주셨다는 확신을 얻게 되었다.

그 후에 나는 나를 악의에 차서 아주 특별한 방법으로 모욕하고 핍박하던 자를(마 5:44) 위하여 온갖 정성을 다해 기도하기 시작했다. 그리고 나는 거기 모인 모든 사람들에게 내가 새로이 얻은 내심의 체험을 공개적으로 증거했다.…

집에 돌아온 후 여러 가지 유혹으로 괴롭힘을 당했다. 그래서 소리를 치니까 모두 달아났다. 그러나 유혹들은 찾아오고 또 찾아왔다. 그때마다 나는 눈을 들어 하나님을 바라다본즉 하나님은 그의 성소로부터 도움을 보내주셨다. 여기서 나는 나의 현재 상태와 나의 과거 상태가 서로 다름을 발견했다. 과거에는 은혜 아래 있고, 또한 율법에게 속하였으므로 비록 전력을 다해 싸웠는데도 패한 때가 많았다. 그러나 지금 나는 항상 승리하는 자다.

웨슬리는 이런 성령의 증거를 통하여, 참 믿음(saving faith)을 갖게 되며, 확신(assurance)을 갖게 될 뿐 아니라, 성경의 말씀을 참 하나님의 말씀으로 믿게 된 것이다.[2] 스타키(Starkey)는 이런 성령의 증거(역사)가 웨슬리의 신앙생활에 능력과 목적을 부여한 것이라고 했다.[3] 이후부터 웨슬리는 작은 일에나 큰일에나 성서적 그리스도인, 성서적 기독교를 재긍정하는 메소디스트 운동을 하게 된 것이다.[4]

웨슬리도 그랬듯이 신자는 이런 성령의 증거를 체험하지 않고 서는 참 신자가 될 수 없는 것이다.

2.2. 기사 이적이 동반하는 능력 전도

웨슬리의 전도 사역은 성령의 계속적인 역사에 힘입어서 힘차게 전개되어 나갔다. 그는 자기의 설교 사역이 올더스게이트에서의 체험 후 어떻게 달라졌는가를 다음과 같이 증언하고 있다.

> 1725년부터 나는 설교를 많이 하였으나, 그 수고에 대한 열매를 거의 못 얻었다. 그러나 1738년 이후, 곧 올더스게이트에서의 신앙 체험 후, 나의 설교는 그리스도 중심의 설교였으며, 나의 전하는 "하나님의 말씀은 덤불 속의 불처럼 역사하였다." 청중은 모두가 은혜로 인하여 믿음으로 말미암아 구원을 받는다고 증거하는 것이었다.[5]

웨슬리의 이런 선교 사역은 마침내 18세기 영국에서 놀라운 교회의 부흥, 개인과 사회의 갱신을 가져왔다.

그러나 우리는 이런 놀라운 사역을 함에 있어, 웨슬리 자신이 성령의 강한 역사를 체험했다는 사실을 간과해서는 안 된다. 웨슬리가 그의 일지에 기록한 그의 체험을 들어보자.

> 1739년 1월 1일(월)
>
> 웨스트리 홀 목사(웨슬리의 매부), 찰즈 킨친 목사, 인감 목사, 조지 횟필드 목사, 허칭즈 목사, 내 동생 찰스 목사가 60여 명의 다른 형제들과 함께 페터래인에서 갖게 된 애찬식에 참석했다.[6] 새벽 3시경이었다. 우리가 계속 갈급하게 기도하고 있을 때 하나님의 권능이 우리 위에 매우 강하게 임재하셨다. 그 권능 아래 많은 사람들은 넘쳐흐르는 기쁨으로 울부짖었고, 그리고 많은 사람들이 땅바닥에 쓰러졌다. 우리가 하나님의 권능의 현존 앞에서 그 위엄과 놀라움에서 약간 깨어나자마자, 우리는 한 목소리로 "우리는 주님을 찬양합니다. 오 하나님, 하나님은 우리의 주님이 되십

니다."를 불렀다.

웨슬리는 1744년 12월 23일과 25일 사이에 일어난 사건을 다음과 같이 기록하고 있다.

1744년 12월 23일(주일) … 나는 이상하게(unusually) 생기가 없었고 마음이 무거웠다. … 그다음 날, 나는 아직도 죽은 사람과 같았다. 그러나 저녁에 내가 스노우필드에서 기도를 하고 있는 동안, 내 기억으로는 이전에 본 적이 없는 빛과 능력을 발견했다. …

25일(화) … 나는 아침에, 하나님의 은혜로, 어제와 같은 영적 상태에서, 일어났다. 아마도 8시경, 나는 그리스도를 믿는 두세 사람과 함께 있었는데, 그때 나는 하나님 면전에서 심한 두려움(awe)과 평안함(tender sense)을 느꼈다. 이는 하나님께서 내게 주신 것이다. 그리고 나는 온종일 하나님의 면전에서 지냈다. …

많은 웨슬리 학자들은 이런 사건이 웨슬리가 강조하던 온전한 성결 또는 성령충만의 사건이었을 것이라고 한다. 이런 성령의 역사를 통하여 웨슬리의 사역이 보다 힘있게 전개된 것은 부인할 수 없다.

성령의 강한 역사는 그 후 웨슬리의 전도 사역에서도 거듭거듭 일어났다. 이런 역사를 통하여 많은 죄인이 회개하고 예수를 구주를 영접하게 되며, 신자가 구원의 확신을 갖게 되었다. 실의에 빠졌던 신자가 새로운 힘과 기쁨을 회복하며, 마음의 평강을 얻으며, 주를 찬양하게 되었다. 또는 병든 자가 치유를 받았으며, 사귀들린 자가 고침을 받는 일들이 일어났다.

　명실공히, 웨슬리의 사역은 초대교회에서 보듯이 말씀의 전파일 뿐만 아니라 하나님의 권능이 나타나는 것이었다. 이런 역사는 놀라운 외적 표적도 동반했다. 어떤 때는, 말씀을 듣던 사람 가운데 어떤 사람이 넘어진다, 몸을 떤다든가, 소리를 지르곤 했다. 웨슬리가 친히 기록한 몇 개의 예를 보기로 하자.

2.2.1. 기이한 현상이 나타남

1739년 6월 15일(금)

저녁에 나는 피곤한 몸과 지친 마음으로 왑핑(Wapping) 집회에 갔다. 로마서 3:19에 관해 말씀 선포를 하려 했으나 어떻게 입을 열어야 할지를 몰랐다. 나의 마음은 어딘지는 모르나 공동 서신과 히브리서의 많은 구절로 가득 차 있었다. 나는 하나님께 직접 지시해주실 것을 간절히 기도하고 성경을 열었더니 히브리서 10:19-22 "그러므로 형제들아 우리가 예수의 피를 힘입어 성소에 들어갈 담력을 얻었나니 그 길은 우리를 위하여 휘장 가운데로 열어 놓으신 새롭고 산 길이요 휘장은 곧 저의 육체니라…"의 말씀을 주셨다.

내가 사람들에게 "새롭고 산 길(a new and living way)"을 통해서 가장 거룩한 '성소'에 들어오라고 열심히 죄인들을 초청하고 있을 때, 많은 사람들이 눈물과 큰 소리로 하나님을 부르기 시작했다. 어떤 사람들은 푹 쓰러져서 그 자리에서 몸에 힘이 빠진 상태로 누워 있었다. 어떤 사람들은 몹시 떨고 진동을 했다. 어떤 이들은 너무나 비탄에 젖은 나머지 육체의 모든 부분에 일종의 격동적인 동작을 보였으므로 4~5명의 사람들이 한 사람을 당하지 못했다. 나는 많은 히스테리 환자와 간질병 환자들의 발작 증세를 보아 왔으나, 그러나 이들은 그러한 증세와는 전혀 다른 것이었다. 나는 즉시 하나님께 믿음이 약한 자들이 마음에 상처받지 않도록 기도했다.[7]

2.2.2. 신유의 역사가 일어남

웨슬리는 야고보서 5:14-15을 주해하면서, 신유의 기적은 항상 있는 것으로 보았다. 그러므로 신유의 기도는 특별한 은사를 받은 사람뿐 아니라, 즉 장로들도 병 낫기를 위하여 기도하면 된다고 이해했다.[8] 웨슬리의 이런 신앙과 가르침은 그의 사역에서 여러 번 나타나고 있다.

1741년 5월 10일(월)

나는 죄인들에게 회개하라고 외쳤다. 그동안 별로 피곤을 몰랐다. 그러나 그 후 이어진 애찬식 때, 나는 허리와 머리가 아플 뿐 아니라 몸에 열이 계속해서 있었다. 기도를 하려고 하니, 기침이 몹시 나서 말을 할 수 없었다. 바로 그 순간, 나에게, "믿는 자들에게는 이적이 따르리라"(막 16:17)는 생각이 났다. 그래서 나는 큰 소리로, "주여 나의 믿음을 도우셔서(increase my faith), 당신의 은총의 말씀을 입증하소서" 하고 주님께 구했다. 내가 그렇게 말하는 동안에, 나의 아픔을 사라졌고, 열도 떨어져서 기운을 차리게 되었다. 그후 나는 오랫동안(for many weeks) 아픔과 약함을 느끼지 않았다. 오 주님, 당신께 감사를 드립니다.

1746년 11월 12일(수)

저녁 예배 시간에, 나는 심한 치통이 생겼다. 집으로 돌아오는 길에, 스피어씨가 말하기를, 자기도 치아가 부서져서 여러 해 동안 고생을 했는데, 많은 의사들은 고칠 수 없다고 말했지만, 순간적으로 완전히 치유를 받았다는 이야기를 했다. 나도 하나님의 뜻에 맡기는 기도를 드렸다.

1756년 4월 6일(화)

설교를 마치고 돌아오는 아주 어두운 밤이었다. 나는 나무 조각에 발이 부딪쳐 아파서 넘어졌다. '아- 나는 지금부터 여러 주 동안 말씀을 듣지도 설교하지도 못하겠구나' 생각했다. 그 순간 나의 가슴에 와 닿는 말씀이 있었다. "예수의 이름을 부르라, 그리하면 너는 일어서리라." 그래 나는 뛰어 일어나며, 내 발을 뻗치면서 외쳤다. "주 예수 그리스도시여! 내가 당신의 이름을 부르오니, 나로 하여금 일어서게 하시옵소서." 그 순간, 통증이 멈추고, 나는 일어섰다. 그 후 나의 발은 전처럼 아주 튼튼해졌다.

1757년 5월 5일

토마스 B___라는 사람이, 3마일쯤 떨어진 곳에 있었는데, 심한 파상을 입고 죽을 뻔했다. 그러나 우리 교회(societies)에서 성도들이 기도하는 가운데, 그는 순간적으로(at once) 고침을 받아 건강을 완전히 회복했다.[9]

2.2.3. 마귀 들린 사람을 치유함

1739년 10월 23일(화)

저녁에 집으로 돌아오는 길에 나는 부득이 킹스우드(Kingswood)에 있는 한 젊은 부인(Sally Jones란 여인임)에게 다시 가야만 했다. (사실을 있는 그대로 말할 테니 각자가 판단하시기 바람) 그녀는 19~20세 정도였으나 쓰지도 읽지도 못하는 것 같았다. 그녀는 침대에 누워 있었는데, 2~3명이 그녀를 잡고 있었다. 무서운 광경이었다. 말로 표현할 수 없는 실망과 공포와 고뇌가 그녀의 창백한 모습으로 나타났다. 온몸이 수천 번 비틀어지는 것으로 보아 지옥의 개들이 그녀의 심장을 갉아 먹고 있는 것으로 나타났었다. 견딜 수 없는 날카로운 비명 소리가 뒤섞여 나왔다. 그러나 그녀의 돌처럼 굳어버린 두 눈은 들 수조차 없었다.

그녀는 입을 열자마자 다음과 같이 말했다. 나는 저주를 받았단 말이에요, 저주를. 영원히 파멸되었어요. 엿새 전에만 왔어도, 오 나를 도울 수 있었을 텐데. 이젠 늦었어요. 이제 나는 마귀의 자식이에요. 나를 마귀에게 주어 버렸어요. 나는 마귀의 것이니 마귀를 섬겨야 해요. 마귀와 함께 지옥에 가야 해요. 나는 마귀의 것이고, 그를 섬겨야 해요. 그와 함께 지옥에 갈 거예요. 나는 구원을 받을 수도 없고, 구원을 받지도 않을 거예요.

나는 저주받아야만 하고 받을 거예요. 그리고서 그녀는 악마에게 기도를
시작했다.

우리는 "주님의 군사여, 일어나라, 일어나라"(찰스 웨슬리가 지은 찬송)라는
찬송을 불렀다. 그러자 그녀는 즉시 잠자듯이 푹 쓰러졌다. 그러나 우리
가 떠나자마자, 말할 수 없이 격렬하게 다시 소란을 피웠다. "돌 심장이
여, 터져버려라…" 그리고 그녀는 두 눈을 천정의 구석을 향해 고정시키
고는, "아, 그가 저기 있어요. 좋은 악마여, 와서 나를 데리고 가렴. 네놈이
나의 골통을 부셔버리겠다고 했잖아. 와서, 빨리 하란 말이야. 난 너의 것
이고, 너의 것이 될 것이란 말이야. 나를 데리고 가다오."
우리는 다시 그녀에게로 가서 하나님께 부르짖었더니, 그녀는 전처럼 또
한 번 푹 쓰러졌다. 그런데 또 다른 여인(Betty Somers로 판명됨)이 큰소리로
고함을 지르기 시작했다. 9시경 내 동생 찰스가 왔다. 우리는 함께 11시까
지 계속 기도했다. 그때 하나님께서 고통당하는 첫 번째 여인과 두 번째
여인의 영혼 속에 한순간 평화의 말씀을 주시니, 그들 두 여인은 원수와
복수자(시 44:16)를 잠잠케 하신 주님을 함께 찬양하였다.

1740년 5월 21일(수)

저녁에, 웃는 귀신들린 여자(a spirit of laughter)가 나타나 모두가 어려움을
겪었다. 모든 사람의 주의가 그녀에게 쏠렸다. 그녀는 외식을 부리는 사
람이 아닌 것을 모두가 아는 바다. 그렇게 포악하게 악령에 사로잡혀 날
뛰는 것을 일찍이 본 적이 없다. 그녀는 가끔가끔 웃는다, 그리고서는 거
의 까무러친다. 그러다가는 큰소리로 저주를 하고 하나님을 모독하는 말
을 한다. 그렇게 하다가, 발을 구르며 야단을 한다. 그때 그녀의 힘이 어찌
강한지, 사오 명의 사람이 달려들어도 그녀를 억압하기가 힘들었다. 말할
수 없이 강했다. … 그러나 마침내 그녀가 그리스도를 부르며 도와 달라
고 하자, 그녀를 괴롭히던 난폭함은 사라졌다.

2.3. 이런 치유의 사건은 그 후도 가끔 있었다.[10] 웨슬리는 구로우세스터의 감독 와버튼 (William Warburton, Bishop of Gloucester 1759-79)이 쓴 책,「성령의 직무와 역사」(*The Office and Operations of the Holy Spirit, Vindicated from the Insults of Infidelity and the Abuses of Fanaticism*)에서 웨슬리를 비판하며 성령의 기사 이적을 부정적으로 설명한 데 대한 논평으로 1762년 11월 26일에 쓴 편지에서 다음과 같이 말하고 있다.

내가 여기서 증언하는 것은 분명한 사실이다. … 내 말(horse)이 다리를 몹시 절었다. 그리고 나는 심한 두통이 있었다. 나는 하나님께서 사람이나 짐승을 어떤 방법으로든지 치유하실 수 있지? 하고 생각했다. 즉각적으로 나의 피로와 두통은 멈추고, 내 말은 같은 순간 다리를 절지 않았다. 그렇다. 진실이 믿는 (**수천 명에 달하는**) 많은 성도들은 이와 같이 확실한 기도의 응답을 체험했다고 나는 믿는다.

R— — —A— — —씨는 자연법으로는 치유가 불가능하다는 광견병(distemper)에 걸렸었는데, 인간적인 수단을 쓰지 않고 순간적으로 치유를 받았다.…

저녁에 나는 안 카루캇트를 방문했다. 그녀는 얼마 동안 말을 하지 못했다. 그러나 우리가 기도를 시작하자마자, 하나님께서 그녀를 치유하시어 그녀는 말을 했다. …

젊은 두 여자가 사귀가 들려 이상한 모양으로 고통을 당하고 있었다. 몇 친구가 나와 내 동생에게 와서 기도해 달라고 요구했다. 우리는 다른 사람들과 함께 위하여 기도했다. 그들은 고침을 받았다. 로마 사람들이 사용하는 마술을 사용했냐고요? 나는 그런 마술을 사용하지 않았다. 나는 그런 마술을 본 적도 없고 알지도 못한다.[11]

2.4. 이런 사역이 일어남으로 인하여, 웨슬리의 복음 증거는 권능으로 이루어졌다. 그러나 다른 한편 당시의 교회 지도자들로부터 '열광주의자' 라는 비난도 받았다. 왜냐하면, 당시의 영국교회는 성령의 직접적인 증거나 성령의 기사 이적을 믿지 않았기 때문이다. [12]

당시의 유명한 정통주의 신학자요 브리스톨의 감독인 버틀러(Bishop Butler)는 웨슬리에게, "당신이 집회에서 사람들이 발작을 하고, 그러면 당신이 그들을 위해 기도한다고 들었는데 … 성령의 기적적인(특수한, 일시적인, unordinary) 계시나 은사들이 있는 것처럼 행하는 것은 무서운 일, 참으로 끔찍한 일이다. 당신은 이 지역에서 설교하지 말고 떠나라."고 충고했다. [13]

이런 반대자는 버틀러 감독뿐 만이 아니었다. 리치필드의 감독은 출판물까지 발행하여 웨슬리의 주장은 열광주의자들의 교리며, 무용한 것 (futile)이라고 다음과 같이 비난했다.

"성령이 신자 안에 내주하며, 내적 증거를 한다고 주장한다든가, 또는 성령에 의하여 기도하고 설교한다고 하는 것은 결국 성령의 기적적인(비정상적인) 은사나 역사를 인정하는 것인데, 이런 사역은 사도 시대와 초대교회에만 속한 것이다. 따라서 말세(오늘날)에서 그런 일이 일어나는 것처럼 행하는 것은 헛된 일이며, 이는 열광주의자들의 교리이다." [14]

타이어맨에 의하면, 이런 반대는 깁슨 감독(Bishop Gibson), 와버튼 감독(Bishop Warburton) 등 여러 지도자로부터도 받았다. [15]

2.5. 이런 반대는 불신하는 일반 신자들로부터도 왔다. 웨슬리는

1739년 5월 20일(주일)의 일기에서 다음과 같이 기록하고 있다.

1739년 5월 20일(주일)

우리의 마음이 완고하기 때문에 눈으로 보지 않고 그리고 귀로 듣지 않고는 어떤 사실도 받아들이려 하지 않는다. … 그러나 사람들은 '표적과 기사'(요 4:48)를 보고도 믿으려 하지 않은 사람들이 많다. 그 사람들은 사실들(표적과 기사)을 부정할 수 없기 때문에, 그 사실들을 자기 나름대로 설명하려 한다. 어떤 사람들은 "이런 현상은 순전히 자연적인 현상이란 말이야. 사람들은 밀폐된 방에서 열 때문에 쓰러지는 것이야"라고 설명했다. 또한 다른 사람들은 "모두가 속임수야. … 왜 자기네들 개인 집회에서만 그런 일들(표적과 기사)이 발생한단 말이야? 왜 태양 아래선 그런 일이 발생하지 않는단 말이야?"라고 빈정댔다.…

오늘 21일(월요일), 우리 주님께서 직접 응답해 주셨다. 내가 "너희는 가만히 있어 내가 하나님 됨을 알지어다"(시 46:10)의 말씀을 강조하며 전하는 동안, 하나님께서, 밀폐된 방이나 개인 집회에서가 아니라 야외(브릭크야드 옥외집회)에서 2,000명 이상의 증인들 앞에서 권능을 보여주시기 시작했다. 사람들은 한 사람 또 한 사람 그리고 또 한 사람 계속해서 땅바닥에 꼬꾸라짐을 당하여, 하나님의 권능의 현존 앞에서 몹시 떨었다. 다른 사람들은 고뇌에 찬 큰 소리로 "우리가 어떻게 하여야 구원을 얻으리이까?"(행 16:30)라고 울부짖었다. 한 시간이 체 지나기 전에 그들 중에는 내가 처음 보는 일곱 사람이 기쁨이 충만하여 찬송을 부르면서, 자신들을 구원해 주신 데 대하여 하나님께 온갖 힘을 다하여 감사하고 있었다.

저녁에 니코라스 거리에서의 집회 때 내가 말씀을 전하기 시작하자마자, 한 사람이 "마음에 찔려"(행 2:37) 용서와 평화를 간구하여 몹시 괴로워하는 울부짖는 소리에 예배의 방해를 받았다. 그러나 나는 계속해서 하나님께서 벌써 이루어 주신 일을 선포하면서, 하나님은 "아무도 멸망치 않고

다 회개하기에 이르기를 원하시느니라"(벧후 3:9)라는 중요한 진리를 증거로 내세웠다. 또 다른 사람이 푹 쓰러졌는데, 그 옆에는 반대 이론을 강하게 주장하던 한 사람이 서 있었다. 그가 그 광경을 보고 놀라 서 있는 동안에, 가까이 있던 어린 소년도 똑같은 현상으로 쓰러졌다. 뒤에서 눈을 똑바로 뜨고 그 광경을 바라보고 서 있던 한 청년이 죽은 사람처럼 푹 꼬꾸라지더니, 곧 땅을 치면서 소리 내어 울부짖기 시작했다. 여섯 명의 장정이 그 사람을 저지하기가 힘겨웠다. 그의 이름은 토마스 맥스필드였다(Thomas Maxfield: 그 후 웨슬리와 함께 전도여행을 떠나게 되고 훗날 목사가 됨).

웨슬리는 비판을 받을 때마다 자기가 하고 있는 일에 대하여 변호했다. 이런 계기는, 동시에 웨슬리로 하여금 성령의 역사, 특히 성령의 직접적인 역사에 대한 신학을 개진하는 기회를 제공했다. 그러면 웨슬리의 성령, 특히 성령의 증거에 대한 교리를 살펴보기로 하자.

III. 성령의 내적 사역과 외적 표적

3.1. 성령 역사에 대한 웨슬리의 관심

그런 논란 속에서 웨슬리는 이런 문제에 대하여 깊은 관심을 안 가질 수는 없었다. 그는 1739년 7월 7일의 일지에서, 동료목사와 상의한 것을 볼 수 있다.

1739년 7월 7일(토)
나는 휫필드 목사와 하나님의 내적인 역사와 동반되는 외적인 표적(쓰러지는 일)에 관하여 의논할 기회를 갖게 되었다. 나는 그가 반대하는 태도를 취하는 것은 주로 사실과는 다른 엄청난 거짓된 소문에 근거를 두고 있음을 알게 되었다. 그러나 다음날 그분 자신이 보다 더 잘 알게 될 기회를 갖게 되었다. 왜냐하면 횟필드 목사가 설교를 하면서 예수를 믿기로 결단하는 모든 죄인들을 연단 앞으로 초청했을 때, 그분 가까이에 있던 네 사람이 거의 동시에 쓰러져버렸기 때문이다. 그들 중의 한 사람은 움직이지도 않고 의식도 없이 누워 있었고, 두 번째 사람은 몹시 덜덜 떨었고, 세 번째 사람은 소리는 내지 않고 끙끙 앓으면서 온몸에 강한 발작적인 움직임(진동)을 보였으며, 네 번째 사람은 똑같은 발작적인 동작을 하면서 눈물과 큰소리로 하나님께 기도했다. 이때부터 우리(웨슬리와 횟필드)는 모두 하나님께서 역사하시는 대로 수용하기로 하였다.

웨슬리는 그의 표준 설교집을 출판하였다. 웨슬리는 그의 표준 설교집을 감리회의 교리 표준으로 삼았듯이 교인들의 양육을 위하여 설교집을 출판했던 것이다. 그는 설교집 서문에서 다음과 같이 말한다.

나는 내가 성서 속에서 발견한 하늘로 가는 길에 관하여 이 설교에 적절히 기록하였다. 그리고 이 설교에서 나는 하나님께서 알려 주신 구원의 길과 인간이 꾸며낸 길이 어떻게 다른가를 보여주었다. 나는 참되고, 성서적이면서 경험적인 신앙을 설명하려고 노력했다. 그 설명에 있어서 신앙의 참된 부분은 조금도 삭제하지 않고, 또 거짓된 것을 덧붙이지도 않으려 했다. 이렇게 하면서 내가 특별히 바라는 것은 이런 것들이다.
첫째, 이제 방금 천국을 향하여 발걸음을 내딛는 사람들(곧 하나님의 역사를 잘 알지 못하기 때문에 천국 가는 길에서 돌이키게 될 가능성이 많은 사람들)을 형식주의와 단순한 외적 종교(mere outside religion)에서 보호하려는 것이다. 이 같은 외적 종교는 마음의 종교(heart religion)를 세상 밖으로 축출시켜 왔다.
그리고 둘째, 마음의 종교, 곧 사랑으로 역사하는 믿음(the faith which worked by love)을 가진 사람들에게 믿음으로 말미암는 율법(the law through

faith)을 포기하지 않도록 하여 악마의 올무에 빠지지 않도록 경고하려는 것이다.[16]

다시 말해서 웨슬리는 냉랭한 형식주의와 무분별한 열광주의를 경계하며, 성서적 경험적 기독교를 긍정하려는 것이었다. 이런 웨슬리의 관심은 주로 성령의 역사와 연관된 일이었다.

3.2. 정통신학자들에 대한 충고:

첫째, 당시의 소위 정통신학자들에게 답하면서, 웨슬리는 지금도 복음이 권능으로 전파되며, 사람들이 하나님께 가까이 살고 있다면, 성령은 비상적인 극적인 은사 곧 카리스마타(charismata)를 나타낸다고 믿었다.[17]

3.2.1. 또한 그런 성령의 역사가 초대교회, 곧 성서시대에 성행했다는 것도 인정한다. 그러나 그는 그런 것이 사도시대에만 국한된 것이 아니라, 그런 역사가 현재 나타나지 않는 것은(disappearance) 교회가 콘스탄틴 시대에 들어서면서 많은 세속적인 로마인들이 교인이 되어, 신앙에 변화를 가져왔기 때문이라고 보았다.

웨슬리에 의하면, 이는 성령이 후퇴하신 것이 아니라, 사랑이 식어져 있는 즉 그저 죽은 형태만 가지고 있는 사람들에게서는 성령께서는 역사하시지 않는 것이다.[18] 더 나아가서 웨슬리는 말하기를, 이런 기사 이적들이 정지되고 있음은 교회가 평온과 안전 속에 있기 때문이다. 그리스도인들은 안위와 명예롭게 믿고자 하기 때문이다.[19]

3.2.2. 쉬지 않고 오는 비난과 공격이 있었음에도 불구하고, 웨슬리는 성령의 감동(Inspiration)과 증거(Witness)는 필요한 것이며 늘 있는 것이라고

주장했다.[20]

여기에 성령의 감동이라 함은, 성령께서 내적으로 도우시는 역사로서, 이를 통하여 사람의 이해와 의지를 깨우쳐 주며, 사람의 연약함을 도우며, 신자를 위로하며, 정결케 하며, 성결케 하는 것이다. 하나님의 은혜란 결국 성령께서 신자 안에서 역사(operate)하는 것을 의미한다. 따라서, 사람이 회개하거나, 믿음으로 거듭나는 일이나, 성화와 성장, 이 모든 것은 성령의 역사에 의한 것이다. 웨슬리는 믿음의 생활을 계속적인 "나와 너(I-Thou)"의 영적 관계에서 이해한 것이다.

이런 성령의 증거는, 웨슬리에 의하면, 직접적이며(immediacy), 사람이 인식할 수 있도록 체험되는 것이되(perceptible), 사람에 따라 다양하게 나타나는 것이다.[21]

3.2.3. 신자에게 역사하는 성령은 같은 성령이지만, 성령은 자신의 뜻에 따라 여러 가지 모양으로 역사하신다.[22] 어떤 때에는 강한 능력으로, 또 어떤 때는 조용히, 보이지 않게 역사하신다. 웨슬리는 말한다. "성령으로 하여금 자신의 방법대로 행하시게 하시오. 성령은 당신보다 더 현명하시며, 그분은 모든 일을 잘 행하실 것이다."[23]

이는 성경에 나타난 하나님의 역사가 다양한 것과 같다. 그러므로 중요한 것은, 내적으로 이루어진 사역의 내용이 하나님께로 온 것이냐 하는 문제이다. 후자가 본질적인 것이라면, 전자는 우연적인 것(accidental)으로 그 표적이 다양하다. 본질적인 것이 없는 현상은 무의미한 것이다. 그리고 본질적인 내용은 하나님께로부터 오는 것이라야 한다. 여기에 웨슬리는 열광주의자들을 경계하기에 이른다.

3.3. 열광주의자들에 대한 경계:

3.3.1. 당시의 열광주의자들은 나타나는 현상과 표적에 치중하여, 은혜의 수단[교회출석, 성례전(세례와 성만찬)에 참여하는 것, 또한 성경을 읽고 상고하는 일들]을 무시했다. 때로는 입신함으로 모든 것이 다 이루어졌다고 간주하며 정숙주의(Quietism)에 빠졌다.

이에 웨슬리는 '은혜의 수단'이라는 설교를 거듭하면서 그들의 그릇됨을 지적하고 시정하려고 했다.[24] 또한 '신자 안에 있는 죄'[25]라는 설교를 하면서 그들의 그릇된 구원관을 시정하려고 애썼다.

그럼에도 불구하고, 페터레인 집회를 주도하고 있던 모라비안 교도들은 웨슬리의 충고를 받아들이지 않았다. 그리하여 웨슬리는 1739년 말에 마침내 모라비안 교도와 결별하고 메소디스트 연합회(United Methodist Society)를 발족했다.

이것은 대단히 중요한 사건이다. 많은 교회사가들은 이 사건이 웨슬리의 메소디스트를 기독교 주류에 선 복음적 운동으로 자리 잡게 하는 데 크게 공헌했다고 본다.

3.3.2. 더욱이, 웨슬리는 때로는 마귀의 역사로 흡사한 기적적인 현상이 일어나는 것을 보았다. 웨슬리는 그의 일지에서 다음과 같이 말한 적이 있다.

1741년 1월 11일(주일)

나는 마귀의 권능도 얼마나 강한가를 보여주는 경우를 경험했다. 우리가 룸(the Room)에 있는 동안 된 일이다. 편안한 자세로 앉아 있던 존즈 부인(브리스톨 집회소의 회원)이 성경을 읽기 위해 성경을 잡더니, 갑자기 성경을 던져버리고는, 말하기를 "나는 충분히 착하단 말이에요. 난 더 이상 절대로 성경을 읽거나 기도하지 않을 거야.”라고 했다. 내가 왔을 때에도, 그녀는 같은 모양이었다. 그녀는 “난 항상 죄로 가득 찬 사람으로 내가 하는 모든 일에 죄를 짓는다고 생각했어요. 그러나 이제 더욱 분명히 알게 되었어요. 내가 선량한 기독교인이란 것 말이에요. 나는 내 일생에 남에게 해 되는 일은 한 적이 없단 말이야. 지금보다 더 착해지려고 바랄 것도 없단 말이에요.”라고 말했다. 그녀는 같은 소리를 수없이 하면서, 오만과 거짓의 악령이 그녀를 완전히 지배하고 있음을 분명히 보여주었다.

다음날 12일(월)에 나는 “치유받기 원합니까?”라고 물었다. 존즈 부인은 “나는 온전한 사람이에요.”라고 했다. 나는 “그러나 구원받기 원합니까?”라고 물었다. 그녀는 “나는 구원 받았어요. 고민할 거리가 없단 말이에요.”라고 대답했다. 그러나 존즈 부인이 몸과 마음이 가장 격렬한 고뇌 속에 빠져있음을 식별하는 것은 어렵지 않았다. 몹시 땀을 흘리면서도, 몹시 냉담한 태도로 조금도 가만히 앉아 있지를 못했다. 우리가 기도를 시작하자, 존즈 부인은 못 봐줄 정도로 노발대발하더니, 곧 죽은 사람처럼 푹 쓰러졌다. 몇 분이 지나 그녀는 다시 소생하여 우리와 함께 기도했다. 우리는 그녀를 당분간은 조용히 놓아두고 떠났다.

12일(월)에 존즈 부인은 종일 격렬한 고뇌 가운데 사로잡혀 있었다. … 화요일에 많은 사람들이 그녀를 보려고 찾아왔다. 그녀는 찾아온 사람마다 그들이 실제로 지은 죄나 마음으로 지은 죄를 다 말해주는 것이었다. 그들의 죄지은 내용을 너무나 면밀히 잘 알아맞히니까, 몇몇 방문객들은 올 때보다 더 빨리 도망가 버렸다.
오후에 남편인 존즈씨가 킹스우드로 사람을 보내어 나를 불러오게 했다. 그녀는 남편에게 “웨슬리 목사님은 오늘밤에 오시지 못하고 내일 아침에 오실 거에요. 그러나 하나님께서 시작하셨으니, 하나님 스스로가 역사해 주실 거에요. 내일 아침 6시 이전에 저는 치유받을 거에요.”라고 했다.

존즈 부인은 가만히 누워 있더니 아침 6시 15분경쯤, 그녀는 입을 열고 "당신(남편)이 평안할지어다. 이 집이 평안할지어다(눅 10:5). 하나님의 평화가 나의 영혼에 오셨도다. 나의 구속자가 살아 계심을(욥 19:25) 나는 안다"라고 말했다. 그 후 며칠 동안 그녀의 입은 주님의 찬양으로 가득 차고, 그녀의 말은 주님의 놀라운 역사하심에 관한 것뿐이었다.

3.3.3. 이런 일이 있은 후, 웨슬리는 나타나는 현상에 대하여 다음과 같이 평한 바가 있다.

1743년 3월 12일(토)

나는 두 번째 전도 여행을 끝마쳤다. 이번 여행에서 나는 두 가지 문제를 특별히 조사했다. 첫째, 지난주 거의 매일 밤마다 설교하는 동안 큰소리로 부르짖는 사람들의 경우에 관한 문제이고, 둘째, 우리를 떠나가 버린 사람들의 수(數)와, 떠나간 이유와 원인에 관한 문제이다.

전자의 경우 다음과 같은 사실을 발견했다.

(1) 그들 모두는 (내 생각에는 예외 없이) 완전히 건강한 사람들로서, 한 번도 발작을 해본 적이 없었으나, 마침내 이러한(넘어지는) 현상을 체험한다는 사실.

(2) 사람들이 하나님의 말씀을 듣고 있든지, 혹은 들은 말씀을 묵상하고 있는 동안에, 이러한 현상은 아무런 사전 경고 없이 사람들 각자에게 순간적으로 발생한다는 사실.

(3) 사람들은 쓰러지는 순간에, 몸에 힘은 완전히 빠지고, 격렬한 고통에 사로잡히게 된다는 사실.

사람들은 (3)째 현상이 일어날 때 그 현상을 각자 다른 방법으로 표현했다. 어떤 사람은 마치 칼로 그들의 내부를 찌르는 것처럼 느꼈다고 말하고, 다른 사람은 마치 아주 무거운 짐이 그들 위로 내리누르고 짜서 땅속으로 들어가게 하는 것처럼 느꼈다고 말했다. 또한 어떤 사람은 심히 목이 졸려서 숨을 쉴 수 없었다고 말하고, 다른 사람은 가슴이 터질 듯이 부풀어 올랐으며, 또 다른 사람은 마치 심장이, 모든 내부가, 몸 전체가 조각조각으로 찢어져 버리는 것처럼 느껴졌다고 말했다.

이러한 (3)의 징후를 나는 어떤 자연적인 원인으로 돌릴 수도 없고, 또한 하나님의 영(성령)의 영향으로 돌릴 수도 없다. 그러나 사람들이 그리스도에게로 올 때에, 사탄이 그들을 찢어버린다는 것은 의심할 여지가 없다. 사탄은 사람들이 고통스러운 탄식을 발하게 함으로써, 공포에 싸인 사람들을 놀라게 하여 영혼을 구원하는 말씀을 듣지 못하게 하며, 또한 하나님의 말씀을 불신하게 하려고 획책하는 것 같다.[26]

(4) 사람들은 육체뿐 아니라 마음도 여러 모양으로 영향을 받았다. 어떤 사람은 왜 이러한 영향을 받게 되는지 그 이유를 전혀 설명하지 못한다. 이러한 것 또한 교활한 악령의 짓이라고 본다. 이 악령은 가능한 한 많은 사람을 의도적으로 어리둥절하게 하고 혼동하게 함으로써 악령의 계획을 폭로하지 못하도록 한다. 나는 이러한 사실을 발견했다.

어떤 사람은 모든 것을 처음부터 끝까지 아주 분명하고도 특별한 설명을 할 수 있었다. 이러한 경우 하나님의 말씀이 그들의 마음(souls)을 찔러서, 그들의 외적인 죄와 마찬가지로 내적인 죄가 무엇인가를 확신시켜 주었던 것이다. 그들은 자신들에게 닥치는 하나님의 진노하심을 느낌으로써, 하나님의 심판을 두려워하고 있었다. 이러한 시점에서 비난자인 사탄이 큰 권능을 가지고 이와 같이, 사람들에게 희망이 없다고 말하며 또한 영원히 파멸되었다라고 말하고 있다. 이런 때에 사람들을 순간적으로 사로잡게 되는 여러 가지 육체적인 고통 때문에 사람들로 하여금 억지로 크고 비참한 소리를 지르도록 한다.

3.3.4. 우리는 위의 (1)~(4)항목까지 본대로, 웨슬리는 넘어지는 현상이

성령의 역사로 되는 경우도 있고, 그 반대로 성령의 역사를 방해하려는 사탄의 역사로 되는 경우도 있음을 알 수 있다. 그러므로 우리는 나타나는 현상에 대하여 분별할 줄을 알아야 한다. 웨슬리는 다음과 같이 말했다.

1759년 11월 25일(주일)

오후에 하나님께서 분명히 우리와 함께하셨다. 그런데 우리에게 확신을 주시려는 것보다는 위로함을 주시기 위한 것 같다. 그러나 하나님의 역사하심이 나타나는 방법이 전에 내가 이곳을 다녀갔을 때와는 현저하게 다름을 보았다. 이제는 입신하는 사람도, 울부짖는 사람도, 넘어지는 사람도, 진동하는 사람도 없었다. 다만 몇 사람만이 몹시 떨었으며, 나지막하게 말하는 소리만 들렸다. 많은 사람들이 "풍부한 화평"(시 37:11)으로 생기가 넘치게 되었다.

위험한 것은 울부짖음, 진동, 환상, 입신 등과 같은 현상이 우리의 내적인 역사(변화)에 필수적인 것이라 하여, 이러한 현상 없이는 안 되는 것처럼 생각하여, 특수한 현상을 너무 강조하는 것이다. 또 다른 위험은 아마도 이러한 특별한 현상을 너무 과소평가하든지, 전적으로 정죄하든지, 또한 하나님의 일과는 아무런 관계가 없으며, 하나님의 역사에 방해가 된다고 상상하는 것이다.

이 문제에 관한 진실은 다음과 같다:

(1) 하나님은 많은 사람에게 급작스럽고 강하게 역사하셔서 그들이 죽어야 마땅한 죄인들임을 확신시켜 주시는 것이다. 이러한 확신에 대한 자연스러운 결과는 사람들이 갑작스럽게 울부짖거나, 강하게 육체적으로 경련을 일으키는 것이다.

(2) 믿는 자들을 강건하게 하시고 용기를 북돋아 주시기 위하여, 그리고 하나님의 역사하심을 보다 더 분명하게 하기 위하여, 하나님께서는 꿈으

로, 입신과 환상으로 은총을 내리시는 것이다.

(3) 위에 나타난 일에 있어서도 어떤 경우에는, 얼마간 시간이 지나면 그저 일어난 것인지, 하나님의 은총으로 일어난 것인지를 혼동하곤 한다(바꿔 말하면, 하나님의 은혜로 이로워졌다는 것을 잊곤 한다).

(4) 사탄은 하나님의 역사를 방해하기 위하여 이러한 현상을 모방하여 흉내를 내는데, 사탄의 의도는 하나님의 모든 역사(the whole work)를 불신하도록 하기 위함이다. 이처럼 사탄이 흉내를 낸다고 해서 하나님 역사의 전부를 포기하는 것은 현명하지 못한 일이며, 또한 동시에 하나님 역사의 일부를 포기하는 것도 현명하지 못한 일이다.

처음에 이러한 역사는 의심할 여지없이 전적으로 하나님께로부터 온 것임을 확실히 믿었다. 오늘날에는 부분적으로 믿는다. 그러나 하나님께서는 이러한 역사가 일어날 때마다 우리로 하여금 그 역사가 어느 정도 순수한가를 식별할 수 있도록 해 주실 것이며, 그리고 그 역사가 불순한 점이 섞였는지, 또한 타락한 것인지 식별할 수 있게 하실 것이다.

어떤 경우에, 우리는 이러한 역사가 일어나는 것을 가장하는 사람이 있다는 것을 가정해 볼 수 있다. 말하자면, 실제로 그렇지도 않은 일을 보고 느낀 것처럼 가장하는 사람들도 있고, 또한 하나님의 영(성령)의 권능에 진정으로 압도된 사람들의 부르짖음이나 진동하는 동작을 흉내 내는 사람도 있음을 가정해 볼 수 있다. 그러나 이러한 사실 때문에 우리로 하여금 성령의 진정한 역사를 경시하거나, 혹은 부인하게 해서는 안 된다. 그림자가 본질을 멸시할 수 없는 것은, 위조품이 진짜 다이아몬드를 멸시할 수 없는 것과 마찬가지이다.

한 걸음 더 나아가서, 우리가 상상할 수 있는 것은, 사탄이 우리가 보게 된 환상을 역 이용하여 우리로 하여금 자만의 죄를 짓게 하는 호재(好材)로 삼을 수도 있다는 것이다. 여기서 어떠한 결론을 내릴 수 있을까? 우리는 오로지 자만하지 않도록 경계해야 하고, 겸손한 사랑 외에는 하나님에게 아무런 가치가 없다는 것을 인식하고서 스스로 작은 자가 되도록 노력해야 한다. 그렇다고 해도, 환상을 일반적으로 경시하거나 비난하는 것은 비합리적이요 비기독교도적이다.

위에서 본 웨슬리의 글에서, 그는 하나님께서 주시는 신비한 은혜를 과장하거나, 영적인 무지로 인간의 감성에 지나치게 의존하여 영적 흥분과 환상에 빠지는 신신비주의(Neo-mysticism)를 경계하고 있는 것이다.[27]

3.3.5. 여기에 웨슬리는 나타나는 영적 현상과 표적이 하나님께로 오는 것인지, 마귀에서 오는 것인지를 분별하여야 한다고 주장한다. 웨슬리는 그의 설교 '성령의 증거(I)과 성령의 증거(II)', 그리고 '우리 영의 증거'라는 설교에서 자세히 다루고 있다.[28]

이 설교에서 그는, 성령의 직접적인 증거의 중요성을 강조한다. 이 증거 없이는 신자생활에 활력소가 생길 수 없는 것이다. 그러기에 이는 모든 신자가 누릴 특권이다. 이 점에서, 위에서 보았듯이, 웨슬리는 정통적인 신학자, 냉랭한 형식주의자들의 무감각함을 비판하였다.

웨슬리가 말하는 성령의 직접적인 증거란, 우리 영혼에 나타나는 하나의 내적 인상(inward impression on the soul)으로서, 신자는 이를 통하여 성령의 하시는 것을 알 수 있다는 것이다. 그는 그 내적 증거에 동반하는 외적 표적은 사람에 따라 다양한 것으로 인정하였다.

그러나 동시에, 위에서 지적했듯이, 이 직접적인 증거가 하나님께로부터 나온 것인지를 분별하여야 한다. 왜냐하면 때로는 마귀도 기이한 일을 행하기 때문이다.

여기에 웨슬리는 객관적인 뒷받침이 필요한 것을 말한다. 곧 성령의 간접적인 증거로 뒷받침되어야 한다고 주장한다. 이 점에서 웨슬리는 분명히 열광주의자들과 구분되며, 동시에 신자들이 무분별한 열광주의에 빠지는 것을 경계하고 있는 것이다.

성령의 간접적인 증거로 웨슬리는 성서의 말씀을 들고 있다. "여러분은 조금이라도 성경에서 이탈한다면, 아니 성경 본문의 의미를 그 문맥에 나타난 대로의 분명한 문자적 의미에서 이탈한다면, 여러분은 어느 때나 열광주의에 빠질 위험에 놓이게 되는 것이다."[29]

일찍이 성경은 우리가 "영을 다 믿지 말고 오직 영들이 하나님께 속하였나 시험하라"고 권고하면서, "예수 그리스도께서 육으로 오신 것을 시인하는 영마다 하나님께 속한 것"이라고 하셨다.[30] 다시 말해서 성령의 역사는 기독론적으로 이해하여야 한다는 것이다. 예수 그리스도가 성령의 충만한 가운데 성령에 의하여 행동하셨다면, 성령의 역사, 증거는 예수님의 가르침과 행동에 부합하는 것이라야 한다는 것이다. 웨슬리는 다음과 같이 기록했다.

1739년 6월 22일(금)

오후에 나는 피쉬폰즈(Fishponds)에서 설교를 했으나, 내 안에 생명도 활기도 없었기에, 나는 하나님께서 나를 제쳐 두고 다른 일꾼들을 추수 때 보내시지 않나 하는 의심이 부쩍 들었다. 나는 이러한 생각에 사로잡혀 집회에 참석하여 연약한 상태에서 "사랑하는 자들아 영을 다 믿지 말고 오직 영들이 하나님께 속하였나 시험하라"(요일 4:1)를 설명하기 시작했다. 나는 청중들에게 모양으로나, 소문으로나, 자신들의 느낌으로나 다른 사람의 말을 듣고 성령을 판단하지 말라고 했다. 또한 그들이 본 것 같은 꿈이나 환상이나 계시로도 성령을 판단치 말며, 또한 그들의 몸에 나타나는 어떤 현상이나 비탄의 모양으로도 판단치 말라고 했다. 이러한 것들은 그 자체가 애매하고 논란의 대상이 된다고 경고했다. 이러한 것들은 하나님께로부터 된 것일 수도 있고 아닐 수도 있다. 그래서 단순하게 믿을 수도 없으며 비난받을 수도 없으나 다만 "율법과 증거의 말씀"(사 8:20)에 따라 판단을 받아야 한다.

그러므로 참 영의 역사와 증거는 회개와 하나님께로부터 거듭나는 일에 따라야 한다. 또한 성경이 말하는 대로 성령의 증거에는 겸손과 기쁨, 평강, 그리고 주님의 계명을 지키는 일이 따라야 한다. 다시 말해서, 성령의 역사, 증거에는 하나님을 향한 우리의 선한 양심과 성령의 열매가 있어야 한다.[31]

따라서, 성령의 증거가 타당한 확신으로 받아들이는 데 있어서는 성령의 직접적인 증거와 간접적인 증거가 공히 있어야 한다고 웨슬리는 강조한다.[32]

IV. 요약과 결론-관용의 정신

4.1. 웨슬리는 성령의 역사를 중요시하고 강조했다. 그는 올더스게이트에서의 가슴이 뜨거워지는 성령의 증거를 통하여 확신 있는 신자가 되었으며, 그의 사역에 능력과 목적을 갖게 되었다. 그가 이끈 18세기 영국교회에서의 부흥운동, 아니 전 세기에 걸친 복음적 부흥운동은 분명한 성령의 역사였다.

웨슬리는 성령의 강한 역사를 체험했다. 이런 성령의 내적 역사는 기사이적과 같은 기이한 현상도 동반했다. 그러므로 한편 웨슬리는 오해와 비판도 받았다. 특히 성령의 기사 이적은 사도시대로 종료되었고, 현재는 없다고 생각하는 당시의 정통주의 신학자들과 영국교회 신학자들로부터 비판을 받았으며, 열광주의자로 오해받기도 했다.

4.2. 이에 대하여 웨슬리는 성서가 인정하는 성령의 기사 이적은 현재도 있다는 것을 교부들의 글과 자신의 경험을 들면서 변호했다. 특히 그가

그로우세스터의 감독, 와버튼(Warburton)에게 보낸 편지에서 구체적으로 변증했다. 웨슬리는 초대교회가 보여주었듯이, 복음이 능력으로 전파되며 진실한 믿음이 있는 곳에는 언제나, 지금도 성령의 기적적인 은사들, 곧 카리스마타(charismata)는 나타난다고 믿었다. [33]

오늘날 이런 표적들이 나타나지 않는 이유는 교회의 신앙이 변했기 때문이라고 보았다. 웨슬리에 의하면, 성령의 역사가 멈춘 것이 아니다. 성령께서는 사랑이 차디차게 식었고, 신앙이 죽은 상태로 남아 있는 신자들 안에서는 그런 역사를 할 수 없다는 것이다. 참 믿음이 있는 곳에는 지금도 그런 은사로 역사한다고 주장하였다. [34]

이는 오늘의 신학자들이 받아들여야 할 충고라고 생각한다. 왜냐하면 웨슬리가 체험했고, 역사에서 입증되었듯이, 성령의 직접적인 증거 없이는 신앙의 확신과 박력이 없기 때문이다. 종교와 철학이 다른 점이 무엇인가? 철학에는 힘이 없다. 종교에는 힘이 있다. 그 힘은 확신에서 오는 것이다. 성령의 직접적인 증거 없이는 하나님과의 산 관계가 이루어지지 않는다. 하나님은 지적 신앙의 대상이 아니다. 하나님의 능력은 바로 성령의 직접적인 역사에서 나타난다.

4.3. 이와 같은 각성은 세계복음화를 위한 로잔운동에서 메아리 치고 있음을 본다. 로잔운동은 함께 모여 세계선교의 대과제를 인식하며, 성서의 빛 아래서 신학적 입장을 정립하며, 오늘의 시대에 적응성 있는 선교방법을 모색하고, 온 교회가 협력하여 세계복음화에 헌신하자고 다짐하는 데서 시작된 운동이다. 이 대회는 여러 교회가 함께 협력하는 기초로서 유명한 로잔언약을 발표했다. 그리고 1989년에 마닐라에서 제2차 대회를 가졌다. 이 대회에는 170국에서 약 3,000명의 지도자가 참석했다. 그리고 로잔언약을 보완하는 마닐라선언문을 발표했다. [35] 이 선언문은 그리스도의 온전한 복음(The Whole Gospel)의 선포에는 기사 이적이 동반함을

인지했다. 그리스도의 복음 선포는 하나님 나라의 도래를 의미하며, 이는 사탄에서의 해방, 곧 하나님 능력의 나타냄을 부분적으로나마 동반하는 것이기 때문이다.[36] 이는 성령을 인격적으로 체험한 진실한 신자는 모두가 긍정하는 바일 것이다.

최근에 미국 달라스 신학교의 교수 월레스 박사(Daniel B. Wallace)의 간증을 소개하고자 한다.[37]

월레스 박사는 달라스 신학교의 교수이기에 당연히 세대주의(Dispensationalism)를 믿는 신학자이다. 물론 카리스마적인 신자도 아니었다. 그러나 그는 청년시절에 방언도 하고 싶었고, 카리스마적인 체험도 하고 싶어, 은사집회에도 참석했었다. 그 집회에서 자기가 방언을 못하니까 인도자가 말하기를 너는 아직도 구원을 못 받았다고 하기에, 너무 실망하여 그런 그룹과의 사귐을 끊고 말았다. 그 후 공부를 하여, 달라스 신학교의 신약학 교수가 되었다. 그는 성서도 잘 알고, 주석도 잘하는 학자이다. 그러나 오늘날 성령께서는 초대시대처럼 역사한다는 것은 믿지 않는 세세션니스트(cessationist)의 입장에 서 있었다.

그런데 3년 전에 8살 난 아들이 중병에 걸려서 수술을 받았다. 아이의 체중은 85파운드에서 45파운드로 줄어들어 몸이 말라갔다. 너무 약해져서 화장실 출입도 혼자 못했고, 이런 처지에서 그는 '연구의 대상으로서의 하나님'이 아니라, 자기를 인격적으로 친히 만나, 자기의 친구요, 지도자요, 위로자가 되시는 하나님이 필요했던 것이다.

이런 와중에, 그는 자기의 신앙에 대해 검토하기 시작했다. 그는 하나님께 가까이 가기를 바랐다. 그런데 그가 늘 하고 있는 신학적 방법(성경주석, 신학적 추리)으로는 그런 하나님을 발견할 수 없음을 깨달았다. 하나님을 찾고 또 찾는 가운데 그는 세세션니스트적인 분위기가 방해가 되고 있는 것을 발견했다. 그런 투쟁 끝에, 그는 마침내 자기 가슴 속에서 성령을 체험하였다. 그러면서 그는 성령은 지금도 역사하고 있다, 지금도 신유와 기사 이적을 행하시는 하나님이라고 주장하였다.

그러면서, 이성주의적인 복음주의자들은 하나님과의 인격적인 관계보다 지식에 우위성을 두고 있다고 비판했다. 또한 성령의 신유, 기사 이적을 부인함으로 하나님의 능력(God's ability)을 부정하지 말라고 경고하고 있다.

4.4. 그러나 웨슬리는 위에서 살핀 대로, 또 다른 한편, 은혜의 수단(The means of Grace)을 부정하는 열광주의자, 정숙주의자들을 경계하며, 신자는 성령의 정상적인 은사 곧 사랑의 은사를 힘써 구하여야 한다고 강조한 것을 간과해서는 안 된다. 웨슬리는, 냉랭한 신앙을 갖고 있는 형식주의자들을 비판할 뿐만 아니라, 또 다른 한편 지나친 열광주의자들을 경계하였다.

성령의 역사가 기적과 같은 외적인 현상을 동반하지 않을 때도 있을 뿐만 아니라, 외적으로 나타나는 현상은 또한 다양하기 때문이다. 성령의 본질적인 사역은 내적 역사이며, 외적 현상은 우연적인 것이기 때문이다.

4.5. 웨슬리는 은혜의 경험도 강조했지만, 그의 신학의 최고 권위는 성서였음을 잊어서는 안 된다. 그는 말하기를, "나의 근거는 성서이다. 그렇다. … 나는 모든 일에 있어서, 그것이 큰일이든 작은 일이든, 성서를 따른다"[38]고 하였다. 그러므로 성령의 체험, 곧 성령의 내적 증거도 모두 성서에 의하여 시험하여야 한다.

"성서야말로 그리스도인들이 모든 계시가 참 하나님의 계시인지 아니면 그저 사람이 짐작한 계시인지를 가려내는 시금석인 것이다. 사람들이 율법에 호소하든 체험에 호소하든 모든 영(spirit)을 성서에 의하여 시험해 보아야 한다."[39]

4.6. 이 문제와 연관하여, 한 가지를 더 언급하고 싶은 것이 있다. 이는 웨슬리가 각자 다르게 체험을 하는 신자들에 대하는 관용의 태도이다.

웨슬리는 기독교의 교리에서 본질적인 것(essential, substance of the doctrine)과 비본질적인 것(non-essential, circumstance of the doctrine)을 구분할 줄 알았다. 그 근본적이며, 본질적인 것을 고수했으나, 비본질적인 것, 곧 의견(opinion)에 있어서는, 의견을 달리하는 것으로 동의하고 관용의 정신을 발휘했다.[40]

웨슬리는 은총론에서 그렇게 대립되었던 죠지 횟필드의 서거에 즈음하여 행한 설교에서 이를 잘 드러내고 있다.

> 그가 각 곳에서 외친 그 위대한 성서적 교리들을 고수한다. 그러나 교리들 가운데에는 보다 덜 본질적인 교리들도 있다. 이 본질적이 아닌 교리들에 있어서는 진실한 하나님의 자녀들도 여러 세대 동안 의견이 분열되어 왔다. 이런 일에 있어서는 그렇게 의견을 달리하는 것으로 합의하도록(agree to disagree) 생각해도 좋다. 아니 그렇게 생각을 하라. 그러나 한편 우리는 "성도에게 단번에 주신 믿음의 중요한 교리들을 굳건히 붙들자."[41]

4.7. 이런 관용적인 정신은 성령체험을 둘러싸고 일어나는 논쟁과 태도에서도 잘 드러나고 있다. 그 당시의 영국교회 지도자들은 성령체험, 성령의 직접적인 증거, 또는 신유, 기사 이적을 말하면, 도매급으로 열광주의자, 또는 마술사라고 비난하는 경우가 있었다. 이에 웨슬리는, 열광주의(Enthusiasm)의 성격이 어떤 것이며, 진실한 성령의 역사로 나타나는 기사 이적, 신유의 역사들을 열광주의에서 오는 것이라고 혼동하지 말라고 설명한다.

웨슬리는 '열광주의의 성격'(The Nature of Enthusiasm)이라는 설교를 출판했다. 이를 1749년에 출판했고, 이어서 1755년, 1778년, 1789년에는 소책자로 재출판했다. 또 그는 '편협된 생각을 조심하라'(A Caution Against Bigotry), '관용의 정신'(Catholic Spirit)이라는 설교를 출판했다.[42]

여기에서 웨슬리는 우리가 배격해야 할 열광주의자는, 일반적으로 말해, 하나님의 말씀이나 영감에 의존하지 않고 자기의 상상이나 환상에 의존하여 광열(religious madness)에 빠지거나, 하나님께 속한 것이 아닌 것을 하나님에게 씌우는 그릇된 자들이라고 규정한다. 이들은 진실하지만 실수를 한다. 이들은 하나님의 말씀을 따르는 것보다 사람의 상상이나 꿈을 따른다. 그래서 그들은 자기의 상상이나 환상을 하나님의 말씀과 뜻에 가져다 맞추는 과오를 번번이 범한다. 그러면서 또한 교회에 주어진 은혜의 수단들을 사용하지 않는 과오를 범한다.

그러나, 성령의 역사에서도 기적적인 능력과 표적이 따르는 것을 부정하지 말라고 했다. 따라서 이런 역사가, ⑴ 성경의 증거와 어긋나는가, ⑵ 그런 역사의 열매가 어떤 것인가, ⑶ 이런 역사를 들은 사람들에게 나타내는 열매가 어떤 것인가를 살펴보면서 평해야 한다고 했다.[43] 그러므로 이런 헤아림이 없이 무턱대고 기사 이적을 따르거나 성령의 직접적인 증거를 열광주의로 보는 것은 그릇된 것이라고 반박한다. 이는 바로 웨슬리 자신을 비방하는 자들에 대한 변호이기도 했다.

4.8. 오늘날에도 이성주의와 유물론적 사고에 빠진 신학자들은, 자기 이성으로 이해가 안 되는 것은 모두 신비주의적이요, 열광주의라고 보려는 경향이 있다. 그러나 초월적인 하나님의 성령과의 관계에서 일어나는 것들을 이성의 테두리를 벗어나는 '신비적인 요소'가 있음이 당연하지 않겠는가.

그러므로, 여기에서 웨슬리가 말하는 대로 헤아림 없이 기적적인 것은 무조건 신비주의나 열광주의자들의 소행이요, 마술을 쓴다고 하는 평가는 경솔한 일이다. 이에 웨슬리는 그의 설교에서,[44] 참 열광주의가 무엇인지도 잘 모르면서, 알지 못하는 것을 함부로 말하지 말며, 일반적으로 들은 소문을 가지고, 사람을 열광주의자라고 판단하지 말라. 당신은 남을 판단하는 은사가 있는 것처럼 행동함으로 또 하나의 열광주의에 빠지지 않도록 조심하라고 권고하고 있다. 우리는 늘 말과 행동을 항상 조심과 두려움으로 하여야 한다.

4.9. 그러나 웨슬리는 동시에 비성서적인 열광주의에 빠져, 자만의 죄를 짓는 것을 경계하는 이를 소홀히 하지 않았다.[45]

웨슬리는 양자 간의 논쟁에서 신자들의 고집과 편협함을 경계하라고 권하고 있다. 그는 예수의 제자가 주님을 보고, "우리를 따르지 않는 어떤 자가 주의 이름으로 귀신을 내쫓는 것을 우리가 보고 우리를 따르지 아니하므로 금하였나이다 하니, 예수께서 이르시되 금하지 말라 내 이름을 의탁하여 능한 일을 행하고 즉시로 나를 비방할 자가 없느니라. 우리를 반대하지 않는 자는 우리를 위하는 자니라"[46]고 하신 말씀을 풀이하면서, 하나님의 일하는 사람이 나의 교회에 속하지 않았거나, 내 편이 아니며, 내 의견과 다르다고 하여, 하나님의 일을 하는 사람을 방해하는 일이 없도록 조심하며, 일방적인 비방을 삼가라고 했다.

성도는 더욱 기도하며, 경성하여 일하면서, 피차간에 더 사랑하도록 노력해야 한다.[47] 이는 웨슬리의 '관용의 정신'을 반영하는 태도이다. 그는 중요한 교리에서는 양보가 없지만, 여러 의견(opinions)에서는 '의견을 달리하는 것으로 동의하고' 주님의 일에 협력하는 정신을 주장했다.[48]

4.10. 이 글을 마치면서, 웨슬리가 성령의 기적적인 역사에 대한 논증의 마지막에 기록한 구절을 인용하고자 한다.[49]

나는 성경이 약속한 것들을 기쁨으로 받아 행한다(I enjoy). 기독교에 행해

온 것을 와서 보라. 이것들은 하나님께로부터 온 것이다. 나는 이런 옛 그리스도인들 (그들이 실족함이 있었다 해도) 더 존경한다. 왜냐하면 나는 오늘의 그리스도인들에게서는 순수한 기독교에 대한 것을 별로 보거나, 쓴 글을 읽거나, 듣지 못하기 때문이다. 더 나아가, 대부분의 소위 현대 그리스도인들은 이런 일에 대하여 전적으로 무지하면서도, 이에 대한 깊은 선입주견을 갖고, 그는 열광주의라고 하면서, 반대한다. 무엇 때문인지 나도 모르겠다. 나는 능력과 사랑의 하나님께서 당신이나 나 자신을 초대 교부들과 같은 그리스도인들로 만드시기를 간절히 기도한다."[50]

참고도서

〈국내서적〉

김선도 편. 「웨슬리 복음주의 총서」 도서출판 광림, 1992.

조종남. 「요한 웨슬리의 신학(개정증보판)」 기독교 출판사, 1993.

______. 「요한 웨슬리 설교 선집」 도서출판 청파, 1994.

______. 「로잔 세계복음화운동의 역사와 정신」 IVP, 1990.

〈외국서적〉

Christianity Today. September 1994.

Piette, Maximin. *John Wesley in the Evolution of Protestantism*. Sheed and Ward, 1937.

Starkey, L. M. *The Work of the Holy Spirit*. Abingdon, 1962.

Tuttle, Robert. *Mysticism in the Wesley an Tradition*. Francis Asbury Press, 1989.

Tyerman, Luke. *The Life and Times of the Rev. John Wesley*. 2 vols. Hodder Stoughton, 1872-75.

Wesley, John. *The Works of The Rev. John Wesley*, Ed. by Jackson, 14 vols. Zondervan Pu. Co., 1958-1959.

________. *Explanatory Notes Upon the New Testament*, 1755, 1941.

________. *The Journal of the Rev. John Wesley*, Ed. by N. Curnock, 8 vols, Epworth Press, 1938.

________. *The Letters of the Rev. John Wesley*, Ed. by John Telford, 8 vols, Epworth Press, 1931.

________. *Wesley? Standard Sermons*, Ed. by E. H. Sugden, 2 vols, Epworth Press, 1956.

________. *The Wesley an Standards*, Ed. by W. P. Bruwash, 1909.

15
성령의 역사와 표적에 대한 웨슬리의 이해

I. 들어가는 말

최근에 교계에서 일어나고 있는 영적 운동과 연관하여, 다음과 같은 질문들을 받게 된다. 가슴이 뜨거워지고, 병을 고치며, 마귀를 내쫓는 등 성령의 역사에 동반되는 현상이 성령의 역사의 외적 증거인가, 아니면 인위적인 것인가? 이런 현상이 없다면 성령의 역사가 없다는 것인가?

교회 역사에서 위대한 일을 행한 지도자들에게는 늘 이런 문제가 제기되었던 것 같다. 이에 우리는 18세기 영국의 교회와 사회를 새롭게 한 위대한 전도자요, 신학자인 요한 웨슬리의 경험과 견해를 살펴봄으로 참고를 삼고자 한다.

II. 웨슬리가 경험한 성령의 역사

2.1. 웨슬리의 성령 체험

웨슬리는 목사관에서 태어나 엄격한 청교도적인 경건한 가정에서 자라났다. 그런 경건과 신앙생활은 그의 옥스퍼드(Oxford) 대학 시절, 신성클럽 활동으로 연결되었다. 촉망을 받는 목사요 옥스퍼드 대학교의 강사(Fellow)로서, 미국 조지아에 선교사로 다녀왔다. 그러나 그는 활기가 없는 목사였다. 그러던 중, 1738년 5월 24일 올더스게이트에서 있었던 집회에서, 이상하게 가슴이 뜨거워지면서 자기 구원에 대한 확신을 갖게 되었으며, 하나의 오순절을 경험하였다.[1] 그가 성령을 체험한 것이다. 그는 일지에서 다음과 같이 기록하고 있다.

1738년 5월 24일(수)[2]

저녁에 나는 올더스게이트 거리에서 모이는 집회에 별로 마음이 내키지 않았으나 참석했다. 그 집회에서 어떤 사람이 루터의 '로마서 주석서의 서문'을 읽고 있었다. 오후 9시 15분 전쯤 그가 하나님께서 그리스도를 믿는 믿음을 통하여 우리 마음속에 역사하시는 변화를 말하고 있을 때 나는 내 가슴이 이상하게 뜨거워짐을 느꼈다(I felt my heart strangely warmed). 나는 그리스도, 오직 그리스도만이 나의 구주심을 신뢰하는 마음이 생겼다. 그리고 그리스도께서 나 같은 죄인의 죄까지도 가져가 주시고, 죄와 사망의 법에서 나를 구원하여 주셨다는 확신을 얻게 되었다. … 그리고 나는 거기 모인 모든 사람들에게 내가 새로이 얻은 내심의 체험을 공개적으로 증거했다.…

집에 돌아온 후 여러 가지 유혹으로 괴롭힘을 당했다. 그래서 소리를 치니까 모두 달아났다. 그러나 유혹들은 찾아오고 또 찾아왔다. 그때마다 나는 눈을 들어 하나님을 바라다본즉 하나님은 그의 성소로부터 도움을 보내주셨다. 여기서 나는 나의 현재 상태와 나의 과거 상태가 서로 다름을 발견했다. 과거에는 은혜 아래 있고, 또한 율법에게 속하였으므로 비록 전력을 다해 싸웠는데도 패한 때가 많았다. 그러나 지금 나는 항상 승리하는 자다.

이런 성령의 증거를 통하여 웨슬리는 확신이 따르는 참 믿음(saving faith)

을 갖게 되었다. 성령으로 말미암아 웨슬리의 영적 감각(spiritual sensorium)이 열린 것이다.[3] 웨슬리는 하나님의 임재(God present)와 현재 역사하시는 하나님을 주관적으로 체험하며 확인하게 되었다. 그러므로 웨슬리에 있어서 참 믿음(saving faith)은 진리에 대한 지적 동의일 뿐 아니라 전적인 신뢰요(trust) 신적 확신(divine evidence and conviction)이다.[4]

스타키(Starkey)가 지적한 대로 이런 성령의 증거(역사)가 웨슬리의 신앙생활에 능력을 부여하였다.[5] 웨슬리의 전도 사역은 힘차게 전개되어 나갔다. 그는 자기의 설교 사역이 올더스게이트에서의 체험 후 어떻게 달라졌는가를 다음과 같이 증언하고 있다.

> 1725년부터 나는 설교를 많이 하였으나, 그 수고에 대한 열매를 거의 못 얻었다. 그러나 1738년 이후, 곧 올더스게이트에서의 신앙 체험 후, 나의 설교는 그리스도 중심의 설교였으며, 나의 전하는 "하나님의 말씀은 덤불 속의 불처럼 역사하였다." 청중은 모두가 은혜로 인하여 믿음으로 말미암아 구원을 받는다고 증거하는 것이었다.[6]

그러나 우리는 이런 놀라운 사역을 함에 있어, 웨슬리 자신이 성령의 강한 역사를 거듭 체험했다는 사실을 간과해서는 안 된다. 웨슬리가 그의 일지에 기록한 그의 체험의 일부를 들어보자.

> 1739년 1월 1일(월)
> 웨스트리 홀 목사(웨슬리의 매부), 챨즈 킨친 목사, 잉함 목사, 조지 휫필드 목사, 허칭즈 목사, 내 동생 찰스 목사가 60여 명의 다른 형제들과 함께 페터래인에서 갖게 된 애찬식에 참석했다.[7] 새벽 3시경이었다. 우리가 계속 갈급하게 기도하고 있을 때 하나님의 권능이 우리 위에 매우 강하게 임재하셨다. 그 권능 아래 많은 사람들은 넘쳐흐르는 기쁨으로 울부짖었

고, 그리고 많은 사람이 땅바닥에 쓰러졌다. 우리가 하나님의 권능의 현존 앞에서 그 위엄과 놀라움에서 약간 깨어나자마자, 우리는 한 목소리로 "우리는 주님을 찬양합니다. 오 하나님, 하나님은 우리의 주님이 되십니다."라고 부르짖었다.

1744년 12월 23일(주일)

나는 이상하게(unusually) 생기가 없었고 마음이 무거웠다. … 그다음 날, 나는 아직도 죽은 사람과 같았다. 그러나 저녁에 내가 스노우필드에서 기도를 하고 있는 동안, 내 기억으로는 이전에 본 적이 없는 빛과 능력을 발견했다.

1744년 12월 25일(화)

나는 아침에, 하나님의 은혜로, 어제와 같은 영적 상태에서 일어났다. 아마도 8시경, 나는 그리스도를 믿는 두세 사람과 함께 있었는데, 그때 나는 하나님 면전에서 심한 두려움(awe)과 평안함(tender sense)을 느꼈다. 이는 하나님께서 내게 주신 것이다. 그리고 나는 온종일 하나님의 면전에서 보냈다.

2.2. 웨슬리의 사역에는 기사, 이적이 동반했다.

성령의 강한 역사는 그 후 웨슬리의 전도 사역에서도 거듭거듭 일어났다. 이런 역사를 통하여 많은 죄인이 회개하고 예수를 구주로 영접하게 되며, 신자가 구원의 확신을 갖게 되었다. 실의에 빠졌던 신자가 새로운 힘과 기쁨을 회복하고, 마음의 평강을 얻으며, 주를 찬양하게 되었다. 또는 병든 자가 치유를 받았으며, 마귀 들린 자가 고침을 받는 일들이 일어났다.

명실공히, 웨슬리의 사역은 초대교회에서 보듯이 말씀의 전파일 뿐만 아니라 하나님의 권능이 나타나는 것이었다. 웨슬리가 친히 기록한 몇 개의 예를 보기로 하자.

1739년 6월 15일(금)

저녁에 … 우리는 계속 찬송을 불렀다. 나의 마음은 어딘지는 모르나 공동 서신과 히브리서의 많은 구절로 가득 차 있었다. 하나님께 직접 지시해주실 것을 간절히 기도하고 성경을 열었더니 히브리서 10:19-22의 말씀을 주셨다.

내가 사람들에게 '새롭고 산 길'(a new and living way)을 통해서 가장 거룩한 '성소'에 들어오라고 열심히 죄인들을 초청하고 있을 때, 많은 사람이 눈물과 큰 소리로 하나님을 부르기 시작했다. 어떤 사람들은 푹 쓰러져서 그 자리에서 몸에 힘이 빠진 상태로 누워 있었다. 어떤 사람들은 몹시 떨고 진동을 했다. 어떤 이들은 너무나 비탄에 젖은 나머지 육체의 모든 부분에 일종의 격동적인 동작을 보였으므로 4~5명의 사람들이 한 사람을 당하지 못했다. 나는 많은 히스테리 환자와 간질병 환자들의 발작 증세를 보아 왔으나, 이들은 그러한 증세와는 전혀 다른 것이었다. 나는 즉시 믿음이 약한 자들이 마음에 상처받지 않도록 기도했다.[8]

1741년 5월 10일(월)

나는 죄인들에게 회개하라고 외쳤다. 그동안 별로 피곤을 몰랐다. 그러나 그 후 이어진 애찬식 때, 나는 허리와 머리가 아플 뿐 아니라 몸에 열이 계속해서 있었다. 기도를 하려고 하니, 기침이 몹시 나서 말을 할 수가 없었다. 바로 그 순간, 나에게, "믿는 자들에게는 이적이 따르리라"(막 16:17)는 생각이 났다. 그래서 나는 큰 소리로, "주여 나의 믿음을 도우셔서(increase my faith), 당신의 은총의 말씀을 입증하소서." 하고 주님께 구했다. 내가 그렇게 말하는 동안에, 나의 아픔은 사라졌고, 열도 떨어져서 기운을 차리게 되었다. 그 후 나는 오랫동안(for many weeks) 아픔과 약함을

느끼지 않았다. 오 주님, 당신께 감사를 드립니다.[9]

1756년 4월 6일(화)

설교를 마치고 돌아오는 아주 어두운 밤이었다. 나는 나무 조각에 발이 부딪쳐 아파서 넘어졌다. '아— 나는 지금부터 여러 주 동안 말씀을 듣지도 설교하지도 못하겠구나' 생각했다. 그 순간 나의 가슴에 와 닿는 말씀이 있었다. "예수의 이름을 부르라. 그리하면 너는 일어서리라." 그래서 나는 뛰어 일어나며, 내 발을 뻗치면서 외쳤다. "주 예수 그리스도시여! 내가 당신의 이름을 부르오니, 나로 하여금 일어서게 하시옵소서." 그 순간 통증이 멈추고, 나는 일어섰다. 그 후 나의 발은 전처럼 아주 튼튼해졌다.

1757년 5월 5일

토마스 B___라는 사람이, 3마일쯤 떨어진 곳에 있었는데, 심한 파상을 입고 죽을 뻔했다. 그러나 우리 교회(societies)에서 성도들이 기도하는 가운데, 그는 순간적으로(at once) 고침을 받아 건강을 완전히 회복했다.[10]

1740년 5월 21일(수)

저녁에, 웃는 귀신들린 여자(a spirit of laughter)가 나타나 모두가 어려움을 겪었다. 모든 사람의 주의가 그녀에게 쏠렸다. 그녀는 외식을 부리는 사람이 아닌 것을 모두가 아는 바이다. 그렇게 포악하게 악령에 사로잡혀 날뛰는 것을 일찍이 본 적이 없다. 그녀는 가끔 웃다가 또 거의 까무러친다. 그리고는 이내 큰소리로 저주를 하고 하나님을 모독하는 말을 한다. 그러다가 발을 구르며 야단을 한다. 그때 그녀의 힘이 어찌나 강한지, 사오 명의 사람이 달려들어도 그녀를 억압하기가 힘들었다. 말할 수 없이 강했다. … 그러나 마침내 그녀가 그리스도를 부르며 도와달라고 하자, 그녀를 괴롭히던 난폭함은 사라졌다.

III. 성령의 내적 사역과 외적 표적

3.1. 성령 역사에 대한 반론과 웨슬리의 관심

이런 사역이 일어남으로 인하여, 웨슬리의 복음 증거는 능력 있게 이루어졌다. 그러나 다른 한편 당시의 교회 지도자들로부터 '열광주의자'라고 비난도 받았다. 왜냐하면, 당시의 영국교회는 성령의 직접적인 증거나 성령의 기사, 이적을 믿지 않았기 때문이다.[11]

당시의 유명한 정통주의 신학자요 브리스톨의 감독인 버틀러(Bishop Butler)는 웨슬리에게, "당신이 집회에서 사람들이 발작을 하고, 그러면 당신이 그들을 위해 기도한다고 들었는데 … 성령의 기적적인(특수한, 일시적인, extraordinary) 계시나 은사들이 있는 것처럼 행하는 것은 무서운 일이며 참으로 끔찍한 일이다. 당신은 이 지역에서 설교하지 말고 떠나라."고 충고했다.[12]

이런 반대자는 버틀러 감독뿐만이 아니었다. 리치필드의 감독은 출판물까지 발행하여 웨슬리의 주장은 열광주의자들의 교리이고 무용한 것(futile)이라고 다음과 같이 비난했다.

"성령이 신자 안에 내주하며, 내적 증거를 한다고 주장한다든가, 또는 성령에 의하여 기도하고 설교한다고 하는 것은 결국 성령의 기적적인(비정상적인) 은사나 역사를 인정하는 것인데, 이런 사역은 사도 시대와 초대교회에만 속한 것이다. 따라서 말세(오늘날)에서 그런 일이 일어나는 것처럼 행하는 것은 헛된 일이며, 이는 열광주의자들의 교리이다."[13]

타이어맨에 의하면, 이런 반대는 깁슨 감독(Bishop Gibson), 워버튼 감독 (Bishop Warburton) 등 여러 지도자들로부터도 받았다.[14] 일반 신자들의 반대도 적지 않았다.

이런 논란 속에서 웨슬리는 이런 문제에 대하여 깊은 관심을 안 가질 수 없었다. 그는 1739년 7월 7일의 일지에서, 동료목사와 상의한 것을 볼 수 있다.

1739년 7월 7일(토)

나는 횟필드 목사와 하나님의 내적인 역사와 동반되는 외적인 표적(쓰러지는 일)에 관하여 의논할 기회를 갖게 되었다. 나는 그가 반대하는 태도를 취하는 것은 주로 사실과는 다른 엄청난 거짓된 소문에 근거를 두고 있음을 알게 되었다. 그러나 다음날 그분 자신이 보다 더 잘 알게 될 기회를 갖게 되었다. 왜냐하면 횟필드 목사가 설교를 하면서 예수를 믿기로 결단하는 모든 죄인들을 연단 앞으로 초청했을 때, 그분 가까이에 있던 네 사람이 거의 동시에 쓰러져버렸기 때문이다. 그들 중의 한 사람은 움직이지도 않고 의식도 없이 누워 있었고, 두 번째 사람은 몹시 덜덜 떨었고, 세 번째 사람은 소리는 내지 않고 끙끙 앓으면서 온몸에 강한 발작적인 움직임(진동)을 보였으며, 네 번째 사람은 똑같은 발작적인 동작을 하면서 눈물과 큰소리로 하나님께 기도했다. 이때부터 우리(웨슬리와 횟필드)는 모두 하나님께서 역사하시는 대로 수용하기로 하였다.

웨슬리는 교인들의 양육을 위하여 표준 설교집을 출판하였다. 그는 설교집 서문에서 다음과 같이 말했다.

나는 내가 성경에서 발견한 하늘로 가는 길에 관하여 이 설교에 적절히 기록하였다. 그리고 이 설교에서 나는 하나님께서 알려 주신 구원의 길과 인간이 꾸며낸 길이 어떻게 다른가를 보여주었다. 나는 참되고 성시적이면서 경험적인 신앙을 설명하려고 노력했다. 그 설명에 있어서 신앙의 참된 부분은 조금도 삭제하지 않고, 또 거짓된 것을 덧붙이지도 않으려 했다. 이러한 노력 속에 내가 특별히 바라는 것은 이런 것들이다.

첫째, 이제 방금 천국을 향하여 발걸음을 내딛는 사람들(곧 하나님의 역사를 잘 알지 못하기 때문에 천국 가는 길에서 돌이키게 될 가능성이 많은 사람들)을 형식주의와 단순한 외적 종교(mere outside religion)에서 보호하려는 것이다. 이같은 외적 종교는 마음의 종교(heart religion)를 세상 밖으로 축출시켜 왔다. 그리고 둘째, 마음의 종교, 곧 사랑으로 역사하는 믿음(the faith which worked by love)을 가진 사람들에게 믿음으로 말미암는 율법(the law through faith)을 포기하지 않도록 하여 악마의 올무에 빠지지 않도록 경고하려는 것이다.[15]

다시 말해서 웨슬리는 냉랭한 형식주의와 무분별한 열광주의를 경계하며, 성서적이고 경험적인 기독교를 긍정하려는 것이었다. 이러한 관심 속에서 웨슬리는 정통신학자들과 열광주의자들을 향한 충고와 경고를 하기에 이른다.

3.2. 정통신학자들에 대한 충고

당시의 소위 정통신학자들에게 답하면서, 웨슬리는 지금도 복음이 권능으로 전파되며, 사람들이 하나님께 가까이 살고 있다면, 성령은 특별한 극적인 은사 곧 카리스마타(charismata)를 나타낸다고 믿었다.[16]

또한 성령의 그러한 역사가 초대교회, 곧 성서시대에 성행했다는 것도 인정한다. 그러나 그는 그런 것은 사도시대에만 국한된 것이 아니며, 그런 역사가 현재 나타나지 않는 것은 교회가 콘스탄틴 시대에 들어서면서 많은 세속적인 로마인들이 교인이 되어, 신앙에 변화를 가져왔기 때문이라고 보았다. 이는 성령이 후퇴하신 것이 아니라, 사랑이 식어져 있는, 즉 그저 죽은 신앙 형태만 가지고 있는 사람들에게 성령께서는 역사하시지 않기 때문이다.[17] 더 나아가서 이런 기사와 이적들이 정지되고 있음은 교회가 평온과 안전 속에 있기 때문이며 또한 그리스도인들은 안위와 명예로 믿고자 하기 때문이다.[18]

쉬지 않고 오는 비난과 공격이 있었음에도 불구하고, 웨슬리는 성령의 감동(Inspiration)과 증거(Witness)는 필요한 것이며 늘 있는 것이라고 주장했다.[19] 여기에서 성령의 감동이라 함은, 성령께서 내적으로 도우시는 역사로서, 이를 통하여 사람의 이해와 의지를 깨우쳐 주며, 사람의 연약함을 도우며, 신자를 위로하며, 정결케 하며, 성결케 하는 것이다. 따라서 사람이 회개하거나, 믿음으로 거듭나는 일이나, 성화와 성장, 이 모든 것은 성령의 역사에 의한 것이다.

이런 성령의 증거는, 웨슬리에 의하면, 직접적이며(immediacy), 사람이 인식할 수 있도록 체험되는 것이로되(perceptible), 사람에 따라 다양하게 나타나는 것이다.[20] 신자에게 역사하는 성령은 같은 성령이지만, 성령은 자신의 뜻에 따라 여러 가지 모양으로 역사하신다.[21] 어떤 때에는 강한 능력으로, 또 어떤 때는 조용히, 보이지 않게 역사하신다. 웨슬리는 말한다. "성령으로 하여금 자신의 방법대로 행하시게 하시오. 성령은 당신보다 더 현명하시며, 그분은 모든 일을 잘 행하실 것이다."[22] 그러므로 중요한 것은, 내적으로 이루어진 사역의 내용이 하나님께로부터 온 것이냐 하는 문제이다. 후자가 본질적인 것이라면, 전자는 우연적인 것(accidental)으로 그 표적이 다양하다. 본질적인 것이 없는 현상은 무의미한 것이다. 그리고 본질적인 내용은 하나님께로부터 오는 것이라야 한다. 그리하여 웨슬리는 열광주의자들을 경계하기에 이른다.

3.3. 열광주의자들에 대한 경계

당시의 열광주의자들은 나타나는 현상과 표적에 치중하여, 은혜의 수단[교회출석, 성례전(세례와 성만찬)에 참여하는 것, 또한 성경을 읽고 상고하는 일들]을 무시했다. 때로는 입신함으로 모든 것이 다 이루어졌다고 간주하며 정숙주의(Quietism)에 빠졌다. 더욱이, 웨슬리는 때로는 마귀의 역사로 흡사한 기적적인 현상이 일어나는 것을 보았다.

이에 웨슬리는 "은혜의 수단"이라는 설교를 거듭하면서 그들의 그릇됨을 지적하면서 시정하려고 했다.[23] 또한 "신자 안에 죄"[24]라는 설교를 하면서 그들의 그릇된 구원관을 시정하려고 애썼다. 웨슬리는 그의 일지에서 다음과 같이 말한 적이 있다.

1741년 1월 11일(주일)
나는 마귀의 권능도 얼마나 강한가를 보여주는 경우를 경험했다. 방에서 편안한 자세로 앉아 있던 존즈 부인(브리스톨 집회소의 회원)이 성경을 읽기 위해 성경을 잡더니, 갑자기 성경을 던져버리고는, 말하기를 "나는 충분히 착하단 말이에요. 난 더 이상 절대로 성경을 읽거나 기도하지 않을 거야."라고 했다. 내가 왔을 때에도, 그녀는 같은 모양이었다. 그녀는 "난 항상 죄로 가득 찬 사람으로 내가 하는 모든 일에 죄를 짓는다고 생각했어요. 그러나 이제 더욱 분명히 알게 되었어요. 내가 선량한 기독교인이란 것 말이에요. 나는 내 일생에 남에게 해되는 일은 한 적이 없단 말이야. 지금보다 더 착해지려고 바랄 것도 없단 말이에요."라고 말했다. 그녀는 같은 소리를 수없이 말하면서, 오만과 거짓의 악령이 그녀를 완전히 지배하고 있음을 분명히 보여주었다.
다음날 12일(월)에 나는 "치유받기 원합니까?"라고 물었다. 존즈 부인은 "나는 온전한 사람이에요"라고 했다. 나는 "그러나 구원받기 원합니까?"라고 물었다. 그녀는 "나는 구원받았어요. 고민할 거리가 없단 말이에요."라고 대답했다. 그러나 존즈 부인이 몸과 마음이 가장 격렬한 고뇌 속에 빠져있음을 식별하는 것은 어렵지 않았다. 몹시 땀을 흘리면서도, 몹시 냉담한 태도로 조금도 가만히 앉아 있지를 못했다.

우리가 기도를 시작하자, 존즈 부인은 못 봐줄 정도로 노발대발하더니, 곧 죽은 사람처럼 푹 쓰러졌다. 몇 분이 지나 그녀는 다시 소생하여 우리와 함께 기도했다. 우리는 그녀를 당분간은 조용히 놓아두고 떠났다.

12일(월)에 존즈 부인은 종일 격렬한 고뇌 가운데 사로잡혀 있었다. … 화요일에 많은 사람이 그녀를 보려고 찾아왔다. 그녀는 찾아온 사람마다 그들이 실제로 지은 죄나 마음으로 지은 죄를 다 말해주는 것이었다. 그들의 죄지은 내용을 너무나 면밀히 잘 알아맞히니까, 몇몇 방문객들은 올 때보다 더 빨리 도망가 버렸다.

오후에 남편인 존즈씨가 킹스우드로 사람을 보내어 나를 불러오게 했다. 그녀는 남편에게 "웨슬리 목사님은 오늘밤에 오시지 못하고 내일 아침에 오실 거에요. 그러나 하나님께서 시작하셨으니, 하나님 스스로가 역사해 주실 거에요. 내일 아침 6시 이전에 저는 치유 받을 거예요."라고 했다.

존즈 부인은 가만히 누워 있더니, 아침 6시 15분경쯤 입을 열고 "당신(남편)이 평안할지어다. 이 집이 평안할지어다(눅 10:5). 하나님의 평화가 나의 영혼에 오셨도다. 나의 구속자가 살아 계심을(욥 19:25) 나는 안다"라고 말했다. 그 후 며칠 동안 그녀의 입은 주님의 찬양으로 가득 찼고, 그녀의 말은 주님의 놀라운 역사하심에 관한 것뿐이었다.

이런 일이 있은 후, 웨슬리는 나타나는 현상에 대하여 다음과 같이 평한 바가 있다.

1743년 3월 12일(토)
나는 두 번째 전도 여행을 끝마쳤다. 이번 여행에서 나는 두 가지 문제를 특별히 조사했다. 첫째, 지난주 거의 매일 밤마다 설교하는 동안 큰소리로 부르짖는 사람들의 경우에 관한 문제이고, 둘째, 우리를 떠나가 버린 사람들의 수(數)와, 떠나간 이유와 원인에 관한 문제이다.

전자의 경우 다음과 같은 사실을 발견했다.

(1) 그들 모두는 (내 생각에는 예외 없이) 완전히 건강한 사람들로서, 한 번도 발작을 해본 적이 없었으나, 마침내 이러한(넘어지는) 현상을 체험한다는 사실.

(2) 사람들이 하나님의 말씀을 듣고 있든지, 혹은 들은 말씀을 묵상하고 있는 동안에, 이러한 현상은 아무런 사전 경고 없이 사람들 각자에게 순간적으로 발생한다는 사실.

(3) 사람들은 쓰러지는 순간에, 몸에 힘은 완전히 빠지고, 격렬한 고통에 사로잡히게 된다는 사실.

사람들은 (3)의 현상이 일어날 때 그 현상을 각자 다른 방법으로 표현했다. 어떤 사람은 마치 칼로 그들의 내부를 찌르는 것처럼 느꼈다고 말하고, 다른 사람은 마치 아주 무거운 짐이 그들 위로 내리누르고 짜서 땅속으로 들어가게 하는 것처럼 느꼈다고 말했다. 또한 어떤 사람은 심히 목이 졸려서 숨을 쉴 수가 없었다고 말하고, 다른 사람은 가슴이 터질 듯이 부풀어 올랐으며, 또 다른 사람은 마치 심장이, 모든 내부가, 몸 전체가 조각조각으로 찢어져 버리는 것처럼 느껴졌다고 말했다.

이러한 (3)의 징후를 나는 어떤 자연적인 원인으로 돌릴 수도 없고, 또한 하나님의 영(성령)의 영향으로 돌릴 수도 없다. 그러나 사람들이 그리스도에게로 올 때, 사탄이 그들을 찢어버린다는 것은 의심할 여지가 없다. 사탄은 사람들이 고통스러운 탄식을 발하게 함으로써, 공포에 싸인 사람들을 놀라게 하여 영혼을 구원하는 말씀을 듣지 못하게 하며, 또한 하나님의 말씀을 불신하게 하려고 획책하는 것 같다.[25]

(4) 사람들은 육체뿐 아니라 마음도 여러 모양으로 영향을 받았다. 어떤 사람은 왜 이러한 영향을 받게 되는지 그 이유를 전혀 설명하지 못한다. 이러한 것 또한 교활한 악령의 짓이라고 본다. 이 악령은 가능한 한 많은 사람을 의도적으로 어리둥절하게 하고 혼동하게 함으로써 악령의 계획을

폭로하지 못하도록 한다. 나는 이러한 사실을 발견했다.

어떤 사람은 모든 것을 처음부터 끝까지 아주 분명하고도 특별한 설명을 할 수 있었다. 이러한 경우 하나님의 말씀이 그들의 마음(souls)을 찔러서, 그들의 외적인 죄와 마찬가지로 내적인 죄가 무엇인가를 확신시켜 주었던 것이다. 그들은 자신들에게 닥치는 하나님의 진노하심을 느낌으로써, 하나님의 심판을 두려워하고 있었다. 이러한 시점에서 비난자인 사탄이 큰 권능을 가지고 이와 같이, 사람들에게 희망이 없다라고 말하며 또한 영원히 파멸되었다라고 말하고 있다. 이런 때에 사람들을 순간적으로 사로잡게 되는 여러 가지 육체적인 고통 때문에 사람들로 하여금 억지로 크고 비참한 소리를 지르도록 한다.

우리는 위의 (1)~(4)항목까지 본대로, 웨슬리는 넘어지는 현상이 성령의 역사로 되는 경우도 있고, 그 반대로 성령의 역사를 방해하려는 사탄의 역사로 되는 경우도 있음을 알 수 있다. 그러므로 우리는 나타나는 현상에 대하여 분별할 줄을 알아야 한다. 웨슬리는 다음과 같이 말한다.

1759년 11월 25일(주일)

오후에 하나님께서 분명히 우리와 함께 하셨다. 그런데 우리에게 확신을 주시려는 것보다는 위로함을 주시기 위한 것 같다. 그러나 하나님의 역사하심이 나타나는 방법이 전에 내가 이곳을 다녀갔을 때와는 현저하게 다름을 보았다. 이제는 입신하는 사람도, 울부짖는 사람도, 넘어지는 사람도, 진동하는 사람도 없었다. 다만 몇 사람만이 몹시 떨었으며, 나지막하게 말하는 소리만 들렸다. 많은 사람이 "풍부한 화평"(시 37:11)으로 생기가 넘치게 되었다.

위험한 것은 울부짖음, 진동, 환상, 입신 등과 같은 현상이 우리의 내적인 역사(변화)에 필수적인 것이라 하여, 이러한 현상 없이는 안 되는 것처럼 생각하여, 특수한 현상을 너무 강조하는 것이다. 또 다른 위험은 아마도 이러한 특별한 현상을 너무 과소평가하든지, 전적으로 정죄하든지, 또한 하나님의 일과는 아무런 관계가 없으며, 하나님의 역사에 방해가 된다고 상상하는 것이다.

이 문제에 관한 진실은 다음과 같다:

⑴ 하나님은 많은 사람에게 급작스럽고 강하게 역사하셔서 그들이 죽어야 마땅한 죄인들임을 확신시켜 주시는 것이다. 이러한 확신에 대한 자연스러운 결과는 사람들이 갑작스럽게 울부짖거나, 강하게 육체적으로 경련을 일으키는 것이다.

⑵ 믿는 자들을 강건하게 하시고 용기를 북돋아 주시기 위하여, 그리고 하나님의 역사하심을 보다 더 분명하게 하기 위하여, 하나님께서는 꿈으로, 입신과 환상으로 은총을 내리시는 것이다.

⑶ 위에 나타난 일에 있어서도 어떤 경우에는, 얼마간 시간이 지나면 자연적으로 일어난 것인지 하나님의 은총으로 일어난 것인지를 혼동하곤 한다.

⑷ 사탄은 하나님의 역사를 방해하기 위하여 이러한 현상을 모방하여 흉내를 내는데, 사탄의 의도는 하나님의 모든 역사(the whole work)를 불신하도록 하기 위함이다. 이처럼 사탄이 흉내를 낸다고 해서 하나님 역사의 전부를 포기하는 것은 현명하지 못한 일이며, 또한 동시에 하나님 역사의 일부를 포기하는 것도 현명하지 못한 일이다.

처음에 이러한 역사는 의심할 여지 없이 전적으로 하나님께로부터 온 것임을 확실히 믿었다. 오늘날에는 부분적으로 믿는다. 그러나 하나님께서는 이러한 역사가 일어날 때마다 우리로 하여금 그 역사가 어느 정도 순수한가를 식별할 수 있도록 해 주실 것이며, 그리고 그 역사가 불순한 점이 섞였는지, 또한 타락한 것인지 식별할 수 있게 하실 것이다.

어떤 경우에, 우리는 이러한 역사가 일어나는 것을 가장하는 사람이 있다는 것을 가정해 볼 수 있다. 말하자면, 실제로 그렇지도 않은 일을 보고 느낀 것처럼 가장하는 사람들도 있고, 또한 하나님의 영(성령)의 권능에 진정으로 압도된 사람들의 부르짖음이나 진동하는 동작을 흉내 내는 사람도 있을 것이다. 그러나 이러한 사실 때문에 우리로 하여금 성령의 진정한 역사를 경시하거나, 혹은 부인해서는 안 된다. 그림자가 본질을 멸시할 수 없는 것은, 위조품이 진짜 다이아몬드를 멸시할 수 없는 것과 마찬가지이다.

한 걸음 더 나아가서, 우리가 상상할 수 있는 것은, 사탄이 우리가 보게 된 환상을 역이용하여 우리로 하여금 자만의 죄를 짓게 하는 호재(好材)로 삼을 수도 있다는 것이다. 여기서 어떠한 결론을 내릴 수 있을까? 우리는 오로지 자만하지 않도록 경계해야 하고, 겸손한 사랑 외에는 하나님에게 아무런 가치가 없다는 것을 인식하고서 스스로 작은 자가 되도록 노력해야 한다. 그렇다고 해도, 환상을 일반적으로 경시하거나 비난하는 것은 비합리적이요 비기독교도적이다.

위에서 본 웨슬리의 글에서, 그가 하나님께서 주시는 신비한 은혜를 과장하거나, 영적인 무지로 인간의 감성에 지나치게 의존하여 영적 흥분과 환상에 빠지는 신신비주의(Neo-mysticism)를 경계하고 있음을 알 수 있다.[26]

웨슬리는 나타나는 영적 현상과 표적이 하나님께로부터 오는 것인지, 마귀에서 오는 것인지를 분별하여야 한다고 주장한다. 그는 설교 '성령의 증거(II)'와 '성령의 증거(III)', 그리고 '우리 영의 증거'라는 설교에서 이를 자세히 다루고 있다.[27]

이 설교에서 그는 성령의 직접적인 증거의 중요성을 강조한다. 이 증거 없이는 신자 생활에 활력소가 생길 수 없는 것이다. 그러므로 이는 모든 신자가 누릴 특권이다. 위에서 보았듯이, 바로 이런 점에 있어서 웨슬리는 정통적인 신학자, 냉랭한 형식주의자들의 무감각함을 비판하였다.

웨슬리가 말하는 성령의 직접적인 증거란, 우리 영혼에 나타나는 하나의 내적 인상(inward impression on the soul)으로서, 신자는 이를 통하여 성령의 하시는 것을 알 수 있다는 것이다.

그러나 동시에, 위에서 지적했듯이, 이 직접적인 증거가 하나님께로부터 나온 것인지를 분별하여야 한다. 왜냐하면 내적 증거에 동반하는 외적 표적은 사람에 따라 다양한 것이며 마귀도 때로는 기이한 일을 행하기 때문이다.

그러므로 웨슬리는 객관적인 뒷받침이 필요하다고 이야기한다. 곧 성령의 간접적인 증거로 뒷받침되어야 한다고 주장한다. 이 점에서 웨슬리는 분명히 열광주의자들과 구분되며, 동시에 신자들이 무분별한 열광주의에 빠지는 것을 경계하고 있는 것이다.

성령의 간접적인 증거로 웨슬리는 성서의 말씀을 들고 있다. "여러분이 조금이라도 성경에서 이탈한다면, 아니 성경 본문의 의미를 그 문맥에 나타난 대로의 분명한 문자적 의미에서 이탈시킨다면, 여러분은 어느 때나 열광주의에 빠질 위험에 놓이게 되는 것이다."[28]

일찍이 성경은 우리가 "영을 다 믿지 말고 오직 영들이 하나님께 속하였나 시험하라"고 권고하면서, "예수 그리스도께서 육으로 오신 것을 시인하는 영마다 하나님께 속한 것"이라고 하셨다.[29] 다시 말해서 성령의 역사는 기독론적으로 이해하여야 한다는 것이다. 예수 그리스도가 성령의 충만한 가운데 성령에 의하여 행동하셨다면, 성령의 역사와 증거는 예수님의 가르침과 행동에 부합하는 것이라야 한다는 것이다. 웨슬리는 다음과 같이 기록했다.

1739년 6월 22일(금)
오후에 나는 피쉬폰즈(Fishponds)에서 설교를 했으나, 내 안에 생명도 활기도 없었기에, 나는 하나님께서 나를 제쳐두고 추수 때 다른 일꾼들을 보내시지 않나 하는 의심이 부쩍 들었다. 나는 이러한 생각에 사로잡혀 집회에 참석하여 연약한 상태에서 "사랑하는 자들아 영을 다 믿지 말고 오직 영들이 하나님께 속하였나 시험하라"(요일 4:1)를 설명하기 시작했다. 나는 청중에게 모양으로나, 소문으로나, 자신들의 느낌으로나 다른 사람의 말을 듣고 성령을 판단하지 말라고 했다. 또한 그들이 본 것 같은 꿈이나 환상이나 계시로도 성령을 판단치 말며, 또한 그들의 몸에 나타나는 어떤 현상이나 비탄의 모양으로도 판단치 말라고 했다. 이러한 것들은 그 자체가 애매하고 논란의 대상이 된다고 경고했다. 이러한 것들은 하나님께로부터 된 것일 수도 있고 아닐 수도 있다. 그래서 단순하게 믿을 수도 없으며 비난받을 수도 없으나 다만 "율법과 증거의 말씀"(사 8:20)에 따라 판단을 받아야 한다.

그러므로 참 영의 역사와 증거는 회개와 하나님께로부터 거듭나는 일에 따라야 한다. 또한 성경이 말하는 대로 성령의 증거에는 겸손과 기쁨, 평강, 그리고 주님의 계명을 지키는 일이 따라야 한다. 다시 말해서, 성령의 역사, 증거에는 하나님을 향한 우리의 선한 양심과 성령의 열매가 있어야 한다.[30]

따라서 성령의 증거를 타당한 확신으로 받아들이는 데 있어서는 성령의 직접적인 증거와 간접적인 증거가 공히 있어야 한다고 웨슬리는 강조한다.[31]

IV. 요약과 결론-관용의 정신

웨슬리는 성령의 역사를 중요시하고 강조했다. 그는 올더스게이트에서의 가슴이 뜨거워지는 성령의 증거를 통하여 확신 있는 신자가 되었으며,

그의 사역에 능력을 갖게 되었다. 그가 이끈 18세기 영국교회에서의 부흥운동, 아니 전 세기에 걸친 복음적 부흥운동은 분명한 성령의 역사였다.

웨슬리는 성령의 강한 역사를 체험했다. 이런 성령의 내적 역사는 기사, 이적과 같은 기이한 현상도 동반했다. 그러므로 한편 웨슬리는 오해와 비판도 받았다. 특히 성령의 기사, 이적은 사도시대로 종료되었고, 현재는 없다고 생각하는 당시의 정통주의 신학자들과 영국교회 신학자들로부터 비판을 받았으며, 열광주의자로 오해받기도 했다.

이에 대하여 웨슬리는 성서가 인정하는 성령의 기사, 이적은 현재도 있다는 것을 교부들의 글과 자신의 경험을 들면서 변호했다. 웨슬리는 초대교회가 보여주었듯이, 복음이 능력으로 전파되며 진실한 믿음이 있는 곳에는 언제나, 지금도 성령의 기적적인 은사들, 곧 카리스마타(charismata)는 나타난다고 믿었다.[32] 웨슬리는 오늘날 이런 표적들이 나타나지 않는 이유는 교회의 신앙이 변했기 때문이라고 보았다. 그에 의하면, 성령의 역사가 멈춘 것이 아니다. 성령께서는 사랑이 차디차게 식었고, 신앙이 죽은 상태로 남아 있는 신자들 안에서는 그런 역사를 할 수 없는 것이다. 그는 참 믿음이 있는 곳에는 지금도 그런 은사로 역사한다고 주장하였다.[33]

이는 오늘의 신학자들이 받아들여야 할 충고라고 생각한다. 왜냐하면 웨슬리가 체험했고, 역사에서 입증되었듯이, 성령의 직접적인 증거 없이는 신앙의 확신과 박력이 없기 때문이다. 종교와 철학이 다른 점이 무엇인가? 철학에는 힘이 없지만 종교에는 힘이 있다. 그 힘은 확신에서 오는 것이다. 성령의 직접적인 증거 없이는 하나님과의 산 관계가 이루어지지 않는다. 하나님은 지적 신앙의 대상이 아니다. 하나님의 능력은 바로 성령의 직접적인 역사에서 나타난다.

이와 같은 각성은 세계복음화를 위한 로잔운동에서 메아리치고 있음을 본다. 로잔운동은 함께 모여 세계선교의 대과제를 인식하고, 성서의 빛 아래서 신학적 입장을 정립하며, 오늘의 시대에 적응성 있는 선교방법을 모색하고, 온 교회가 협력하여 세계복음화에 헌신하자고 다짐하는 데서 시작된 운동이다. 이 대회는 여러 교회가 함께 협력하는 기초로서 유명한 로잔언약을 발표했다. 그리고 1989년에 마닐라에서 제2차 대회를 가졌다. 이 대회에는 170국에서 약 3,000명의 지도자가 참석했다. 그리고 로잔언약을 보완하는 마닐라선언문을 발표했다.[34] 이 선언문은 그리스도의 온전한 복음(The Whole Gospel)의 선포에는 기사, 이적이 동반됨을 인지했다. 그리스도의 복음 선포는 하나님 나라의 도래를 의미하며, 이는 사탄에게서의 해방, 곧 하나님 능력의 나타냄을 부분적으로나마 동반하는 것이기 때문이다.[35] 이는 성령을 인격적으로 체험한 진실한 신자는 모두가 긍정하는 바일 것이다.

그러나 위에서 살핀 대로, 웨슬리가 또 다른 한편으로는 은혜의 수단(The means of Grace)을 부정하는 열광주의자와 정숙주의자들을 경계하며, 신자는 성령의 정상적인 은사 곧 사랑의 은사를 힘써 구하여야 한다고 강조한 것을 간과해서는 안 된다. 웨슬리는 냉랭한 신앙을 갖고 있는 형식주의자들을 비판할 뿐만 아니라, 동시에 지나친 열광주의자들을 경계하였다. 성령의 역사는 기적과 같은 외적인 현상을 동반하지 않을 때도 있을 뿐만 아니라, 외적으로 나타나는 현상은 또한 다양하기 때문이다. 또한 성령의 본질적인 사역은 내적 역사이며, 외적 현상은 우연적인 것이기 때문이다.

웨슬리는 은혜의 경험도 강조했지만, 그의 신학의 최고 권위는 성서였음을 잊어서는 안 된다. 그는 말하기를, "나의 근거는 성서이다. 그렇다… 나는 모든 일에 있어서, 그것이 큰일이든 작은 일이든, 성서를 따른다."[36]고 하였다. 그러므로 성령의 체험, 곧 성령의 내적 증거도 모두 성서에 의하여 시험하여야 한다. "성서야말로 그리스도인들이 모든 계시가 참 하나님의 계시인지 아니면 그저 사람이 짐작한 계시인지를 가려내는 시금석인 것이다. 사람들이 율법에 호소하든 체험에 호소하든 모든 영(spirit)을 성서에 의하여 시험해보아야 한다."[37]

이 문제와 연관하여 한 가지 더 언급하고 싶은 것이 있다. 이는 웨슬리가 각자 다르게 체험을 하는 신자들을 대하는 관용의 태도이다. 웨슬리는 기독교의 교리에서 본질적인 것(essential. substance of the doctrine)과 비본질적인 것(non-essential. circumstance of the doctrine)을 구분할 줄 알았다. 그는 근본적이며, 본질적인 것을 고수했으나, 비본질적인 것, 곧 의견(opinion)에 있어서는, '의견을 달리하는 것으로 동의'하고 관용의 정신을 발휘했다.[38] 웨슬리가 은총론에서 그렇게 대립되었던 죠지 횟필드의 서거에 즈음하여 행한 설교에서 잘 드러나고 있다.

> 그는 각 곳에서 외친 그 위대한 성서적 교리들을 고수한다. 그러나 교리들 가운데에는 보다 덜 본질적인 교리들도 있다. 이 본질적이 아닌 교리들에 있어서는 진실한 하나님의 자녀들도 여러 세대 동안 의견이 분열되어 왔다. 이런 일에 있어서는 그렇게 의견을 달리하는 것으로 합의하도록(agree to disagree) 생각해도 좋다. 아니 그렇게 생각을 하라. 그러나 한편 우리는 '성도에게 단번에 주신 믿음의 중요한 교리들을 굳건히 붙들자.'[39]

이런 관용적인 정신은 성령체험을 둘러싸고 일어나는 논쟁과 태도에서도 잘 드러나고 있다. 그 당시의 영국교회 지도자들은 성령체험이나 성령의 직접적인 증거, 또는 신유나 기사이적에 대하여 말하면, 도매금으로 열광주의자 또는 마술사라고 몰아서 비난하는 경우가 있었다. 이에 웨슬리는, 열광주의(Enthusiasm)의 성격이 어떤 것이며, 진실한 성령의 역사로 나타나는 기사, 이적과 신유의 역사들을 열광주의에서 오는 것으로 혼동하지 말라고 설명한다.

웨슬리는 1749년, '열광주의의 성격'(The Nature of Enthusiasm)이라는 설교를 출판했다. 이어서 1755년, 1778년, 1789년에는 이를 소책자로 재출판했다. 또 그는 '편협한 생각을 조심하라'(A Caution Against Bigotry), '관용의 정신'(Catholic Spirit)이라는 설교를 출판했다.[40]

여기에서 웨슬리는 우리가 배격해야 할 열광주의자는, 일반적으로 말해, 하나님의 말씀이나 영감에 의존하지 않고 자기의 상상이나 환상에 의존하여 광열(religious madness)에 빠지거나, 하나님께 속한 것이 아닌 것을 하나님의 것인 양 말하는 그릇된 자들이라고 규정한다. 이들은 진실하지만, 실수를 한다. 이들은 하나님의 말씀을 따르는 것보다 사람의 상상이나 꿈을 따른다. 그래서 그들은 자기의 상상이나 환상을 하나님의 말씀과 뜻에 가져다 맞추는 과오를 번번이 범한다. 그러면서 또한 교회에 주어진 은혜의 수단들을 사용하지 않는 과오를 범한다.

그러나 성령의 역사에서도 기적적인 능력과 표적이 따르는 것을 부정하지 말라고 했다. 따라서 이런 역사가, ⑴ 성경의 증거와 어긋나는가, ⑵ 그런 역사의 열매가 어떤 것인가, ⑶ 이런 역사를 들은 사람들의 나타내는 열매가 어떤 것인가를 살펴보면서 평하여야 한다고 했다.[41] 웨슬리는 이런 헤아림 없이 무턱대고 기사 이적을 따르거나 성령의 직접적인 증거를 열광주의로 보는 것은 그릇된 것이라고 반박한다. 이는 바로 웨슬리 자신을 비방하는 자들에 대한 변호이기도 했다.

오늘날에도 이성주의와 유물론적 사고에 빠진 신학자들은, 자기 이성으로 이해가 안 되는 것은 모두 신비주의적이요, 열광주의라고 보려는 경향이 있다. 그러나 초월적인 하나님의 성령과의 관계에서 일어나는 것들 속에 이성의 테두리를 벗어나는 신비적인 요소가 있음이 당연하지 않겠는

가. 그러므로 웨슬리가 말하는 대로 헤아림 없이 '기적적인 것'은 무조건 신비주의나 열광주의자들의 소행이고 마술을 쓰는 것이라고 하는 평가는 경솔한 일이다. 그러므로 웨슬리는 그의 설교에서,[42] 참 열광주의가 무엇인지도 잘 모르면서 알지 못하는 것을 함부로 말하지 말고, 일반적으로 들은 소문을 가지고 사람을 열광주의자라고 판단하지 말며, 남을 판단하는 은사가 있는 것처럼 행동함으로써 또 하나의 열광주의에 빠지지 않도록 조심하라고 권고하고 있다. 우리는 늘 말과 행동을 항상 조심과 두려움으로 하여야 한다.

그러나 동시에 웨슬리는 비성서적인 열광주의에 빠져 자만의 죄를 짓는 것에 대해 경계하기를 소홀히 하지 않았다.[43] 웨슬리는 양자 간의 논쟁에서 신자들의 고집과 편협함을 경계하라고 권하고 있다. 그는 예수의 제자가 주님을 보고, "우리를 따르지 않는 어떤 자가 주의 이름으로 귀신을 내쫓는 것을 우리가 보고 우리를 따르지 아니하므로 금하였나이다."고 하자, 예수께서 이르시되 "금하지 말라 내 이름을 의탁하여 능한 일을 행하고 즉시로 나를 비방할 자가 없느니라. 우리를 반대하지 않는 자는 우리를 위하는 자니라."[44]고 하신 말씀을 풀이하면서, 하나님의 일하는 사람이 나의 교회에 속하지 않았거나 내 의견과 다르고 내 편이 아니라고 하여, 하나님의 일을 하는 사람을 방해하는 일이 없도록 조심하며, 일방적인 비방을 삼가라고 했다. 성도는 더욱 기도하고, 경성하여 일하면서, 피차간에 더 사랑하도록 노력해야 한다.[45]

이는 웨슬리의 '관용의 정신'을 반영하는 태도이다. 그는 중요한 교리에서는 양보가 없지만, 여러 의견(opinions)에서는 '의견을 달리하는 것으로 동의하고', 주님의 일에 협력하는 정신을 주장했다.[46]

이 글을 마치면서, 웨슬리가 성령의 기적적인 역사에 대한 논증의 마지막에 기록한 구절을 인용하고자 한다.[47]

나는 성경이 약속한 것들을 기쁨으로 받아 행한다(I enjoy). 기독교에서 행해온 것을 와서 보라. 이것들은 하나님께로부터 온 것이다. 나는 이런 옛 그리스도인들을 (그들이 실족함이 있었다 해도) 더 존경한다. 왜냐하면 나는 오늘의 그리스도인들에게서는 별로 순수한 기독교에 대한 것을 보거나, 쓴 글을 읽거나, 듣지 못하기 때문이다. 더 나아가, 소위 현대 그리스도인이라고 하는 사람들의 대부분은 이런 일에 대하여 전적으로 무지하면서도, 이에 대한 깊은 선입관을 갖고, 그는 열광주의라고 하면서 반대한다. 무엇 때문인지 나도 모르겠다.

나는 능력과 사랑의 하나님께서 당신이나 나 자신을 초대 교부들과 같은 그리스도인들로 만드시기를 간절히 기도한다.[48]

참고도서

김선도 편. 「웨슬리 복음주의 총서」 도서출판 광림, 1992.

조종남. 「요한 웨슬리의 신학(개정증보판)」 기독교 출판사, 1993.

______. 「요한 웨슬리 설교 선집」 도서출판 청파, 1994.

______. 「로잔 세계복음화운동의 역사와 정신」 IVP, 1990.

Piette, Maximin. *John Wesley in the Evolution of Protestantism*. Sheed and Ward, 1937.

Starkey, L. M. *The Work of the Holy Spirit*. Abingdon, 1962.

Tuttle, Robert. *Mysticism in the Wesley an Tradition*. Francis Asbury Press, 1989.

Tyerman, Luke. *The Life and Times of the Rev. John Wesley*. 2 vols. Hodder Stoughton, 1872-75.

Wesley, John. *The Works of The Rev. John Wesley*, Ed. by Jackson, 14 vols. Zondervan Pu. Co., 1958-1959.

______. Explanatory Notes Upon the New Testament, 1755, 1941.

______. *The Journal of the Rev. John Wesley*, Ed. by N. Curnock, 8 vols, Epworth Press, 1938.

______. *The Letters of the Rev. John Wesley*, Ed. by John Telford, 8 vols, Epworth Press, 1931.

______. *Wesley's Standard Sermons,* Ed. by E. H. Sugden, 2 vols, Epworth Press, 1956.

16
웨슬리의 세례관

Ⅰ. 서론

베일리(Donald M. Baillie) 박사가 지적한 대로 "근래에 이 성례전 곧 세례관을 둘러싼 문제에 대한 새로운 의식이 영국 고교회로부터 대륙의 개신교에 이르기까지 각 곳에서 불붙고 있다는 사실은 의심할 여지가 없다."[1]

근래에 기독교 세례관에 대한 관심이 이처럼 높아짐에 따라 이 연구에 대한 웨슬리안의 공헌을 기대하게 된다. 그러므로 우리는 웨슬리 신학의 입장이 무엇인가를 먼저 살펴보고 그것을 명백히하지 않으면 안 된다. 왜냐하면 웨슬리의 세례관에 관하여는 웨슬리 학자 간에도 그 해석이 각양각색이기 때문이다.[2]

그러므로 우리는 여기서 기독교 세례에 대한 웨슬리의 글을 정리 분석하고, 그것을 그의 신학적 구조의 테두리 안에서 고찰하여 봄으로써 웨슬리안의 세례관을 정립하는 데 그 건설적인 방향을 찾아보고자 한다.

Ⅱ. 세례의 정의 및 의미

웨슬리는 예수께서 친히 실례로 보여주셨듯이, 세례란 모든 신자들에게 필수적으로 임하는 하나의 "은혜의 수단"으로 생각했다.[3] 웨슬리에 의하면, 세례는 그리스도의 대부분(great commission)의 전 계획 안에 포함되어 있는 것으로, 이것은 세상 끝날 때까지 그리스도의 교회 안에 존재해야 하는 것이다.[4]

웨슬리는 첫 번째 성례전으로서의 세례는 일반적 의미에서 "교회 또는 천국에 들어가는 유일한 수단"이라고 믿었다.[5] 말하자면 웨슬리는 값없이 주시는 그리스도의 대속의 그 공로와 은사가 세례 가운데 성령의 역사로 말미암아 사람들에게 적용된다고 믿었다.[6] 세례가 주는 혜택에 대하여 그는 다음과 같이 말한다.

> 우리는 세례를 통하여 말씀이신 그리스도 곧 하나님의 새로운 언약 안에 접붙임을 받는다. 곧 그리스도의 몸 안에 받아들여진다.[7]

또한 그리스도의 죽음의 공로가 적용됨으로 원죄의 죄책에서 씻김을 받는다.[8] 더 나아가 그는 말하기를 세례를 통하여 우리는 성령의 은사를 받으며[9] 성령을 통하여 우리는 새 삶을 시작하며, 모든 생활이 성숙하게 자란다. 이런 혜택들은 세례에 의한 중생(重生)이라는 말로 표현될 수 있을 것이다. 그는 이렇게 기록하였다.

> 그러면 하나의 은혜의 수단인 물에 의해, 곧 물로 세례를 받음으로 우리는 중생한다. 이를 인하여 세례가 사도(使徒)에 의해 "중생의 씻김"(딛 3:5)이라고 불렸다.[10]

III. 세례에 의한 중생이 뜻하는 바와 그에 대한 웨슬리의 이해

그러면 웨슬리는 그 당시 국교회의 기도서가 표현하고 있듯이 "세례에 의한 중생"(baptismal regeneration)의 교리를 그대로 믿었단 말인가? 이 점에 있어서 웨슬리 학자들 사이에도 그 해석에 이견을 보이고 있다. 예를 들어 전통적으로 성공회의 교리에 반대하는 편으로, 윌리엄스(T. G. Williams) 같은 이는 주장하기를 "웨슬리는 '세례에 의한 중생의 교리'를 믿지 않았을 뿐만 아니라 전력을 다하여 그런 교리를 반대하였다"고 했다.[11] 윌리엄스는 말하기를 웨슬리가 1738년 올더스게이트 체험 이후에는 산 믿음과 하나님과의 직접적인 만남에 대하여 새로운 강조를 했는데, 이를 계기로 웨슬리는 그의 고교회적 세례관으로부터 이탈하였다. 곧 "세례에 의한 중생의 교리"를 거절하게 되었다고 주장했다. 그는 이렇게 말했다.

> 웨슬리는 그의 목회 사역에서 세례식에 사용되는 물이 사제의 거룩한 손에 의하여 죄인의 이마에 닿았을 때, 신행의 은혜를 받았다든가 중생하였다든가 또는 그리스도의 지체가 되었다고 죄인에게 말하지 않았다. 오히려 그는 외적 의식을 그렇게 믿는 사람에게 "세례를 받았거나 안 받았거나 당신은 거듭나야 한다"라고 말했다.[12]

그러면 웨슬리는 윌리엄스가 설명하고 있는 대로 "세례에 의한 중생"의 교리를 거절하기에 이르렀는가? 여기서 우리는 웨슬리가 그의 「세례에 관한 논문」(Treatise on Baptism)에서 그의 아버지가 세례에 관하여 쓴 글의 일부 바꾸었다는 데 주의하게 된다. 웨슬리의 아버지의 세례에 관한 논문은 반세기 전에 출판된 것이다. 웨슬리의 이 논문은 자기 아버지의 글을 축약한 것인데, 이 논문에서 그는 "세례에 의한 중생"이라는 말, 또는 세례에 의한 중생의 교리를 언급하는 듯한 말들을 제거하였다.[13] 그는 또한 "성례전적인"(sacramental) 또는 "성례전으로"(sacramentally)라는 말들도 제거하여 버렸다.[14] 그러면 웨슬리가 그 논문에서의 그런 수정을 한 것이 그가 세례에 의한 중생이라는 교리를 거부하게 되었다는 것을 지적하기에 충분한 것일까? 아니다. 웨슬리는 이 논문에서 아직도 우리가 세례받음으로 하나님의 자녀가 되었으며, 내적 은혜가 우리 영혼 안에 부어졌으며, 그리고 원죄의 죄책이 세례받음으로 씻어졌다는 주장을 견지하고 있는 것이다. 다시 말해 웨슬리는 아직도 그 글에서 "내적인 신생은 외적인 성례전적 씻음과 동시적인 것"이라고 인정하고 있는 것처럼 보인다.[15] 그러므로 우리는 패리스(Parris)가 주장하듯이 웨슬리는 아직도 "일반적인 국교도의 입장에 서 있다"고 믿는 것이 안전할 것이다[16]

그러나 어떤 이들은 그의 이 「세례에 관한 논문」은 단지 그의 부친 사무엘 웨슬리의 시대에 뒤진 논설일 뿐, 웨슬리 자신의 가르침으로 볼 수는 없다고 하며[17] 이 논문의 입장을 과소평가하려는 사람들이 있다. 그들은 웨슬리 자신의 견해는 그의 설교 속에서 발견되어져야 한다고 주장한다. 이들은 웨슬리의 설교에 나타난 세례관은 이 논문에 서술된 입장과는 다르다고 전제하고 있다.[18] 그러나 이러한 주장은 근거 없는 것처럼 보인다. 왜냐하면 타이어맨(L. Tyerman)이 지적하는 대로[19] 우리는 그의 설교 안에서 웨슬리가 "세례에 의한 중생"에 대한 신념을 강력하게 인정하고 있는, 보다 강한 말들을 발견하게 되기 때문이다. "신생에 관하여"라는 그의 설교에서 그는 이렇게 말하고 있다.

> 유아시절에 세례받은 사람은 모두 그와 동시에 거듭났다고 우리의 교회가 간주하고 있음은 명백하다. 그리고 유아세례에 대한 모든 의식은 이 가정간주(家庭看做)에 의해 수행되고 있다고 보아야 할 것이다. 이 일이 어떻게 유아들에게 역사되었는지는 우리가 이해할 수 없다. 그러나 이것이 이 사실을 반대할 무게를 가지지는 못한다. 왜냐하면 성숙한 한 성인에게 있어서도 그것(세례)이 어떻게 역사되었는지를 우리가 알 수 없기 때문이다.[20]

그는 자기 자신이 세례를 받을 때, "성령의 씻음"을 받은 것으로 자신의 세례에 대하여 설명하고 있다.[21] 이와 같이 우리는 그의 「세례에 관한 논문」이 "사무엘의 강론"을 단순히 요약하여 재판한 것으로 간주할 수는 없을 것이다.[22] 이 논문은 그가 올더스게이트에서 복음적 체험을 한 여러 해 후에 웨슬리의 설교가 복음적인 음조로 알려졌을 때 출판되었다는 사실을 간과해서는 안 된다. 더욱이 이 논문은 메소디스트들에게 반포되기 위해 발행된 것이었다. 이런 점에 비추어 볼 때, 이 논문은 세례에 관한 웨슬리의 견해를 드러내는 것으로 취급되어야 할 것으로 보인다. 그러므로 우리는 그의 아버지의 논문에 있는 문구를 "변경"시킨 데는 분명히 뜻하는 바가 있었다고 보고, 웨슬리는 그의 논문에서 그 신학적 전개를 하고 있다고 인정하여야만 한다.

즉 웨슬리는 그 소논문에서 일부 자구를 수정함으로 자기가 견지하고 있는 고교회적 세례관이 성례전을 단순히 "ex opere operato"(의식을 통해 기계적으로 은혜가 전달된다고 보는 견해)로 보게 될까 봐 염려하는 그의 관심을 반영하고 있는 것이다.[23] 그의 강한 반대는 "천주교 제도를 조용히 고찰해 보자"(Popery Calmly Considered)라는 글에 다시 나타나 있다.[24] 그는 이렇게 말했다.

> 은혜란 단순히 "의식을 통해서 자동적으로"(ex opere operato) 솟아 나오는 것이 아니다. 은혜란 단순한 물건 또는 말해진 말씀들로부터 나오지도 않는다. 오히려 하나님께서 받을 만한 자들에게 하신 약속을 따라 주시는 하나님의 축복에서부터 나오는 것이다.[25]

이와 같이 웨슬리는 세례의 표징(sign)을 그 세례가 상징하고자 하는 내용, 곧 중생의 내적 은혜로부터 분리시킴으로 그는 하나님의 은혜가 기계적으로 자동적으로 전달된다는 ex opere operato라는 견해를 조심스럽게 경계하면서, 세례를 여전히 은혜의 수단으로 받아들이고 있는 것이다.[26] 이것을 다른 말로 설명한다면, 우리가 비록 피상적으로 보아서 사람이 물로 말미암아 구원을 받는 것처럼 보이지만, 사실은 우리가 물로 인해 구원을 받은 것이 아니라 성령께서 물을 통하여 역사하심으로 이루어지는 내적 은혜에 의해 구원을 받는 것이라고 웨슬리는 말하고 있는 것이다. 왜냐하면 성령의 작용은 자동적인 기계적 작용이기보다는 인격적 상호관계라는 견지에서 이해되어야 하기 때문이다. 세례를 통해 임하는 은혜도 물에 의하여 기계적으로 중개되는 어떤 것이 아니라 하나님이 선택하신 수단들을 통하여 하나님께서 작용하시는 것이다.[27]

세례에 대한 이러한 이해는 은혜의 수단에 대한 웨슬리의 견해와 일치한다. 그는 "은혜의 수단"은 그것이 하나님의 역사를 떠나서는 어떤 힘도 가지고 있지 않음을 명백히하고 있다. 웨슬리는 우리가 언제나 "하나님은 모든 수단과 매개물을 초월하여 존재하신다"는 것을 똑똑히 의식하고 있어야 한다고 상기시켜 주고 있다.[28] 웨슬리는 계속하여 이렇게 말한다.

> 또 기억하시오. 모든 수단을 수단으로 사용하시오. 곧 수단 자체를 위해서가 아니라 "의와 참된 거룩함" 안에서 당신의 영혼을 새롭게 하기 위해서 규정된 수단으로 사용하시오.[29]

왜냐하면 그것들은 성례전적인 도구들일 뿐 그것 자체가 목적은 아니기 때문이다.

그러면 우리는 이 둘, 즉 "세례에 의한 중생"이라는 견해와, 다른 한편 "성례전의 외적 표적과 내적 은혜" 자체를 조심스럽게 구별하는 그의 입장을 어떻게 조화시킬 수 있을까? 캐논 박사는 말하기를 웨슬리가 외적 표적인 세례와, 성령에 의해 역사된 내적 은혜인 중생을 구별함으로 그는 영국 교회가 "세례에 대한 중생"을 가르치는 것을 부인하였다고 하였다.[30] 그러나 필자가 보기에는 웨슬리는 그와 반대로 영국 교회가 말하는 "세례에 의한 중생"의 교리의 정의(定義)를 다음과 같이 정정함으로써 영국 교회의 입장을 옹호하려고 의도한 것 같다.

> 아마도 세례와 중생이 구별될 수 있고, 물(세례에 사용되는)을 성령과 같이 생각할 수는 없다고 하지만, 이 두 가지는 한 행위 안에서 연합되어지며 함께 이루어지는 것이다.[31]

말하자면 "세례에 의한 중생"이라는 개념은 중생이라는 사건이 세례와 동시적으로 일어나며 또한 세례를 통하여 역사된다는 의미에서 이해돼야 한다는 것이다. 곧 물 그 자체가 세례 받는 자의 죄들을 신비적으로 씻어 내는 것이라고 여겨서는 안 된다는 말이다. 이런 이해 아래서 웨슬리는 영아들이 세례에 의하여 거듭난다고 이해하며, 이 점에서 그는 영국 교회의 교리에 대해 질문을 갖지 않았던 것이다. 그는 유아는 세례 시에 거듭난다고 믿었다.[32] 이 점에 대해 웨슬리는 의심하는 바가 거의 없었다.[33]

웨슬리가 그의 회중들(곧 유아 때에 이미 세례를 받은 사람들)에게 믿음과 중생의 필요성을 그렇게도 강조했기 때문에 어떤 학자들은 웨슬리가 그의 말년에는 "세례에 의한 중생"의 교리를 배격하기에 이르렀다고 생각하였다. 이렇게 생각하는 가운데 그들은 웨슬리가 1784년과 그다음 해에 발간한 「주일예배」(*Sunday Service*)라는 책에서 세례의식과 예문에 가한 수정은 바로 "세례에 의한 중생"의 교리에 대한 그의 견해의 변화를 뜻하는 것이라고 지적한다.

그러나 우리가 조심스럽게 관찰한다면, 우리는 웨슬리가 그의 설교에서 회심의 필요성을 강조하였고,[34] 또한 1784년에 발행한 책 「주일예배」에서 세례의식과 예문의 수정이 있었지만, 웨슬리가 그의 설교에서 말하고자 한 의도가 유아세례의 가치에 대한 반대가 아니었다는 것을 알 수 있게 될 것이다.[35] 오히려 그가 설교에서 경고하고자 했던 것은 세례에 의한 중생의 교리를 그릇되게 적용하는 일에 대하여 목회자적 입장에서 교훈하는 것이었다. 예를 들어서 어떤 사람들은 자기가 세례를 받음으로 거듭났다는 핑계로, 그가 비록 지금 "마귀의 자녀"임이 분명할지라도 회심할 필요가 없다고 생각하는 그릇된 이론과 생각을 경고한 것이었다.[36]

웨슬리가 여기에서 지적하는 것은 사람이 세례를 받음으로 거듭난다는 것은 새로운 삶의 시작일 뿐으로서, 이 생명이 세례 이후에 유지되고 또 성장하기 위하여는 세례받은 바로 그 사람이 하나님과의 산 관계에 있으면서 책임 있는 삶을 걸어야 한다는 주장이다. 그러므로 만약 세례받은 사람이라도 그가 죄 가운데서 살면서 마귀를 따르고 있다면, 그는 실질적으로 그 자신의 세례를 부인하는 것이 된다는 것이다. 그렇게 되면 세례는 "세례받음으로 거듭났다고 하는 부러진 지팡이"[37]가 되고 마는 것이다. 이같이 하나님의 은혜(세례의 은혜)를 비인격적인 관계에서 이해하며, 마치 어떤 물질적인 요소가 세례받을 때 주어져 그것이 인간 영혼에 깃들여 있는 양 생각하여서는 안 된다는 것이다. 오히려 하나님의 은혜는 하나님과 인간과의 인격적인 관계에서 성령을 통하여 역사하는 것으로 이해하여야 한다.[38]

이와 같은 이해로 웨슬리에 있어 세례라는 것은 포괄적인 성격을 지니고 있다. 곧 세례는 세례받는 순간에 일어나는 하나의 사건 곧 중생과 세례받은 사람의 생애 전체 곧 성화의 양자를 포함하는 것이다. 그리고 또한 세례는 종말론적인 하나님과의 계속적인 산 관계를 통하여 성장하며 마침내는 완성될 것으로 기대되기 때문이다. 결국 웨슬리의 중심적인 관심과 강조는 세례가 갖는 이 발전적 성격과 세례받은 사람이 그가 언제 세례를 받았든지 간에 현재 여기에서의 책임 있는 삶을 살고 있느냐에 있

었던 것이다.[39]

그러므로 웨슬리가 세례를 어떻게 이해했느냐 하는 문제는 그의 「세례에 관한 눈문」의 마지막에 있는 다음의 구절에서 이해되어야 할 것이다.

> 만일 우리가 세례에 합당하게 살아간다면, 곧 우리가 회개하고 복음을 믿고 순종할 때, 세례는 바로 우리를 구원한다고 말할 수 있을 것이다. 그럴 때, 우리는 세례를 통하여 이 땅에서 교회로 영입하듯이 이후에는 또한 영광으로 들어가게 될 것이다.[40]

그런데 웨슬리는 성인의 세례에 관하여는 좀 다른 견해를 취하고 있다. 그의 글, 특히 그의 설교에서는 그의 유아의 세례와 성인의 세례를 구분하고 있음을 본다.[41] 웨슬리는 성인 세례의 경우에는 유아세례에서 그랬듯이 중생이 동시에 일어난다고는 볼 수 없다고 생각했다. 즉 늘 중생과 세례가 동시에 일어나는 것은 아니라고 주장한 것이다.[42] 그는 분명히 이렇게 말하였다.

> 유아들의 경우에는 어떠하든지 간에 성인들이 세례받을 때 동시에 거듭나는 것이 아님은 분명한 것이다. 한 사람이 "물로 나는 것"은 가능할지 모르나 아직 "성령으로 나는 것"은 아니다.[43]

웨슬리는 「이성과 신앙의 사람들에게 보내는 또 하나의 효소」(A Father Appeal to Man of Reason and Religion)라는 그의 소논문에서 "유아들은 비록 그들이 당시에는 믿거나 회개할 수 없었을지라도 세례받음으로 의롭다 함을 받는다.[44] 그러나 성인들에 관한 한 그들이 신생하기 위해서는 세례받을 때에 그들이 회개하고 믿어야 한다"고[45] 설명한다.

이 같은 관찰들로 보아 웨슬리의 세례에 관한 이해는 두 가지의 다른 견해로 나타나 있음이 명백한 것 같다. 곧 웨슬리는 유아세례와 성인세례를 달리 이해한 것 같다는 말이다. 곧 웨슬리에게 있어서 유아세례는 "의롭게 하고 중생하게 하는 성례전"이다.[46] 그러나 성인들은 세례를 받았다고 해서 모두 거듭난 것은 아니다. 만약에 신생의 사건이 세례와 동시에 일어나기 위해서는 그들은 회개하고 믿어야만 한다.[47]

그러므로 우리가 웨슬리는 "세례에 의한 중생"의 교리에 있어서 고교회파 사람이었다고 주장한다면, 그것은 웨슬리를 정당하게 이해한 것이라고 볼 수 없다. 그런가 하면 또한 웨슬리는 "세례에 의한 중생"의 교리를 반대했다고 단순히 말하는 것도 공정한 평은 못 되는 것이다. 왜냐하면 웨슬리의 글들에 나타난 바에 의하면 그는 "세례에 의한 중생"을 유아세례에 적용함에 불과했었기 때문이다. 이렇게 관찰할 때 웨슬리는 가톨릭적 요소(유아의 세례에 의한 중생)와 복음적 이해(성인의 복음적 회심을 위한 산 믿음의 강조)의 양자를 모두 가지고 있었다고 말할 수 있을 것이다. 둘 중 어느 하나라도 무시하는 것은 세례에 대한 웨슬리 자신의 입장을 잘못 다루는 것이다.

IV. 유아세례 : 믿음과 세례의 관계

위에서 본 대로 믿음과 세례는 "세례에 의한 중생"의 교리를 이해하는 데 있어서 불가분리의 관계를 가지고 연결되어 있다. 믿음이라는 것은 내적 은혜를 받음에 있어서 필수조건(sine quanon)이다. 그리고 다른 한편, 이 은혜는 세례와 제휴되어 있는 것이다. 그러므로 믿음이라는 것은 믿음을 가질 수 있는 자에게는 그가 세례를 받기 전에나 후에나 요청되는 요소인 것이다.[48]

그러나 우리가 관찰한 대로는, 유아세례에 있어서는 그 경우가 좀 다르다. 곧 유아들은 세례를 받은 후에야 믿음이 가능한 것이다. 그러기에 웨슬리에 있어서 수세자의 믿음을 강조하는 것은 세례 이후의 믿음에만 적용되는 것이라고 보아야 한다. 왜냐하면 세례받은 유아는 이런 의미에서 곧 수세 후에 따르는 믿음에만 그 책임이 있기 때문이다. 이와 같이 세례에 있어서 믿음이라는 것은 주로 세례에 대한 응답으로 해석되어야 한다. 이는 유아세례의 경우에 보다 명백히 드러난다.[49] 믿음이 세례를 필요로 요구하기보다는, 세례가 믿음을 필요로 요구하는 것이다. 이런 의미에서 세례는 바로 믿음의 출발점이다. 웨슬리는 수세자는 믿을 수 있고 응답할 수 있을 때는 언제나 믿음의 필요성을 강조하였다. 왜냐하면 그는 믿음을 인간과 하나님과의 관계에서 이해하며 이 믿음이 없이는 인간이 "세례의 은총" 안에 계속 머물러 있을 수가 없다고 이해하고 있었기 때문이다.

세례받은 유아에게 요구되는 신앙이라는 전제 조건을 웨슬리는 그 어린이 대신 그 유아를 세례받게 하는 부모에게서 찾았다.[50] 여기에서 강조된 것은 믿는 공동체의 공동신앙이다. 비록 그 부모의 믿음이 유아를 대신한 대리적 믿음으로 이해할 수는 없지만, 그 부모의 믿음은 특수한 방법으로 믿는 공동체의 공동신앙을 상징하고 있는 것이다.

이러한 차이에도 불구하고 웨슬리는 교회에서 유아에게 세례를 베푸는 것에 대한 정당성을 확신했던 것 같다. 유아들이 세례를 받을 수 있다는 그의 확신의 일면은 할례와 세례의 명백한 균형 관계에서부터 나왔다. 웨슬리는 세례를 할례 대신 주어진 것으로 믿었기 때문이다.[51] 그는 또한 유아세례는 주님이 명령하신 것이라고 믿었다.[52] 그리고 예수께서 사람들이 데려온 어린이들이 자기에게 오도록 허락하셨다는 사실을 보아서 유아세례의 실행은 주님에 의하여 행해진 것이라고 믿었다. 웨슬리는 이와 같이 말하고 있다.

그러므로 주님의 제자들이나 목사들은 아직도 어린이들이 오는 것을 용납해야 한다. 곧 세례에 의해 그리스도께 데려와진 것을 용납해야 한다.[53]

이같이 유아세례는 주님이 명령하셨을 뿐 아니라 주님 자신이 솔선하여 이를 시작하셨기 때문에 가능하다고 믿는 것으로 보인다.[54] 이것은 세례가 인간에게서 시작된 것이 아니라 하나님께로부터 시작된 규례라는 것을 암시한다. 이것은 하나님으로부터 인간을 향한 활동이다. 그러므로 웨슬리 신학에 있어서 유아세례가 단순한 인간들에 의한 헌아식이라는 뜻만으로는 해석되어질 수 없는 것이다.

V. 웨슬리의 구원론적 구조에서 본 세례관

이제 우리는 웨슬리의 세례관을 그의 신학 체계(structure)에 비추어서 살펴보고자 한다. 웨슬리에 있어서 세례란 하나의 사건(중생을 낳게 하는)[55]이요, 또한 과정(새로운 삶의 성장이 강조된-성화)으로 이해되고 있음은 이미 지적하였다. 이 같은 견해에서는 세례는 기독자의 생활 전체, 곧 의인, 중생(重生), 성결을 망라한다. 그러나 그의 예리한 관심은 후자, 곧 세례에 있어서의 과정의 차원에 있었다. 웨슬리에 있어서 세례는 신자가 온전히 그리스도의 형상으로 형성될 때에야 비로소 그 과정이 끝나는 것이다.[56]

이런 식으로 세례를 이해하게 될 때 한편으로는 성결에 대한 웨슬리의 주된 관심이 세례관에는 올바로 반영되어 있음을 알 수 있다. 또 다른 한편, 그가 그의 세례관을 "복음적 신인협동설"로 표현되는 그의 신학적 구조에 밀접하게 평행시키면서 전개해 나간 것으로 보인다. 즉 웨슬리는 그의 세례관을 전개함에 있어서 하나님의 계속적인 은혜의 역사와 인간에게 계속 따르는 책임의 이 두 면을 견지한 것이다. 인간에 대한 하나님의 역사는 웨슬리에게는 스타키가 일컬은 바 "복음적 신인협동설"이라는 말로 설명된다.[57] 사실 이것은 웨슬리의 신학체계에서 구원의 여러 면에서 공통적으로 나타나는 특징이다. 웨슬리는 그의 은혜의 교리, 특히 선행적 은총(prevenient grace)의 교리로써 이 입장을 지지할 수 있었다.

그러나 세례에 대한 그의 가르침이 이러한 신학체계에 비추어서 관찰될 때 몇 가지 문제에 직면하게 된다. 이에 몇 가지를 비판하고자 한다.

첫째로, 세례에 대한 그의 가르침이 선행적 은총의 교리와 어떻게 관련되는가 하는 문제이다. 웨슬리는 사람이 이 세상에 태어나는 그 순간에 그리스도의 의에 의해, 곧 선행적 은총에 의해 원죄의 죄책이 없어졌다고 주장한다.[58] 그런데, 그가 그의 세례관에 있어서 원죄의 죄책이 세례에 의해 씻겨진다고 하는 것은 이해하기 힘든 일이다. 이러한 점으로 볼 때 웨슬리 자신이 세례관 전개에 있어서 그러한 신학적 입장의 적용을 관철시키지 못한다면, 마침내 그의 세례관은 그의 그러한 신학적 입장과의 논리적 일치를 가져오지 못하는 이론이 되고 말 것이다. 웨슬리는 "은혜의 수단"이라는 설교에서 성례전을 하나님의 선행적 은총과, 칭의의 은혜와, 성결의 은혜를 사람들에게 전달하는 정상적인 통로라고 정의하였다.[59] 그러나 그가 세례와 선행적 은총과의 관계를 언급하며 설명한 것은 아무 데도 없는 것 같다.

두 번째로 지적하고 싶은 것은, 웨슬리는 그의 세례의 가르침을 확신의 교리(doctrine of assurance) 곧 그리스도인의 생활에 대한 이해와 연관시켜 말하지 않았다. 확신의 교리는 그리스도인의 생활에 관한 웨슬리 신학의 특징적 요소이다. 성령은 역사하시며 자기가 역사한 것에 대해 그 후에 확인하신다고 웨슬리는 믿었다.[60] 그러나 웨슬리는 확신의 교리를 성령의 주관적 증거에만 관련시키고, 루터가 그랬듯이 성령의 증거를 "내가 세례받았다"라는 객관적인 사실과 연관시키지는 못하였다.[61] 이런 면에서 비록 웨슬리가 세례는 그리스도인의 생활의 모든 면에 세례의 객관적 의미를 연관시키지 못한 것으로 보인다.[62]

셋째로 또 하나의 문제는 유아들이 회개하거나 믿을 수 없을 때 중생의 은혜가 어떻게 세례를 통하여 그들에게 전달될 수 있는가 하는 데 있다. 이것은 그의 신학 체계, 곧 "복음적 협동설"에 일치될 수 없는 것이 아닌가? 왜냐하면 웨슬리는 "용서나 구원을 받아들이기 위해서는 믿음이 필요하다"[63]고 확고하게 주장하기 때문이다. 우리가 이미 지적한 바와 같이 성례전의 신비적 견해로부터 교회의 교리를 옹호하고자 웨슬리는 세례가 구원을 위한 효과적인 수단이 될 수 있지만 이는 "그 성례전 자체의 힘이나 성례전을 집행하는 사람 안에서 되는 것이 아니라, 오직 그리스도의 축복으로 되는 것이요, 믿음으로 성례전을 받는 사람들 안에서 역사하는 성령에 의해서 되는 것이다"[64]라고 주장한다.

이러한 문제들을 지적해 볼 때, 웨슬리 신학의 전체적인 체계에 가장 일관성 있는 것은, 세례를 그리스도의 몸 안으로 연합하는 것으로 그 의미를 찾는 데 있다. 그렇지만 그는 이런 입장의 논리를 더 진전시키지 않았다. 말하자면 그의 "세례에 의한 중생"의 가르침에서 중요한 것은 "관계의 변화"이다. 곧 유아(혹은 성인)들이 은혜의 왕국, 곧 교회 안으로 옮겨지는 관계의 변화를 말한다.[65] 이것은 세례에 의한 거듭남이라기보다는 오히려 양자됨(그리스도 안으로의 세례 또는 그리스도의 이름 안으로의 세례)을 의미하는 것이다. 웨슬리는 세례로 말미암은 중생은 "그리스도 교회의 몸 안에 접붙여졌다. 곧 하나님의 양자 삼으심과 은혜에 의해 우리가 하나님의 자녀가 되었다"라고 하였다.[66] 필자가 생각건대, 만약에 웨슬리에게 있어서 이런 사상(idea)이 충분히 확대되었더라면 세례의 의미가 보다 일관성 있게 설명되어질 수 있는 어떤 실마리를 제공할 수 있었을 것이라고 본

다.[67]

웨슬리는 전도자였다. 그러나 그는 항상 교회를 중요시하는 사람(churchman)이었다. 그는 항상 교회의 중요성을 인식하고 살았다. 웨슬리에 있어서 교회는 그리스도의 몸으로서, 은혜의 언약이라는 의미에서 신자들의 몸으로서 귀중한 위치를 차지하였다. 이와 같이 고교회적 교회관에서 볼 때 세례를 통하여 교회에 편입(incorporate)된다는 것은 대단히 중요하며 의미 있는 일이다. 왜냐하면 세례가 베풀어지는 바로 그 교회가 성령의 역사가 약속되어진 곳이요, 또한 그곳에서 하나님의 값없이 주시는 은혜의 선물(은총)을 받으며 세례를 받은 신자가 성장하여 마침내는 영혼의 궁극적 구원을 받도록 약속되어 있기 때문이다.

세례의 의미를 이와 같이 이해하게 될 때, 세례란 교회가 중요하게 합동적으로 시행하는 행위로 여겨지게 된다. 그리하여 이 세례는 교회가 어떤 사람을 구별하여 세례받도록 함으로써 그리스도의 몸인 은혜의 왕국 안으로 편입시켜, 객관적으로 이미 주어진 바 된 구속의 복음(이미 주어진 선행 은총 그리고 믿는 자에게 약속되어 있는 칭의의 은혜와 성결의 은혜)에 대하여 하나님을 대신하여 증거하는 행동인 것이다. 이런 뜻에서, 세례는 "행위의 케리그마"(kerygma in action)[68] 또는 "복음의 성례전"[69]이라고 불릴 수 있게 될 것이다. 그리고 또한 세례에 있어서 믿음의 역할은 세례(하나님의 행위)에 대한 인간의 응답으로 의미 있게 이해될 수 있다. 세례받은 사람들은 믿음으로 응답함으로써만 세례에서 선포되고 약속된 은혜를 자기의 것으로 받으며, 그 은혜 안에서 성장하는 것이다.[70]

웨슬리 자신이 이해했던 것처럼 만약 세례받음에 있어서 어떤 사람들은 "온전한 의미에서 거듭나 내적 변화와 하나님의 사랑의 충만함을 받고", 어떤 사람들은 "낮은 의미에서(in the lower sense) 거듭나 겨우 죄에서 용서함을 받았다." 그리고 또 어떤 사람들은 "어떤 의미로도 거듭나지 못하였다"라고 말한다면[71] 이것은 세례받는 사람의 (그 본질에 있어서 하나님의 은혜에 대한 응답으로 이해되는) 믿음의 정도[72]에 상관되어서 그렇다고 볼 수 있는 것이다. 웨슬리의 세례관을 이와 같이 재해석함으로써 우리는 웨슬리의 신학(특히 구원론)의 구조와 조화된 세계관을 수립할 수 있게 될 것이다.

17
웨슬리의 성찬에 대한 이해

서 문

기독교의 예배에 있어 가장 중요한 것은 그리스도의 임재와 임재하신 그리스도와 만남이다. 여기에 우리의 구원을 위하여 십자가에서 돌아가시고 죽음에서 부활하신 예수 그리스도의 임재를 극적으로 드러내는 것은 성찬(미사)이라고 할 수 있을 것이다. 그러기에 전통적인 천주교나 성공회와 같은 고교회(High Church)에서는 성찬을 대단히 중요하게 여기며 성찬이 예배의 중심이 되고 있다. 이런 것이 예배에서의 사도적 계속성(Apostolic continuity)을 제시하고 있었다고도 볼 수 있다.

그러나 그런 예배 형식이 오랫동안 지속하면서, 그런 성찬에 대한 의미가 분명히 설명되지 않는 가운데 예배에서 꼭 있어야 할 역동성(Dynamics)을 갖지 못하는 경향이 있게 되었다. 이에 종교개혁자들은 말씀증거가 필요함을 절실히 느끼게 되었다. 이리하여 개신교의 예배는 말씀 증거가 중심이 되었다. 그렇다고 개신교회가 예배의 중심에서 성찬을 배제한 것은 아니라고 봐야 한다. 웨슬리를 위시하여 종교개혁자들은 교회에서의 성례전 특히 성찬의 중요성을 주장하였다.

루터란 신학자 아울렌(Gustaf Aulen)은 다음과 같이 말한다.

"종교개혁이 말씀에 대하여 집중한 일이 결코 성례전의 경시를 의미하지 않는다. … 성례전을 결코 이차적인 은총의 방편(수단)으로 생각하지는 않았다. 루터가 로마 교회의 미사 제물의 교리에 대해서 싸운 것도 결코 성례전을 경시하기 위해서가 아니라, 성례전에다 온전한 그리스도교의 위엄을 회복시키기 위해서 한 것이다. 성례전을 경시하고 말씀만을 더 월등한 자리에 올려놓자고 했다는 것은 그의 의도와는 전혀 부합되지 않다."[1]

존 칼빈도 교회에서의 성례전의 위치의 중요성을 다음과 같이 말하고 있다. "말씀 사역과 성례전의 집례가 정당하게 집행되고 있다면, 그들은 의심 없이 교회라고 생각할 수 있다. 왜냐하면 말씀과 성례전이 유효한 결과를 가져오지 않는다고 할 수 없는 것은 너무나 확실하기 때문이다. 우주적 교회의 하나 됨(unity)을 이에서 보존하는 것이다."[2] 이어서 칼빈은 말하기를, "성찬은 교회에서 올바르게 자주 시행되어야 한다. 최소한도 일주일에 한 번은 시행되어야 한다."[3]고 하였다.

웨슬리는 다음과 같이 말한다.

"가시적 교회의 본질적인 요소는, 첫째, 산 믿음이다. 이 믿음이 없이는 교회는 그것이 가시적 교회이든 비가시적 교회이든 있을 수가 없다. 둘째는 설교이다. 순수한 하나님의 말씀을 듣는 일이다. 그렇지 않으면 믿음은 쇠약해질 것이며 죽을 것이다. 그리고 셋째는 성례전의 정당한 집행이다. 하나님께서는 그가 제정하신 수단(means)을 통하여 믿음을 증강하신다."[4]

그러면서 웨슬리는 될 수 있는 대로 자주 성찬을 받는 것은 모든 신자의 의무라고 주장하였다.[5]

그러나 근대에 이르러 복음주의 교회, 그 가운데도 저교회(Lower Church)

에서는 예배와 신앙생활에서 성찬에 큰 의의가 있지 못하는 경향이 있다. 이들은 개인의 신앙으로 하나님께 나가는 것을 강조하는 나머지 신앙생활에서 성례전의 가치와 의의를 못 느끼는 듯하다.

보우머의 말대로 이런 경향에서 생기는 복음적인 것(evangelical)과 성례전적인 것(sacramental)의 대립(antithesis)은 오늘 교회의 비극이라고 할 수 있다. 왜냐하면 기독교의 예배에서 성례전을 도외시함이 지나치면 기독교의 신앙은 일종의 영파(spiritualism)에 빠져 역사적 기독교에서 이탈할 염려가 있기 때문이다.[6] 보우머는 웨슬리의 부흥운동에 있어서는 그런 대립이 없이, 성찬과 말씀이 함께 있었으며, 성찬이 그의 부흥운동에 유효하게 활용되었음을 지적하고 있다.[7] 이런 시점에 있어 웨슬리의 성찬관을 살펴보는 것은 매우 중요한 일이라고 생각한다.

I. 웨슬리의 성찬관의 역사적 배경(The sacramental Background of Wesley)

1.1. 소년 시절부터 1738년까지 기간의 웨슬리

웨슬리의 생애를 볼 때, 그는 성례전을 중요시하는 영국교회의 성실한 교인이요, 사제였다. 그는 초기에는 영국교회에 성실히 참석하며 성찬에 참여하였다. 그가 목사 안수를 받은 후로는 매주 될 수 있는 대로 자주 성찬에 참석할 것을 규칙으로 정하고 있었다.[8]

그가 1735년 미국 조지아로 떠나기 전 그는 홀리클럽에서 매일 성찬에 참석하였다.[9] 그리고 미국에 도착하여서도 매주 성찬을 집례하였다.[10] 이와 같이 웨슬리는 초기에는 영국교회의 예배, 성찬에 성실하게 참여하며, 고교회적인 성례전관을 가지고 있었다.

1.2. 1738년 이후의 웨슬리

미국에서의 선교사역에 실패하고 영국으로 돌아온 웨슬리는 계속하여 성례전에 참석하며, 기도하며, 자신의 구원에 대한 확신을 구하고 있었다. 그러다가 마침내 1738년 5월 24일 밤에, 가슴이 뜨거워지는 성령체험을 하였다. 그는 그의 일지에 그날의 체험을 다음과 같이 기록하고 있다.

"나는 5월 24일까지 이것을 계속하여 구하였다.… 그날(5월 24일) 저녁에 나는 내키지 않았지만, 올더스게이트에서 열리고 있는 집회(society)에 참석하였다. 그 집회에서 한 사람이 루터의 로마서 주석의 서문을 읽었다. 9시 15분 전경, 그가 하나님께서 그리스도를 믿는 그 믿음을 통하여 사람에게 역사하시는 변화를 설명할 때, 나는 내 마음이 이상하게 뜨거워짐을 느꼈다. 이제 나는 그리스도를 정말 신뢰하고 있음을 느꼈다. 그리스도만이 나를 구원하신 자임을 믿었다: 그리고 주님께서 나의 죄들, 내 죄까지도 이미 제거하셨고, 나를 죄와 사망의 법에서 구원하셨다는 확신을 얻었다."[11]

웨슬리의 이 성령체험을 어떻게 설명하든, 이 사건은 웨슬리의 신앙, 신학형성에 큰 변화를 가져다준 것이 사실이다. 이 사건을 통하여 웨슬리는 구원은 초대사도들의 증언대로 믿음으로 온다는 것을 확신하게 되었다. 그리고 구원은 하나님의 은혜로 주시는 선물이요, 하나님께서 하시고자 하시는 것은 하나님이 순간적으로 이루신다는 은총에 대한 낙관주의자가 되었다. 그리하여 그는 올더스게이트 이후에는 믿음을 강조하는 설교자가 되어 각지를 순회하며 설교사역을 하였다.

많은 사람이 웨슬리가 이 사건 이후의 사역에서는 성례전을 중요시하는 영국교회의 고교회적인 입장을 떠났다고 생각한다. 더욱이 이 사건 직후에는 웨슬리가 모라비안 교도들이 모이는 페터레인 신도회(Fetter Lane Society)에 참석하며, 그 모임의 지도자의 역할을 하였다. 그리고 은총의 수단으로 그는 성례전 외에 기도와 성경을 읽는 것과 듣는 것(Reading and hearing Scripture)을 첨가하며, 은총의 수단으로 성경의 중요성을 강조하였다. 이런 연유로 인하여 웨슬리가 고교회적인 성찬관에서 말씀을 통한 하나님의 직접적인 임재를 강조하는 견해로 바뀐 것으로 생각하는 사람이 많다.

과연 웨슬리는 성례전 특히 성찬을 중요시하지 않는 견해로 변했는가? 내가 보기에는 웨슬리는 많은 사람의 추측과는 달리 계속하여 성례전을 중요시하며 성찬을 자주 갖는 전도자였다. 이는 다음에서 우리가 살펴볼 사실 곧 모라비안 교도와의 마찰, 그리고 그의 부흥사역에서 성찬을 효율적으로 활용한 사실에서 입증된다.

1.3. 페터레인 모임에서의 논쟁과 결별

웨슬리가 1738년 5월 24일의 가슴 뜨거운 신앙체험을 한 후, 그는 모라비안 교도들과 함께 지내는 일을 하였다. 심지어 모라비안교의 본산지인 독일도 방문하였다. 또한 그들이 많이 모이는 페터레인 모임에 참석하였다. 그러는 가운데, 웨슬리는 모라비안 교도들이 예수 그리스도만이 은총의 수단이기에, 구원에 대한 완전한 확신이 있기까지는 성찬에 참여하면 안 된다고 주장[12]하는 것을 발견했다. 특히 1739년 11월에는 독일에서 그들의 지도자, 모르터(Molther)가 와서 강하게, "성찬을 받을 필요가 없다"고 가르쳤다. 심지어 성례전을 주장하며 신행하는 자들을 박해하였다.[13]

이런 모라비안 교도들의 주장에 웨슬리는 당황하였다. 웨슬리는 그들에 동조하는 것이 아니라, 은총의 수단을 활용하는 것의 중요성을 주장하면서 그들을 설득하려고 하였다. 이즈음에 웨슬리는 '은총의 수단'이라는 설교[14]를 거듭하면서 은총의 수단의 중요성을 강조하였다. 하나님의 은혜를 받기 위하여 우리는 특히 기도, 성경연구, 그리고 성찬의 중요성을 강조하며, 성찬은 신자들이 자주 받아야 할 은총의 수단임을 강조하였다.[15] 그러나 모라비안교의 지도자들과의 알력은 그치지 않았다. 결국 웨슬리는 그들과 함께 일할 수 없어, 모라비안 교도들의 모임에서 나와, 메소디스트 신도회(United Methodist Society)를 창설하고, 전통교회의 입장에서 계속 나가며, 성찬을 복음 전도의 도구(evangelical instrument)로 활용하였다.

1.4. 부흥 전도사역에 동반한 성찬

우리가 주지하는 대로 웨슬리의 전도 운동은 성서적 성결을 온 땅에 펼치는 것이었다.[16] 그리하여 그는 전도자들에게 권고하기를 "당신들은 영혼을 구원하는 일에만 전념하시오. 이 일에만 시간을 쓰시오. 그리고 당신들을 요구하는 사람들, 특히 더 간절히 원하는 사람들을 늘 찾아가시오."[17]라고 했다. 이런 웨슬리의 전도운동은 많은 사람들로 하여금 하나님의 은총을 체험케 하였고, 그들을 죄인의 생애에서 성결의 생애로 인도하였다. 얼마나 놀라운 전도사역이었는가!

그러면 이런 놀라운 부흥 운동에 성찬이 어떻게 활용되었는가? 많은 사람은 그런 부흥운동에는 성례전의 사역은 도외시된다고 생각하기 쉽다. 그러나 웨슬리의 경우는 그렇지 않았다.

우선 웨슬리 자신이 성찬에 대하여 높은 견해를 가지고 성실히 성찬을 받았다. 웨슬리는 성찬이야말로 교회가 제공할 수 있는 예배행위에 있어서 가장 포괄적인 것(most comprehensive act)이며, 가장 높은 경건의 표현이라고 믿었다. 웨슬리는 증언하기를 "나는 성찬에서 많은 은혜를 받는다."[18] "나는 설교에서 하나님의 능력이 많이 나타남을 발견한다. 그러나 성찬에서 보다 더 많은 하나님의 능력을 발견한다."[19]고 하였다. 존과 함께 성찬에 참석한 동생 찰스 웨슬리는 "우리 주님은 주님이 지정하신 바로 성찬에서 우리들을 만나 주셨다. 그리하여 우리들의 영혼은 주님의 발 앞에서 참으로 행복하였다."[20]고 간증하였다. 그리하여 웨슬리는 의무감에서 성찬에 참여하는 것뿐 아니라, 자기를 위하여 십자가에서 돌아가시고 부활하사 승천하신 주님을, 주님이 은혜와 능력을 주시고자 하는 그곳에서, 만나는 기쁨으로 성찬에 참여하는 것이었다.[21] 그러므로, 위에서도 언급한 대로, 웨슬리의 1738년 5월에 있었던 가슴 뜨거운 성령 체험이나, 그 후의 열정적인 전도열이 그가 가지고 있던 성찬에 대한 관심과 사랑을 감소시키지는 않은 것이다.

웨슬리는 "성찬에 계속 참여하여야 할 의무"(The Duty of Constant Communion)라는 설교[22]를 써서, 신자들이 될 수 있는 대로 자주 성찬에 참여할 의무가 있음을 강조하며, 초대 교인들이 그리고 여러 세기 동안 신자들이 거의 매일 성찬을 받았듯이, 자주 성찬에 참여하라고 권면하였다.[23] 그런 웨슬리 자신의 영향으로 초기 메소디스트 운동에서는 성찬이 높은 위치를 차지하고 있었다. 초기 메소디스트의 부흥운동에 있어서는 말씀 선포와 성찬 집례가 함께 강조되었다. 찰스 웨슬리가 그의 아내에게, "나는 방금 한 시간 동안 성결에 대하여 설교하고 그리고 많은 사람에게 성찬을 집례하고 돌아왔소."[24]라고 편지에 말한 것은 이를 잘 나타내고 있다.

보우머(Bowmer)가 말한 대로 말씀과 성례전(특히 성찬)은 칼의 양날(two-edged)이 되어 초기 메소디스트의 부흥운동 전개에 있어 힘 있게 역할을 하였다.[25] 웨슬리의 부흥운동에는 성찬이 아주 힘 있는 역할(powerful agent)을 한 것이다. 이와 같이 전통적인 교회의 은총의 수단이 복음전도의 열정에 바로 사용되었다는 것이 바로 메소디스트 운동의 영광이라[26] 하겠다.

II. 성찬에 대한 종교개혁자들의 해석과 웨슬리

그러면 성찬이 그런 중요한 위치를 차지하는 이유는 무엇인가? 이에 우리는 성찬에 대한 신학적 해석을 살펴보게 된다. 웨슬리의 신학적 해석을 살피고자 함에 있어, 우선 종교개혁자들의 각이한 해석들을 개관하여 보는 것이 도움이 될 것이다.

종교개혁 당시에 주로 네 가지 각이한 해석이 있었다. 곧 로마 가톨릭교회가 주장하는 화체설(Transubstantiation), 루터가 주장한 공재설(Consubstantiation), 칼빈이 주장한 영적 임재설(Spiritual presence), 그리고 츠빙글리(Zwingli)가 주장한 기념설(Memorialist view)이다.[27]

결국 이들의 견해 차이는 "이것은 내 몸이니"(This is my body-마 26:26), "이것은 … 내 피니"(This is my blood-마 26:28)라고 하신 주님의 말씀을 어떻게 이해하느냐에서 기인한 것이다. 다른 말로 표현해서, 그들이 성찬에서의 주님의 임재(presence of the Lord)를 어떻게 이해하였느냐의 문제이다. 또한 성찬이 무엇을 주로 상징하느냐 곧 수찬자를 향하신 하나님의 역사를 주로 강조하느냐, 아니면 수찬자의 믿음과 생각을 주로 상징하느냐의 문제이다. 이런 관점에서 그들의 성찬에 대한 이해를 간략하게 살펴보며, 그에 대한 웨슬리의 견해를 고찰하고자 한다.

2.1. 로마 가톨릭교회의 화체설(transubstantiation)

로마 가톨릭교회는 주님께서 "이것은 나의 몸이니 … 피니" 하신 말씀에서의 "이다, estin(is)"를 엄격히 문자적으로 해석하여 주님의 임재를 강하게 주장한다. 그리하여 화체설을 주장하기에 이르렀다. '화체(transubstantiation)'라는 말이 의미하는 것은 하나의 본질적 물체(another substance)가 또 하나의 다른 물체로 변한다는 뜻이다. 곧 하나의 물체가 파괴되거나 없어지지 않은 채, 다른 물체로 변화된다는 것이다. 얼핏 그들의 설명을 이해하기가 어렵다.

그러나 이런 주장은 고대 철학자 아리스토텔레스의 철학에 그 근거를 두고 있는 것이다.[28] 곧 아리스토텔레스는 물체의 본질(substance)과 속성(accidents or attributes)을 구분하였다. 여기서 속성이라는 것은 외면적으로 관찰할 수 있는 것들이다. 예를 들어서 의자를 볼 때, 의자의 색깔 또는 의자의 다리 등이다. 물체의 본질(substance)이라는 것은 그 물체가 가지고 있는 본질을 말하는 것으로, 위에서 말한 의자의 경우 '의자(chairness)'라는 그 자체를 말하는 것이다. 그래서 로마 가톨릭교회의 화체설에 의하면, 성찬에서, 성찬의 구성분자(element, accident)인 떡은 성별하는 순간 '떡'이라는 속성(accident)은 그대로 있으나, 본질은 떡의 본질이 아니라, 그리스도의 몸의 본질로 변한다는 것이다. 그러므로 성찬에서 떡과 잔을 받아먹고 마실 때, 수찬자(communicant)는 그리스도의 살과 피를 받아먹고 마시는 것이 된다는 것이다. 그리하여 성찬에서 받는 떡과 잔은 기계적으로 수찬자에게 전달되는 것(ex opere operato efficacy)이라고 이해한다. 그리고 미사 때마다 그리스도의 대속의 제사(atoning sacrifice)가 새롭게 반복된다는 것이다. 이런 변화는 미사 때에 일어나는 하나의 기적이라고 로마 가톨릭교회의 신학자 아퀴나스(Aquinas)는 말한다.[29]

이에 대하여 웨슬리는 반대하였다. 웨슬리는 말하기를, 예수님이 '떡이 몸으로 변한다고' 말씀하시지 않았지 않았느냐, 그리고 이것은 내 몸이니, 하신 주님의 말씀을 문자적으로 해석할 것이 아니라, 이는 하나의 상징, 표상, 모양으로 이해하여야 한다고 했다.[30] 그는 이어 말하기를, 사도 바울도 고전 11:26-28, 10:17에서 떡은 성별하기 전이나 성별한 후에도 그저 떡이라고 불렀지, 그리스도의 몸이라고 부르지는 않았다고 하였다. 그러면서 화체설은 경우에 맞지 않는 견해(sense less opinion)라고 하였다.[31] 특히 웨슬리는 성찬을 통하여, 주님과의 인격적인 만남 없이 은혜가 기계적으로 전달된다는 것을 반대한 것이다. 왜냐하면 웨슬리는 하나님의 은총의 역사를 항상 인격적인 관계, 실존적 관계에서 이해하고 있기 때문이다.

그러나 우리가 여기에서 한 가지 언급하고 넘어가야 할 것은 로마 가톨릭교회가 성찬에 그리스도의 임재를 강하게 주장하고자 하였다는 점이다. 이는 큰 공헌이라 하겠다. 그런데 하나님의 신비한 임재와 역사를 무리하게 철학적으로 풀려고 하여 화체설에 이른 것을 큰 단점으로 지적하고 싶다.

2.2. 루터의 공재설(Consubstantiation)

루터는 로마교회의 입장에 반대하여 공재설을 전개하였다. 그는 로마교회가 주장하는 성찬에 주님이 임재하신다는 견해를 그대로 지키고 싶었다. 그러나 성별함으로 실제 떡과 잔이 기적적으로 예수님의 몸과 피로 변하는 것이 아니고, 그대로 떡과 잔으로 남아 있는 것이라고 하였다. 주님의 임재는 떡과 잔 안에, 더불어, 그리고 아래(in, with, and under the elements)에 임하는 것이라고 했다. 그러므로 떡과 잔을 성별하면 떡과 잔과 함께 그리스도가 임재하여 계시는 것으로 생각하였다. 따라서 수찬자들은 떡과 잔을 그리고 떡과 잔과 함께 임하는 그리스도를 받는 것이라고 했다.

여기서 루터는 그리스도의 임재를 단지 영적으로(spiritual sense)로 본 것이 아니라, 떡과 잔 안에 육체적으로(bodily) 존재한다고 보는 것임을 주목하여야 한다. 그런 일이 어떻게 가능한가? 그는 부활하신 그리스도가 부활하신 육체를 가지고 제자들을 만난 사실을 상기하며, 지금도 그리스도는 그 몸을 가진 분으로 그대로 하늘에 계시며, 또한 그가 그대로 성찬에 임할 수 있다고 생각한 것이다. 곧 루터는 그리스도의 편재설(Ubiquity of Christ)을 주장하고 있는 것이다.

루터도 성찬에 그리스도께서 임재하신다는 사실을 주장하려 한 것은 귀중한 일이다. 그러나 주님의 육체적인 임재를 말하는 것은 무리한 주장이라 하겠다. 웨슬리는 화체설을 반대하였듯이 루터의 공재설도 반대하였다. 위에서 언급하였듯이 웨슬리는 주님께서 "이것은 내 몸이니" 하신 말씀을 문자적으로 해석하는 것이 무리라고 보는 것이다. 웨슬리는 "이 떡은… 이다"(The bread is)라고 주님께서 말씀하신 것은(마 26:26) 떡이 곧 예수님의 몸이라는 말이 아니라, 떡이 예수님을 상징한다, 또는 드러낸다(it signifies or represents my body)고 이해하여야 한다고 말한다. [32]

2.3. 츠빙글리의 기념설(Memorialist View)

위의 두 학설에 반하여, 츠빙글리는 성찬을 수찬자의 입장에서 보려 하였다. 그리하여 그는 성찬에서 수찬자는 예수님의 대속의 죽음과 그의 은혜를 회상(commemorate)하며, 공개적으로 자신들의 신앙을 표현하는 것으로 이해하였다. [33] 그러므로 성찬이 구원의 은총을 전달하는 것이 아니라, 수찬자들이 이미 받은 구원의 은총을 기념한다고 본다. 성찬에는 어떤 초자연적인 것이 없고, 단지 이미 내적으로 이루어진 것(은혜)에 대한 외적 상징인 것이라고 보았다.

그러므로 츠빙글리에 있어서의 성찬은 떡과 잔은 예수님의 육체와 피를 상징하는 것으로, 수찬자들에게 주님의 구속 사건을 회상(remind)시키는 것이다. 따라서 떡과 잔을 받아먹고 마시는 것은 수찬자들이 믿음으로 대속의 주님을 받아들여 구원받은 것을 상징하는 것이다. 츠빙글리는 예수님이 편재(동시에 어디에나 계신다는 the doctrine of Ubiquity of Christ)를 믿지 않았다. 그러므로 지금 하나님의 우편에 계시는 그리스도가 성찬에 임재하신다는 것을 믿을 수 없었다.

츠빙글리가 수찬자의 믿음을 강조한 데는 장점이 있다 하겠다. 그러나 성례전은 하나님의 은총의 역사를 상징하는 것이 주요, 그 은총이 수찬자의 믿음을 요청한다는 원리에 비추어 볼 때 부족한 점이 많다고 하겠다.

이에 칼빈과 웨슬리는 성례전이 하나님의 은총과 수찬자의 믿음을 모두 주장하되, 하나님의 초자연적인 은총의 임재를 강조한다는 의미에서 츠빙글리의 견해를 반대하였다. 웨슬리는 츠빙글리와는 달리 성찬은 과거에서의 그리스도의 은혜뿐 아니라, 현재의 은혜, 그리고 미래의 영광도 기념케 한다고 본 것이다.

2.4. 칼빈의 영적 임재설(Spiritual Presence)

존 칼빈은 로마 가톨릭교회의 입장을 반대하며, 또 다른 한편 츠빙글리의 입장도 반대하면서, 그 중간의 입장을 취하였다. 칼빈은, 성찬이 ex opere operato의 방식으로 효험을 가져오지는 않지만, 효험이 있다(efficacious)고 주장한다. 곧 성령께서 효험을 가져오게 한다고 주장한다.[34] 이 점에서 그는 이해하기를, 성찬의 기능은 그리스도의 대속을 세상에 증거하는 것도 있지만, 주요한 목적은 수찬자들의 믿음을 강하게 하는 데 있다고 보았다.

칼빈은 부활하신 몸을 가지신 예수님은 그대로 하늘에 계신다고 믿어, 루터의 그리스도의 편재(ubiquity)의 교리를 반대한다.[35] 따라서 루터의 성찬에서의 공재설(consubstantiation theory)의 견지에서 주님의 피와 몸을 받는다는 것은 반대한다. 그러나 칼빈은 영적으로(in a spiritual manner) 그리스도를 받는 것이라고 주장한다. 칼빈에 의하면, 성찬에서의 떡과 잔은 그리스도의 임재하신 사실(the fact that Christ is truly present)을 드러내는 표시(sign)인 것이다. 그리고 성령께서는 수찬자들이 성찬에서 그리스도(the whole Christ)를 받을 수 있도록 능력을 주신다고 말한다. 이런 일이 어떠한 모양으로 일어나느냐에 대하여, 칼빈은 이 일은 너무나 신비스러워서 말로 표현할 수 없다고 하면서, 이 일은 이해한다기보다는 그저 체험하는 것이라고 말할 수밖에 없다고 하였다.[36] 그는 다음과 같이 체험적으로 고백하였다.

"그리스도는 자신의 살과 피의 실체(the substance)에 의하여 우리들의 영혼을 깨우치시기 위하여, 성령과 외적 상징(outward symbol)에 의하여 우리에게 내려오신다."[37]

2.5. 웨슬리의 생동적 임재설(Dynamic Living presence)

웨슬리는 "성찬은 주님께서 지정하신 은총의 수단의 하나로서 이는 하나님의 은혜를 사람에게 전달하는 통상적 수단"(as the ordinary means of conveying his grace to man)이라고 믿었다.[38] 그러면 웨슬리는 그리스도의 임재를 어떻게 이해하였는가?

우리가 위에서 종교개혁자들의 논의에서 보았듯이, 성찬에 대한 신학적 논쟁의 중심은 성찬에 있어서의 '그리스도의 임재'의 문제이다. 곧 성찬에 그리스도께서 실제로 임재하시느냐, 아니면 수찬자가 믿음으로 그리스도를 생각하는 것으로서의 임재이냐의 문제였다. 이에 로마교회와 루터, 칼빈은 전자의 입장을 취하였고, 츠빙글리는 후자의 입장을 취하였다.

그다음의 문제(issue)는 그리스도의 임재를 인정하되, 그리스도께서 어떻게 임재하시느냐의 논의이다. 이에 있어서 로마교회는 화체설을, 루터는 공재설을 그리고 칼빈은 영적 임재를 말하였다. 이들의 입장에서의 공통점은 성찬은 수찬자들(communicants)이 우리에게 몸과 피로 우리를 먹이시는 그리스도와의 만남(true communion)이다. 그리하여 성찬을 Communion service라고도 부르기도 한다. 이런 논의에 있어, 웨슬리의 입장은 칼빈의 입장에 가깝다고 말할 수 있다.[39] 웨슬리는 칼빈과 같이 성찬에서의 그리스도의 임재를 주장한다. 그는 또한 칼빈과 같이 루터의 예수님의 편재설(the doctrine of Ubiquity)을 부정하고 육신을 가지신 주님은 하늘에 계신다고 믿는다.[40] 따라서 성찬에서의 그리스도의 임재는 영적인 임재(spiritual presence)로 이해한다.

그러면 웨슬리는 그리스도의 임재를 말함에 있어, 칼빈과 동일한가? 이에 보겐(Borgen)은 많은 점에서 같지만, 중요하게 다른 점이 있음을 지적하고 있다.[41] 즉 칼빈은 (수찬자의 신앙을 견고하게 하기 위해) 성령을 통하여 임하는 그리스도의 '능력'(power and strength)의 중요성을 강조하는가 하면, 웨슬리는 성찬에 삼위일체 하나님이 관여하심을 주장하였다. 이는 다음의 성찬 찬양시의 첫 머리에 있는 구절과 그 뒤에 나오는 구절에 잘 드러나 있다.

"FATHER the Grace we claim" …

"JESUS, the Blood apply" …

"SPIRIT of Faith, come down." …

Pardon, and Grace impart:

Come quickly from above,

And witness now in every Heart

That GOD is perfect love.[42]

(아버지여, 우리는 당신의 은혜를 요구합니다. 예수여, 당신의 보혈을 적용해 주세요. 성령
이여, 믿음 주시려, 내려오소서.)

(우리에게 은혜와 용서를 베푸소서. 위로부터 속히 오셔서, 우리 마음에 하나님은 완전한
사랑이심을 증거하여 주소서.)

이처럼 웨슬리는 하나님의 신성(divinity)의 임재 곧 우리에게 그리스도의
구속사건 전부(성육신, 십자가의 대속, 그리고 부활의 혜택 모두)를 주시는 삼위일체
하나님의 임재를 주장하는 것이다.[43] 여기에 웨슬리는 칼빈의 주장과 차
이가 있다. 이 점에 있어 패리스(John Parris)는 웨슬리는 칼빈의 '그리스도의
임재설'을 수정한 것이라고 말한다.[44] 그렇다고 웨슬리가 성찬관에 있어
칼빈의 영향을 받았다는 말은 아니다.

웨슬리는 그리스도의 임재를 말함에 있어, 성찬에서의 떡과 잔(elements)
과 임재와의 관계를 자세히 설명하지는 않고, 하나님은 성찬의 행위 전
체에 임재하시어 믿는 자에게 은혜를 주시는 것으로 주장한다. 그러므
로 웨슬리가 이해하는 '그리스도의 임재'는 정적(static)인 것이 아니라 동적
(organic)인 것으로서 '생동적 임재'(living presence)를 의미하는 것이다.[45] 하나
님께서 역사하는 곳에 하나님이 임재하시는 것이지, 하나님의 임재를 어
떤 개체의 정적인 존재처럼 생각할 수는 없는 것이다. 하나님의 임재는 은
총의 수단을 통하여 역사하시는 산 인격자의 임재로 이해하여야 하기 때
문이다.

이에 활동하시는 하나님의 산 임재는 수찬자들의 산 믿음의 호응을 요
청한다. 따라서 그리스도의 임재가 성공적으로 이루어지기 위해서 수찬
자들의 믿음의 호응이 필수적이다. 그리스도의 참된 임재는 믿음으로 떡
과 잔을 받는 수찬자에서 체험되는 것으로 이해한다.[46] 여기에 웨슬리는
그의 은총관, 곧 복음적 협동설의 입장에서 접근하고 있는 것을 볼 수 있

다.

III. 웨슬리의 전도사역에서의 성찬

3.1. 표적과 인증으로서의 성찬(As Seal and Pledge)

성찬이 의미함에는 두 면이 있다. 곧 하나님께서 사람을 향하여 하시는 일(은총의 수단)과 은혜를 상징하는 표적(Sign)이 있다. 물론 후자는 전자에 의존하는 것이다.[47]

웨슬리는 성찬은 한 표적(sign)에 의하여 하나님의 하신 일 또한 그가 하실 일을 기억나게 한다고 말한다.[48] 이 점에 있어 웨슬리는 세 가지를 기억나게 한다고 하였다. 곧 (1) 과거에 있었던, 그리스도의 대속의 희생을 기억나게 하는 일(Memorial), (2) 현재에 있는 은혜로서, 주님의 희생의 열매를 주시는 일(Means of Grace), 그리고 (3) 앞으로 다가올 영광을 확신시켜 주시는 일 (Pledge)이다.[49]

(1) 그리스도의 대속적 죽음의 표적과 인증

웨슬리는, 한편, 성례전을 하나님의 은혜의 역사의 표적(sign)과 인증(seal)으로 보았다. 성찬은 내적인 은혜의 외적인 표적인 동시에 은혜로 용서받은 인증으로서 성도에게 확신을 주고 그를 견고케 한다.[50]

이 성찬은 주님께서 십자가를 지시던 그 전날 밤, 최후의 만찬 자리에서 예수님께서 자신의 몸이 찢겨지고 피를 흘려야 하는 대속의 죽음을 상징적으로 나타내시며 주신 교훈에서 유래된 것이다. 그러므로 주님께서 당하신 대속의 죽음을 성찬에서 우리들의 눈앞에 보이시는 것이다(setting before our eyes). 그의 희생으로 우리들이 죄에서 용서받은 것은 보이는 것이다. 그리하여 성찬은 '주의 죽으심을 선포하는 것'(고전 11:26)이로되, 이를 가시적으로 제시하는 것이다. 곧 가시적 설교(visible preaching)이며, 행위의 케리그마인 것이다.

그리고 또한 우리가 용서받은 것을 인치며(seal), 우리를 용서하신 것을 보증(pledge)하는 것이다. 따라서 수찬자는 하나님께 영광과 감사를 표하는 것이다. 그리하여 교회에서는 성찬을 Eucharist(감사의 제사)로 부르기도 하였다.

(2) 현재 은혜의 표적과 인증

더 나아가 웨슬리는 성찬은 주님의 대속의 죽음을 나타내는 표적이면서, 또 우리는 주님의 성육신과 고난이 의미하는 모든 은혜를 이 성찬에서 기대할 수 있다고 믿었다.[51]

웨슬리의 중요 관심은 현재 구원에 대한 은혜의 역사(役事)에 있다.[52] 그러므로 성찬에 나타난 그리스도의 죽음과 희생의 표적은 단순히 과거에 대한 것만이 아니라, 오늘 '여기에서 지금' 재현되는 것이다. 사도 바울이 인용한 말씀, "이것을 행하여 나를 기억하여라"(고전 11:25 표준번역, 마실 때마다 나를 기념하라)는 말씀은 바로 성찬에서 그리스도의 대속을 제시한다(re-call 또는 represent, brought back)는 의미로 웨슬리는 설명한다.[53] 그러기에 그리스도의 구속의 공로는 지금도 효험되는 것이다.

이 점에 있어 웨슬리는 성찬은 그리스도의 속죄 제물(sacrifice)을 함축한다(imply)고 말한다.[54] 성찬이 상징하는 그리스도께서는 자기 자신을 '속죄제물'로 만들었기 때문이다. 예수님은 진실로 '유월절의 양'이요, 흠 없는 양, 인류를 위하여 바친 제물이다. 동시에 그리스도의 속죄제물의 성격은, 제사장의 기능과 바쳐지는 제물이 예수 그리스도 안에서 섞여 있는 것이다. 곧 예수님 자신이 십자가상에서 바쳐지는 제물인 동시에, 그가 대제사장 곧 하나님의 보좌 아래서 중보기도를 하시는 '죄인을 위한 대언

자'이시다.[55]

웨슬리에 의하면, 이런 그리스도의 속죄제물, 곧 온 세상 죄를 위한 속죄제물(화목제물 propitiation)이 교회 곧 성직자에 의하여 다시 제시(active representation, or celebration)된다는 것이다.[56] 그러기에 성찬에서의 그리스도의 대속의 축복은 수찬자들에게 지금도 효험되는 것이다. 하나님으로부터 속제제물(Propitiation)로 정함을 받은 그리스도의 희생 제물은 영원히 지속되는(should continue to all Ages) 것이며, 또한 예수님의 대제사장의 사역은 이 지상에서뿐 아니라, 지금도 하늘에서 같은 사역을 하고 있기 때문이다.[57] 할렐루야! 웨슬리는 다음과 같이 찬미한다.

Yes, Thy sacrament extends

All the blessings of Thy death.

To the soul that here attends,

Longs to feel Thy quickening breath.[58]

(네! 당신의 성찬이 당신의 죽음으로 인한 모든 축복을 주십니다. 여기서 당신의 생명 주시는 숨결을 느끼고자 하는 영혼에게)

이에 수찬자는 감격하여 주님을 향한 헌신을 약속(pledge)한다. 이와 같이 성찬은 우리에게 은혜를 주며 이를 확증케 하는 인증(seal)일 뿐 아니라, 신자들의 그리스도를 향한 충절(believer's allegiance to Christ)의 시위인 것이다.[59]

(3) 천국의 보증과 인증

웨슬리는 더 나아가 성찬을 천국의 보증(a pledge of heaven)이라고 표현하였다.[60] 웨슬리는 성찬에서 그리스도의 고난과 죽음의 의미를 강조하면서, 동시에 천국에서 주님과 함께 하는 잔치를 미리 맛보는 것으로 믿었다.[61] 누가복음 24장에 기록된 엠마오로 가던 두 제자가 부활의 주님을 만나 식사하는 기쁨을 체험했듯이,[62] 우리들이 부활하신 주님과의 잔치를 기다리는 것이다. 성찬은 " 마라나타", 곧 주님의 임재를 경험함으로 하나님 나라의 임재를 간접적으로 경험하는 것이다.

By faith and hope already there
Ev'n now marriage Feast we share,
Ev'n now we by the Lamb are fed,
Our Lord's celestial joy we prove.....[63]

How glorious is the life above
Which in the Ordinance we taste.[64]

(믿음과 소망으로 이미 거기에서, 아니 지금도 이 혼인 잔치에 참여하고 있습니다. 지금도 어린 양이 주시는 것을 먹으며, 우리 주님의 기쁨을 누리고 있습니다.)
(이 성찬에서 우리가 경험하는 하늘에서의 그 삶이 얼마나 영광스러울까!)

(4) 그리스도 안에서 하나 됨의 표적(The Communion of Saints)

이에 성찬에서 은혜를 받은 성도들은 그 감격과 감사함으로 그리스도 안에서 하나 되는 교제(fellowship)를 경험하게 되는 것이다. 또한 그리스도의 지체의식을 가지고 사랑의 교제를 경험하게 된다. 초대교회에 존재했던 애찬에 이것이 잘 나타나 있다. 원래 초대교회에서는 성찬과 애찬이 성찬에서 분리되었으며, 점점 더 소홀히 되어 4세기 말경에는 교회에서 자취를 감춰버렸다고 한다. 그러나 웨슬리는 이 애찬을 회복시켜서 사랑의 교제를 나누었다.[65] 이것은 성도들의 주님과의 친교이며, 참여한 모든 성도가 서로 한 주님 안에서 사귀는 것이다. 즐거운 잔치이다. 그래서 웨슬리는 다음과 같이 찬미한다.

The Church triumphant in Thy love,

Their mighty joys we know;

They sing the Lamb in Hymns above,

And we in hymns below. [66]

(승리를 거둔 교회[곧 이미 죽어 하늘에 간 사람들]의 주 안에서의 큰 기쁨을 우리는 안다. 저들은 하늘에서 찬미로 어린 양을 찬미한다. 그리고 우리는 이 땅에서 찬미로 노래한다.)

3.2. 하나님의 구원 사역의 수단으로서의 성찬(Atonement Applied)

성찬을 통하여 우리에게 주시고자 하는 은혜는, 위에서 언급했듯이, 하나님이 그리스도를 통하여 이룩하신 구속사건 전부이다. 그러므로 웨슬리는 "성찬은, 성찬을 받는 자들의 여러 가지 필요에 따라 선행적 은총, 또는 의롭게 하는 은혜, 또는 거룩게 하는 은혜를 전하는(convey) 하나의 수단으로 하나님께서 지정하신 것이다."[67]라고 말한다. 웨슬리는 성찬을 그의 구원론 곧 구원의 순서(ordo salutis)에서 설명하고 있는 것이다. 이런 이해 하에, 웨슬리에 있어서는 성찬이 성도의 신앙생활과 또한 전도의 중요한 도구로 활용되었다.

1) **성찬은 성결의 은혜를 전하는 은총의 수단이다.** (Sacrament of Sanctification)

웨슬리는 성찬이 성도를 완전으로 인도하는 성화의 역사의 일환이라고 보았다. 웨슬리는 다음과 같이 말한다.

"우리의 몸이 떡(bread)과 포도주(wine)를 먹음으로 강해지는 것과 같이, 우리의 영혼도 그리스도의 몸과 피의 상징인 떡과 잔을 먹음으로 강해지는 것이다. 이것은 우리의 영혼의 양식이다. 이것은 우리가 우리의 의무를 이행할 수 있도록 힘을 준다. 그리고 우리가 완전으로 나가도록 인도한다."[68]

이처럼 웨슬리는 성찬이 성도를 완전으로 인도하는 은총의 수단이라고 본 것이다. 그리하여 보겐과 스텐프레스는 성찬은 성화의 성례전(Sacrament of Sanctification)이라고 칭하였다.[69] 이와 같은 표현은 성화를 순간적인 체험인 성결(온전한 성결)에만 연관시킬 때는 걸맞지 않는 듯 보인다. 그러나 '성화'의 과정을 순간적인 요소들을 포함하면서도 전체적으로 점진적인(progressive work) 것으로 이해할 때 이는 적절한 표현이라고 생각된다. 웨슬리는 구원에는 여러 단계가 있으되, 이는 완전을 향하여 성장하는 점진적인 것으로 이해하고 있다. 웨슬리의 말을 들어보자.

"성경이 가르치고 우리가 경험한 바에 의하면, 구원은 순간적이며 또한 점진적인 것이다. 구원은 우리가 의롭다 함을 받는 순간 시작된다. … 그리고 이 구원은 그때로부터 점진적으로 성장한다. … 그리하여 또 하나의 순간적인 체험에서, 마음이 모든 죄에서 씻음을 받고, 하나님과 이웃을 향한 순수한 사랑으로 채워질 때까지 성장한다. 그러나 그런 사랑도, 우리가 모든 일에 있어 우리 주님에게로, 그리고 그리스도의 충분한 분량에 이를 때까지, 계속 성장하는(increases more and more) 것이다."[70]

그러므로 웨슬리는 자기 추종자들에게 다음과 같이 권고하고 있다.

"성례전에 참여하는 기회를 결코 놓치지 마시오. 성례전에 참여하기를 게을리한 사람들은 모두 타락했다. 그들의 대부분은 돌과 같이 죽었다. 그러므로 남의 본이 되기 위해서라기보다, 당신들의 영혼을 위하여, 부단히 참여하시오."[71]

2) 성찬은 거듭나는 은혜를 전하는 수단이다. (Converting ordinance)

일반적으로 성찬은 신자의 신앙을 견고케 하며, 굳게 확증시키는(fortify and confirm the faith of the partakers) 성례전으로 이해한다. 이런 면은 웨슬리가 성찬을 성화의 성례전으로 본 것과 맥을 같이 한다. 그러나 웨슬리는 그의 구원의 순서(ordo salutis)에서 성찬을 또한 '의롭게(또는 거듭나게) 하는 성례전(converting ordinance)'으로도 본 것이다.

다른 말로 바꿔서 말하면, 후년에 이르러 웨슬리는 성찬은 이미 믿는 자들을 위한 '은총의 수단'일 뿐 아니라, 그리스도인의 생활을 시작하기 원하는 사람에게도 은총의 수단이 된다고 믿은 것이다. 다른 말로 표현하여, 웨슬리에 의하면 성찬에서 수찬자들이 죄에서 용서를 받을 때 두 가지 상황이 있다는 것이다. 곧 어떤 사람은 신자였는데, 타락했다가 하나님께 범죄한 것을 깨닫고 용서를 받고 새 힘을 얻는 경우가 있고, 또 다른 한편, 아직 신자가 아니지만 구원을 바라며 나오는 사람 곧 구도자(the seeking sinner)에게도 사죄(forgiveness of sin)의 은혜가 마련되어 있다는 것이다.

웨슬리가 1739년 11월 1일, 7일에 쓴 일기를 보면, 그는 당시의 모라비안 교도들이 사람이 확실한 믿음이 있기 전에는 성례전 특히 성찬에 참석하는 것을 불허하는 것에 반대하면서, 다음과 같이 말하고 있다.

"왜 불허하는가. (1) 은총의 수단 특히 성찬이 있는데, 이것들은 내적 은혜의 외적 상징으로, 하나님이 통상적으로는 이것들을 통하여 내적 은혜를 전하시며 믿음에 의한 구원을 전하시되, 이는 그전에 믿음을 갖지 못했던 그들에게도 전하신다. (2) 그 은총의 수단 가운데 하나가 성찬이다. 그러므로 (3) 하나님이 제정하신 성례전에, 믿음을 아직 갖지 않은 사람들도 참석하여 은혜를 기다려야만 한다."[72]

이와 같이 웨슬리는 사람들이 거듭나기 전에도 성찬에 참여하는 것을 허용하였다. 이런 입장은 당시의 모라비안 교도들의 입장, 그리고 영국 교회의 입장과 반대되는 견해였다.[73] 웨슬리는, 성찬은 오로지 이미 믿는 자들의 믿음을 굳게 하기 위한 성례전(confirming ordinance)이라고만 주장하는 입장을 반박하며, 자기 입장의 타당성을 성경과 사도시대의 관례에 호소하며 다음과 같이 말하고 있다.

"사도행전을 보면, 모두가 매일 떡을 떼며, 기도하기를 계속하였다고 기록되어 있다. 그런데 후대에 이르러 많은 사람들이 성찬을 거듭나게 하는 성례전이 아니라 오로지 믿음을 확인시키는 예전으로 주장한다. … 그러나 우리들이 경험한 바로는 성찬이 회심케 하는 성례전이 아니라는 주장이 큰 허위인 것이 드러났다. 당신들이 증인들이다. 여기 있는 많은 사람들은 자신들이 하나님께로 회심하는 시작(아마도, 어떤 분은 처음으로 자기 죄를 깊이 깨달은 일)이 성찬에서 일어난 것을 알고 있다. 이런 일들의 한 가지만 보아도 그런 주장을 뒤집어엎게 된다.

또한 성경의 말씀과 성경에 있는 예를 보아서도 그 주장이 틀린 것이 드러난다. 곧 우리 주님께서는 그 당시 … 아직도 성령을 받지 못한 사람들(완전한 의미에서의) 신자가 아닌 사람들에게도 '나를 기념하여 이것을 행하라'고 명령하시었다. 그리고 주님께서는 자기의 손으로 떡과 잔을 그들에게 주셨다. 여기에 부정할 수 없는 실례가 있는 것이 아닌가. 그렇다면, 이는 (성찬이 회심을 위한 성례전이 된다는 것이) 분명한 것이 아닌가."[74]

3) 성찬은 선행적 은총을 깨닫게 하는 수단이다. (Convey the Prevenient Grace)

웨슬리는 성찬의 기능에 관하여, 위에서 거듭 인용한 대로, "성찬은 수찬자들의 여러 가지 필요에 따라, 선행적 은총 또는 의롭게 하는 은총, 또는 성결케 하는 은총을 전하기 위하여 지정하신 (은총의) 수단이다"[75]라고 했다.

그러나 선행적 은총을 전달한다는 것이 어떤 의미인가에 대하여 많은 논의가 있게 된다. 왜냐하면 웨슬리는 다른 곳에서 말하기를, 선행적 은총은 값없이 모든 사람에게 이미 주어진 것으로, 인간은 이미 선행적 은총의 역사 아래 있다고 하고 있기 때문이다.[76] 웨슬리에 의하면, 사람은 선행적 은총에 의하여 곧 "그리스도의 의로 말미암아 원죄의 죄책은 인간이 태어나자마자 제거된 것이다."[77] 모든 사람은 선행적 은총으로 인하여 초자연적으로 회복된 약간의 자유의지가 있어, 구원받을 수 있는 상태에 놓여진 것이다.[78] 그러기에 성찬에서 선행적 은총이 전해진다는 말은, 그의 은총관과 당착되는 것이 아닌가?

여기에 보겐과 스테이프레스는 웨슬리가 믿음과 은혜의 정도의 단계(degrees of grace)를 말하고 있는 것을 상기시키면서, 이는 선행적 은총을 잃었거나, 또는 화인 맞은 영혼처럼 깨달음이 없게 된 사람들의 상태와 연관시켜 말한 것이라고 주장한다.[79] 사실 사람의 깨달음(conviction)에도 정도의 차이가 있지 않은가. 하나님께서는 선행적 은총, 곧 양심을 통하여 죄인인 자신을 깨닫게 하시는데, 어떤 사람은 전혀 자신의 죄를 깨닫지도 못하고, 선한 길로 (하나님께로) 나가고자 하는 욕망도 없다. 이들에게, 성찬은 그들을 자극하여 깨닫게 한다는 것이다. 어떤 사람은 성찬에서 처음으로 깊은 자각(깨달음)을 한다는 것이다.[80]

그러나 나는 그들의 해석보다는 사람이 믿음 없이 성찬에 참석하여서, 하나님의 구원의 사랑을 깨닫게 되는 것, 다시 말해, 이미 자신에게 주어진 하나님의 선행적 은총을 확인케 하는 일이라고 이해하고 싶다. 그런 면에서, 웨슬리의 "성찬은 … 선행적 은총을 전한다."는 표현은 그의 전반적인 신학 구조와는 일치하지 않은 것처럼 사료된다.[81] 그리하여 나는 이 소제목을 웨슬리와는 달리, "성찬은 선행적 은총을 깨닫게 한다"고 표현하였다.

4) 성찬은 모든 사람을 위한 것이다. (The Open Table for All)

이 점에서 성찬이 개방적(open table)인가, 아니면 믿는 자들만을 위한 것인가의 문제가 자연히 함께 논의된다. 이 점에 있어, 그리스도의 복음이 모든 사람을 위한 것이라고 확신하는 웨슬리는, 원칙적으로 구원을 위하여 주님께 초청되는 조건을 성찬에 초청되는 조건에 적용하였다.[82] 위에서 언급했듯이 웨슬리에 의하면, 성찬은 믿음을 굳게 하는 성례전인 동시에 거듭나게 하는 성례전(as a converting ordinance as well as a confirming ordinance)이며, 성찬에서 수찬자가 받는 은혜, 다시 말해, 성찬의 효험은 수찬자의 필요와 믿음의 정도에 따라 이루어지는 것이다.[83]

그가 그의 옥스퍼드 시절과 미국 조지아 선교시절에는 엄격히 영국교회의 규칙을 따랐으나, 올더스게이트에서의 성령체험 후, 모라비안 교도들과의 논쟁을 거치면서, 후년(1791년경)에 이르러는, 위에서 언급했듯이, 진실한 신자와 진정으로 회개하는 모든 사람이 성찬에 참여할 것을 허용하였다. 심지어 어린이들(9 내지 10살 난 어린이들)에게도, 적당한 기도와 교훈으로 준비를 시킨 후, 성찬에 참여를 허용하였다.[84]

위에서 언급했듯이, 성찬에는 그리스도가 이룩하신 대속의 은혜가 모두, 곧 선행적 은총, 의롭게 하는 은총, 그리고 거룩케 하는 은총이, 수찬자의 필요에 따라 적용되는 것이다.[85] 그래서 웨슬리는 모든 신자는 될 수 있는 대로 자주 성찬에 참여해야 한다고 강조하였다.

"주님의 명령에 순종하여 성찬에 참여하는 것의 혜택이 그렇게 큰데 어찌 자주 성찬에 참여하지 않겠는가? 우리는 성찬에서 과거의 죄들에서 용서를 받으며, 우리의 영혼이 지금(현재) 새로워지며, 힘을 얻는 데 말이다.

[86]… 또한 우리의 죄가 용서받은 것을 확증 받게 되는 데 말이다."[87]

IV. 맺는말

위에서 논의한 웨슬리의 입장을 요약해 보면 성찬은 그리스도의 대속의 죽음의 표적이요, 성찬에 삼위일체 하나님께서 생동적으로 임재하시어 역사하신다. 따라서 성찬은 그리스도의 구속적 죽음에 근거한 모든 은혜(선행적 은혜, 의롭게 하는 은혜, 거룩케 하는 은혜)를 현재 여기에서 전달하는 은혜의 수단이다. 그러므로 합당한 수찬자가 믿음으로 받을 때 자기의 필요한 은혜를 받을 수 있게 되는 것이다. 동시에 수찬자는 성찬에 임재하신 그리스도를 만나(communion) 사죄의 확증과 힘을 얻으며 감사하며(Eucharist) 하나님을 향한 충절을 시위하며 약속(pledge)하는 것이다. 그뿐 아니라 성도들은 성찬을 통하여 세상 죄를 위한 속죄제물 되신 그리스도를 그가 오실 때까지 가시적으로 선포하는 것이다.

그리하여 웨슬리의 부흥운동에서는 성찬이 아주 힘 있는 역할(powerful agent)을 한 것이다. 다시 말해, 웨슬리의 부흥운동에서는 말씀과 성찬이 칼의 양날이 되어 힘 있게 역할을 한 것이다. 이것이 바로 오늘의 교회가 되찾고자 하는 모델이 아니겠는가?

<h1 style="text-align:center">18
웨슬리의 영성과 한국교회</h1>

-거룩한 삶과 회개를 강조하는 영성-

최근에 영성에 대한 정의는 참으로 다양하다. 맥쿼리(John McQuarrie) 같은 자유주의 실존주의자는 영성을 참 인간 되는 것이라고 정의한다.[1] 그러나 프린시페(Walter Princepe)가 말했듯이 일반적으로는 영성은 보다 높은 곳을 향하여 가는 헌신의 과정과 관계된 것을 말한다. 그러기에 그리스도인에게 있어 영성은 성도가 그리스도를 통하여 하나님께 보다 가까이 나가는 성령 안에서의 삶을 의미한다.[2] 그러한 관점에서 웨슬리가 강조하는 것은 어떤 것인지 간단히 살펴보고자 한다.

Ⅰ. 성령충만 곧 마음의 성결과 사랑의 삶을 강조한다.

1) 웨슬리는 영국의 옥스퍼드 대학교 링컨 대학(Oxford University, Lincoln College)의 펠로우(fellow)로 있으면서, 순번에 따라 1744년 8월 24일에 대학교의 대강단(Oxford University의 St. Mary Chapel)에서 설교를 하게 되었다. 그때 그는 "성서적 기독교"(Scriptural Christianity)라는 제목의 설교를 하면서 초대교회 곧 성서적인 기독교는 '성령이 충만한 교회'였다고 주장하였다. 그러기에 모든 성도는 성령이 충만한 자가 되어야 한다고 강조하였다.[3] 신

자 생활에서의 영성은 결국 성령 안에서의 삶이다. 이에 성도는 성령 안에 살면서, 성령충만의 은혜를 추구하여야 한다고 주장하였다. 이 점에 있어 웨슬리의 주장이 많은 학자들, 칼빈주의 신학에 서 있는 토레이, 무디 등 케직파의 주장과 같음을 볼 수 있다.

2) 그렇다면 웨슬리와 웨슬리안들의 특징적인 강조점은 어떤 것인가? 칼빈주의 신학에 서 있는 일부 신학자들 특히 케직파는 성령충만으로 능력을 받는 면만 주장하고, 죄에서 온전히 구원받는 것은 인정하지 않는다. 그들은 신자가 육을 가지고 있는 한 죄에서 벗어날 수 없다고 전제한다. 그러나 웨슬리는 성령충만을 받으면, 신자는 내재적인 죄에서 온전히 씻음을 받으며, 동시에 신자가 하여야 할 능력을 받는다고 주장하며, 이 은혜를 온전한 성화(성결)라고 부른다.[4] 여호와께서 "너희는 스스로 깨끗하게 하여 거룩할지어다"[5]라고 하셨듯이, 죄에서 깨끗해지는 것이 전제되고 있는 것이다. 그러기에 사도 바울도 권고하기를 "그런즉 사랑하는 자들아 이 약속을 가진 우리는 하나님을 두려워하는 가운데서 거룩함을 온전히 이루어 육과 영의 온갖 더러운 것에서 자신을 깨끗하게 하자"[6]라고 하지 않았는가. 이에 웨슬리는 케직파들과는 달리, 마음이 깨끗해져야 할 필요를 강조하며, 바로 그 소원이 성령충만에서 이루어진다고 주장한다. 즉 "오직 주님께서 우리 마음에 다시 한번, 곧 두 번째로 (온전한 성화에서) '깨끗해지라' 하고 말씀하실 때 비로소 깨끗해진다는 것이다"[7]

웨슬리는 당시의 모라비안 교도들을 중심으로 한 신비주의자들의 위험을 경계하였기에 이 은혜를 기독론적으로 전개하여 이를 그리스도를 닮는 것(Christ-likeness), 온전한 성화(Entire Sanctification), 그리스도인의 완전(Christian Perfection), 또는 완전한 사랑(Perfect Love)이라는 말로 표현하기를 선호하였다.[8]

그러면 신자 안에 남아 있는 죄란 어떤 것인가? 성서에서는 신자 안에 있는 죄를 육(sarx) 또는 쓴 뿌리[9]라고 표현하며, 심령의 부패를 비유적으로 말하고 있다. 그러나 웨슬리는 신자 안에 남아 있는 죄의 본질에 대하여 이를 윤리적으로 설명하며, 이는 "어떤 물체, 곧 자연적인 실체(substance in nature)를 말하는 것이 아니라 영적인 것(spiritual substance)을 말하는 것으로, 그리스도 예수 안에 있는 마음과 반대되는 성질 또는 태도(Disposition or Attitude)를 가리키는 것"이라고 묘사한다. [10] 이는 자아(the self)라는 그릇된 곳에 중심을 두고 있는 태도이며, 자기중심주의에 빠진 성질(a false condition of egocentricity)이다. [11] 그래서 이 내재적인 죄에서 나오는 것은 이기심, 분노, 복수심, 세상사랑 등 육신에 속한 마음, 타락의 경향성이 있는 마음, 하나님에게서 떠나려는 마음이며, 하나님의 성령을 근심케 하는 것들이다. [12]

또한 '마음을 깨끗이 하였다' 또는 '죄에서 씻음을 받는다'는 말은 무엇을 의미하는가? 이를 윤리적으로 설명하면 웨슬리가 위에서 말했듯이, 죄에서 씻음을 받는다는 것은, 신자 안에 있는 죄, 곧 자기중심의 성질과 태도가 주님 중심의 성질과 태도로 바뀌는 것을 의미한다. [13] 사도 바울은 갈라디아서 2장 20절에서 이를 다음과 같이 표현하고 있다. [14]

"내가 그리스도와 함께 십자가에 못 박혔나니 그런즉 이제는 내가 사는 것이 아니요 오직 내 안에 그리스도께서 사시는 것이라 이제 내가 육체 가운데 사는 것은 나를 사랑하사 나를 위하여 자기 자신을 버리신 하나님의 아들을 믿는 믿음 안에서 사는 것이라"

3) 이를 다른 각도에서 설명하면 온전한 성화는 그리스도 중심의 삶으로서 "그리스도가 품으셨던 마음 전체가 내 안에 있어, 나로 하여금 그리스도의 행하신 대로 행하게 하는 상태이다." 곧 "온전한 성화는 바로 순

수한 사랑, 그 이하, 그 이상도 아니다. 이 사랑은 죄 곧 사랑과 배치되는 것은 모두 버리고, 이 사랑이 하나님의 자녀의 마음과 삶을 지배하는 것이다." 그리하여 "온 마음을 다하여 하나님을 사랑하고, 이웃을 내 몸 같이 사랑하는 삶"이라고 웨슬리는 말한다. 그에 의하면 이것이 바로 하나님이 창조하신 인생의 목적인 것이다.[15]

이와 같이 웨슬리는 성결(온전한 성화)을 하나님과의 신앙의 관계, 또는 동기에서 이해한다. 이는 행동의 결과에서의 완전을 말하는 것이 아니다. 곧은 나무 막대기가 물에 비칠 때 굽어 보이듯이, 사람의 동기가 아무리 순수하더라도 그가 인간의 연약성을 지니고 있는 한 그 행동의 결과가 완전할 수는 없는 것이다. 은혜나 죄를 물건처럼 생각하여 접근하면 안 된다. 하나님과의 인격적인 관계에서 이해하여야 한다. 그럴 때 우리는 웨슬리가 말하는, 성결의 소극적인 면과 적극적인 면, 그리고 완전하지만 동시에 더 성장하여야 되는 성결의 성격을 포괄적으로 이해하게 된다. 사랑은 '순수'한 것이나 동시에 무한히 성장하는 것이다. 그와 같이 기독자 완전은 완전한 것이나 동시에 부단히 더욱 완전으로 나아가야 하는 것이다.[16] 이 사랑은 정적(static)인 것이 아니고 동적인 인격적 관계에서 이해되는 것이다. 사랑은 소극적인 의미에서는 바로 죄적인 것을 모두 추방하며, 적극적인 의미에서는 사람의 마음을 채워 사람의 모든 말과 행동을 지배한다. 그러므로 성서가 말하는 성결의 전부는 바로 완전한 사랑(perfect love), 곧 마음과 뜻과 정성을 다하여 하나님을 사랑하고 또한 이웃을 사랑하는 것이다.[17]

이와 같이 웨슬리가 주장하는 성결(온전한 성화)은 마음의 성결뿐 아니라, 온전한 사랑의 삶을 주장하는 것이다. 그는 다음과 같이 말한다.

"그리스도의 복음은 단순한 종교를 말하는 것이 아니라 사회적 종교(social religion)를 의미합니다. 마찬가지로 단순한 성결(mere holiness)은 없고 사회적 성결(social holiness)이 있을 뿐입니다. 기독자 완전의 길이와 넓이 그리고 깊이와 높이는 바로 '사랑으로 역사하는 믿음'입니다. … 그리하여 그는 기회가 있을 때에, 주님이 그랬듯이, 선한 일을 하려고 할 것입니다."[18] 따라서 행동으로 이어지는 사랑을 떠나면 성결은 그 내용이 없어지고 마는 것입니다.[19]

하나님의 사랑이 폭넓은 사랑(comprehensive love)이듯이 우리의 사랑도 그러한 사랑이라야 한다는 것이다. 그러므로 성도는 첫째로 복음을 전파하여야 하며 또한 사랑의 봉사를 하여야 한다고 웨슬리는 주장하였다. 그리하여 웨슬리는 전도와 아울러 경제적으로 어려운 자들을 도와주며 공장사역과 교육을 통하여 어두운 사회를 밝게 변화시키는 일을 하였다. 웨슬리는 당시의 노예문제, 감옥의 상태 또는 산업에서 가진 자들의 착취행위에 대하여 항변하기를 주저하지 않았다.

4) 그러나 웨슬리 이후의 플래처(John Fletcher), 벤슨(Joseph Benson), 클라크(Adam Clark) 같은 웨슬리 신학자들은 성결을 예식상의 용어 곧 성령세례로 설명하는 것을 선호하였다. 특히 19세기 미국의 성결운동에서는 거의 모두가 성결을 성령론적으로 표현하며 성령세례, 성령충만이라는 용어로 표현하였다. 그 전통을 따라 일어난 한국 성결교회는 웨슬리의 온전한 성화를 성령세례(성령충만)로 설명하고 있다.

우리 속에서 역사하시는 분은 성령이다. 죄를 회개하고 믿는 사람을 거듭나게(성결의 시작) 하는 이는 성령이다. 그때부터 성령은 신자 안에 내재한다. 신자가 성령의 충만을 받으면 오순절 사건(행 2장)에서 보듯이 신자가 순간적으로 '마음의 깨끗함'을 받으며 동시에 하나님께 봉사하기에 충분한 능력을 받게 된다. 이런 성령론적 표현에 대하여 웨슬리가 반대할 이유는 없다. 웨슬리가 온전한 성화(곧 perfected in love)를 성령충만(filled with the Holy Ghost)과 같은 것으로 표현한 적이 있다. [20] 단지 위에서 언급했듯이, 웨슬리는 성결을 기독론적으로 설명하며 윤리적인 용어로 표현하기를 선호한 것은 그 당시 열광주의자들의 과오를 경계하는 입장에서 볼 때, 그리스도를 본받는 사랑의 생활에서 성결을 강조하는 데 장점이 있기 때문이었다. [21]

5) 여기에 있어, 죄를 어떻게 이해하느냐에 따라, 성령충만의 결과 (effect)에 대한 신학적 설명이 달라질 수 있다는 것을 인지하나, 분명히 다른 것은, 웨슬리는 하나님 앞에 어떻게 거룩하고 흠이 없이 설 수 있느냐에 깊은 관심을 가지고 있으며 또한 이 은혜는 사랑의 삶으로 이어져야 한다는 점을 강조하고 있다는 점이다. 영혼이 깨끗해진 제자들은 거짓이 없이 형제를 사랑하게 되기 때문이다. [22]

그는 "거룩함('agiasmo)이 없이는 아무도 주를 보지 못하리라"[23]고 믿기에, 성결을 더욱 강조하였다. 그러기에 웨슬리의 성화론에서는 신자 안에 아직도 있는 부패성에 대한 깊은 관심뿐 아니라, 성결키 위하여 회개하여야 한다는 것이 강조되고 있다. 차영배 박사의 말대로, "성령은 거룩한 영이시기 때문에, 먼저 만물보다 부패한 우리의 마음을 깨끗케 하는 생명에 이르는 회개가 없이, 성령이 우리 마음속에 충만하게 거하시지 않으신다."[24]고 생각하는 것이다.

6) 이런 웨슬리의 가르침과 강조는 한국교회에 주는 교훈이 크다고 본다. 한국교회에서는 많은 사람이 성령충만을 강조하는데, 늘 권능 받는 것만을 기대하고 강조하는 듯하다. 그리하여 우리는 교회에서 드리는 기도 가운데 "성령의 권능을 칠 배나 더 부어 주시옵소서."라고 하는 소리를 자주 듣는다. 또한 일각에서 성령충만을 윤리생활과 무관한 신비적 체험으로만 보려는 경향이 있다. 그리하여 신비주의로 기울어지는 경향

도 있는 듯하다. 이런 성령충만에 대한 이해와 강조가 오늘의 한국교회에 믿음과 거룩한 생활의 불일치를 만들어내고 있지 않는가 생각된다. 이에 성령충만에서 성결과 능력 받음을 함께 주장하는 웨슬리의 주장은 한국교회에 도전이 된다고 사료된다.

더욱이 이 문제를 신학적으로 이해할 때, "성령은 거룩한 영이므로 우리 속사람을 성결케 하시지 않고는 충만하게 임하시지 않는다.[25]는 것을 인정하여야 할 것이다. 오순절의 성령충만은 '마음을 깨끗케 하였다.'고 사도 베드로도 증언하고 있지 않는가.[26] 또한 주님의 제자들은 영혼이 깨끗해져서 거짓이 없이 형제를 사랑하게 되었던 것이 아닌가![27]

II. 신자의 회개를 강조한다.

1) 웨슬리는 성화의 과정을 설명하면서 당시의 모라비안파들의 입장과는 달리, 성화는 마치 어린이가 점진적으로 성장하는 것처럼 거듭난 신자가 점진적으로 성장하는 것이라고 주장한다. 그리고 중생에서 시작된 점진적 성화가 몸이 영화되는 그 순간에 완결된다는 점에서는 웨슬리는 칼빈주의의 입장과 같다. 또한 웨슬리는 로마 가톨릭의 입장과는 달리 이 성화는 하나님의 은혜로 인하여 믿음을 이루어진다고 주장함에 있어서도 칼빈주의와 입장을 같이한다. 다시 말하면 웨슬리는 칼빈주의의 토양에서 성화론을 전개하고 있는 것이다.

그러나 그는 거기에 머무르지 않고 점진적인 성화 과정에 순간적인 요소가 결합되어 있어 성화 과정에 온전한 성화의 단계가 있다고 주장하며, 믿음에 앞서 회개가 있어야 한다고 강조함에 특징이 있다. 회개는 하나님 앞에서 자기를 아는 것이다. 곧 하나님의 빛 아래서 자신이 죄인인 것, 신자는 아직도 자기 속에 죄의 부패성(웨슬리가 말하는 내재적인 죄)이 있으며, 이에서 자기 힘으로 벗어날 수 없다는 것을 깨달은 나머지 주님께 향하는 것이다.

2) 웨슬리가 사람이 먼저 회개하여야 한다고 강조하는 것에 대하여, 어떤 이는 웨슬리가 마치 행위를 통한 구원(salvation through works)을 주장하는 듯 비판하나, 이는 전적으로 웨슬리를 잘못 이해하고 있는 것이다. 웨슬리는 아담의 타락으로 인한 전적인 타락을 주장한다. 그러기에 구원은 오로지 하나님의 은총으로 가능한 것임을 강조한다. 이 점에는 그는 칼빈주의와 똑같다고 웨슬리는 주장한다. 그러나 웨슬리는 하나님께서 그 은총을 어떻게 역사하시느냐에 있어서 칼빈주의와 머리털 하나만 한 (두께의) 차이가 있을 뿐이라고 말한다.[28] 그러면 죄인이 어떻게 회개할 수 있다는 것인가? 이에 웨슬리는 인간이 전적으로 타락하였지만 하나님이 선행적 은총(Prevenient grace)[29]으로 곧 성령의 선행적 역사(Spirit's prevenient motion)로 자신의 죄를 알며, 하나님의 부르심에 응할 수 있는 것이라고 주장한다. 신자의 회개 곧 신자 안에 남아 있는 부패성을 깨닫는 것도, 웨슬리는 하나님의 은혜의 역사로 곧 하나님이 우리의 이해의 눈을 열어 주실 때 가능하다고 한다.[30] 캐논 박사의 말대로, 구원의 유일한 조건인 믿음은 하나님이 주시는 선물이지만 우리는 진정한 회개라는 두 손으로 선물인 믿음을 받아야 한다는 것이다.[31]

이 점에 있어 웨슬리는 펠라기우스주의(Pelagianism)나 반펠라기우스주의(Semi-Pelagianism)의 입장이 아니라, 은총만이라는 테두리 안에서 선행적 은총으로 인하여 가능케 된 인간의 호응 곧 하나님의 은총(부르심)에 대한 호응을 주장한 것이다[이를 스타키(Starkey)는 복음적 협동설(Evangelical Synergism)이라고 부른다.[32]]. 이 점에서 웨슬리는 알미니안(Arminian)도 아니라고 아우틀러(Outler)는 지적한다.[33]

이와 같이 성화 곧 영성훈련은 자연적 인간의 힘으로 하는 것이 아니라, 하나님의 은혜 곧 성령의 역사로 시작하며, 성령의 역사와 그에 호응하는 훈련(Discipleship)을 통하여 진행하는 것이다.[34] 웨슬리는 회개를 강조하되, 거듭나기 위하여, 그리고 신자는 성결하기 위하여, 그리고 성결한 자는 성결을 유지하기 위하여, 계속 회개가 믿음에 앞서 있어야 한다고 강조한다. 신자는 자신의 죄를 깨닫고 겸손히 그 죄에서 성결을 받기 위하여 충만을 구하여야 한다는 것이다.

3) 이런 웨슬리의 강조는 한국교회에 주는바 교훈이 크다고 생각된다. 회개가 있는 곳에는 겸손이 따른다. 자기의 허물과 부족을 의식하지 않을 때, 지도자는 권위를 내세우고, 교만해진다. 그리고 회개가 사라진 한국 강단에는 구원의 역사가 사라지고 있다. 1907년의 대부흥은 회개의 역사였지 않는가. 그리하여 구세군의 창설자 부스 장군은 '회개 없는 죄사함'(forgiveness of sin without repentance)을 말하는 것은 교회에 큰 위험이 될 것이라"고 지적한 바가 있다.

III. 순간순간 주 중심의 삶을 강조한다.

1) 웨슬리가 성화의 과장에 있어서 온전한 성화를 말하면서, 이 은혜는 죽기 전에도 이 세상에서 체험할 수 있는 은혜라고 주장한다. 이를 그리스도인의 완전이라고 불렀다. 그러나 웨슬리가 말하는 그리스도인의 완전은 인간의 한계성 또는 연약성(infirmities)에서 벗어나, 실수, 무지, 타락의 가능성으로부터의 자유를 의미하는 것은 결코 아니다.[35] '그리스도인의 완전'은 '성서적 성결'이요 '상대적인 완전'인 것이다.[36] 웨슬리는 인간이 지니고 있는 불완전한 것들, 곧 무지, 실수의 가능성 등 인간의 연약성(infirmities) 그 자체를 죄라고는 이해하지 않았다. 그러므로 웨슬리는 온전

한 성화에 있어 그리스도의 피가 그를 모든 죄에서 깨끗하게 하신다는 것을 믿었다.[37]

2) 그러나 웨슬리에 의하면 그런 인간의 연약성(infirmities) 자체가 죄는 아니지만, 이는 죄를 짓는 계기를 마련한다. 그러기에 성결한 자라도 생활 속에서 무의식중에 하나님의 법을 어기는 허물(죄)을 짓게 되는 것을 면치 못한다. 사람이 죽음을 면치 못하는 인간성을 가지고 있음으로 인하여 이는 불가피하다는 것이다.[38] 웨슬리는 이런 죄도 예수 그리스도의 보혈의 효험 없이는 하나님의 형벌을 면할 수 없다고 말했다.[39] 그렇다면 그런 상황에서 어떻게 성결을 유지할 수 있다는 말인가? 여기에서 우리는 웨슬리가 말하는 성결(온전한 성화)은 순간순간 주님을 의지하는 삶이며, 그리함으로 유지되는 은혜라는 것을 이해하여야 한다.

웨슬리가 성결한 신자도 무지, 실수의 가능성 등 인간의 연약성(infirmities)을 지니고 있기 때문에 생활 속에서 자기도 모르게 실수 등 범죄하게 된다고 했기에, 많은 학자들이 그리스도인의 완전은 불가능한 가능(impossible possibility)이라고 비판한다. 그들은 웨슬리의 온전한 성화(성결)는 하나의 이상(ideal)에 불과하다고 생각한다. 그런 주장을 하는 사람 가운데 하나가 칼빈이다. 칼빈은 그런 은혜(성결)는 신자가 바라는 목표이지 이 땅에 살고 있는 동안에는 불가능하다고 한다. 칼빈은 "그런 완전은 우리가 추구하여야만 하지만, 이생에서는 결코 얻을 수 없는 것이다. 왜냐하면 우리들은 죄 많은 이 세상에 살면서 늘 죄를 질 수밖에 없기 때문이다. 그리하여 그리스도는 우리 안에서 씻어야 할 것들(something)을 늘 발견하신다."라고 주장한다.[40]

그러나 웨슬리는 성결한 신자가 무지, 실수의 가능성 등 인간의 연약성을 지니고 있어 무의식중에 죄를 질 수밖에 없음에도 불구하고 하나님 앞에 거룩하고 흠이 없이 설 수 있다고 주장한다. 그는 구원론의 콘텍스트에서 무의식중에 범죄하는 신자의 무의적 죄(無意的 罪)를 다루고 있기 때문이다. 웨슬리에 의하면, 성결한 자가 대제사장이신 그리스도를 순간순간 의존할 때마다 그가 무의식중에 범하는 죄를 씻으시는 하나님의 은혜로 인하여 성결을 유지하게 된다는 것이다.[41]

이러한 이해는 우리의 생명력 있는 눈(eyes)과 물질인 안경(eye glasses)에 적절히 비유된다. 안경은 아무리 철저히 물로 닦아서 써도 조만간 안경에 미세한 먼지가 쌓인다. 청결함을 유지할 수가 없다고 결론지어야 할 것이다. 물질을 다루듯이 일방적으로 교리에 접근하면(thing-thinking approach), 신자는 순간적으로 씻음을 받아도 그 성결을 유지할 수 없는 죄인이라고 결론 내릴 것이다. 그러나 살아있는 사람의 눈은 먼지가 들어옴에도 불구하고 그 정결한 상태를 유지한다. 그것은 미세한 먼지가 눈에 들어오지 않아서가 아니라, 눈에 눈물이 항상 흘러 먼지가 들어오는 그 순간 씻기 때문이다. 성결한 신자가 자신의 연약성 때문에 무의식적인 죄를 범할지 몰라도 그가 그리스도를 계속 의지함으로 주의 보혈의 효험으로 계속 씻음을 받아 성결을 유지할 수 있다는 웨슬리의 이해는 바로 이렇게 설명할 수 있을 것이다.

3) 이러한 접근은 성서적이다. 성서는 무의식 가운데 범하는 죄도 벌을 받는다고 규정한다. 구약성경은 다음과 같이 증언한다. "만일 누구든지 여호와의 계명 중 하나를 부지중에 범하여도 허물이라 벌을 당할 것이니," "제사장은 그가 부지중에 범죄한 허물을 위하여 속죄한즉 그가 사함을 받으리라."[42]

그래서 구약시대에는, 제사장이 지성소에 들어가 백성의 회중을 위하여 속죄함으로, 그 제사에 참여한 모든 자에게 사죄가 이루어졌던 것이다.[43] 그리고 신약 성경에는 이제 영원한 대제사장이신 "그리스도께서는 참 것의 그림자인 손으로 만든 성소에 들어가지 아니하시고 바로 그 하늘에 들어가사 이제 우리를 위하여 하나님 앞에 나타나시고”,[44] 하나님 우편에 앉으셔서 중보의 기도를 드리고 계신다는 것과 “그는 하나님 우편에 계신 자요 우리를 위하여 간구하시는 자시니라”[45]라는 말씀이 기록되어 있다.

그러므로 구약에서 부지중에 지은 죄가 지성소에서 드리는 제사장의 제사에 의하여 속죄함을 받았듯이, 오늘날도 순간순간 주님을 의지하는 자는 하나님 우편에서 드리는 주님의 중보의 기도로 인하여 사함을 받는 줄 믿는 것이다.

웨슬리는 그의 '신자의 회개'라는 설교에서 다음과 같이 말한다.

> “당신을 사랑하여 … 당신의 죄를 그의 몸으로 친히 감당하신 예수를 계속하여 믿으시오! 그는 항상 효험있는 그 보혈로 인하여 당신을 모든 정죄함에서 구원하십니다. 이리하여 우리는 의롭다 함을 받은 상태에 계속 머무르게 됩니다. … 그래서 우리는 이렇게 고백합니다.
> '주여, 나에게는 순간순간 당신의 죽으심의 공로가 필요합니다.'(회개).
> 그러나 또한 우리는 믿음의 확신을 가지고 다음과 같이 외칩니다.
> '주여, 나에게는 순간순간 당신의 죽으심의 공로가 효험됩니다.'(**믿음**).
> 우리는 예수님의 생애와 죽음, 그리고 우리를 위한 그의 중보의 기도를 믿음으로 말미암아 *순간순간 새로워져서* 아주 깨끗해지기 때문입니다. 그리고 우리에게는 지금 정죄함이 없을 뿐 아니라 또한 주님께서 우리의 마음과 생활을 깨끗하게 씻기심으로 전에 있었던 형벌에 대한 두려움도 지금은 없기 때문입니다. 바로 이 같은 믿음으로 말미암아 우리는 순간순간 우리 위에 머물러 있는 *그리스도의 능력*을 느낍니다. … 이 믿음에 의해 우리는 영적 생활을 계속할 수 있습니다.”[46]

웨슬리는 무의식중에 범죄하는 신자의 고백과 믿는 자에게 베푸시는 그리스도의 보혈의 효험과의 긴장을 유지하면서, 하나님의 은혜가 더 풍성함을 강조하고 있는 것이다. 바울이 "죄가 더한 곳에 은혜가 더욱 넘쳤나니 … 우리 주 예수 그리스도로 말미암아 영생에 이르게 하려 함이라" 하고[47] 말한 것처럼 웨슬리는 하나님의 은혜의 역사를, 종교개혁자들보다 더 깊이 그리고 다이내믹하게 본 것이다. 그러므로 웨슬리가 말하는 성결한 삶은 신자가 순간순간 회개하며 믿음으로 주를 의지하고 걸어감으로 순간순간 '마음과 생활을 깨끗하게 씻기심'도 받으며, 순간순간 그리스도의 능력도 받는 영적 생활을 의미하는 것이다. 따라서 성결은 그리스도 중심의 삶이다. 그리하여 웨슬리는 다음과 같이 주장한다.

> "최선의 사람이라도 그들이 대속자와 아버지 앞의 대언자로서 제사장 되신 그리스도를 필요로 합니다. 그들이 받은 모든 은혜의 지속이 주님의 죽으심과 중보에 의존하기 때문에 그렇기도 하지만, 그들이 사랑의 법에 온전히 미치지 못하기 때문에도 그러합니다. … 은총을 입고 있는 상태를 유지하기 위해서 그리스도를 필요로 하는 것입니다. 여기서 그리스도는 … 영원히 살아계셔서서 저들을 위한 중보의 간구를 드리고 계시는 것입니다. … (그리하여) 오직 매 순간 보급을 받지 않으면, 그들에게 남는 것은 거룩하지 아니함밖에 없습니다. 하나님께서는 성결을 덩어리로 주시지는 않기 때문입니다."[48]

  사도 바울도 성령충만은 계속 받아야 함을 가르치고 있다. 곧 에베소서 5:18에서 사도 바울은 '성령의 충만을 받으라'고 명령하고 있는데, 충만을 받으라는 원어 '풀레루스세'(πληρουσθε)는 수동태요 현재형으로 기록되어 있다. 이는 성령충만은 우리가 쟁취하는 것이 아니라, 하나님이 충만케 하시는 것을 시사한 동시에[헬라어의 시상에서 현재형은 계속적인 동작(continuous action)을 시사하는 것이니], 사도 바울의 이 명령은 성령의 충만을 계속하여 (순간순간) 받아야 함을 가리키는 말씀인 것이다. 우리는 한 번 성령충만을 받은 것을 마치 물건을 소유하고 있는 양 생각하면 안 된다. 이는 현재 하나님과의 인격적인 관계(믿음)에서만 있게 되는 것이다.

4) 이런 웨슬리의 가르침은 오늘 한국교회 일부에서 구원을 마치 자기가 과거에 체험한 것으로 다 되었다고 생각하고 안주하는 듯한 신앙에 대하여 큰 도전이 된다고 생각된다. 또는 하나님의 은혜를 어떤 물건을 소유하고 있는 양 생각하는 사고방식에 도전을 준다고 생각한다. 우리의 구원, 그리고 성령충만은 순간순간 하나님의 은총에 호응하는 인격적 관계에서 있게 되는 삶인 것이다. 웨슬리는 하나님의 은총을 강조하되 현재 여기에서 강하게 역사한다는 것을 강력하게 주장한다.

IV. 성령의 내적 증거와 은사를 강조한다.

1) 위에서 본대로, 웨슬리는 하나님의 은총 곧 성령의 현재 여기에서(here and now)의 역사를 강조하였다. 그러면서 이 성령의 역사는 또한 내적 증거로 신자에 확신을 준다고 주장하였다. 웨슬리는 올더스게이트에서의 성령체험을 통하여 확신 있는 신자가 되었으며, 그의 사역에 능력을 갖게 되었다. 그리스도인의 영성생활에서 확신은 대단히 중요하다. 그런데 그 당시 로마 가톨릭은 확신의 교리를 성례전과 연관시켜 가르침으로 희미하게 되었고, 일부에서는 예정의 교리에 예속시킴으로 추상화하여 이 교리의 활력을 유지시키지 못했다면, 웨슬리는 이를 성령의 현재 여기에서의 역동적인 역사에의 하나님과의 인격적 관계로 설명하므로 활력 있는 확신을 체험하며 가르친 것이다. 사도 바울을 로마서 8장 14-18절에서

다음과 같이 말한다.

> "무릇 하나님의 영으로 인도함을 받는 사람은 곧 하나님의 아들이라 너희
> 는 다시 무서워하는 종의 영을 받지 아니하고 양자의 영을 받았으므로 우
> 리가 아빠 아버지라고 부르짖느니라 성령이 친히 우리의 영과 더불어 우
> 리가 하나님의 자녀인 것을 증언하시나니 자녀이면 또한 상속자 곧 하나
> 님의 상속자요 그리스도와 함께 한 상속자니 우리가 그와 함께 영광을 받
> 기 위하여 고난도 함께 받아야 할 것이니라 생각하건대 현재의 고난은 장
> 차 우리에게 나타날 영광과 비교할 수 없도다"

2) 이런 성령의 역사는 신유(divine healing)와 같은 기사 이적을 동반하
여 웨슬리의 복음전도는 권능으로 증거되었다. 이로 인하여 은사 중지설
(Cessation theory)을 주장하는 당시의 정통주의 신학자들로부터 비판을 받
았다. 일찍이 칼빈도 그의 「기독교 강요」에서, "주님은 한때(for a time) 있게
끔 하셨던 신유의 은사를 없애 버렸다(vanished away). 또한 다른 기사 이적
도 없애 버렸다. 그리하여 … 그런 능력의 사역이 우리들에게는 허락되어
있지 않다."라고 주장하였다.[49]

그러나 웨슬리는 초대교회가 보여주었듯이, 복음이 능력으로 전파되
며 진실한 믿음이 있는 곳에는 지금도 성령의 기적적인 은사들이 나타난
다고 주장했다. 웨슬리는 오늘에 성령의 기사 이적이 없는 것은 오늘의
신자들의 믿음, 사랑이 후퇴해서지, 성령이 후퇴한 것이 아니라고 주장했
다.[50]

3) 그러나 동시에 웨슬리는 신자들이 무분별한 열광주의에 빠지는 것
을 경계하여 "지금이라도 성경에서 이탈한다면, 아니 성경 본문의 의미를
그 문맥에 나타난 대로의 분명한 문자적 의미에서 이탈시킨다면, 여러분

은 어느 때나 열광주의에 빠질 위험에 놓이게 되는 것이라."[51]고 경고한
다. 여기에 웨슬리는 성령께서 은총으로 사람에게 역사하시되, 은총의 수
단(means of grace)을 활용함이 필요한 것임을 강조하였다.[52] 이에 신자의
훈육(discipline)을 강조한 것이 또한 웨슬리 운동의 특징이기도 하다. 그래
서 그는 온전한 성화를 대망하는 사람들에게 다음과 같이 충고하고 있
다.

> "둔한한 무관심이나 게으른 정지(靜止)로서가 아니라, 열심히 모든 계명을
> 순종하여 준행하며, 경성과 애씀과 자기부인과, 날마다 십자가를 자취함
> 으로써 기다려야 합니다. 또한 열심히 기도하고 금식하며 하나님이 정해
> 주신 모든 규례를 엄수함으로써 기다려야 할 것입니다. 만일 누가 이렇게
> 하지 않으면서 그러한 변화를 이루기를 (또는 이미 이룬 것을 지속하기를) 꿈꾼
> 다면 그는 제 영혼을 속이는 것입니다. 우리가 그 은혜를 단순히 믿음만
> 으로 받는 것은 사실입니다. 그러나 하나님이 정하신 방법을 따라 아주
> 부지런히 구하지 않는 한 하나님은 그런 믿음을 주시지 않습니다. 아니,
> 줄 생각도 하지 않으십니다."[53]

4) 이 점에서 웨슬리의 이런 가르침은 한국교회에 시사하는 바가 크다
고 생각된다. 오늘날 얼마나 많은 신자가 확신이 없어 방황하고 있지 않
는가? 동시에 웨슬리의 가르침은 오늘에 있어 성령의 기사 이적의 나타남
을 부정하는 신학에 대한 도전이며, 동시에 그를 강조하는 나머지 신비
주의에 빠지거나, 은총의 수단을 경시하는 풍조에 대한 좋은 도전이 된
다고 생각한다.

나가는 말:

간단히 요약해서, 웨슬리에 있어 영성은 하나님의 은혜 곧 성령의 역사에 호응하여 하나님께로 나가는 과정이다. 그러기에 웨슬리는 모든 성도는 거듭난 상태에 만족하지 말고 성령의 충만한 삶을 해야 한다고 주장한다. 이런 주장에서 그는 많은 학자들과 의견을 같이한다.

그러나 그는 성령충만을 성결(온전한 성화)이라고 부르면서, 성령의 능력과 함께 마음의 깨끗함을 받아 사랑의 삶을 하게 되는 것이라고 강조하는데 특징이 있다. 성령은 거룩한 영이기에 부패한 마음을 깨끗게 하시고 충만하게 임하신다는 것이다. 그리고 마음이 깨끗해져서 형제를 사랑하게 된다는 것이다.

그리고 이 성화의 과정에 회개를 강조한다. 그리고 이 은혜는 순간순간 주를 의지하는 주님 중심의 삶이라야 한다고 강조한다. 성령충만한 성도가 그 순간 하나님 앞에 거룩하고 흠이 없이 담대히 서게 되는 것이나, 그가 이 땅에 살고 있는 동안은 인간의 연약성을 지니고 있기에 무의식중에 범하는 허물이 있어, 그는 순간순간 대제사장이신 그리스도의 중보의 기도에 힘입어 성결함을 받아야 한다는 것이다. 또한 하나님은 성결을 덩어리로 주시는 것이 아니라, 곧 은혜는 어떤 소유물과 같이 지니고 있는 것이 아니라, 하나님과의 인격적인 관계에서 있게 되는 것이기에, 우리는 매 순간순간 은혜를 받아야 한다는 것이다. 곧 성령의 충만을 계속 받아야 한다는 것이다.

그리고 성령은 믿는 자에게 확신을 주실 뿐 아니라. 때를 따라 기사 이적으로 역사하시기에 성도의 영성 생활에 활력소를 주며 승리로운 복음전도를 하게 한다고 주장하였다.

이런 웨슬리의 가르침은 위에서 지적했듯이 한국교회에 주는바 도전과 교훈이 적지 않다고 생각한다. 오늘의 교인들에게 긴급히 요청되는 것은 성결한 마음과 사랑의 삶이다. 권위보다 겸손한 지도자상이 요구된다. 그리고 성령충만의 삶은 하나님과의 현재에서의 인격적 관계에서 이해되어야 하며, 신자의 삶에 활기가 있기 위해서는 성령의 현재 여기에서의 역동적 증거가 있어야 한다고 생각한다. 그리고 현세에서도 때때로 역사하는 성령의 은사와 능력을 인정하여야 한다. 그럴 때에 한국교회는 새로워질 것으로 믿는다.

19
웨슬리 신학과 한국 성결교회

Ⅰ. 성결교회의 신학적 뿌리와 배경

1. 한국 성결교회의 신학적 뿌리와 배경은 무엇인가? 이에 대하여 한국에 동양선교회 성결교회가 조직되어 교단의 교리신조를 제정할 때 다음과 같이 밝히고 있다.

"본 단체에서 주장하는 교리는 새로 만든 별 교리가 아니요, 오직 옛날 웨슬레씨와 감리회의 초시대 성도들의 주창하던 교리 곧 하나님의 단순한 근본적 진리니라…. 곧 최초 감리회에서 주창하던 진리 그것뿐인데 웨슬레씨의 주창하던 진리와 조금도 다름이 없나니라."[1]

이어서 한국 성결교회의 헌법은, 본 교회는 "요한 웨슬리가 주장하던 성결의 도리를 그대로 전하려는 사명 하에"[2] 생기게 되었다고 규정함으로 한국 성결교회가 그 신학적 뿌리를 웨슬리의 신학에 두고 있음을 밝히고 있다. 이는 성결 곧 온전한 성화의 교리가 "거대한 기탁물"(the grand depositum)로서 하나님께서 메소디스트라는 사람들에게 부여하신 것이며 이것을 전하기 위해서 그는 우리를 일으키신 것으로 안다[3]라고 웨슬리가 천명했던 것을 연상케 한다.

2. 그러면 성결교회는 이미 한국에 들어와 있는 감리교회와는 어떻게 다른가? 이명직 목사는 다음과 같이 말하고 있다.

> 성결교회의 신앙개조는 그리스도와 그 사도들로 말미암아 나타내심과 요한 웨슬리의 성경해석의 근본적 교리와 '만국 성결교회'의 신앙개조를 토대로 주 강생 1925년에 공포하야 성서학원과 온 교회와 신도들에게 가라쳐 영구(永久)하도록 직히는 신경(信經)으로 하나니라.[4]

이 말은 성결교회의 신학적 배경이 웨슬리 신학과 그 초기의 운동에서 기인한 것이지만, 이 계통이 19세기 미국에서 불일 듯 일어났던 만국성결운동을 통하여 계승되었다는 것을 의미한다.

여기에 한국의 성결교회가 그 신학적 기원을 감리교회와 같이 웨슬리 신학에 두고 있지만 그 강조점과 특징에 있어 다르다는 것을 알 수 있다. 그래서 동양에 이미 웨슬리 계통의 감리교회가 있음에도 불구하고 성결교회는 참으로 웨슬리를 따르는 교회라는 새로운 사명을 띠고 설립된 것이다.[5]

3. 그러면 만국성결교회의 특징과 신조의 강조점은 어떤 것인가? 그 기원은 19세기 미국에서 불일 듯 일어났던 성결-오순절운동[6]으로 거슬러 올라간다. 사이난(Vinson Synan)이 지적한 대로 이 운동은 당시의 전통적인 교파들 특히 감리교회가 자유주의 신학으로 기울어졌을 때 이에 반대하여 일어난 성령운동으로서, 이 운동의 영적, 지적 아버지는 18세기 영국 메소디스트의 개조인 요한 웨슬리였다.[7] 이들은 모든 사람이 하나님의 은혜로 구원을 받아

야 한다고 강조할 뿐 아니라, 한 걸음 더 나아가 모든 신자는 성령의 불세례를 받아야 한다고 강조하였다. 그리고 이것이 바로 사도행전에 있는 오순절 사건이라고 하며 모든 신자가 다 이 은혜를 받아야 한다고 강조하고 온전한 구원(full salvation)을 제창하였다.

이 운동이 전개되면서, 성령세례에 대한 신학적 해석의 차이로 인하여 이 운동은 몇 개의 그룹으로 나누어지게 되었다. 곧 칼빈주의적 해석을 하는 케직사경회파, 심프슨을 중심으로 하는 CMA, 그리고 성결파와 오순절 교회 등이다. 이 와중에서 성령세례가 바로 웨슬리가 주장하는 온전한 성화라고 해석하는 성결파[8] 가운데 냅(Knapp)과 리스(Rees)의 지도하에 1897년에 만국성결회(The International Apostolic Holiness Union and Prayer League)[9]가 조직되기에 이르렀다. 이들은 다른 성결파와 같이 웨슬리가 가르친 중생과 성결의 도리를 강조하지만, 동시에 당시에 고조하고 있는 순복음도 보존하기를 원하였다. 곧 이들은 순복음의 제하에서 강조하던 신유와 예수님의 재림을 적절히 가르치는 것이 성결운동에 도움이 된다고 믿어, 성결의 복음과 함께 신유와 재림도 힘써 가르치며 세계선교에 이바지하기를 원했던 것이다.[10]

동양선교회의 창설자인 카우만과 길보른은 바로 이 만국성결회에 의하여 선교사로 안수를 받았을 뿐 아니라 그들의 재정적 후원으로 동양에 나와 이 만국성결회와 맥을 같이하는(same lines with) 선교단체를 설립한 것이다.[11]

4. 이와 같은 역사적 연결은 성결교회의 교리신조에 구체적으로 반영되고 있다. 동양선교회 성결교회의 '신앙개조'를 보면 교회의 목적과 신앙개조(General Statement of Belief)도 만국성결교회(1913)의 것을 그대로 옮겨 놓은 것이다.[12] 이를 다시 웨슬리의 25개 신앙

개조와 대조해 보면, 성결교회는 웨슬리의 것을 일부 가감 수정하여 작성한 것이라 하여도 과언이 아니다.

특이한 것이 있다면 동양선교회 성결교회의 신앙개조에 성결, 신유, 재림, 운명의 조항을 새로 첨가하였다. 그리고 또한 신앙개조 중 '성령'란에서 성령의 역사를 성결과 연관하여 확대 설명할 뿐 아니라 '교회'란에서는 본교회의 사명을 국내외에 순복음을 전파하는 일, 곧 모든 죄에서의 구원(중생, 성결)과 재림, 신유를 전하는 일이라는 구절을 첨가하였다. 이러한 수정은, 동양선교회 성결교회가 계속 웨슬리의 신학적 입장에 서서 나오되 19세기의 성결운동에서 드러난 성결의 도리를 특별히 강조하고 이를 성령론적으로 설명하며 순복음(the full gospel)의 전파를 교회의 지대한 목적과 사명으로 삼았던 당시의 배경을 잘 반영하고 있는 것이다.[13] 이는 당시의 교회 헌법이 명시하고 있듯이 순복음을 전하는 것이 성서적 성결운동과 세계복음화에 불가결의 것(essential)이라고 믿었던 데서 기인한다.[14] 이런 연유에서 한국 성결교회는 웨슬리가 주장한 성결의 도리를 그대로 전하는 사명 하에 창립 초창기부터 사중복음을 함께 고조하는 전통이 이루어진 것이다. 한국 성결교회 헌법은 본교회의 사명을 다음과 같이 말하고 있다.

> "곧 요한 웨슬레가 주장하던 성결의 도리를 그대로 전하려는 사명 하에서 본 교회는 중생, 성결, 신유, 재림의 사중복음을 더욱 힘있게 전하여, 모든 사람을 중생하게 하며, 교인들을 성결한 신앙생활로 인도하여, 주의 재림의 날에 티나 주름 잡힘 없이 영화로운 교회로 서게 하려는 것이다."[15]

5. 이와 같이 만국성결운동을 통해 전수되어 온 성결교회의 웨슬리 신학적 입장은 1945년 11월, 재흥총회를 통하여 본 교회가

'기독교 조선 성결교회'로 새 발족을 할 때도, 그리고 그 이후에도 그대로 계승되었다.[16] 그리고 후에 성결교회(기성과 예성 모두)가 헌법을 몇 번 개정한 바 있지만 이 같은 내용은 그대로 계승하여 내려오고 있다.

Ⅱ. 한국 성결교회에 전승된 웨슬리의 신학적 유산

우리는 앞장에서 한국 성결교회의 신학적 뿌리는 19세기 미국에서 있었던 성결운동을 통하여 전수한 웨슬리 신학임을 고찰하였다. 그러면 성결교회 전통에 반영된 웨슬리 신학적인 유산과 특징은 어떤 것인가?

성서적 기독교를 적극적으로 긍정하는 운동으로 시작한 웨슬리의 신학은, 종교개혁자들에 의해 천명된 성서적 기독교의 기본 교리의 골자(substance)를 강조하였다. 그러나 윈쿠프 박사가 말한 대로 그는 정통 신학의 내용에 살과 피(flesh and blood)를 덧붙여 산 신학을 형성하였다.[17] 웨슬리는 여러 세대에 걸쳐 여러 학파들이 강조해온 여러 가지 장점들을 창의적으로 종합하여 특징 있는 웨슬리 신학을 형성하였다.[18] 웨슬리 신학의 강조와 특징은 주로 다음의 분야에서 잘 나타나 있다고 사료된다. 그것은 곧 ① 성서적인 기독교(성서의 권위), ② 만인을 위한 복음(인간의 호응을 요청하는 은혜), ③ 은총으로만의 구원(중생), ④ 모든 죄에서의 구원(성결), ⑤ 성령의 증거(확신의 도리)이다. 동시에 이러한 강조점은 한국 성결교회에 전수된 웨슬리의 유산이라고 사료된다.

2.1. 성서적 기독교(성서의 권위)

웨슬리는 기독교의 진리를 추구함에 있어서 성서에 최고의 권위를 두었다. 그는 자신을 "한 책의 사람"이라고 자칭하였다. 뉴턴 (Newton)에게 쓴 편지에서, 웨슬리는 "1730년에 나는 한 책의 사람이 되기 시작하여 성서 이외의 책은 (거의) 연구하지 않았다"[19]라고 쓰고 있다. 사실 웨슬리는 옥스퍼드 시절부터 성서적인 그리스도인이 되기를 다짐했었다.[20]

웨슬리는 신앙체험을 강조하였으나 그것이 성서의 권위를 넘어설 수는 없었다. 그러므로 웨슬리는 먼저 성서를 기도로 명상하면서 상고하였고, 그리고 하나님을 체험한 사람들과 상의하였다.[21] 그는 교회 전통도 인간의 이성도 성서의 권위에 예속시켰다. 웨슬리는 다음과 같이 말했다.

> 성서야말로 시금석이다. 그리스도인은 계시가 무엇인가에 대해, 그것이 참이든지, 상상이든지 간에 모두 성서에 의해 시험해야 한다. 어떤 경우에도 그 법과 증거에 호소하고 모든 영은 이로써 시험한다.[22]

또 다른 곳에서 웨슬리는 자기를 비판하는 자들을 향하여 다음과 같이 말한 바가 있다.

> "내가 지금까지 알고 있는 것보다 더 나은 길이 있으면 그것을 나에게 지적해주십시오. 그것을 성서의 명백한 증거(plain proof of Scripture)를 가지고 가르쳐 주십시오. 나는 그 말에 승복할 작정입니다."[23]

이와 같이 웨슬리 신학에서는 성서가 최고의 권위를 차지하고 있었다. 그렇지만 우리는 웨슬리가 다른 서적들을 등한히 여겼다고 생각해서는 안 된다. 또는 웨슬리가 자신을 "한 책의 사람"이라고 자칭했다고 해서 그를 반지식주의자인 양 생각해서도 안 된다. 왜냐하면 웨슬리는 많은 신학서적을 공부한 사람이기 때문이다. 그는 고대의 신학서적에서부터 당대의 신학서적에 이르기까지 많은 책을 읽으면서 연구를 계속해 왔다. 우리는 그가 읽은 수많은 책의 이름을 그의 일기와 편지와 설교를 통해 엿볼 수 있다.[24]

웨슬리는 성서는 모두 영감으로 기록되었으며 오류가 없다고 믿었다.[25] 그리고 구원을 위한 성서의 충족성을 믿었다. 더 나아가 성서는 구원의 수단이라고 믿었다.[26] 그리고 복음 선포에 있어서도 성서가 그 원천이었다.[27] 웨슬리는 성서를 사랑하였다. 그는 이렇게 외쳤다.

> 오 주여! 그 책을 나에게 주십시오. 어떤 대가를 치르더라도 하나님의 책을 나는 가져야겠습니다. 그 책을 나에게 주십시오. … 주여, 나로 하여금 한 책의 사람이 되게 해주십시오.[28]

웨슬리가 그랬듯이 성서의 권위를 강조하고 성서에 입각한 신학과 복음 선포에 역점을 두어 온 것이 성결교회의 전통이다. 성결교회는 그 헌법에서 성서에 대하여 다음과 같이 정의하고 있다.

> 우리 교회의 경전은 성경전서, 곧 구약과 신약이니 이 경전은 하나님의 계시를 받은 자들이 영감에 의해 기록한 것인즉 이는 하나님의 말씀 됨을 믿나니 성경은 모든 사람을 구원하기에 넉넉하므로 무릇 성경에 근거하지 않은 신학설이나 어떠한 신비설이나 체험담은 신빙할 수 없으며 이런 것을 신앙의 조건으로 하거나 구원의 필요로 함을 배격한다.[29]

성결교회는 성서의 권위를 강조한다. 성서 충족성을 힘주어 말하며 모든 신학이 성서에 근거하여야 함을 강조한다. 또한 성서는 신앙생활과 교회생활의 규범이 된다. 성서해석에 있어서도 "성경을 성경으로" 해석하며, 하나님의 말씀으로 실제 신앙생활에 관심을 가지고 해석하는 원리를 권장하고 있다. 따라서 성서에 대한 비판 연구는 기피하였다. 이는 웨슬리의 태도를 잘 반영하고 있는 것이다. 성결교회 헌법 제5조는 다음과 같이 규정하고 있다.

> 성경전서는 우리 신앙의 표준이요, 교회 정치제도와 신도 생활의 규범이 되나니 성경을 해석할 때는 성경으로써 할 것이요. 어느 일부분의 구절로 자기의 학설이나 체험을 논설하는 것은 불가하며, 또는 성경의 묵시됨을 부인하거나 비판적으로 해석하는 것은 용인치 않는다.[30]
> 성경은 구원함에 필요한 모든 조건을 기록한 책이다. 그러므로 무엇이던지 성경에 기록되지 아니하고 혹은 성경에 증명치 아니한 것은 맛당히 밋을 교리가 아니며 또한 구원함에 합당치 아니할 줄노 인덩할지니라….[31]

웨슬리가 성서를 사랑하기에 "오 주여! 그 책을 나에게 주십시오. 어떤 대가를 치르더라도 하나님의 책을 가져야겠습니다."[32]라고 하였듯이, 성결교회도 그의 역사에서 '성서'를 간직하려고 노력하였다. 예를 들어서 1940년대의 일제 말엽에 조선총독부가 당시의 한국 기독교회의 경전에서 구약을 폐기케 하려고 종용 내지 강요한 일이 있었다. 그때 교단 존폐의 모험을 무릅쓰고 강력하게 반대한 것이 바로 성결교회였다.[33]

성서를 사랑하며, 성서의 순수성을 그대로 지키려고 노력한 것이 성결교회 초창기 지도자들이었다. 이런 관심이 지나쳤기 때문에 그들은 그 당시 성서의 권위를 파괴하는 비판적인 성서연구 방법을 아주 경계하였다. 이는 훌륭한 일이었다. 그러나 동시에 이것은 학문적인 성서연구의 길을 좁히거나 폐쇄하는 결과를 초래한 것 같다. 그래서 그들은 한편으로는 반(反)지성주의라는 평도 받았다. 그러나 사실상 이것은 웨슬리가 취한 태도는 아니었다.

오늘날 성서 중심의 신학, 설교, 신앙생활을 강조하는 그 전통은 귀하게 계승되어야 한다. 왜냐하면 교회가 성서의 권위에 대하여 흔들릴 때는 기독교의 유일성이 함께 흔들리며 '복음의 능력'도 희미해지기 때문이다. 그러므로 그 전통과 유산을 꽃피우기 위해서는 성서를 사랑하고 아끼는 열정과 함께 학문적인 깊이를 가하면서 특히 오늘날의 신학상황에 상응하는 폭넓은 학적 성취가 뒷받침되도록 해야 할 것이다.

2.2. 만인을 위한 복음: 인간의 호응을 요청하는 은혜

웨슬리는 신학자이면서 동시에 전도자이다. 그리고 웨슬리는 그 신학을 전도의 현장에서 형성하였다. 웨슬리에게 있어서 교회가 해야 할 과제 가운데 가장 중요한 것은 복음전도(Gospel Evangelism)[34] 곧 사람들을 그리스도에게로 인도하여 그들의 영혼을 의와 거룩함에서 새롭게 하는 일이다.[35] 전도에 있어서의 웨슬리 신학은 종교개혁자들이 천명한바 '하나님의 은총'으로 인한 구원이었다. 이 구원은 하나님의 은혜로 인하여 사람이 믿음으로 받는 것이다. 구원이 하나님의 은혜로 인하여 이루어진다고 강조하는 면에서 웨슬리는 바울이나 칼빈이나 루터와 일치한다.

그러나 이 구속의 은혜가 어떻게 작용하느냐 하는 문제에 있어서는 그들과 이해를 달리하고 있다. 이 차이는 웨슬리 자신이 말

한 대로 "머리카락 하나의 차이"[36]에 불과하다고 하나 이것이 전
도와 신앙생활에 적용됨에 있어서 당시의 칼빈주의와의 사이에 큰
차이를 초래하여 마침내 웨슬리 신학을 하나의 신학으로 특징짓
는 데 이르렀다.

칼빈주의에서는 하나님의 구속의 은총의 역사를 이중예정론과
연결시켜 설명하였다.[37] 칼빈에 따르면 하나님께서는 영원한 신정
(eternal divine decree)에 따라 어떤 이는 구원으로, 그리고 어떤 이는
멸망으로 예정하셨다고 한다. 그러므로 그들의 신학에 의하면 그
리스도의 대속과 구원의 복음은 제한된 것이다. 그러므로 구원에
있어서 인간의 책임의 소재를 찾기 힘들다. 이 교리는 논리적으로
정연하나 실제적인 신앙생활과 전도 활동에 적응되지 못하는 고
민이 있다.

그러나 웨슬리는 하나님의 구속의 은혜는 모든 사람을 위한 것
이라고 주장한다.[38] 따라서 교회는 모든 사람에게 전도해야 한다
고 강조한다. 또한 이 은혜는 선행적 은총으로 모든 사람에게 값
없이 주어졌다. 그러므로 모든 사람은 아담의 죄로 인하여 직접적
으로 타락하였음에도 불구하고, 이 은혜로 인하여 하나님의 부르
심에 호응할 수 있는 능력을 적으나마 가질 수 있도록 회복된 것
이다. 따라서 실존적인 사람은 모두 어느 정도 은혜 아래 있는 것
이다. 이 은혜 안에서 사람은 자신에게 주어진 은혜를 활용해야만
한다. 그러므로 웨슬리는 만일 사람이 구원을 못 받았다면 이는
하나님의 은혜를 받지 못했기 때문이 아니라, 주어진 은혜를 활용
하지 않았기 때문이라고 주장한다. 따라서 사람에게 책임이 있는
것이다. 따라서 웨슬리는 회개와 믿음을 강조하였다.

이러한 특징과 강조가 바로 성결교회가 이어받은 유산이다. 성

결교회의 헌법은 만인을 위한 복음과 사람의 책임에 대하여 다음과 같이 말하고 있다.

> 인류는 하나님께서 한 혈맥으로 지으신 동포형제인데 시조의 범죄함을 인하여 타락의 부패성을 가진 죄인이 되었는지라. 그리스도께서 그 몸을 한 번 제물로 드려 전 인류의 자범죄와 원죄를 완전히 속(贖)하시사 영원한 구원의 길을 열어 놓았은즉, 누구든지 십자가에 죽으신 예수를 믿음으로만 구원을 얻을 것이요 이 밖에 다른 어떤 것이라도 신빙할 만한 구원의 도가 없으며 기독신자가 받을 모든 은혜는 오직 신앙으로만 얻을 것이요, 십자가의 공로를 통하여야만 이루어짐을 믿는다.[39]

따라서 한국 성결교회는 칼빈주의의 이중예정론을 반대하며, 전도에 있어서 회개를 강조한다. 웨슬리 신학에서는 하나님의 은혜는 값없이 주시는 하나님의 선물인 동시에 인간의 호응을 요청하는 은혜(responsible grace)이기 때문이다.

2.3. 은총으로만의 구원(중생)

웨슬리가 만인을 위한 복음을 강조한다고 했는데, 그렇다고 해서 그것이 곧 만인이 다 구원받는다는 것을 의미했던 것은 아니었다. 즉 사람은 궁극적으로 구원을 받게 된다고 말하는 만인구원설(universalism)은 아닌 것이다. 웨슬리가 의도하는 것은 사랑으로 창조하신 하나님께서 또한 세상을 이처럼 사랑하사 예수 그리스도 안에서 곧 그리스도의 십자가와 부활을 통하여 만인을 위한 구속을 마련해 놓으셨다는 것이다.

이렇게 주장하게 될 때에 어떤 사람들은 자기의 힘으로 구원을 이룰 수 있다고 생각한다. 자유주의 신학의 주장이 바로 이런 것이다.

이와 같은 주장은 옛 펠라기우스주의와 그 이후의 반펠라기우스주의에 의해, 그리고 웨슬리 시대에 이르러서는 이신론자들에 의해 인간의 능력과 이성의 자율성이 존중되며 구원은 마치 선행(善行)에 의하여 이루어지는 듯 가르쳐졌다.

이에 대해 웨슬리는 그의 설교를 통하여 사람들은 하나님께로부터 새로 태어나야 한다고 강조하였다. 그리고 새로 태어나는 것, 곧 중생은 사람의 선행이나 공으로 이루어지는 것이 아니라 하나님의 은혜로 인하여 믿음으로 말미암는 것이라고 주장하였다.

웨슬리는 행위로나 또는 교회에서 세례를 받았다는 것으로써 자동적으로 거듭났다고 생각하지 말라고 하였다. 중생은 믿음으로 말미암는 것이다. 세례를 받음이 문제가 아니라, 현재 자기가 세례받을 때 고백한 바로 그 믿음을 가지고 주님을 따르고 있느냐가 문제인 것이다. 웨슬리는 다음과 같이 말하였다.

> 당신은 거듭나야만 합니다! (그러면 아마도 당신은) "아닙니다. 세례받음으로 거듭났습니다. 그러므로 지금 다시 거듭날 수가 없습니다."라고 대답할 것입니다. 아! 얼마나 부질없는 대답입니까? … 말장난은 마십시오. 사람은 전적으로 믿음의 변화가 있어야만 하는 것입니다.[40]
>
> 진실로 나는 여러분께 말합니다. 여러분도 거듭나야 합니다. 거듭나지 않으면 하나님의 나라를 볼 수 없습니다. 여러분은 "세례받을 때에 거듭났다"고 하는 그런 부러진 지팡이에 기대지 마십시오. … 여러분은 지금 마귀의 자녀들입니다. 그러므로 여러분은 거듭나야만 합니다![41]

이러한 웨슬리의 강조와 그의 신학의 특징은 바로 성결교회의 강조점이 되었고 전도의 특징이 된 것이다. 성결교회는 전도표제의 첫 번째로서 중생을 다음과 같이 강조한다.

주 예수께서 니고데모에게 가르치신 중생의 도리는 실로 기독교의 입문
이며 천국시민의 자격을 갖추는 유일한 도리이다. "거듭나지 아니하면 하
나님 나라를 보지 못하리라"(요 3:3). 중생은 곧 영으로 나는 일이니 신비
에 속한 영적 변화이며, 모든 사람이 자기의 죄를 회개하고 십자가에 달
려 속죄의 피를 흘리신 예수 그리스도를 믿을 때 성신의 역사로 새 생명
을 얻어 그 사람의 심령과 인격 전체에 근본적 일대 변혁을 일으키는 것
이니 이는 진실로 천국복음이다.[42]

이 중생은 하나님의 은혜에서 오는 것이라고 강조함으로써 전도
와 기도에 치중하는 목회 스타일이 형성되었다. 신학교육에서도
자유주의 신학을 배격하였다. 이리하여 성결교회는 그 당시의 부
흥운동이 그랬듯이, 그 초창기부터 계몽주의적인 성격을 띤 교육
이나 사회사업 등을 권장하지 않고 직접 전도로서 구령(救靈)운동
에 전념하였던 것이다.

2.4. 모든 죄에서의 구원(성결)

웨슬리의 신학이 구원론을 중심한 것임은 이미 앞에서 지적한 바
이다. 그는 하나님은 사랑이시기에 죄로 타락한 인간을 모두 구
원하시기를 원하신다고 함으로써, 하나님의 사랑의 넓이(width)를
주장하였다. 웨슬리는 동시에 하나님께서 사람을 죄에서 구원하
시되 모든 죄에서부터 구원하신다고 주장함으로써 하나님의 구속
적 사랑의 깊이(depth)를 강조하였다. 이것이 그의 성화론에서 구체
적으로 포현되었다.

웨슬리는 당시의 신비주의자들 특히 모라비안파의 가르침과는
달리 거듭난 신자 안에 아직도 내재적인 죄가 남아 있다고 주장하

였다.[43] 그는 성서적이고 전통적인 입장을 취하였으며 거듭난 신자는 성화의 단계로 들어간다고 종교개혁자들과 함께 주장한다.

웨슬리는 중생을 성화의 시작이라고 한다. 이를 그는 '초기의 성화'(initial sanctification)라고 불렀다. 중생한 때로부터 점진적인 성화가 시작된다.[44] 이 점에서 그는 칼빈주의와 동일하다. 그러나 웨슬리는 이 점진적인 과정에 순간적인 요소가 결합되어 그 완결을 향한 계속적인 성장이 따른다고 주장한다. 따라서 성화에는 단계가 있다. 곧 중생에서 초기의 성화로 시작된 성화는 성장하는 과정에서 두 번째로 순간적인 체험을 하는 단계가 있다고 한다. 이것이 온전한 성화이다. 웨슬리에 의하면 이 온전한 성화를 이룬 신자는 계속 성장하고, 마지막으로 영화의 몸으로 변화될 때에 우리 안에서 시작된 하나님의 구속은 완결된다고 보았다.

이와 같이 구원이 하나님의 은혜로만 시작되며 은혜로만 완성된다는 점에 있어서 웨슬리는 종교개혁자들과 전적으로 동일하다. 그러나 그 성화의 과정에 순간적인 단계로서 온전한 성화(또는 성결)가 있다고 보는 입장에서 그는 종교개혁자들의 해석과 구분된다.

웨슬리가 성화론에 대한 해석에 있어 종교개혁자들과 구분된다는 것은, 그가 성화의 단계로서 온전한 성화의 단계를 주장한 것도 있지만, 더욱 중요한 것은 이 온전한 성화의 단계에서 무엇이 이루어지느냐에 대한 해석에 있는 것이다. 웨슬리는 내재적 죄를 씻어주는 성결의 은혜는 온전한 성화(성결)의 단계에서 온전히 이루어져서 죄가 없다 하는 상태에 이르게 된다고 주장한다. 이는 하나님이 성도에게 온전히 요구하시는 수준이라고 보아, 그는 이를 그리스도의 완전이라고 불렀다.

이 점에서 웨슬리는 온전한 성화를 오로지 죽음의 피안에서만 곧 영화에서만 기대하는 종교개혁자들과는 입장을 달리한다. 웨슬리는 신자가 죽기 전에도 이 땅 위에서 신자들은 온전히 거룩해질 수 있다고 주장한다. 그리고 이 은혜를 사모하여 이 땅 위에서 추구하라고 권한다.

그는 온전한 성화의 은혜를 통하여 신자는 그의 내재적인 죄에서 온전히 씻음을 받으며 또한 동시에 하나님께 봉사할 수 있는 능력을 받는다고 주장한다. 곧 소극적인 면에서는 죄에서 씻음을 받아 순결해지며, 적극적인 면에서는 사랑하는 능력을 받는 '완전한 사랑'인 것이다. 웨슬리는 완전한 사랑이라는 표현을 선호하였다.

이렇게 성화의 교리를 신학적으로 정립한 웨슬리는 이 성결의 교리를 힘주어 전하는 것이 자기의 특별한 사명이라고 느꼈다.[45] 그리고 다음과 같이 모든 메소디스트가 성결을 강조하기를 바랐다.

> 여러분 모두가 메소디스트가 되십시오. 그리고 믿음으로 말미암아 지금 받는 이 온전한 구원, 곧 성결을 힘주어 주장하시오.[46]

한국 성결교회는 바로 이 "위대한 기탁물"을 웨슬리를 통하여 이어받았다고 자칭하고 있다. 성결교회는 이 성결의 복음을 전파할 사명 하에 출범하였기 때문이다. 앞에서도 살펴보았지만, 성결교회의 사명에 대하여 헌법에는 다음과 같이 기록되어 있다.

> 우리 초대 창립자들이 성결교회를 창립하였음이 … 요한 웨슬리가 주장하던 "성결"의 도리를 그대로 전하려는 사명 하에 일어났으니, 이 조류를 밟아 일어난 우리들은 … 모든 사람을 중생으로 인도하며 교인늘을 성결한 신앙에 인도하여 주의 날에 티나 주름 잡힘이 없는 영화로운 교회로

서게 하기를 기하려는 것이다.[47]

성결교회가 그 명칭조차 '성결교회'라고 한 데서 알 수 있듯이, 창립 초창기부터 여러 면에서 성결의 교리를 강조하였다. 초창기의 주일학교 교재에서나 설교에서, 그리고 교단 신학교에서 성결을 강조하였다. 매주일 오후 '성별회'라고 칭하여 신학교 강당에서 온 교인을 상대로 성결에 대한 집회를 가졌던 것은 유명하다.

교회의 전도사명이 사람의 영혼을 구원하여 성결의 은혜로 이끄는 것이라는 웨슬리의 강조는 성결교회의 목회와 전도의 지침이 되고 있다. 그러므로 헌법에 제시된 각종 예식문에는 '성결'에 대한 것이 예외 없이 포함되어 있다. 예를 들어 학습예식을 하는 교인은 자기가 "성결된 생활을 하기 원한다."는 다짐을 해야만 한다.[48] 세례를 받아 교회회원에 입회할 때에도 "성결의 은혜를 받았음"을 고백해야 한다.[49] 그리고 장로로 안수받을 때나, 권사 혹은 장로로 취임할 때에도 "성결의 은혜를 받았음"을 확인하는 고백을 하게 되어 있다.[50] 교단의 목사로 안수받을 때에도 "성결을 담대히 증거하겠다"는 다짐을 해야 한다.[51] 이토록 철저히, 그리고 치밀하게 성결교회는 교인 지도에 있어 "모든 사람을 신생으로 인도하고 이미 신생한 신자들로 성결의 은혜를 체험하도록 인도"함을 전도 표제로 정하고 있다.[52] 교역자는 이 은혜를 꼭 체험하여야만 하며, 또 이 교리를 담대히 전해야만 한다.

성결에 대하여 헌법은 다음과 같이 정의하고 있다.

성결이라 함은 그리스도로 말미암아 성신의 세례를 받음이니 곧 거듭난 후에 신앙으로 순간에 받을 경험이다. 이 은혜는 원죄에서 정결하게 씻음과 그 사람을 성별(聖別)하여 하나님을 봉사하기에 현저한 능력을 주심이

다(행 1:4, 5, 8; 15:8, 9; 눅 24:49). 사람이 의롭다 함을 얻음에 신앙이 유일의
조건됨 같이 "성결"도 오직 신앙으로 얻는 은혜이다(롬 5:1; 행 15:8, 9; 갈
3:14; 요일 1:9).[53]

위에 정의된 '성결'은 간략하다. 이 간략한 설명을 가지고 신학
적 고찰을 하기에는 무리가 있지만, 그 나름대로 특색을 살필 수
있다. 즉 '성결'에 대한 이해는 본질적으로 웨슬리와 같지만 '성결'
을 '성신의 세례'로 표현한 점은 주목할 만하다. 이것이 바로 한국
성결교회가 웨슬리의 성화론을 19세기 미국의 만국성결운동을 통
하여 전수하였다는 것을 설명하고 있는 것이다.

우리는 19세기 미국에서의 만국 성결운동의 공헌과 공로를 인정
한다. 이들은 성결을 그렇게 표현함으로 성결이 사람의 선행으로
이루어지는 듯한 인상을 일소하였다. 또한 성령론에 관한 관심이
고조되고 있는 한국교회에서 성결에 대한 성령론적인 설명은 바람
직한 신학적 시도라고도 여겨진다.[54]

그들은 부흥회에서의 설교를 통하여 성결의 순간적인 체험을 강
하게 강조하였다. 이는 귀한 강조이다. 그러나 다른 한편으로 보
면, 이런 강조는 마치 성화란 어떤 한순간에 체험하는 하나의 은
혜 사건인 듯한 인상을 주기도 한다. 그리고 웨슬리의 성화를 오
순절 용어(Pentecostal language), 곧 성령세례로 표현하며 소위 오순
절적인 성결(Pentecostal holiness)을 강조했다. 한국 성결교회는 웨
슬리의 성결론을 전수하되 이러한 미국 만국성결운동의 특징도 함
께 받아들인 것이다.

이런 오순절적인 성결론의 영향 때문에, 한국 성결교회는 웨슬
리가 전한 성결의 도리를 그대로 전한다고 하면서도 어떤 점에 있
어서는 웨슬리의 성결론을 충분히 반영하지 못하고 있다. 첫째로,

한국 성결교회는 온전한 성화(성결)의 체험을 강하게 강조하는 나머지 성화론 자체를 순간적인 체험으로 흡수 또는 국한시키는 인상을 준다. 따라서 성화론에서의 성장과정(process)이 충분히 설명되지 못한다. 우리가 기억할 것은 웨슬리에 의하면 온전한 성화(성결)의 체험은 그 자체가 하나의 종착점이 아니라는 것이다. 이는 성화의 과정에 있는 한 단계로서 계속 성장의 출발점이기도 한 것이다. 우리와 하나님과의 관계는 부단히 그리고 더 성숙하게 진전되어야 하는 것이다.

이런 오순절적인 성결론의 영향으로 성결한 사람은 "우리의 죄를 사하시옵소서" 하는 주기도문은 마치 자신에게 해당되지 않는 것처럼 생각하게 되었다. 그러나 웨슬리는 '완전한 자'도 계속 회개가 필요하다는 것을 주장하였다. 이런 면은, 한국 성결교회의 가르침에서는 결여되어 있는 듯하다. 웨슬리는 분명히 말하기를, 성결한 사람도 거룩한 하나님과의 관계를 지속하기 위해서는 계속하여 회개가 필요하다고 하였다. 이는 성결한 신자에게도 아직 실수의 가능성, 지식의 부족 등, 연약성(Infirmities)이 있기에 무의식 중에 하나님의 법을 범하는 죄를 면치 못한다는 것이다.[55] 그러므로 웨슬리에 의하면 가장 완전한 신자라도 그리스도의 공로를 계속 필요로 하는 것이기에, 다른 사람을 위할 뿐 아니라 자신들을 위하여서 "우리의 죄를 사하여 주시옵소서" 하고 기도를 드려야 하는 것이다.[56] 웨슬리는 다음과 같이 말한다.

자기의 죄에서 구원을 받았다고 생각하는 신자도 다음과 같이 말하게 된다. "매 순간 나는 주님의 죽음의 공로가 필요하다. 저들은 선지자요 왕이요 제사장이신 그리스도가 필요하다는 것을 이전보다 더 깊이 깨닫는다. 그러므로 우리 설교자들은 완전을 설교함에 있어 항상 그리고 강하고도 분명하게 이 점을 명심하며 계속하여 분투하여야만 한다."[57]

그러면 웨슬리가 "의롭다 함을 받았으나 여전히 죄인이다"(simul justus et peccator)라는 교리를 주장하는 루터와 같은 비관론자인가? 물론 이 점에 있어 웨슬리와 루터에게는 비슷한 점이 있다. 그러나 다르다. 왜냐하면 웨슬리는 성결한 자가 무의식중에 범죄할지 모르지만 그는 동시에 그리스도의 계속적인 은혜 아래 있다고 보기 때문이다. 곧 회개와 믿음으로 주님을 의지하고 있는 성결인은 하나님의 성결케 하는 은혜 아래 있다는 것이다. 웨슬리의 초점과 강조점은 계속하시는 그리스도의 중보의 기도에 있기에 그는 은혜의 낙관론자였다. "죄가 더한 곳에 은혜가 더욱 넘치기"[58] 때문이다. 그러므로 웨슬리는 성결한 자는 순간순간 주님을 의지함으로 성결을 유지하며 나갈 수 있다고 믿는다.

또한 한국 성결교회는 온전한 성화(성결)를 웨슬리가 이해한 것과 같이 사랑이라는 개념에서보다는 오순절 운동에서 강조된 능력과 순결(성결)로 이해하는 성향이 농후하다. 이는 성결이 지니는 사회성을 간과하는 경향을 낳았다. 그러므로 한국 성결교회는 웨슬리의 성화론에서 뚜렷했던 외적 성결 곧 성결의 사회성도 공히 전해야 할 것이다. 왜냐하면 하나님의 사랑은 총체적이요, "그리스도의 복음은 단순한 믿음을 말하는 것이 아니라 사회성을 지닌 믿음을 말하며, 성결을 말함에는 단순한 성결은 없으며 오로지 사회적 성결이 있을 뿐"[59]이기 때문이다. 웨슬리에게는 "사랑으로 역사하는 믿음이 곧 완전의 길이요, 넓이요, 깊이요 높음"[60]인 것이다.

2.5. 성령의 증거(확신)

웨슬리 신학이 성화 또는 그리스도인의 완전에 대한 교리에서 기독교 신학에 끼친 공헌이 큰데 못지않게 웨슬리는 "성령의 증거", 곧 확신의 도리에 있어서도 큰 공헌을 하였다.

성령의 증거하는 역사(witnessing ministry)는 초대교회가 어려움과 핍박 속에 있을 때 활력소의 역할을 한 중요한 교리이다. 그러나 교회가 제도화되어 감에 따라 로마 가톨릭에서는 이 활력성 있는 확신의 도리가 교회 성례전의 가르침과 결부됨으로써 그 활력을 잃고 있었다. 웨슬리 당시의 칼빈주의는 이 확신의 도리를 예정론(Predestination)과 연결시켜 추상화시킴으로써 그 활력소를 잃게 하였다. 그런가 하면 당시의 루터란 신비주의자들은 지나치게 주관주의에 빠져 성령의 증거와 다른 영의 증거를 분별할 수 없는 혼란을 초래하였다.

이에 대해, 웨슬리 신학은 성령의 증거를 통하여 구원을 확신할 수 있다는 교리를 수립하였다. 웨슬리는 올더스게이트에서 자신의 구원에 대한 확신을 체험하였다. 웨슬리는 로마서 8장 16절의 말씀대로 "성령이 친히 우리 영으로 더불어 우리가 하나님의 자녀인 것을 증거하신다"고 주장하였다. 그리고 성령께서 우리 속에서 구속의 역사, 곧 신생, 성결의 역사를 행하실 뿐 아니라 그에 대하여 확인하여 주심으로 우리는 또한 구원받은 것을 알 수 있다고 하였다.

웨슬리는 성령의 직접적인 증거가 간접적인 증거 또는 우리 영의 증거에 선행한다고 주장한다. 성령의 직접 증거는 성령께서 우리 마음속에 주는 내적 인상이다. 이는 믿음의 열매에 근거한 어떠한 추리에도 앞서는 것이다. 그러므로 이는 직접적이요, 영적인 것이다. 이 직접적 증거의 선행을 주장함으로써 웨슬리는 칼빈주의자들의 추상적인 '확신'이나, 로마 가톨릭에서 성례전과 연결시킨 형식이나 행위에서 추리하는 확신과도 구분하여 확신의 동적 요소를 강조하였다.

그다음 웨슬리는 이 성령의 직접적인 증거는 우리 영의 증거, 곧 성령의 역사로 기록된 성서 말씀이나 우리 속에 나타난 성령의 열매에 의해 뒷받침되어야 한다고 주장하였다. 웨슬리는 이 두 증거가 함께 부합함으로써 악령의 역사와 성령의 증거를 분별할 수 있게 된다고 말한다. 웨슬리는 성령의 간접적인 증거와 직접적인 증거의 공동증거(joint witness)의 중요성을 강조함으로 신비주의나 열광주의에 빠지는 것을 방지하였다.

웨슬리에 의하면 신자에게 있어서 이 확신은 계속적인 것이어야 하지만 때로는 희미해지거나 중단될 수도 있다고 보았다. 곧 신자가 죄를 범하면 이 증거는 없어진다는 것이다. 때로는 성령의 증거에 대한 지식 부족으로 이 특권을 충분히 누리지 못할 때가 있다. 그러므로 웨슬리는 이 확신은 '믿음'의 본질적인 요소가 아니라, 신자에게 주어진 공통적인 특권이라고 하였다.[61]

이런 "성령의 증거"에 관한 웨슬리의 교리는 성결교회에서 체험을 강조하는 전통으로 이어졌다. 그러므로 성결교회는 신자는 자기가 구원받은 확신이 있어야 한다고 가르쳤다. 심지어는 자기가 거듭난 날짜와 시간까지도 알아야 한다고 가르친 일도 있었다. 왜냐하면 이들은 사람은 구원받을 뿐 아니라 자기가 구원받은 것을 성령의 증거로 알 수 있다고 믿었기 때문이다. 그러므로 성결교회 초창기에는 집회 때마다 신앙체험을 간증하도록 했다.

이는 귀중한 웨슬리의 신학적 유산이다. 그러나 한국 성결교회는 이 교리를 신학적으로 활발히 전개하지 않았다. 그러므로 성결교회에서는 확신이 믿음의 본질적인 요소인지 아닌지 등에 대한 신학적 질문이 정리되지 않은 채 신앙체험을 강조하는 전통으로 흘러왔다.

우리는 이 교리의 귀중성과, 이것이 성결교회가 빛내야 할 유산인 것을 인식해야 할 것이다. 또한 이를 신학적으로 정립할 때 이것이 신자의 생활에 활력을 주어 '영광의 소망'을 증거하는 교회로 새롭게 변화시킬 수 있을 것이다.

III. 맺는말

이상에서 우리는 한국 성결교회가 그 신학적 뿌리는 웨슬리 신학인 것을 지적하며, 한국 성결교회의 신학과 전도사역에 전승된 웨슬리의 신학적 유산과 특징을 개관하였다.

또한 우리는 웨슬리안 전통이 19세기 미국에서 일어났던 만국성결운동을 통하여 전수되었음을 보았다. 그리하여 한국 성결교회는 성결을 오순절적인 용어 곧 성령세례로 표현하여 왔고, 그 내용은 본질적으로는 웨슬리의 것이지만 미국 성결운동에서 강조된 면을 그대로 강조하고 있음을 보았다. 그리고 이 점에는 장점도 있거니와, 다른 한편으로는 웨슬리의 성화론에 비추어 볼 때 일부 보완되어야 할 점들도 있음을 언급했다. 한국 성결교회는 웨슬리가 전하던 성결의 도리를 그대로 전한다고 주장하고 있기 때문이다.

우리가 전수하고 있는 이 유산들은 대단히 귀중한 것들이다. 특히 웨슬리의 신학운동이 18세기에 영국의 진부했던 교회를 새롭게 하고, 부패하고 타락했던 사회를 그 누란의 위기에서 구원했을 뿐 아니라, 오늘날에도 신학에서 재발견되어 각광을 받고 있기 때문이다. 또한, 19세기 미국에서의 웨슬리적인 성결부흥운동에서 강조되었던 순복음(Full gospel 곧 사중복음)이 오늘의 세계복음화 운동에서 메아리치고 있음을 보기 때문이다.[62]

그러므로 우리는 다시 한번 한국 성결교회가 지니고 있는 웨슬리신학의 유산이 얼마나 귀한 것인가를 새삼 깨달아 감격하게 된다. 한국 성결교회는 이러한 감격을 가지고 하나님께서 우리에게 위탁하신 이 놀라운 유산(the grand depositum)[63]을 빛내기 위하여 힘써야 할 것이다.

이 점에 있어서 나는 웨슬리가 그의 말년에 한 말을 상기하고자 한다.

나는 메소디스트라고 불리는 교회가 유럽이나 미국에서 그의 존재가 없어질까 봐 염려하지는 않는다. … 그러나 내가 염려하는 것은 그 교회가 능력 없이 종교의 형태만 지닌 채 한갓 죽은 단체로만 존재할까 봐 염려한다. 만일, 교회가 우리가 시작할 때에 지켰던 그 교리와 정신과 훈련을 굳게 지키지 않는다면 의심할 것도 없이 그렇게 되고 말 것이다.[64]

참 고 문 헌

1. 기독교대한성결교회 헌법, 1955, 1974, 1983.
2. 기독교조선성결교회 재흥총회 회의록, 1945년 11월 9-11일.
3. 조선야소교 동양선교회 성결교회 교리 급 조례, 1925.

4. 조선야소교 동양선교회 성결교회 헌법, 1933, 1936.

5. 이명직, 「야소교 동양선교회 성결교회 약사」, 동양선교회성결교회 출판부, 1929.

6. ______, 「기독교의 사대복음, 기독교대한성결교회 출판부, 1952.

7. 이천영, 「성결교회사」, 기독교대한성결」교회 출판부, 1970.

8. 조종남, 「성결교회의 신학적 배경과 사중복음」, 기독교대한성결교회 출판부, 1998.

9. ______, 「로잔 세계복음화운동의 역사와 정신」, 한국기독학생회 출판부(IVP), 1990.

10. 「활천」 제1권 6호, 기독교대한성결교회, 1923.

11. Yamazaki, Washio, *History of Japan Holiness Church(1901-1970) in Japanese*. 1970.

12. Koide, ed., *History of Holiness Group in Japanese*, 1974.

13. Yoneda, ed., *The Works of Nakada Juji in Japanese*, 1976.

14. Kobayashi, *The truth of Christianity in Japanese*, 1986.

15. Robert Chiles, *Theological transition in American Methodism*, 1790~1935, New York: Abingdon Press, 1965.

16. Mrs. L. B. Cowman, Charles E. Cowman, *Missionary Warrior*, Zondervan Publishing House Grand Rapids, 1967(First copyright 1928).

17. Mrs. Charles E. Cowman, *How the korean Work Regun*, Yokohama, Japan, 1909.

18. Robert M. Casto, "Exegetical Method in John Wesley's Explanatory Notes upon the Old Testaments," Unpublished Ph. D. Dissertation at Duke University, 1977.

19. D. Dayton, *Theological Roots of Pentecostalism*, Eerdmans, 1987.

20. ________, *Discovering An Evangelical Heritage*, Harper and Row, Publisher, New York, 1976.

21. Melvin E. Dieter, *The Holiness Revival of the 19th Century*, The

Scarecrow Press, Inc. N. G., 1980.

22. V. H. H. Green, *The Young Mr. Wesley*, St. Martins's Press, 1961.

23. David F. Hartzfeld & C. Nienkirchen ed., *The Birth of a Vision. Essays on The Ministry and thought of A. B. Simpson, His Dominion* : Canada, 1986.

24. Carl F. Henry and W. S. Mooneyham ed., *One Race, One Gospel, One Task*, Minneapolis : World Wide Publications, 1967.

25. *God's Revivalist and Bible Advocate*, July 1901.

26. E. A. Kilbourne, *The Story of a Mission in Japan*, Cowman and Kilbourne, Tokyo, n. d.

27. John J. Merwin, *The Oriental Missionary Society Holiness Church in Japan, 1901-1983*. University Microfilms International, 1990.

28. The Oriental Missionary Society, Electric Messages, *The Official Organ of The Oriental Missionary Society*, Tokyo, Japan, 1904-1909.

29. A. B. Simpson, *The Four-fold Gospel*(손택구 역, 「사중복음」).

30. Vinson Synan, *The Holiness-Pentecostal Movement in the United States*, Eerdmans Pub., 1981.

31. Paul W. Thomas, *The days of our Pilgrimage: History of the Pilgrim Holiness Church*, The Wesley Press, Martin, Inc., 1976.

32. John Wesley, *The Letters of John Wesley*, ed. by John Telford, 8vols. Epworth Press, 1931

33. ______, *Wesley's Standard Sermons*, ed. by Edwin H. Sugden, 2vols. Epworth Press, 1954, 1956.

34. ______, *Wesley's Doctrinal Standards*, ed. by Nathaniel Burwash, 1881, Reprinted by Schmul pub. co., 1988.

35. ______, *The Journal of the Rev. John Wesley*, ed. by Nehemiah Curnock, 8vols. Epworth Press, 1938.

36. Robert D. Wood, *In these Mortal Hands The story of the Oriental*

Missionary Society, The first 50 years, OMS Inc., 1983.

37. The Constitution and By-Laws of the International Apostolic Holiness Union and Prayer League, 1897.

38. The Constitution of the International Apostolic Holiness Union, 1900, 1902, 1910-1911, 1912.

39. The Constitution of The International Apostolic Holiness Union and Churches, 1905.

40. The Constitution of the International Apostolic Holiness Church, 1913, 1914-1915, 1916-1919, 1919-1923.

41. The Manual of the Pilgrim Holiness Church(Origin and Name, General Statement of Belief), 1922, 1966.

42. The Manual of the Oriental Missionary Society, 1925.

43. The Manual of The Christian and Missionary Alliance, 1923, 1986.

44. The Manual of the Church of the Nazarene, 1989.

미주

1장 웨슬리의 성서관과 해석의 원리

1. Robert Michael Castro, op. cit., 1.
2. Works, VIII, 366. 한 예로서 웨슬리는 80여 페이지밖에 안 되는 글 "A Plain Account of Christian Perfection"에서 성서 구절을 195회, 그리고 반복된 것을 합치면 248회나 인용하고 있다(Sangster, op. cit., 36). 또한 예로서 웨슬리가 1746년부터 1763년 사이에 9개의 책자와 공개 서간을 발행했다. 이 글들에서 웨슬리는 자신이 그동안 가르친 교리에 대한 일반의 오해를 시정하며 자기의 신학적 입장을 간추려서 소개하려 하였다. 그런데 이 글들에서 인용한 성서 구절이 1,577개나 된다(Baker, ed., Works XI, 559-571, cited by Casto, op. cit., 1-2).
3. Sermons Ⅰ, 32.
4. Casto, op. cit., 3.
5. Letters Ⅳ, 299(May 14, 1765).
6. Works VIII, 234.
7. Christian Library: Consisting of Extracts from an Abridgements of the Choicest Pieces of Practical Divinity Which have been Published in English Tongues, 30 Vols. Printed by T. Cordeaux, 1819.
8. V. H. H. Green, *The young Mr. Wesley: A Study of John Wesley and Oxford Wyvern Book*, 1963, 289-302.
9. Works VI, 209.
10. Journal V, 169(Jun. 5, 1766).
11. Works VIII, 112.
12. Sermons Ⅰ, 249.
13. Sermons Ⅰ, 249-250.
14. Works XI, 484.
15. Wesley, *Explanatory Notes upon the N. T.*, 1950, 8.
16. Ibid., 9.
17. Works VIII, 340.
18. Ibid.
19. Letters Ⅳ, 247.
20. John Wesley, *The Sunday Service of the Methodists in North America*, 1784, 307-308.
21. The Church of England, "Articles of Religion," in The Book of Common Prayers..., Article 6th.
22. Casto, op. cit., 92.

23. Sermons Ⅰ, 31-32(preface).

24. Works XIII, 258.

25. Ibid.

26. Letters Ⅱ, 117.

27. Sermons Ⅰ, 249-250.

28. Journal VI, 117(July 24, 1776).

29. Sermons Ⅰ, 249-250.

30. Notes on Ⅱ Tim. 3:16(Notes upon N. T., 794).

31. Williams, op. cit., 24.

32. Letters, Ⅲ, 367.

33. Cf. Chiles, op. cit., 192.

34. Works Ⅵ, 506(Sermon, On Working out Our Own Salvation), 요 1:9과 Sermons, Ⅰ, 234를 보라.

35. Sermons Ⅱ, 216(On Original Sin).

36. Sermons Ⅰ, 30.

37. 이에 대하여 Chiles는 그의 박사 논문, "Theological Transition in American Methodism: 1790-1935," 76-114, 192에서 지적하였다.

38. Arnett, "John Wesley-Man of One Book," unplublished Ph. D. dissertation at Drew Univ., 1954, 98f. Quoted by Williams, op. cit., 27-28. 참조. 이는 그의 사변형 법(quadriateral)에 미묘한 설명을 덧붙인 것이다.

39. Casto, op. cit., 112-119를 보라. Casto에 의하면 웨슬리는 고전 언어뿐 아니라 스페인어, 독일어, 프랑스어 등에도 능통했다. 그리고 Oxford University의 Lincoln College에서 Greek를 교수한 일도 있었다.

40. Works Ⅹ, 248, Works Ⅵ, 508ff. (Sermon, "On Working out Our Own Salvation").

41. Works Ⅹ, 429.

42. Works Ⅵ, 395(Sermon, Of the Church); cf. Letters Ⅲ, 129.

43. Casto, op. cit., 105.

44. Works Ⅶ, 470. (Sermon, "On Corrupting the Word of God").

45. Sermons Ⅰ, 32.

46. Works Ⅹ, 142.

47. 고전 2:13b.

48. Journal Ⅰ, 471-472; Notes, 569-570(on Rom. 12:6).

49. Letters Ⅲ, 129.

50. Works Ⅹ, 142.

51. Casto, op. cit., 31-42.

52. Sermons Ⅰ, 32.

53. Notes, 794(Ⅱ Tim. 3:16에 대한 주석).

54. 성서 해석에서 체험의 역할이 웨슬리에게 있어서는 중요하기 때문에 다음 절에서 좀 더 설명하고자 한다.

55. George A, Turner, "John Wesley as an Interpreter of Scripture," in Inspiration and Interpretation, ed. by John F. Walvoord.

56. Works X, 484.

57. 고대 전통과의 일치이다. 이는 모든 사람이 어디에서나, 언제나 다 믿어 온 것이다.

58. Journal Ⅰ, 419.

59. Casto, op. cit., 167.

60. Journal Ⅲ, 467(June 15, 1741).

61. 참조, 고전 14:20b.

62. Letters V, 364.

63. Works VI, 354.

64. Sermons Ⅰ, 1828.

65. Works VI, 355-359.

66. Ibid., 360.

67. Ibid., 354.

68. Works XI, 429.

69. Chiles, op. cit., 83; cf. Works VIII, 266, 466, Works X, XI.

70. Ibid.

71. Works VI, 289.

72. Ibid.

73. Works XIV, 253.

74. Sermons Ⅰ, 30.

75. Works XIV, 252-253(Apr. 25, 1765).

76. Notes upon N. T., 8(preface).

77. Ibid., 794; Letters Ⅲ, 367.

78. Sermons Ⅰ, 242 f. (Notes on Acts 7:38; John 3:21).

79. Notes upon N. T., 9(preface).

80. Starkey, op. cit., 89.

81. Works XIV, 253; Notes, 569-570(Rom. 12:6).

82. Chiles, op. cit., 79.

2장 『웨슬리의 은총관과 그 의의』

1. Skevington Wood, *John Wesley: the Burning Heart*, Grand Rapid, Eerdman, 1967, 220.

2. *The Standard Sermons of John Wesley*, ed. by Sugden, 이하 STS로 표기함), Ⅱ. 230. *The Works of John Wesley*, ed. by Jackson, 이하 Works로 표기함), V. 224, 247.

3. Works IX, 316.

4. Works IX, 428.

5. STS II, 222.

6. STS II, 215.

7. Works VIII, 284.

8. Works VIII, 289. "All mankind were under the covenant of grace from very hour that the original promise was made."

9. Works VIII, 277, IX 303, Works X 230, 392.

10. *The Works of John Wesley*, ed. by Outler, II, 156.

11. Works VI, 509.

12. Wesley's sermon 'Free Grace'(Works, VII, 373-378) 참조.

13. H. Lindstrom, *Wesley and Sanctification*, Stockholm, 1946, 32.

14. L. Starkey, *The Work of Holy Spirit, A Study of Wesleyan Theology*, Abingdon Press, 1962, 123.

15. Works VI, 512-513.

16. Leo Cox, *John Wesley's Concept of Perfection*, Beacon Hill Press. 1964, 43.

17. Starkey, op. cit. 116.

18. STS II, 394.

3장 웨슬리의 예정론

1. John Calvin, *Institutes of the Christiane Religion*, ed. John T. McNelli(이하 Institutes라고 표기함) II, Book 3, chapter XXI, 920-932. *A Compendium of the Institutes of the Christian Religion*. ed. Hugh Thomson, Jr. 1939, 127ff.

2. Institutes II, 926.

3. Works X, 204-259.

4. Works X, 259-266.

5. Institutes II, 926.

6. Works X, 262(in Dialogue between predestinarian and his friend). cf. Institutes, b.3. ch.21. sec.1.

7. Works X, 215.

8. Works X, 215.

9. Works X, 262(in Dialogue between predestinarian and his friend).

10. Works X, 224.

11. Works X, 261, Institutes, b.3, ch.23. sec.7(Institutes II, 955).

12. Works X, 261(in Dialogue between predestinarian and his friend).

13. *Works of Rev. John Wesley*, ed. Jackson(이하 Works로 표기함), VII, 373ff.

14. Works X, 211.

15. Works X, 210. 한 예로, 예수님께서 말씀하시기를, "내가 너희 12명을 선택하지 않았느냐? 그런데 너희 중 하나가 마귀를 가지고 있구나" 하시지 않았나? 또한 고전 9:27을 보면, 바울이 "내 몸을 쳐 복종하게 함은 내가 남에게 전파한 후에 자신이 도리어 버림을 당할까 두려워함이로다"라고 말하였으니, 그가 선택받은 것이 구원을 보증한 것으로는 이해하지 않았던 것 같다.

16. Works X, 210.

17. Works X, 229-230, 392.

18. Works VI, 226.

19. Works VI, 513.

20. 이는 반펠라기우스주의가 말하는 신인 협동이 아니라 은혜 안에서 이루어지는 복음적 협동(evangelical synergism)이다. L. Starkey, *The Work of the Holy Spirit: A Study in Wesleyan Theology*, Abingdon Press, 1962, 116ff.

21. Works X, 266(in Dialogue between predestinarian and his friend).

22. Works X, 211.

23. Works X, 241.

24. Works X, 240.

25. Henry C. Thiessen, *Lectures in Systematic Theology*, Eerdmans Publishing Company, 1949, 156-157.

26. Notes, 551 & 872(Notes on Rom. 8:29 and I Peter 1:2).

27. Works VI, 225-230.

28. Ibid., 226.

29. Ibid., 227.

30. Ibid., 230.

31. Note on N. T. 551. Note on Rom. 8:29-30.

32. Works VIII, 284.

33. Works X, 260(in dialogue between predestinarian and his friend).

34. Institutes II, 926.

35. Works X, 262(in Dialogue between predestinarian and his friend). cf. Institutes, b. 3. ch. 21. sec. 1.

36. Works X, 229-230, 392.

37. Works VI, 226.

38. Works X, 210.

39. Works X, 266(in Dialogue between predestinarian and his friend).

40. Cf. Lausanne Covenant.

41. 웨슬리의 신학적 인간론; 하나님의 은혜와 죄

4장 웨슬리의 신학적 인간론-하나님의 은혜와 죄

1. William Hordern, *Resent Trends in Systematic Theology in Canadian Journal of Theology*, Vol. VIII(1961), No. 2, p. 87.

2. George C. Cell, *The Rediscovery of John Wesley*, Nashville, Abingdon, 1946, p. 5-9.

3. William Canon, *The Theology of John Wesley*, Nashville, Abingdon, 1946; H. Lindstrm, *Wesley and Sanctification*, London, The Epworth Press, 1946.

4. Skevington Wood, *John Wesley: the Burning Heart*, Grand Rapids, Eerdman,

1967, p. 220.

5. Ibid., 230.

6. Ibid., 150; cf. Woks X, 456. Thoughts Concerning Gospel Ministers.

7. Sermons II, 228; Works IX, 293, 355. 이 점에 있어서 웨슬리는 *The Ruin and Recovery of Mankind*에 나타난 Isaac Watt's의 견해를 받아들이고 있다.

8. Sermons II, 228.

9. Works VI, 243(Sermon, The General Deliverance).

10. Sermons II, 229; cf. Works X, 468.

11. Sermons II, 229; Sermons I, 11.

12. Sermons II, 229, 230.

13. Primogenitor로서의 아담: Sermons II, 230; Works V, 224, 247, Federal head로서의 아담; Works IX, 332, 427, 240.

14. Works IX, 418.

15. Works IX, 316.

16. Sermons II, 207.

17. Works IX, 194.

18. Works IX에 실려 있는 269면이나 되는 논문이다.

19. Sermons II, 207ff.를 보라.

20. Works IX, 419.

21. Works IX, 426.

22. Ibid.

23. Works IX, 428.

24. Ibid.

25. Works IX, 420.

26. Works IX, 418.

27. Works IX, 429.

28. Williams, Colin W., *John Wesley's Theology Today*, New York, Abingdon, 1960, p. 52.

29. Sermons II, 222.

30. Sermons II, 215.

31. Sermons II, 222.

32. Works VII, 285.

33. Sermons I, 117-118. Sermon, Justification by Faith(1739); cf. Sermons I, 37-38. Salvation by Faith(1733).

34. Sermons II, 230-231, New Birth(1740). 또한 Sermons I, 268. The Circumcision of the Heart(1733), Sermons II, 223, On Original Sins(1759)를 보라.

35. Ibid.

36. Robert John Hillman, *Grace in the Preaching of Calvin and Wesley*, an Unpublished Ph. D. Dissertation at Fuller Theological Seminary, 1978, p. 63.

37. dstrm, op. cit., 33.

38. Sermons I, 155, 156. The Way to the Kingdom(1742).

39. Hillman, op. cit., 69.

40. Lin Charles A. Rogers, *The Concept of Prevenient Grace in the Theology of John Wesley*, an unpublished dissertation(Ph.D.) at Duke University, 1967, pp. 111-112.

41. Works VII, 223. Sermon On the Fall of Man.

42. Sermons II, 208f., II, 226을 보라.

43. Leo Cox, *John Wesley's Concept of Perfection*, Kansas City, Beacon Hill Press, 1964, p. 29. 웨슬리는 종종 자기의 생각을 수정할 경우에 거기에 대한 약간의 언급을 하곤 했다. 예를 들면 Sermons I, 269(The Circumcision of the Heart), Sermon on Faith 1:11(of the Faith of the Servant), Letters V, 358-359(March 1768 on the assurance of faith). 또한 웨슬리가 이 설교들을 1760년에 설교집 제4권에 수록했다는 사실을 참조하라. cf. Works I, 3.

44. Eldon P. Furhman, *The Wesleyan Doctrine of Grace in the Theology of John Wesley*, an unpublished Ph. D. dissertation at State University of Iowa, 1963, p. 105.

45. Works VI, 223, On the Fall of Mans.

46. Works X, 457-459, Thoughts Upon Necessity.

47. Leo Cox, John Wesley's Concept of Perfection, Kansas City, Beacon Hill Press, 1964, p. 31.

48. Works VII, 373, Free Grace.

49. 웨슬리의 이와 같은 주장은 또한 On Working out Our Own Salvation이란 제목의 설교에 잘 나타나 있다. Works XI, 506-513.

50. Letters VI, 240; cf. Works VIII, 277, IX, 303.

51. Works X, 230, Works X, 392, Some Remarks on Mr. Hill's Review of All the Doctrines Thought by John Wesley를 보라.

52. Robert Cushman, *Salvation for All: Wesley and Calvinism, in Methodism*, ed. By W. K. Anderson, Nashville, The Methodist Publishing House, 1947, p. 110.

53. Rogers, op. cit., 164.

54. Robert E. Chiles, Theological Transition in American Methodism: 1790-1935, New York, Abingdon, 120-121.

55. Chiles는 그의 책에서 웨슬리 학자들 가운데서 Watson, Miley 그리고 Knudson을 이 같은 실례를 보여주고 있는 학자들로 언급하고 있다. Ibid., 124ff.

56. Lindstrm, op. cit., 32.

57. L. Starkey, *The Work of the Holy Spirit in the Theology of John Wesley*, Nashville, Abingdon, 1962. p. 123.

58. 참조, W. Cannon, *Theology of John Wesley*, pp. 200ff.; Robert E. Cushman, *Salvation for All in Methodism*, ed. By W. K. Anderson, 106-108; Lindstrm, op. cit., 12; L. Starkey Jr., *The Works of the Holy Spirit*, 124ff.; George C.

Cell, op. cit., 25, 272; Chiles, op. cit., 119; Furhman, op. cit., 105; Leo Cox, op. cit., 29, 47.

59. Works VI, 512-513.

60. Works VI, 511.

61. Cox, op. cit., 43.

62. Starkey, op. cit., 116.

63. Sermons II, 389, *A Plain Account of Christian Perfection*, by Wesley, 52.

64. Sermons II, 393.

65. 롬 5:20 참조. Works VI, 303.

66. Sermons II, 456, *Scripture Way of Salvation*. 여기에서 웨슬리는 "열매(회개의)들은 필요하되 조건부로 필요한 까닭입니다. 즉 그런 시간과 기회가 있다면 필요한 것이요, 그렇지 않다면 그런 열매 없이도 성결함을 받을 수 있습니다."라고 말한다.

67. Sermons II, 394.

68. Sermons II, 380. 괄호 속의 말은 필자의 삽입한 것임.

69. Williams, op. cit., 190.

5장 웨슬리의 구원론의 특징

1. M. B. Wynkoop, "A Hermeneutical Approach to John Wesley," Wesleyan Theological Journal(Spring, 1971), 299.

2. Standard Sermons of John Wesley edited by Sugden(이후로는 STS로 표기함), I, 31.

3. Skevington Wood, *John Wesley: the Burning Heart*, Eerdmans, 1967, p. 220.

4. Cf. The Works of John Wesley(edited by Jackson, 이후로는 Works로 표기함), IX, p. 316.

5. Works IX, 409.

6. Cf. Works IX, 428.

7. STS II, 222.

8. Works VIII, 284.

9. Ibid.

10. 웨슬리가 이중예정론을 수용할 수 없는 이유를 그의 설교 "Free Grace"에서 자세히 설명하고 있는 것을 참고하라.

11. Works X, 230, 392.

12. 설교 "On Working Out Our Own Salvation"을 보라.

13. Cf. Works X, 230, 392.

14. Works VI, 511(설교 "On Working Out Our Own Salvation").

15. L. M. Starkey, *The Work of the Holy Spirit: A Study of Wesleyan Theology*, Abingdon, 1962, p. 116ff.

16. Charles A. Rogers, "The Concept of Prevenient Grace in the Theology of John Wesley", Ph. D. Dissertation at Duke University, 1967, p. 164.

17. Robert E. Chiles, Theological Transition in American Methodism: 1790-1935, New York, Abingdon, 120-121.

18. John Calvin, Institute of the Christian Religion, 2vols. Translated by Beveridge, Eerdmans, 1953, III, 21.

19. Cf. Orton Wiley, Christian Theology, 3vols, Beacon Hill Press, 1958, II, p. 416.

20. STS II, 125.

21. 막 1:15 참조.

22. Cf. Works VII, 313(설교 "On the Wedding Garment", 1790); Works V, 240.

23. Works VII, 373 ff(설교 "Free Grace").

24. Cf. "Predestination calmly considered" in Works X, 240-246.

25. The Letters of Rev. John Wesley edited by Telford(이후로는 Letters로 표기함), II, 267-268.

26. Letters VIII, 238.

27. Works XI, 442.

28. 엡 5:27, 시 32:1에 대한 칼빈의 주석. Cf. The commentaries of John Calvin, Eerdmans, 1948-1950.

29. 사도행전 15:8-9 참조.

30. STS II, 152-156.

31. Works XI, 401.

32. Works XI, 388ff, 마 5:48, 27:37, 딛 2:11-14 / 신 30:6, 시 130:8, 겔 36:25, 29, 고후 7:1, 요일 3:8, 롬 8:3, 4 / 요 17:17-19, 고후 7:1, 살전 5:23, 엡 3:14.

33. Works XI, 391, 405.

34. Cf. Works XI, 396.

35. Works XI, 401ff.

36. STS II, 448.

37. Ibid.; Works XI, 401.

38. 살전 1:2, 3:12 참조.

39. Works XIV, 321.

40. Maldyn L. Edwards, John Wesley and Eighteenth Century: A Study of His Social and Political Influences, 1933, Mansfred Marquardt, John Wesley's Social Ethics, 1982를 보라.

41. Works XI, 396.

42. Works XI, 395.

43. Ibid.

44. Ibid.

45. STS II, 393(Sermon on the Repentance of Believers).

6장 웨슬리의 성화론의 특징

1. William Hordern, *New Direction in Theology Today*(The Westminster Press, 1967), 96.

2. Donald Dayton, *Theological Root of Pentecostalism*(Francis Asbury Press, 1987) 참조.

3. Skevington Wood, *John Wesley: the Burning Heart*(Eerdmans, 1967), 220.

4. *The Works of John Wesley*, edited by Jackson(이후로는 Works로 표기함), IX, 316 참조.

5. Works IX, 409.

6. Works IX, 428 참조.

7. *Standerd Sermons of John Wesley*, ed. by Sugden(이후로는 Sermons로 표기함), II, 222.

8. Works VIII, 284.

9. Ibid.

10. 웨슬리는 이를 수용할 수가 없었다. 웨슬리가 이중예정론을 수용할 수 없는 이유를 그의 설교 "Free Grace"에서 자세히 설명하고 있는 것을 참고하라.

11. Works X, 230, 392.

12. 웨슬리의 설교 "On Working Out Our Own Salvation"을 보라.

13. Works X, 230, 392 참조.

14. Works VI, 511(설교 "On Working Out Our Own Salvation").

15. L. M. Starkey, *The Work of the Holy Spirit: A Study of Wesleyan Theology*(Abingdon, 1962), 116ff.

16. Charles A. Rogers, "The Concept of Prevenient Grace in the Theology of John Wesley"(Ph. D. Dissertation at Duke University, 1967), 164.

17. Robert E. Chiles, Theological Transition in American Methodism: 1790-1935(New York: Abingdon, 1965), 120-121.

18. Works VII, 313(설교 "On the Wedding Garment", 1790); Works V, 240 참조.

19. Works VII, 373 ff(설교 "Free Grace").

20. 'Predestination calmly considered' in Works X, 240-246 참조.

21. Works VIII, 5.

22. William Cannon, *Theology of John Wesley*(Abingdon, 1946), 103-104.

23. Sermons I, 125, 158.

24. Works VIII, 389.

25. Sermons II, 451.

26. Cannon, op. cit., 117.

27. *The Letters of John Wesley*, ed. by Telford(이후로는 Letters로 표기함), II, 267-268.

28. Sermons I, 445.

29. Sermons II, 445-448; Works VIII, 290.

30. Sermons II, 223.

31. Sermons II, 225.

32. Works VI, 509.

33. Sermons II, 446.

34. 성결은 하나님의 본성으로서, 하나님 안에 존재하는 것으로 다른 모든 속성들의 바탕이기도 하다. 또한 성결은 하나님의 나라 시민으로서의 기초(basis)이며 사귐(fellowship)의 기초이다.

35. 웨슬리는 Thomas Church 목사와의 대화에서도 이 사실을 다음과 같이 인지하고 있다. "All writers whom I have ever seen till now (Romish themselves not excepted) agree that we must be 'fully cleansed from all sin' before we can enter into glory" -Letters II, 226.

36. 웨슬리는 "신자 안에 있는 죄" 라는 설교에서 말하기를 바울이 로마서 7장 15절 이하에서 말하고 있는 내적갈등이 바로 거듭난 신자의 모습이라고 한다. Sermons II, 385; 조종남, 「요한 웨슬리의 신학」(서울: 대한기독교출판사, 1993), 378.

37. 여기에 사용되는 말, '성화' 또는 '성결'은 헬라어의 αγιασμο, 영어의 sanctification의 번역으로서 같은 의미로 사용된다. 그러나 성결교회 일각에서는 이 온전한 성화를 흔히 그저 '성결'이라고 칭하기도 한다.

38. 이런 웨슬리의 입장에 대하여 혹자는 말하기를 이것은 웨슬리의 체험에서 주장하는 것이지 성서적 뒷받침이 없다고 한다. 그러나 그렇지 않다. 이는 성서적이다. 우선 사도 바울의 데살로니가 교회에 쓴 서신에서도 잘 뒷받침되고 있다. 예로서 살전 1:3, 3:10-13, 4:3, 5:23, 24을 연결시켜 상고하여 보면 바로 웨슬리가 말하는 성화의 과정 그대로인 것을 알 수 있다.

39. Works VI, 489.

40. Letters III, 192, II, 138.

41. Works VI, 237.

42. Sermons II, 453.

43. Works XI, 442.

44. 이 점에서 우리의 주의를 끄는 두 권의 책이 있다. 곧 Daniel Steel, Milestone Paper(New York: Phillips and Hunt, 1878)과 O. M. Winchester and Ross E. Price, Crisis Experience in the Greek New Testament(Kansas City: Beacon Hill, 1953)이다. 이들은 성경에서 온전한 성화를 설명하는 헬라어의 시제가 (예를 들어, 요 17:17, 살전 5:23, 고후 7:1 등등) 대부분 부정과거 시제(Aorist tense)로 되어 있어 이는 순간적이며 온전히 일어난 사건을 의미한다고 주장하였다.

45. 웨슬리는 그의 설교 "신자들의 회개"에서, 이 신자의 회개가 거듭나기 위한 회개와 어떻게 다른 점을 지적하고, 이 회개가 온전한 성화의 간접적인 조건(remote condition)이 됨을 잘 설명하고 있다. 웨슬리가 말하는 믿음 곧 이로 말미암아 온전히 거룩하여지는 믿음에 대하여는 Sermons II, 457-458을 보라.

46. Letters III, 212, V, 315, VI, 116.

47. Letters V, 215; Sermons II, 391.

48. Letters V, 229.

49. Letters VII, 90.

50. Ibid., 39-40, 45, 98.

51. 이런 오해에 답하기 위하여, 그는 1740년에 "기독자 완전에 대하여"라는 설교를 써서, 자신이 말하는 완전은 기독자의 완전 곧 성서가 말하는 완전이므로 무지, 실수, 타락의 가능성 등에서의 자유나 완전을 말하는 것은 아니라고 변론하고 있다. Works VI, 227.

52. Works XI, 388-390; 신 30:6, 시 130:8, 겔 36:25, 29, 고후 7:1, 요일 3:8, 롬 8:3,4, 마 5:48, 27, 37, 딛 2:11-14; 조종남, 「요한 웨슬리의 신학」, 381.

53. 살전 5:23, 엡 3:14, 고후 7:1, 요 17:17-19.

54. 존 웨슬리, 「기독자의 완전에 대한 해설」, 조종남 옮김(3판; 서울: 한국복음문서간행회, 2003), 24-25, 38, 67-68, 56, 124.

55. 위의 책, 137.

56. Sermons II, 448.

57. Sermons II, 448, Works XI, 401.

58. 이 점에서 바울이 "그러므로 우리 온전히 이룬 자들은 이렇게 생각할지니, … 온전히 이루었다 함도 아니라 오직 내가 그리스도께 잡힌바 된 그것을 잡으려고 좇아가노라"(빌 3:12, 15)라고 한 역설적인 표현을 이해하게 된다. 고후 7:1에서 바울은 신자들에게, 이런 성화된 상태를 완전케 해나가는 과정에서의 순간적인 성화를 호소하고 있음을 본다.

59. 존 웨슬리, 「기독자 완전에 대한 해설」, 60.

60. Works XI, 395 ; 조종남, 「요한 웨슬레의 신학」, 390. 구약에서도 알지 못하고 범한 죄를 말하고 있다(레 5:17 참조).

61. Works IX, 395; 존 웨슬리, 「기독자 완전에 대한 해설」, 58-60, 93-97. 135.

62. 요일 1:7, καθαριζει (씻으신다)는 현재형으로 계속적인 씻음을 의미한다. 유명한 주석가 Alford는 말하기를 '우리가 빛 가운데 거한다'는 것은 첫째로 죄를 자백한다는 것이라고 하였다-John Stott, The Letters of John(Eerdmans publishing co., 1990), 80-81.

63. Sermons II, 393. 롬 8:34에서도 예수의 계속적인 중보의 사역을 말하고 있다. 히브리서에서 인용하고 있듯이, 구약에서도 사람이 알지 못하고 범한 허물과 죄는 그들이 대제사장의 제사와 기도에 동참함으로써 해결을 받았다. 지금 예수 그리스도는 하나님 우편에서 계속 대제사장의 기도와 사역을 하고 계시는 것이다(히 9-10장 참조). 위에서 인용한 요일 1:7은 이와 연관시켜 이해하여야 한다.

64. 롬 5:20.

65. 웨슬리는 '온전한 성화' 또는 '기독자 완전'이란 말을 사용하였지만 이를 다른 어구로 표현하는 것도 그는 개의치 않았다.

66. Works XI, 457.

67. Works XIV, 321.

68. Leon O. Hynson, To Reform the Nation(Francis Asbury Press of Zondervan Pub. House, 1984), 100.

69. Maldyn L Edwards, John Wesley and the Eighteenth Century: A Study of His

Social and Political Influence(London: George Allen &Unwin Ltd., 1933) 참조.

7장 웨슬리의 성결체험

1. *The Works of John Wesley*, ed. Jackson(이하 Works로 표기함), 170.

2. Olin Curtis, *The Christian Faith*, 374ff.

3. Works II, 479.

4. George A. Turner, *The More Excellent Way*, Light and Life Press, 1952, p. 171.

5. John Peters, *Christian Perfection and American Methodism*, Abingdon Press 1951, p. 203.

6. The Journals of John Wesley(이하 Journal로 표기함), I, 424.

7. Rob L. Staples, *John Wesley's Doctrine of Christian Perfection: A Reinterpretation*, Th.D. dissertation at Pacific School of Religion, 1963, p. 197.

8. Works I, 103-104.

9. Arthur S. Yate, *The Doctrine of Assurance*, London, The Epworth Press, 1952, p. 11.

10. C. F. McKee, 'Aldersgate Still Happens', Preacher's Magazine 55.1(1979); 9, 60. Peter Gentry, 'Heritage of the Warmed Heart': Our Holiness Roots (Kansas city, Beacon Hill, 1986). quoted by Randy L Maddox, ed., *Aldersgate Reconsidered*, 124-126.

11. David Cuie, "Preaching Aldersgate in Wesley's Order of Salvation", Wesleyan Theological Journal 24, 1989), Maddox, op. cit, 126-128.

12. John Peters, *Christian Perfection and American Methodism*, Abingdon Press, p. 205.

13. Works xii, 105.

14. Ibid.

15. Ibid. cf. Dodd와의 대화에서도 비슷한 일이 있었다(Letters, v. 43 참조).

16. 웨슬리, 「기독자 완전에 대한 해설」(조종남 역), 66. sinless perfection이라는 말은 자가당착 되어 보일까봐 그가 사용하지 않은 어구이다.

17. Works III, 119. *The Letters of the Rev. John Wesley*, ed. by John Telford(London), The Epworth Press, 1931(이하 Letters 로 표기함), Letters, IV, 192.

18. Ibid., IV, 245.

19. Works XII, 368, Letters V, 258-259. cf. Letters II, 383.

20. Curtis, op. cit. 376.

21. Works XII, 368.

22. Works I, 103-104.

23. Ibid.

24. Works I, 105.

25. Rob. L. Staples, "John Wesley's Doctrine of Christian Perfection: A

Reinterpretation", Th. D. Dissertation, at Pacific School of Religion, 1963.

26. 웨슬리의 일기를 보면 웨슬리는 올더스게이트 이후에도 여러 번, 그런 체험을 하였다. 예로서 1738년 5월 29일, 1744년 12월 24-25일, 1761년 6월 23일, 1838년 6월 6일에 다시 순간적인 경험을 한 것이다(그날에 있은 일에 대한 것은 그날의 웨슬리의 일기를 참조하라.) Cf. Staples, op. cit. 183.

27. Wesley, *A Plain Account of Christian Perfection*, The Epworth Press, 1952, p. 73, 「기독자의 완전에 대한 해설」(조종남 역, 도서출판 좋은 이웃, 2004), 104.

28. Staples, op. cit. 200, W. E. Sangster, *The Path to Perfection*, Abingdon-Cokesbury(New York, 1942), 109.

29. Sangster, Ibid. 85.

30. Henry Carter, *The Methodist Heritage*, Abingdon Press(New York, 1951), 182, M. Wynkoop, *Theology of Love: The Dynamic of Wesleyanism*, Kansas City: Beacon Hill Press, 1967, p. 158, 갈 2:20.

31. Letters V. 138. 웨슬리, 「기독자 완전에 대한 해설」(조종남 역, 2017 초판), 120-121.

32. 존 웨슬리의 설교 선집(조종남 편집), 서울신학대학교 출판사, 263-264.

33. 1738년 1월 29일의 일기. Works, 75-76.

34. Works I, 76(1738년 1월 29일 일기).

35. Works I. 99. 후에 나온 전집(1775)에서 웨슬리는 각주를 달아 "And I believe I was"라고 기록했다(The Works of John Wesley, vol 18, Journal and Diary), ed. by W. R. Ward, 244-245.

36. 조종남, 「요한 웨슬레의 신학」(1995, 개정재판), 69, 206-207.

37. Works I, 103-104.

38. 웨슬리는 올더스게이트의 그런 놀라운 체험이 있었는데, 그 후 4개월 뒤인 1739년 1월 4일에 말하기를, "I am not christian"이라고 한 바도 있다. 그때 그는 그리스도인은 성령의 열매를 가지고 있어야 한다는 강한 생각에서 그리 말한 것 같다(Works I, 170).

39. Works XI, 434, 웨슬리(조종남 역), 「기독자의 완전에 대한 해설」, 135.

40. Peters, op. cit., 214, Cf. Sangster, op. cit. 142-143.

41. Ibid., 214-215.

42. Ibid., 215.

43. Ibid., 190.

44. Letters V, 258-259.

45. Works XIII, 9. cf. Sangster, op. cit. 142-143.

46. Peters, op. cit. 213.

8장 웨슬리의 갱신운동의 특징-한국교회 갱신을 위하여

1. John Wesley, Journal on July 28, 1757.

2. William Cannon, *The Theology of John Wesley*, 15. "The Wesleyan Revival arose as a positive affirmation of scriptural Christianity."

3. Wesley's Standard Sermons II, 229, 230.

4. Wesley, Works ix, 426.

5. Ibid.

6. Sermons II, 222.

7. Ibid.

8. Works viii, 285.

9. Works viii, 284.

10. Outler ed, *The Works of John Wesley*(Sermons), vol. 1, 17.

11. 조종남 편역, 웨슬리 설교 선집, p.50

12. Wesley, Works viii, 468-469(조종남, 31).

13. 웨슬리가 회개를 강조함으로 교회 부흥을 가져온 것은, 한국교회 갱신의 하나의 표본이라고 보는 1907년도의 한국교회 부흥을 연상케 합니다. 당시의 한국교회의 회개 운동을 보고 영국의 기자가 런던 타임지에 이것은 웨슬리의 운동과 같다고 했습니다. Samuel H. Moffet, *The Christians of Korea*, New York, Friendship Press, 1962, p. 52.

14. Works xiii, 329.

15. 김승연, 「서구 교회의 몰락과 한국 교회의 미래」, 1997, p. 181.

16. William Hordern, "Recent Trends in Systematic Theology", Canadian Journal of Theology, vol. Viii(1962), no 2.

17. Wesley, Letters viii, 238.

18. Vinson Synan, *The Holiness-Pentecostal Movement in the Untied States*(Eerdmans, Pub. 1981), 13. Martin Marty도 이 운동의 뿌리는 웨슬리의 전통에서 곧 주로 웨슬리의 구원론에서 나온 것입니다라고 했습니다. (Donald W. Dayton, *Theological Roots of Pentecostalism*, Francis Asbury Press, 1987, p.11).

19. Wesley, Letters ii, 267-268.

20. 웨슬리에 의하면 성화에는 단계가 있어, 성화는 (1) 회개와 믿음으로 신생함과 함께 시작되며(이를 그는 초기의 성화, Initial sanctification이라고 부른다), 그 과정에서 (2) 신자의 회개와 믿음으로 온전한 성화(Entire sanctification)에 이르고, 마침내는 (3) 영화(glorification)의 순간에 완결된다고 보았다. 동시에 그는 강조하기를 (4) 성화의 과정(process of sanctification)은 그 시작부터 이 목표를 향하여 목적론적 (teleological)으로 계속 성장하는 것입니다.

21. 회개와 믿음에 대하여, 웨슬리는 주장하기를, 구원은 믿음으로 받는다고 말합니다. 믿음은 사람이 의롭다 함을 얻는 데 유일한 조건입니다. 또한 믿음이 우리가 성결함을 받는 데 필요한 유일 조건이며 직접적인 요인이라고 합니다. (요한 웨슬리의 설교 선집, 172, 179쪽). 그러나 웨슬리는 하나님이 명하여 회개하라, 회개에 합당한 열매를 맺으라고 명하셨으니, 이를 등한히 하면 안 된다고 주장합니다. 회개는 곧 자기를 아는 것, 자기의 죄, 부족함을 깨닫는 것으로, 회개함으로 믿음에 이르게 된다 (Repentance is necessary in order to faith). 그러므로 회개는 믿음과 같은 의미에서 필요한 것은 아니지만, 구원의 간접적인 조건(remotely necessary)입니다. 그러

기에, 웨슬리는 참 회개 없이 진정한 구원이 이루어지겠느냐고 반문하며, 회개하고 믿으라고 외친 것입니다. 그는 그의 설교에서, "잠자는 자여 깰지어다. 네가 죄인 것, 어떤 죄인 것을 알라"고 하였습니다(Sugden ed., *The Wesley's Standard Sermons*, I, 155; The Way to the Kingdom). 웨슬리는 회개가 믿음에 선행하는 것으로 회개를 강조하되, 회개도 하나님의 은혜(선행적인 은총)로 가능한 것이라고 주장합니다.

22. 웨슬리(조종남 역), 「기독자 완전에 대한 해설」, 24-25, 38, 56, 67, 68.

23. 웨슬리(조종남 역), 「기독자 완전에 대한 해설」, 93-95, 58-60, 135. 당시에 칼빈주의자들이 그랬듯이 어떤 사람들은 신자가 육을 가지고 있는 한은 죄에서 벗어날 수 없다고 전제합니다. 곧 인간이 이 땅 위에 살고 있는 동안 사람은 무지, 실수의 가능성 등 인간의 연약성(infirmities)을 지니고 있기에 죄인일 수밖에 없다고 단정합니다. 그들은 인간의 연약성 자체를 죄로 간주하기 때문입니다. 그러므로 성화를 통한 죄에서의 씻음에 대하여는 부정적입니다. 이에 반하여, 웨슬리는 순간순간 대제사장인 예수를 회개와 믿음으로 순간순간 용서와 씻음을 받는다고 하는 것입니다. 웨슬리는 현재 여기서 역사하는 그리스도의 보혈을 믿는 것입니다(요일 1:7-8). 그는 롬 5:20에서 읽듯이 죄를 깊이 보기에 비관주의에 빠지지 않고, 은총의 낙관주의자였던 것입니다.

24. 조종남 편역, 「요한 웨슬리의 설교선집」, 155-156.

25. 롬 5:20.

26. 웨슬리(조종남 역), 「기독자의 완전에 대한 해설」, 136-137.

27. 조종남 편역, 「요한 웨슬레의 설교선집」(설교, 성서적 구원의 길), 169.

28. Wesley, Works xiv, 321.

29. 막 16:20.

30. 웨슬리의 일지를 참고하라(1744년 12월 23일, 1739년 6월 15일, 1741년 5월 10일, 1739년 10월 23일, 1740년 5월 21일 등등). 1746년 11월 12일, 1756년 4월 6일, 1767년 5월 2일.

31. Journal on 1739-5-20.

32. Maximin Piette, *John Wesley in the evolution of Protestantism*, 12ff. Cannon, op. cit. 19-29.

33. Journal ii, 256-257(1739-8-16, 18).

34. Tyerman, *Life and Times of John Wesley*, vol. I, 456.

35. Ibid., 244-245, 238-253, 453. Wesley's Journal on 1739-5-20.

36. 한 예로 1739년 7월 7일의 그의 일지를 보라.

37. Letters iv, 374.

38. Letters v, 175.

39. Letters vii, 27, Notes on I Thess 1:5.

40. Letters vii, 298.

41. 조종남, 「세계복음화 로잔운동의 역사와 정신」, 40, 79.

42. Journal, v, 169(June 5, 1766). 웨슬리는 또 다른 곳에서 말하기를 "성서야말로 그리스도인들이 모든 계시가 참 하나님의 계시인지 아니면 그저 사람이 짐작한 계시인지를 가려내는 시금석인 것입니다. 사람들이 율법에 호소하든 체험에 호소하든 모든

영을 성서에 의하여 시험해 보아야 합니다"(Letters, ii, 117)고 하였습니다.

43. Wesley's Journal on 1741년 1월 11, 12일.

44. 웨슬리의 표준 설교집에 쓴 웨슬리 자신의 서문 참조(조종남 편역, 「요한 웨슬리의 설교선집」).

45. 조종남 편역, 「요한 웨슬리의 선교 선집」, 54ff(Sermon on Scriptural Christianity).

46. L. O. Hynson, *To Reform the Nation*, 129.

47. Marquardt, *John Wesley's social ethics*, 119.

48. Edwards, *John Wesley and the Eighteenth Century: A Study of His Social and Politica Influence*와 Marquardt, *John Wesley's Social Ethics*를 참조하라.

49. 조종남, 「요한 웨슬리의 신학」, 49-50.

50. Edwards, op. cit., 113.

51. Journal I, 244, 413.

52. Journal I, 244.

53. Marquardt, *John Wesley's social ethics*, 119.

54. 웨슬리는 불타는 구령열에서 동역자들에게 다음과 같이 권고했습니다. "당신은 영혼을 구원하는 일 외에는 아무 일도 하지 마시오…. 당신이 얼마나 많이 설교했느냐, 또는 이런저런 일들에 얼마나 많은 관심을 가졌느냐가 문제가 아니라, 당신이 최선을 다해 많은 영혼을 구했느냐 못 구했느냐가 당신의 문제입니다. 할 수 있는 대로 많은 죄인을 데려와 회개하게 하시오. 그리고 당신의 전력을 다하여 그들을 거룩하게 하시오. 거룩함이 없이는 주님을 볼 수 없을 것이기 때문입니다." Works, iii, 310.

55. Works vi, 261-262.

56. Works viii, 136ff.. 웨슬리는 그가 1745년에 출판한 "A Farther Appeal to Men of Reason and Religion"에서 영국 사회와 영국교회의 타락한 상태를 잘 묘사하고 있다.

57. Works vi, 400.

58. Works viii, 184(On attending the church service).

59. Colin Williams, *John Wesley's Theology Today*, 149.

60. Ibid., 215.

61. H. A. Snyder(조종남 역), 「혁신적 교회 갱신과 웨슬리」, 154.

62. Ibid., 157-158.

63. 영국교회가 메소디스트의 의도하는 바를 이해하지 못하였기에 웨슬리의 원래의 뜻한 바가 이루어지지는 못했으나 웨슬리는 영국교회 안에서 교회를 새롭게 하기를 원했습니다. 메소디스트 운동은 영국교회와 구조적인 연결점을 항상 간직하려고 했던 것입니다.

64. 역사적으로 볼 때, 교회 갱신의 패턴이 주요하게 두 종류로 분류된다. 곧 제도적 견해와 카리스마적 견해입니다. 전자의 견해에 의하면, 교회는 이 세상에서 하나님의 구원사역을 수행하는 기관(institution)입니다. 그리고 교회에 이미 있는 구조가 신학적이었든 조직적인 구조였든 간에 근본적으로 문제가 되지 않는다고 생각합니다. 이는 교회의 본질은 제도에서 보려는 입장입니다. 이 견해에 따르면, 교회가 부패했다면 이는 신자들이 교회가 하라는 대로 신자들이 믿지 않고 행하지 못하는 데서 온다고 이

야기합니다. 그래서, 이 견해에서는 교회 갱신을 위한 새로운 구조를 제시하면 심각한 문제를 일으킵니다. 곧 갱신의 형태는 다음 중 하나가 될 것입니다. 곧 (1) 교회가 용납을 안 하기에 그들은 보다 혁신적으로 변하여 교회를 떠날 수밖에 없게 됩니다. (2) 그렇지 않으면 그들은 활력을 잃어버려 갱신운동을 포기하고 제도적 교회에 머무르게 될 것입니다. 후자 곧 카리스마적 견지에서는 교회는 하나님과의 직접 관계를 갖고 은혜의 통로가 되어 생명과 능력이 있어야 한다고 믿습니다. 이들은 교회를 본질적으로 그 제도적 형태가 어떠하든지 간에 영적인 유기체이며 영적 공동체라고 보는 입장입니다. 따라서 교회의 제도적인 것들은 하나의 기능적인 것이며, 늘 평가의 대상이 된다고 생각합니다. 그리하여 이들은 전형적으로 직접적인 체험과 종교적 이상주의를 강조했기 때문에 제도적 입장과의 갈등이 있게 됩니다. 왜냐하면 카리스마적 입장의 지도자들은 전형적으로 인식하기를 갱신의 많은 장애물이 교회제도나 전통에서 따라왔다고 보기 때문입니다. 그러기에 교회의 제도나 전통에 대한 평가와 변경을 요구하거나, 아니면 교회 안에 그룹을 만들어 카리스마적인 이상이 실현되도록 하게 됩니다. 그래서 이런 접근에서는 카리스마적인 그룹들이 제도적인 교회에 대한 비판을 할 것이고, 그 반사작용으로 교회로부터 과격분자라고 비판을 받으며, 제도적 교회로부터 오는 반발에 따라서 갱신의 그룹은 다음과 같은 결과를 초래할 것입니다. (1) 제도적인 교회의 반발로 인해 분리된 단체나 교회를 형성하는 것, (2) 그렇지 않다면, 제도적 교회를 흩어 버리는 일, (3) 또는 교회의 반발에 못 이겨 갱신운동을 포기하고 말 것입니다. 위의 두 견해는 각각 장단점을 다 지니고 있습니다. 제도적 견해는 교회가 사회에서 그 연속성을 유지하는 데 큰 장점이 있습니다. 교회가 아무리 타락했다 하여도 특별한 경우를 제외하고는 성경을 가르치며 성례전을 집행하며 기독교의 진리를 간직하여 가고 있기 때문입니다. 그런가 하면, 제도적 견해는 자기들이 하고 있는 것을 그대로 유지하려는 이기적인 관심에서, 카리스마적인 입장에서 주장하는 진리를 경시하고 교회 갱신운동의 중요성을 무시하기 쉽습니다. 그러면서 소위 '교권주의'로 나갈 것입니다(스나이더, 조종남 역, 「혁신적 교회 갱신과 웨슬레」, 10, 11장 참조). 카리스마적인 운동이 일으킨 힘(dynamism)이 제도적인 교회 자체의 갱신에 크게 공헌하여 온 것을 부정할 수 없습니다. 그러나 카리스마적인 입장을 주장하는 사람들은 종종 역사에 대한 감각이 없습니다. 그래서 갱신을 너무 쉽게 생각하여, 교회의 제도나 사회성에 대하여 무지한 것 같을 수 있습니다. 그들 자신의 운동에 대한 제도적인 면이 있음도 모르는 듯합니다. 여기에, 웨슬리가 취한 자세는 위의 양쪽의 특징을 종합한 패턴이라 하겠습니다. 웨슬리는 교회의 제도적인 차원과 카리스마적인 차원을 둘 다 인정한 것입니다. 우리가 위에서 살펴본 대로, 웨슬리는 메소디스트는 어디까지나 영국교회에 예속된 작은 교회(ecclesiolae)로서 갱신운동의 그룹으로 이해하고 훈련을 시켰습니다. 역사적으로 볼 때, 메소디스트가 결국 한 별개의 단체로 형성되었지만, 이는 그가 원하는 바가 아니었습니다. 영국교회가 갱신의 그룹으로 이해하고 인정하였더라면, 메소디스트는 영국교회 안에 있는 갱신운동의 작은 교회로 남았을 것입니다.

65. Hynson, op. cit., chapter 2(The Significance of Aldersgate).
66. Hynson, Ibid., 35.
67. Ibid., 36.

9장 웨슬리의 갱신운동과 신도회

1. Henry D. Rack, *Reasonable Enthusiast: John Wesley and the Rise of Methodism*, Trinity Press International, Philadelphia, 1989, p. 84.
2. Ibid., 89.
3. Works, 13:303-304.
4. Ibid.
5. Whaling, *John and Charles Wesley*, 85-7.
6. Works, 1:1-9, Tuttle, *His Life and Theology*, 277n.
7. Atkinson, *The Beauty of Holinessd*(한국 번역), 117.
8. Waldo Beach and H. Richard Niebuhr, *Christian Ethics: Sources of the Living Tradition*, 1955, p. 362. quoted by Hynson, Ibid., 37.
9. 참고: Steve Harper, *Devotional life of John Wesley: 1703-1738*(Ph.D. Dissertation).
10. Outler, Sermons II:283(Sermon on "The Good Steward").
11. Ibid., II:284-285.
12. Outler, Sermons II:238-250.
13. Ibid., II:240 "this grand doctrine of Christianity".
14. Ibid., II:241.
15. Ibid., II:243.
16. Ibid., II:243.
17. Hynson, op. cit., 102.
18. Letter 4:103.
19. Harper, ibid., 23ff.
20. Preface to Sermons.
21. Hynson, op. cit., chapter 2(The Significance of Aldersgate).

10장 웨슬리의 갱신운동의 특징-복음의 온전한 증거와 영성수련

1. 명성훈 교수의 통계이다(월간목회, 1996년 7월호). 후자는 노치순 교수의 통계이다 (월간 목회, 1995년 9월호, 136).
2. M. B. Wynkoop, *A Theology of Love*, Beason Hill Press, 1972, p. 78.
3. William Hordern, *Recent Trends in systematic Theology*, Canadian Journal of theology, Vol. Vii(1961), No.2, p. 87. 웨슬리는 151편 이상의 설교를 출판하여, 하늘나라에 이르는 바른길을 가르치고 천명하느라고 노력했다.
4. John Wesley, Journal on July 28, 1757.
5. William Cannon, *The Theology of John Wesley*, 15. The Wesleyan Revival arose as a positive affirmation of scriptural Christianity.
6. Wesley's Standard Sermons II, 229, 230.
7. Wesley, Works ix, 426.
8. Ibid.

9. Sermons II, 222.

10. Ibid.

11. Works viii, 285.

12. Works viii, 284.

13. Outler ed, *The Works of John Wesley* (Sermons), vol. 1, p. 17.

14. 조종남 편역, 「웨슬리 설교 선집」, 50.

15. Wesley, Works viii, 468-469(조종남, 31).

16. 웨슬리가 회개를 강조함으로 교회 부흥을 가져온 것은, 한국교회 갱신의 하나의 표본이라고 보는 1907년도의 한국교회 부흥을 연상케 한다. 당시의 한국교회의 회개 운동을 보고 영국의 기자가 런던 타임지에 이것은 웨슬리의 운동과 같다고 했다. Samuel H. Moffet, *The Christians of Korea* (New York, Friendship Press, 1962), 52.

17. Works xiii, 329.

18. 'Time magazine' in England reported that the revival in Korea at that time was like the Wesleyan Revival in the 18th century. Samuel H. Moffett, *The Christians of Korea* (New York, Friendship Press, 1962), 52.

19. 김승연, 「서구교회의 몰락과 한국 교회의 미래」, 생명의말씀사, 181.

20. William Hordern, *Recent Trends in Systematic Theology*, Canadian Journal of Theology, vol. Viii(1962), no 2.

21. 막 16:20.

22. 웨슬리의 일지를 참고하라(1744년 12월 23일, 1739년 6월 15일, 1741년 5월 10일, 1739년 10월 23일, 1740년 5월 21일 등등). 1746년 11월 12일, 1756년 4월 6일, 1767년 5월 2일.

23. Journal on 1739-5-20.

24. Maximin Piette, *John Wesley in the evolution of Protestantism*, 12ff. Cannon, op. cit., 19-29.

25. Journal ii, 256-257(1739-8-16, 18).

26. Tyerman, *Life and Times of John Wesley*, vol. I, 456.

27. Ibid., 244-245, 238-253, 453. Wesley's Journal on 1739-5-20.

28. 한 예로 1739년 7월 7일의 그의 일지를 보라.

29. Letters iv, 374.

30. Letters v, 175.

31. Letters vii, 27, Notes on I Thess 1:5.

32. Letters vii, 298.

33. 조종남, 「세계복음화 로잔운동의 역사와 정신」, 40, 79.

34. Journal v, 169(June 5, 1766). 웨슬리는 또 다른 곳에서 말하기를 성서야말로 그리스도인들이 모든 계시가 참 하나님의 계시인지 아니면 그저 사람이 짐작한 계시인지를 가려내는 시금석인 것이다. 사람들이 율법에 호소하든 체험에 호소하든 모든 영을

성서에 의하여 시험해 보아야 한다(Letters ii, 117)고 하였다.

35. Wesley's Journal on 1741년 1월 11, 12일.

36. 웨슬리의 표준 설교집에 쓴 웨슬리 자신의 서문 참조(조종남 편역, 「요한 웨슬리의 설교선집」).

37. 조종남 편역, 「요한 웨슬리의 설교 선집」, 54ff(Sermon on Scriptural Christianity).

38. Wesley, Letters viii, 238.

39. Vinson Synan, *The Holiness-Pentecostal Movement in the Untied States*(Eerdmans, Pub. 1981), 13. Martin Marty도 이 운동의 뿌리는 웨슬리의 전통에서 곧 주로 웨슬리의 구원론에서 나온 것이라고 했다(Donald W. Dayton, *Theological Roots of Pentecostalism*, Francis Asbury Press, 1987, p. 11).

40. Wesley, Letters ii, 267-268.

41. 웨슬리에 의하면 성화에는 단계가 있어, 성화는 (1) 회개와 믿음으로 신생함과 함께 시작되며(이를 그는 초기의 성화, Initial sanctification라고 부른다). 그 과정에서 (2) 신자의 회개와 믿음으로 온전한 성화(Entire sanctification)에 이르고, 마침내는 (3) 영화(glorification)의 순간에 완결된다고 보았다. 동시에 그는 강조하기를 (4) 성화의 과정(process of sanctification)은 그 시작부터 이 목표를 향하여 목적론적(teleological)으로 계속 성장하는 것이다.

42. 회개와 믿음에 대하여, 웨슬리는 주장하기를, 구원은 믿음으로 받는다고 말한다. 믿음은 사람이 의롭다 함을 얻는데 유일한 조건이다. 또한 믿음이 우리가 성결함을 받는데 필요한 유일 조건이며 직접적인 요인이라고 한다(「요한 웨슬리의 설교선집」, 172, 179쪽). 그러나 웨슬리는 하나님이 명하여 회개하라, 회개에 합당한 열매를 맺으라고 명하셨으니, 이를 등한히 하면 안 된다고 주장한다. 회개는 곧 자기를 아는 것, 자기의 죄, 부족함을 깨닫는 것으로, 회개함으로 믿음에 이르게 된다(repentance is necessary in order to faith). 그러므로 회개는 믿음과 같은 의미에서 필요한 것은 아니지만, 구원의 간접적인 조건(remotely necessary)이다. 그러기에, 웨슬리는 참 회개 없이 진정한 구원이 이루어지겠느냐고 반문하며, 회개하고 믿으라고 외친 것이다. 그는 그의 설교에서, '잠자는 자여 깰지어다. 네가 죄인 것, 어떤 죄인 것을 알라'고 하였다(Sugden ed., *The Wesley's Standard Sermons*, I, 155(The Way to the Kingdom). 웨슬리는 회개가 믿음에 선행하는 것으로 회개를 강조하되, 회개도 하나님의 은혜(선행적인 은총)로 가능한 것이라고 주장한다.

43. Standard Sermons I, 391. Wesley says, And this is undoubtedly true, that there is a repentance and a faith, which are, more especially, necessary at the beginning But, notwithstanding this, there is also repentance and faith(taking the words in another sense, a sense not quite the same, nor yet entirely different) which are requisite after we have believed the gospel. And this repentance and faith are full as necessary, in order to our continuance and growth in grace. (Standard Sermons I, 379-380).

44. 웨슬리(조종남 역), 「기독자 완전에 대한 해설」, 24-25, 38-56, 67, 68.

45. 웨슬리(조종남 역), 「기독자 완전에 대한 해설」, 93,-95, 58-60, 135. 당시에 칼빈주의
자들이 그랬듯이 어떤 사람들은 신자가 육을 가지고 있는 한은 죄에서 벗어날 수 없
다고 전제한다. 곧 인간이 이 땅 위에 살고 있는 동안 사람은 무지, 실수의 가능성 등
인간의 연약성(infirmities)을 지니고 있기에 죄인일 수밖에 없다고 단정한다. 그들은
인간의 연약성 자체를 죄로 간주하기 때문이다. 그러므로 성화를 통한 죄에서의 씻음
에 대하여는 부정적이다. 이에 반하여, 웨슬리는 순간순간 대제사장인 예수를 회개와
믿음으로 순간순간 용서와 씻음을 받는다고 하는 것이다. 웨슬리는 현재 여기서 역
사하는 그리스도의 보혈을 믿는 것이다(요일 1:7-8). 그는 롬 5:20에서 읽듯이 죄를
깊이 보기에 비관주의에 빠지지 않고, 은총의 낙관주의자였던 것이다.

46. 조종남 편역, 「요한 웨슬리의 설교 선집」, 155-156.

47. 롬 5:20.

48. 웨슬리(조종남 역), 「기독자의 완전에 대한 해설」, 136-137.

49. 조종남 편역, 「요한 웨슬리의 설교 선집」(설교, 성서적 구원의 길), 169.

50. Wesley, Works xiv, 321.

51. L. O. Hynson, *To Reform the Nation*, 129.

52. Marquardt, *John Wesley's social ethics*, 119.

53. Edwards. *John Wesley and the Eighteenth Century: A Study of His Social and
Political Influence*와 Marquardt, *John Wesley's Social Ethics*를 참조하라.

54. 조종남, 「요한 웨슬리의 신학」, 49-50.

55. Edwards, Op. cit., 113.

56. Journal I, 244, 413.

57. Journal I, 244.

58. Marquardt, *John Wesley's social ethics*, 119.

59. 웨슬리는 불타는 구령열에서 동역자들에게 다음과 같이 권고했다. 당신은 영혼을 구
원하는 일 외에는 아무 일도 하지 마시오. 당신이 얼마나 많이 설교했느냐, 또는 이런
저런 일들에 얼마나 많은 관심을 가졌느냐가 문제가 아니라, 당신이 최선을 다해 많
은 영혼을 구했느냐 못 구했느냐가 당신의 문제입니다. 할 수 있는 대로 많은 죄인을
데려와 회개하게 하시오. 그리고 당신의 전력을 다하여 그들을 거룩하게 하시오. 거
룩함이 없이는 주님을 볼 수 없을 것이기 때문입니다. Works, iii, 310.

60. Works vi, 261-262.

61. Works viii, 136ff. 웨슬리는 그가 1745년에 출판한 *A Farther Appeal to Men of
Reason and Religion*에서 영국 사회와 영국교회의 타락한 상태를 잘 묘사하고 있
다.

62. Works vi, 400.

63. Works viii, 184(On attending the church service).

64. Colin Williams, *John Wesley's Theology Today*, 149.

65. Ibid., 215.

66. H. A. Snyder(조종남 역), 「혁신적 교회 갱신과 웨슬리」, 154.

67. Ibid., 157-158.

68. 영국교회가 메소디스트의 의도하는 바를 이해하지 못하였기에 웨슬리의 원래의 뜻

한 바가 이루어지지는 못했으나, 웨슬리는 영국교회 안에서 교회를 새롭게 하기를 원했다. 메소디스트 운동은 영국교회와 구조적인 연결점을 항상 간직하려고 했던 것이다.

69. 역사적으로 볼 때, 교회 갱신의 패턴이 주요하게 두 종류로 분류된다. 곧 제도적 견해와 카리스마적 견해이다. 전자의 견해에 의하면, 교회는 이 세상에서 하나님의 구원의 사역을 수행하는 기관(institution)이다. 그리고 교회에 이미 있는 구조가 신학적이었든 조직적인 구조였던 간에 근본적으로 문제가 되지 않는다고 생각한다. 이는 교회의 본질은 제도에서 보려는 입장이다. 이 견해에 따르면, 교회가 부패했다면 이는 신자들이 교회가 하라는 대로 신자들이 믿지 않고 행하지 못하는 데서 온다고 이야기한다. 그래서, 이 견해에서는 교회 갱신을 위한 새로운 구조를 제시하면 심각한 문제를 일으킨다. 곧 갱신의 형태는 다음 중 하나가 될 것이다. 곧 (1) 교회가 용납을 안하기에 그들은 보다 혁신적으로 변하여 교회를 떠날 수밖에 없게 된다. (2) 그렇지 않으면 그들은 활력을 잃어버려 갱신운동을 포기하고 제도적 교회에 머무르게 된다. 후자 곧 카리스마적 견지에서는 교회는 하나님과의 직접 관계를 갖고 은혜의 통로가 되어 생명과 능력이 있어야 한다고 믿는다. 이들은 교회를 본질적으로 그 제도적 형태가 어떠하든지 간에 영적인 유기체이며 영적 공동체라고 보는 입장이다. 따라서 교회의 제도적인 것들은 하나의 기능적인 것이며, 늘 평가의 대상이 된다고 생각한다. 그리하여 이들은 전형적으로 직접적인 체험과 종교적 이상주의를 강조했기 때문에 제도적 입장과 갈등이 있게 된다. 왜냐하면 카리스마적 입장의 지도자들은 전형적으로 인식하기를 갱신의 많은 장애물이 교회제도나 전통에서 따라왔다고 보기 때문이다. 그러기에 교회의 제도나 전통에 대한 평가와 변경을 요구하거나, 아니면 교회 안에 그룹을 만들어 카리스마적인 이상이 실현되도록 하게 된다. 그래서 이런 접근에서는 카리스마적인 그룹들이 제도적인 교회에 대한 비판을 할 것이요, 그 반사작용으로 교회로부터 과격분자라고 비판을 받으며, 제도적 교회로부터 오는 반발에 따라서 갱신의 그룹은 다음과 같은 결과를 초래할 것이다. (1) 제도적인 교회의 반발로 인해 분리된 단체나 교회를 형성하는 것, (2) 그렇지 않다면 제도적 교회를 흩어 버리는 일, (3) 또는 교회의 반발에 못 이겨 갱신운동을 포기하고 만다. 위의 두 견해는 각각 장단점을 다 지니고 있다. 제도적 견해는 교회가 사회에서 그 연속성을 유지하는 데 큰 장점이 있다. 교회가 아무리 타락했다 하여도 특별한 경우를 제외하고는 성경을 가르치며 성례전을 집행하며 기독교의 진리를 간직하여 가고 있기 때문이다. 그런가 하면 제도적 견해는 자기들이 하고 있는 것을 그대로 유지하려는 이기적인 관심에서, 카리스마적인 입장에서 주장하는 진리를 경시하고 교회 갱신운동의 중요성을 무시하기 쉽다. 그러면서 소위 '교권주의'로 나간다[스나이더 (조종남 역), 「혁신적 교회 갱신과 웨슬리」, 10, 11장 참조]. 카리스마적인 운동이 일으킨 힘(dynamism)이 제도적인 교회 자체의 갱신에 크게 공헌하여 온 것을 부정할 수 없다. 그러나 카리스마적인 입장을 주장하는 사람들은 종종 역사에 대한 감각이 없다. 그래서 갱신을 너무 쉽게 생각하여, 교회의 제도나 사회성에 대하여 무지한 것 같다. 그들 자신의 운동에 대한 제도적인 면이 있음도 모르는 듯하다. 여기에, 웨슬리가 취한 자세는 위의 양쪽의 특징을 종합한 패턴이라 하겠다. 웨슬리는 교회의 제도적인 차원과 카리스마적인 차원을 둘 다 인정한 것이다. 우리가 위에서 살펴본 대로, 웨슬리는 메소디스트는 어디까지나 영국

교회에 예속된 작은 교회(ecclesiolae)로서 갱신운동의 그룹으로 이해하고 훈련을 시켰다. 역사적으로 볼 때, 메소디스트가 결국 한 별개의 단체로 형성되었지만, 이는 그가 원하는 바가 아니었다. 영국교회가 갱신의 그룹으로 이해하고 인정하였더라면, 메소디스트는 영국교회 안에 있는 갱신운동의 작은 교회로 남았을 것이다.

70. William Edward Lecky, *A History of England in the 18th century*, 8 vols(London, Lognmans, Green and Co.), 2:558.

71. L. Starkey, *The Work of the Holy Spirit*, Abingdon Press 1962, p. 16.

72. Outler, Sermons II:283(Sermon on The Good Steward).

73. Ibid., II:284-285.

74. Ibid., II:266-280(The Use of Money).

75. Outler, Sermons II:238-250.

76. Ibid., II:238.

77. Ibid., II:240(the grand doctrine of Christianity).

78. Ibid., II:241.

79. Ibid., II:243.

80. Ibid., II:243.

81. Hynson, op. cit., 102.

82. 고린도후서 9:27.

83. 곧 defeatist devotionalism의 접근에서 positive spiritual formation으로 강조점이 변한 것이다. His Spiritual Formation was positive spiritual formation: Not by applying our problems but by applying God's grace(Rom 5:20).

84. Journal V. 169.

85. 조종남 편역, 「요한 웨슬레의 설교선집」, 7(웨슬리의 설교 서문).

86. Works ⅩⅣ, 252-253(Apr 25, 1765).

87. Letters 4:90.

88. 기도는 사역이다. 예로 출 17:8-16. 이스라엘이 아말렉과 싸우게 될 때, 여호수아와 젊은이들이 나가서 싸웠다. 그러나 모세와 아론, 그리고 훌은 산꼭대기에 올라가서 기도하였다. 이 전쟁에서 이긴 비결은 하나님이 싸워 주셨기 때문이다. 그런데 그렇게 되는 요인은 기도에 있었다. 16절에 기록하기를, "For hands were lifted up to the throne of the Lord, the Lord will be at war…."

89. Steve Harper, *Devotional Life in the Wesleyan Tradition*, 23ff.

90. Works ix, 37,

91. 이후정, 「성화의 길」, 186ff.

92. 웨슬리(조종남 역), 「기독자 완전에 대한 해설」, 115-116.

93. Letters 4:103.

94. Works xi, 203-237(A Collection of Form of Prayer).

95. ibid.

96. Ibid.

97. Hynson, Ibid., 35.

98. Leon Hynson은 그러기에 웨슬리의 윤리나 영성수련(spiritual formation)은 올더 스게이트에서의 성령체험으로 통하여 defeatist devotionalim에서 positive spiritual formation으로 변했다고 한다. Hynson, Ibid., 35.

11장 웨슬리의 회개운동과 영성수련

1. 명성훈 교수의 통계이다(월간목회, 1996년 7월호), 후자는 노치순 교수의 통계이다 (월간목회, 1995년 9월호 136).

2. M.B. Wynkoop, *A Theology of Love*, Beason Hill Press, 1972, p. 78.

3. William Hordern, "Recent Trends in systematic Theology," Canadian Journal of theology, Vol. Vii(1961) No.2, p. 87. 웨슬리는 151편 이상의 설교를 출판하여, 하늘나라에 이르는 바른길을 가르치고 천명하느라고 노력했다.

4. *The Journal of the John Wesley*, ed. by N. Curnock, 8vols (이후로는 Journal로 표기함), 1757년 6월 28일의 일지.

5. William Cannon, *The Theology of John Wesley*, Abingdon Press, 1946, p. 15. "The Wesleyan Revival arose as a positive affirmation of scriptural Christianity."

6. *Wesley's Standard Sermons*, ed. by Sugden, Epworth Press, 1954, 2 vols (이후로는 sermons로 표기함), II, 229, 230.

7. *The Works of the Rev. John Wesley*, ed. by Thomas Jackson, 14 vols (이후로는 Works로 표기함), ix, 426.

8. Ibid.

9. Sermons II, 222.

10. Ibid.

11. Works viii, 285.

12. Works viii, 284.

13. *The Works of John Wesley*(Sermons), ed. by A. Outler, 4vols. (이후로는 Outler, Sermons로 표기함), I, 17.

14. 조종남 편역, 「요한 웨슬레 설교선집」, 서로사랑, 1998, p. 50.

15. Works viii, 468-469.

16. 웨슬리가 회개를 강조함으로 교회 부흥을 가져온 것은, 한국교회 갱신의 하나의 표본이라고 보는 1907년도의 한국교회 부흥을 연상케 한다. 당시의 한국교회의 회개운동을 보고 영국의 기자가 런던 타임지에 이것은 웨슬리의 운동과 같다고 했다. S. H. Moffet, *The Christians of Korea*, New York, Friendship Press, 1962, p. 52.

17. Works xiii, 329.

18. 'Time magazine' in England reported that the revival in Korea at that time was like the Wesleyan Revival in the 18th century. Samuel H. Moffett, The Christians of Korea, New York, Friendship Press, 1962, p. 52.

19. 김승연, 「서구교회의 몰락과 한국 교회의 미래」, 생명의 말씀사, 181.

20. William Hordern, "Recent Trends in Systematic Theology", Canadian Journal of Theology, vol. Viii(1962), no 2.

21. Wesley, Letters viii, 238.

22. Vinson Synan, *The Holiness-Pentecostal Movement in the Untied States*, Eerdmans, Pub. 1981, p.13. Martin Marty도 이 운동의 뿌리는 웨슬리의 전통에서 곧 주로 웨슬리의 구원론에서 나온 것이라고 했다. (Donald W. Dayton, *Theological Roots of Pentecostalism*, Francis Asbury Press, 1987, p. 11).

23. *The Letters of the Rev. John Wesley*, ed. by John Telford, 8 vols (이후로는 Letters로 표기함), ii, 267-268.

24. 웨슬리에 의하면 성화에는 단계가 있어, 성화는 (1) 회개와 믿음으로 신생함과 함께 시작되며(이를 그는 초기의 성화, Initial sanctification라고 부른다), 그 과정에서 (2) 신자의 회개와 믿음으로 온전한 성화(Entire sanctification)에 이르고, 마침내는 (3) 영화(glorification)의 순간에 완결된다고 보았다. 동시에 그는 강조하기를 (4) 성화의 과정(process of sanctification)은 그 시작부터 이 목표를 향하여 목적론적(teleological)으로 계속 성장하는 것이다.

25. 회개와 믿음에 대하여, 웨슬리는 주장하기를, 구원은 믿음으로 받는다고 말한다. 믿음은 사람이 의롭다 함을 얻는 데 유일한 조건이다. 또한 믿음이 우리가 성결함을 받는 데 필요한 유일 조건이며 직접적인 요인이라고 한다(「요한 웨슬리의 설교선집」, 172, 179쪽). 그러나 웨슬리는 하나님이 명하여 회개하라, 회개에 합당한 열매를 맺으라고 명하셨으니, 이를 등한히 하면 안 된다고 주장한다. 회개는 곧 자기를 아는 것, 자기의 죄, 부족함을 깨닫는 것으로, 회개함으로 믿음에 이르게 된다 (Repentance is necessary in order to faith). 그러므로 회개는 믿음과 같은 의미에서 필요한 것은 아니지만, 구원의 간접적인 조건(remotely necessary)이다. 그러기에, 웨슬리는 참 회개 없이 진정한 구원이 이루어지겠느냐고 반문하며, 회개하고 믿으라고 외친 것이다. 그는 그의 설교에서, "잠자는 자여 깰지어다. 네가 죄인 것, 어떤 죄인 것을 알라"고 하였다(Sermons, I, 155, The Way to the Kingdom). 웨슬리는 회개가 믿음에 선행하는 것으로 회개를 강조하되, 회개도 하나님의 은혜(선행적인 은총)로 가능한 것이라고 주장한다.

26. Sermons I, 391. Wesley says, "And this is undoubtedly true, that there is a repentance and a faith, which are, more especially, necessary at the beginning ⋯ But, notwithstanding this, there is also repentance and faith(taking the words in another sense, a sense not quite the same, nor yet entirely different) which are requisite after we have believed the gospel. ⋯ And this repentance and faith are full as necessary, in order to our continuance and growth in grace."(Sermons I, 379-380.)

27. 웨슬리(조종남 역), 「기독자 완전에 대한 해설」, 한국복음문서간행회,1996, pp. 24-25, 38 56, 67-68.

28. 웨슬리(조종남 역), 「기독자 완전에 대한 해설」, pp. 93, 94-95, 58-60, 135. 당시에 칼빈주의자들이 그랬듯이 어떤 사람들은 신자가 육을 가지고 있는 한은 죄에서 벗

어날 수 없다고 전제한다. 곧 인간이 이 땅 위에 살고 있는 동안 사람은 무지, 실수의 가능성 등 인간의 연약성(infirmities)을 지니고 있기에 죄인일 수밖에 없다고 단정한다. 그들은 인간의 연약성 자체를 죄로 간주하기 때문이다. 그러므로 성화를 통한 죄에서의 씻음에 대하여는 부정적이다. 이에 반하여, 웨슬리는 순간순간 대제사장인 예수를 회개와 믿음으로 순간순간 용서와 씻음을 받는다고 하는 것이다. 웨슬리는 현재 여기서 역사하는 그리스도의 보혈을 믿는 것이다(요일 1:7-8). 그는 롬 5:20에서 읽듯이 죄를 깊이 보기에 비관주의에 빠지지 않고, 은총의 낙관주의자였던 것이다.

29. 조종남 편역, 「요한 웨슬리의 설교선집」, 155-156.

30. 로마서 5:20.

31. 웨슬리(조종남 역), 「기독자의 완전에 대한 해설」, 136-137.

32. 조종남 편역, 「요한 웨슬리의 설교선집」(설교, 성서적 구원의 길), 169.

33. Works xiv, 321.

34. William Edward Lecky, *A History of Emgland in the 18th century*, 8 vols, 2:558.

35. L. Starkey, The Work of the Holy Spirit, Abingdon Press 1962, p. 16.

36. Outler, Sermons II:283(Sermon on "The Good Steward").

37. Ibid., II:284-285.

38. Ibid., II:266-280(The Use of Money).

39. Outler, Sermons II:238-250.

40. Ibid., II:238.

41. Ibid., II:240("the grand doctrine of Christianity").

42. Ibid., II:241.

43. Ibid., II:243.

44. Ibid., II:243.

45. Leon D. Hynson, *To Reform the Nation: Theological Foundation of Wesley's Ethics*, Francis Asbury Press, 1984, p. 102.

46. 고린도후서 9:27.

47. 곧 defeatist devotionalism의 접근에서 positive spiritual formation으로 강조점이 변한 것이다. His Spiritual Formation was positive spiritual formation: Not by applying our problems but by applying God's grace(Rom. 5:20).

48. Journal V. 169.

49. 조종남 편역, 「요한 웨슬레의 설교선집」, 7쪽(웨슬리의 설교 서문).

50. Works XIV, 252-253(Apr. 25, 1765).

51. Letters 4:90.

52. 기도는 사역이다. 예로서, 출 17:8-16. 이스라엘이 아말렉과 싸우게 될 때, 여호수아와 젊은이들이 나가서 싸웠다. 그러나 모세와 아론, 그리고 훌은 산꼭대기에 올라가서 기도하였다. 이 전쟁에서 이긴 비결은 하나님이 싸워 주셨기 때문이다. 그런데 그렇게 되는 요인은 기도에 있었다. 16절에 기록하기를, "For hands were lifted up to the throne of the Lord, the Lord will be at war…"

53. Steve Harper, *Devotional Life in the Wesleyan Tradition*, 23ff.

54. Works ix, 37.

55. 이후정, 「성화의 길」, 대한기독교출판사, 2001, p. 186ff.

56. 웨슬리(조종남 역), 「기독자 완전에 대한 해설」, 115-116.

57. Letters 4:103.

58. Works xi, 203-237(A Collection of Form of Prayer).

59. Ibid.

60. Hynson, Ibid., 35.

61. Leon Hynson은 그러기에 웨슬리의 윤리나 영성수련(spiritual formation)은 올더 스게이트에서의 성령체험으로 통하여 defeatist devotionalim에서 positive spiritual formation으로 변했다고 한다. Hynson, Ibid., 35.

12장 웨슬리의 윤리의 신학적 근거와 목표

1. William Cannon은 다음과 같이 말한다. "The Wesleyan System of Christian Ethics rest securely on the Foundation of Wesleyan theology." Cannon, *The theology of John Wesley*, Abingdon Press, 1946, p. 222.

2. Leo O. Hynson, *To Reform the Nation: Theological Foundation of Wesley's Ethics*, 45.

3. Ibid., 46.

4. Outler, Sermons 1:258(The Spirit of bondage and of Adoption).

5. Works VIII:361.

6. Cannon, op. cit., 224. "The religious motive of the Reformers, which leads them to assign every thing to the operation of God's grace and which causes them to interpret the merits of the moral life in terms of imputation of the righteousness of Christ whereby a believer is accounted righteous by faith."

7. Works viii:277, ix:303, x:230, 392.

8. 한 예로 아담이 범죄한 후, 어떻게 하나님에게 응답하는 자리에 놓이게 되었는가? 이는 무서워 도망가는 아담에게 하나님께서 (선행적으로) 찾아가 부르셨기 때문이 아닌가!

9. 이에 대한 좀 더 자세한 것은, 조종남, 「요한 웨슬리의 신학」, 151-170을 참조하라.

10. Outler, Sermons 2:7(Original, Nature, Properties, and Use of the Law). "But not long before man rebelled against God, and by breaking the glorious law well nigh effaced it out of his heart; ⋯ And yet God did not despise the work of his own hands; but being reconciled to man through the Son of his love, he in some measure re-inscribed the law on the heart of his dark, sinful creature."

11. Outler, Sermons III:105(On Conscience). "it is not natural; but a supernatural gift of God, above all his natural endowments." "But it is not natural: it is more properly termed 'preventing grace'(III:207).

12. Outler, Sermons III:207(On working out our own salvation), 조종남 편, 「요한 웨슬리 설교선집」, 84.

13. Cannon, op. cit., 222.

14. 갈 5:6.

15. 요일 2:6.

16. Works viii:365, vii:272, Outler, Sermons I:635(Sermon on the Mountain IX).

17. 마 22:37-39.

18. 요일 5:3.

19. Works vii:457.

20. Wesley's sermon, Sermon on the mountain IX을 참조하라.

21. Outler, Sermon II:270(The Use of Money).

22. Works viii:215.

23. Works vi:296, Outler, Sermons I:551(Sermon on the Mountain V).

24. Outler, Sermons I:554(Sermon on the Mountain V).

25. Works X:369.

26. Outler, Sermons II:16(The Original, Nature, Properties, and Use of the Law). 이 설교에서 웨슬리는 율법의 세 가지 용도를 말한다. 첫째로 율법은 사람이 살고 있으나 실상은 죽은 상태인 것을 깨닫게 해주며, 두 번째로, 율법은 우리를 그리스도에게로 인도하여 구원받도록 하며, 세 번째는 율법이 우리를 인도하여 하나님 안에서 계속 걸어가며 살게 한다는 것이다(Ibid., 16). 이는 루터가 율법의 용도를 정죄하는 것과, 죄인을 그리스도에게로 인도하는 두 가지로만 보며, 율법의 때와 복음의 때로 구분하여(계속의 관점에서 보지 않고) 구원의 과정을 설명하는 것과 대조적이다. 웨슬리는 율법과 복음을 dialectical한 긴장 관계에서 보는 것이다.

27. Outler, Sermons II:160(Scripture Way of Salvation).

28. Notes(on I Cor. 5:10), Works XIV:321.

29. Wesley, Sermon on 'The Reformation of Manners', Outler, Ibid., II:301.

30. Ibid., II:302.

31. Outler, Sermons II:283(Sermon on "The Good Steward").

32. Ibid., II:284-285.

33. Ibid., II:266-280(The Use of Money).

34. Outler, Sermons II:238-250.

35. Ibid., II:238.

36. Ibid., II:240 "this grand doctrine of Christianity".

37. Ibid., II:241.

38. Ibid., II:243.

39. Ibid., II:243.

40. Ibid., II:245-246.

41. Hynson, op. cit., 102.

42. Works XIV:321.

43. Hynson, op. cit., 100.

44. C. S. Bence, 'John Wesley's Teleological Hermeneutic,' Ph.D. Dissertation at Emory University, 1981, p. 207.

45. 웨슬리는 1744년 8월 24일, St. Mary University Chapel에서 Scriptural Christianity(Act 4:31)라는 제목의 설교를 하면서 현대 교회의 타락을 지적하였다. 옥스퍼드에 있는 교회도 타락했다고 지적함으로 교수들의 미움을 사서, 그 후 대학교 채플에서 설교를 못하게 되었다.

46. Works vi:261-262.

47. Works vi:400.

48. 조종남, 「요한 웨슬리의 신학」, 240.

49. Outler, Sermons 2:82(The Catholic spirit) 'The two grand, general hindrances are, first, that they can't think alike; and in consequence of this, secondly, they can't all walk alike; but in several smaller points their practice must differ in proportion to the difference of their sentiments.'

50. Ibid. 89, Outler, Sermons II:341(On the death of George Whitefield).

51. 이 점에 관하여는 그의 설교, '편협한 생각을 조심하라'(A Caution Against Bigotry), Outler, Sermons II:63-80를 참조하라.

52. 웨슬리의 사회 활동을 보기 위하여는 Manfred Marquardt, trans. By Steely and Gunter, *John Wesley's Social Ethics: Praxis and Principles*, 1992(조경철 역, 「존 웨슬리의 사회 윤리」)의 Part A를 참조하라. 또는 조종남, 「웨슬리의 선교운동의 특징」(전도와 사회참여), 서울신대출판부, 1991을 참조하라. 그의 사회참여는 빈민 구제로 시작하여, 교육, 노예문제, 감옥의 제도 개선 등 광범위하였다.

53. Outler, Sermons II:300-323.

54. Ibid., 301.

55. Outler, Sermons II:302.

56. Hynson, op. cit., 129.

57. Outler, Sermons III:313-314(On Zeal).

58. Works VIII:310.

59. Hynson, op. cit., 33.

60. 갈 5:6.

61. Hynson, op. cit., chapter 2(The Significance of Aldersgate).

62. Hynson, Ibid., 35.

63. Ibid., 36.

64. Ibid., 37.

65. Waldo Beach and H. Richard Niebuhr, *Christian Ethics: Sources of the Living Tradition*, 1955, p. 362, quoted by Hynson, Ibid., 31.

66. Hynson, Ibid., 37-38.

67. Ibid.

13장 웨슬리의 선교와 신유

1. 웨슬리의 일지 기사는 웨슬리 전집(*The Works of John Wesley*, Ed. by Jackson), 또는 Nehemiah Curnock Ed., *The Journal of the Rev. John Wesley*, A. M.에 나

타난 것을 년 월 일을 따라 참고.

2. 조종남, 「요한 웨슬리의 신학」(개정증보판), 기독교출판사, 1993, pp. 60-78.

3. 그의 1739년 1월 1일, 1744년 12월 23일, 25일의 일지를 참조하라. 그때 놀라운 성
   령체험을 거듭하였다. 그는 그의 일지에서 다음과 같이 말하고 있다. 1739년 1월 1일
   (월) 웨스트리 홀 목사(웨슬리의 매부), 챨즈 킨친 목사, 인감 목사, 조지 휫필드 목사,
   허칭즈 목사, 내 동생 찰스 목사가 60여 명의 다른 형제들과 함께 페터래인에서 갖게
   된 애찬식에 참석했다. 새벽 3시경이었다. 우리가 계속 갈급하게 기도하고 있을 때 하
   나님의 권능이 우리 위에 매우 강하게 임재하셨다. 그 권능 아래 많은 사람들은 넘쳐흐
   르는 기쁨으로 울부짖었고, 그리고 많은 사람들이 땅바닥에 쓰러졌다. 우리가 하나님
   의 권능의 현존 앞에서 그 위엄과 놀라움에서 약간 깨어나자마자, 우리는 한 목소리로
   "우리는 주님을 찬양합니다. 오 하나님, 하나님은 우리의 주님이 되십니다!"를 불렀다.
   1744년 12월 23일(주일) 나는 이상하게(unusually) 생기가 없었고 마음이 무거웠다.
   … 그다음 날, 나는 아직도 죽은 사람과 같았다. 그러나 저녁에 내가 스노우필드에서
   기도를 하고 있는 동안, 내 기억으로는 이전에 본 적이 없는 빛과 능력을 발견했다. 25
   일(화) … 나는 아침에, 하나님의 은혜로, 어제와 같은 영적 상태에서 일어났다. 아마
   도 8시경, 나는 그리스도를 믿는 두세 사람과 함께 있었는데, 그때 나는 하나님 면전
   에서 심한 두려움(awe)과 평안함(tender sense)을 느꼈다. 이는 하나님께서 내게 주
   신 것이다. 그리고 나는 온종일 하나님의 면전에서 지냈다.

4. Notes on James 5:14-15, Note Upon the Testament, 869.

5. 웨슬리의 일지, 1739년 4월 17일, 1739년 5월 30일, 1739년 10월 28일, 1740년 5월
   23일, 26일, 1742년 6월 17일, 1759년 9월 9일, 1762년 4월 21일, 1764년 4년 4일,
   1767년 6월 17일, 1772년 6월 5일, 1790년 10월 7일에 언급하고 있는 내용을 보라.

6. Letter IV, 344-345.

7. Maximin Piette, *John Wesley in the Evolution of Protestantism*, tr. J. B.
   Howard(New York: Sheed and Ward. 1938), 12ff. Cannon, *Theology of John
   Wesley*, 19-20.

8. Journal II, 256-257n. Aug. 16, 18, 1739.

9. Tyerman, *Life and Times of John Wesley*, I, 456.

10. Tyerman, Ibid., 244-245, 238-253, 453. Cf. Richard Green, *Anti-Methodist
    Publications*(London: D. H. Kelley, 1902), VIII, 49ff.

11. Notes, I Thess. 1:5.

12. Letter VII, 27.

13. Letters IV, 374.

14. Letter VII, 298.

15. Notes, I Thess. 1:5.

16. Letter VII, 27.

17. Manual of the International Apostolic Holiness Union, 1905, 2-3. 이것은 만국
    성결회가 1905년에 그들의 헌장을 확대 수정하면서, 이를 목적조항에 삽입한 것이
    다. 동양선교회는 그의 헌법(1925, 1934, 1936)에서, 동양선교회의 목적란에 삽입하
    였다.

18. W. B. Godbey, *Spiritual Gifts and Graces*(Cincinatti: God's Revivalist Office, 1895). 27.

19. 로잔운동에 관한 이야기와 로잔언약, 마닐라선언문은 조종남, 「로잔 세계복음화운동의 역사와 정신」(1990)을 참고하라.

20. Dr. Canyer Middleton Fellow of Trinity College, Cambridge Univ.에게 쓴 편지(Jan 4, 1749) 가운데서, Letter II, 387-388.

21. Letter II, 387-388.

14장 웨슬리의 카리스마타

1. 웨슬리의 일지 기사는 웨슬리 전집(*The Works of John Wesley*, Ed. by Jackson), 또는 Nehemiah Curnock Ed., *The Journal of the Rev. John Wesley*, A. M.에 나타난 것을 년 월 일을 따라 참고.

2. 조종남, 「요한 웨슬리의 신학」(개정 증보판), 기독교출판사, 1993, pp. 60-78.

3. L. M. Starkey, *The work of the Holy spirit*(Abingdon Press, 1962), 16.

4. 조종남, Ibid., 32, Works VIII, 493.

5. 조종남, Ibid., 31, Works VIII, 468, 469.

6. Fetter Lane Society는 모라비안 교도들의 모임이다. 웨슬리는 1738년부터 이 모임에 정기적으로 참석하다가 1739년 11월경에 '은혜의 수단'에 대한 신학적 문제로 이 모임과 결별하고 말았다.

7. 이런 기사를 우리는 그의 1739년 4월 26일, 1739년 6월 22일, 1739년 7월 1일, 1740년 10월 6일, 1742년 11월 23일의 일지에서도 읽을 수 있다.

8. Notes on James 5:14-15, Note Upon the Testament, 869.

9. 이와 유사한 사건을 보기 위해서는 1761년 12월 27일, 1772년 5월 17일, 1772년 7월 26일, 1782년 5월 24일, 1788년 10월 15일, 1790년 10월 7일의 일지를 참고하라.

10. 1740년 5월 26일의 일지 참조.

11. Letter IV, 344-345.

12. Maximin Piette, *John Wesley in the Evolution of Protestantism*, tr. J. B. Howard(New York: Sheed and Ward. 1938), 12ff. Cannon, *Theology of John Wesley*, 19-20.

13. Journal II. 256-257n. Aug. 16, 18, 1739.

14. Tyerman, *Life and Times of John Wesley*, I, 456.

15. Tyerman, Ibid., 244-245, 238-253, 453. Cf. Richard Green, *Anti-Methodist Publications*(London: D. H. Kelley, 1902), VIII, 49ff.

16. 조종남 편, 「요한 웨슬리 설교집」 I, 8-9(Works V, 4).

17. Notes, I Thess. 1:5.

18. Works VII, 26-27.

19. Letters IV, 374.

20. Letter II, 100, Works VIII, 105.

21. Letter VII, 298, VIII 110.

22. Letter V, 175.

23. Letter VII, 298.

24. 참조, 설교, '은혜의 수단'(The Means of Grace), Sermons Ⅰ, 237ff.

25. 참조, '신자 안에 있는 죄'(On Sin in Believers), Sermons Ⅱ, 360ff.

26. 웨슬리는 눅 9:42의 귀신들린 아이가 예수께로 가까이 오는 도중에도, 귀신이 그 아이를 거꾸러뜨리고, 경련을 일으키게 하는 경우를 이 항목에 적용하고 있는 것 같다.

27. 최흥석, "웨슬리의 영적 체험과 전도", 웨슬리복음주의 총서(Ⅰ), 웨슬리복음주의협의회 편(서울: 도서출판 광림, 1992), 186.

28. 조종남 편, 「요한 웨슬리 설교선집」, 200-252. '성령의 증거(Ⅰ)'은 1746년에, 그리고 '성령의 증거(Ⅱ)'는 1767년에 처음으로 행한 설교이다.

29. Works VII, 429.

30. 요한일서 4:1-3, 13-16.

31. Sugden Ed., *Wesley's Standard Sermons* Ⅰ, 211ff.

32. Sugden, Sermons Ⅱ, 358-359.

33. Notes, Ⅰ Thess. 1:5.

34. Letter VII, 27.

35. 로잔운동에 관한 이야기와 로잔언약, 마닐라선언문은 조종남, 「로잔 세계복음화 운동의 역사와 정신」(1990)을 참고하라.

36. 조종남, Ibid., 40, 79.

37. Christianity Today, September 1994, p. 35ff.

38. Journal V, 169(1766년 6월 5일).

39. Letter Ⅱ, 117. 웨슬리는 나아가 성서를 옳게 해석하는 데도 성경을 영감으로 정확히 기록하게 한 성령의 도움 없이는 아니된다고 생각한다. "하나님의 영은 성서를 기록한 사람들에게 한 번 영감하신 것뿐 아니라, 또한 계속적으로 영감하시므로 간절한 기도와 함께 성서를 읽는 사람들을 초자연적으로 도와 주시는 것이다." Notes on Ⅱ Tim. 3:16(Notes upon NT, 794).

40. 참고. 설교 '관용의 정신'(Catholic Spirit), Sermons Ⅱ, 176ff.

41. Sermons Ⅱ, 522.

42. Sermons Ⅱ, 84-146.

43. 이에 대한 웨슬리의 설명은 그의 설교, '우리 영의 증거'(Sermons Ⅰ, 219ff)에 잘 나타나 있다.

44. Sermons Ⅱ, 102ff.

45. Sermons Ⅱ, 103, 94.

46. 막 9:38-39.

47. Sermons Ⅱ, 112-125.

48. Sermons Ⅱ, 127-146(Catholic Spirit).

49. Dr. Canyer Middleton Fellow of Trinity College, Cambridge Univ.에게 쓴 편지 (Jan 4, 1749) 가운데서, Letter Ⅱ, 387-388.

50. Letter Ⅱ, 387-388.

15장 웨슬리의 성령의 역사와 표적에 대한 이해

1. Arthur S. Yate, *The Doctrine of Assurance*, Epworth Press, 1952, p. 11.
2. 웨슬리의 일지 기사는 웨슬리 전집(*The Works of John Wesley*, Ed. by Jackson). 또는 Nehemiah Curnock Ed., *The Journal of the Rev. John Wesley*, A. M.에 나타난 것을 년 월 일을 따라 참고.
3. Works 2:187(sermon of the New Birth).
4. Works 2:16(The Scripture Way of Salvation).
5. L. M. Starkey, *The Work of the Holy Spirit*, Abingdon Press, 1962, p. 16.
6. 조종남, Ibid., 31, Works Ⅷ, 468, 469.
7. Fetter Lane Society는 모라비안 교도들의 모임이다. 웨슬리는 1738년부터 이 모임에 정기적으로 참석하다가 1739년 11월경에 '은혜의 수단'에 대한 신학적 문제로 이 모임과 결별하고 말았다.
8. 이런 기사를 우리는 그의 1739년 4월 26일, 1739년 6월 22일, 1739년 7월 1일, 1740년 10월 6일, 1742년 11월 23일의 일지에서도 읽을 수 있다.
9. Notes on James 5:14-15, Note Upon the Testament, 869. 웨슬리는 야고보서 5:14-15을 주해하면서, 신유의 기적은 항상 있는 것으로 보았다. 그러므로 신유의 기도는 특별한 은사를 받은 사람만 하는 것이 아니며, 장로들도 병 낫기를 위하여 기도하면 된다고 이해했다.
10. 이와 유사한 사건을 보기 위해서는 1746년 11월 11일(수요일), 1761년 12월 27일, 1772년 5월 17일, 1772년 7월 26일, 1782년 5월 24일, 1788년 10월 15일, 1790년 10월 7일; 1739년 10월 23일 (화요일), 1740년 5월 26일의 일지. Letter Ⅳ, 344-345. 1739년 10월 23일(화)의 일지를 참조하라.
11. Maximin Piette, *John Wesley in the Evolution of Protestantism*, tr. J. B. Howard(New York: Sheed and Ward. 1938), 12ff. Cannon, *Theology of John Wesley*, 19-20.
12. Journal Ⅱ, 256-257n. Aug. 16, 18, 1739.
13. Tyerman, *Life and Times of John Wesley*, Ⅰ, 456.
14. Tyerman, Ibid., 244-245, 238-253, 453. Cf. Richard Green, *Anti-Methodist Publications*(London: D. H. Kelley, 1902), Ⅷ, 49ff.
15. 조종남 편, 「요한 웨슬리 설교집」 Ⅰ, 8-9(Works Ⅴ, 4).
16. Notes, Ⅰ Thess. 1:5.
17. Letter Ⅶ, 27.
18. Letters Ⅳ, 374.
19. Letter Ⅱ, 100, Works Ⅷ, 105.
20. Letter Ⅶ, 298, Ⅷ 110.
21. Letter Ⅴ, 175.
22. Letter Ⅶ, 298.
23. 참조, 설교, '은혜의 수단'(The Means of Grace), Sermons Ⅰ, 237ff.
24. 참조, '신자 안에 있는 죄'(On Sin in Believers), Sermons Ⅱ, 360ff.

25. 웨슬리는 눅 9:42의 귀신들린 아이가 예수께로 가까이 오는 도중에도, 귀신이 그 아이를 거꾸러뜨리고, 경련을 일으키게 하는 경우를 이 항목에 적용하고 있는 것 같다.

26. 최홍석, "웨슬리의 영적 체험과 전도", 웨슬리복음주의 총서 (Ⅰ), 웨슬리 복음주의협의회 편(서울:도서출판 광림, 1992), 186.

27. 조종남 편, 「요한 웨슬리 설교선집」, 200-252. '성령의 증거(Ⅰ)'은 1746년에, 그리고 '성령의 증거(Ⅱ)'는 1767년에 처음으로 행한 설교이다.

28. Works XI, 429.

29. 요한일서 4:1-3, 13-16.

30. Sugden Ed. *Wesley's Standard Sermons* Ⅰ, 211ff.

31. Sugden, Sermons Ⅱ, 358-359.

32. Notes, Ⅰ Thess. 1:5.

33. Letter Ⅶ, 27.

34. 로잔운동에 관한 이야기와 로잔언약, 마닐라선언문은 조종남, 「로잔 세계복음화 운동의 역사와 정신」(1990)을 참고하라.

35. 조종남, Ibid., 40, 79.

36. Journal Ⅴ, 169(1766년 6월 5일).

37. Letter Ⅱ, 117. 웨슬리는 나아가 성서를 옳게 해석하는 데도 성경을 영감으로 정확히 기록하게 한 성령의 도움 없이는 안 된다고 생각한다. "하나님의 영은 성서를 기록한 사람들에게 한 번 영감하신 것뿐 아니라, 또한 계속해서 영감하시러 간절한 기도와 함께 성서를 읽는 사람들을 초자연적으로 도와주시는 것이다." Notes on Ⅱ Tim. 3:16(Notes upon NT, 794).

38. 참고. 설교, '관용의 정신'(Catholic Spirit), Sermons Ⅱ, 176ff.

39. Sermons Ⅱ, 522.

40. Sermons Ⅱ, 84-146.

41. 이에 대한 웨슬리의 설명은 그의 설교, '우리 영의 증거'(Sermons Ⅰ, 219ff)에 잘 나타나 있다.

42. Sermons Ⅱ, 102ff.

43. Sermons Ⅱ, 103. 94.

44. 막 9:38-39.

45. Sermons Ⅱ, 112-125.

46. Sermons Ⅱ, 127-146(Catholic Spirit).

47. Dr. Canyer Middleton Fellow of Trinity College, Cambridge Univ.에게 쓴 편지(Jan 4, 1749) 가운데서, Letter Ⅱ, 387-388.

48. Letter Ⅱ, 387-388. 16.『웨슬리의 세례관』

16장 웨슬리의 세례관

1. Donald M. Baillie, *The Theology of the Sacraments* (New York, Charles Scribners Sons, 1957), 72.

2. See, John E. Rattenbury, *Wesley's Legacy to the World* (Nashville : Cokesbury

Press, 1928), 193. 세례에 대한 감리교인들의 견해는 항상 다양해왔다. 그들은 오늘 날에도 마찬가지이다. Rattenbury는 이렇게 말한다. "나는 일찍이 8,9명의 웨슬리안 목사들이 모인 가운데 세례관에 대해 토론하는 것을 들었다. 그런데 그 회의에서는 8,9개의 다른 교리들이 나오고 있었다."

3. See, Notes on Matt 3:15, 16. 여기서 Notes는 John Wesley, *The Explanatory Notes upon the New Testament* (London, The Epworth Press, 1954)를 가리키며, 이하 Notes라 표기함.; Works X, 188. 여기서 Works는 The Works of John Wesley. An edition of Complete and unabridged Works by the Photo offset process from the authorized edition published by the Wesleyan Conference Office in London, 1872, 14 Vols. (Grand Rapids : Zondervan Publishing House, 1958)를 가리키며, 이하 Works라 표기함.

4. Ibid., 193.

5. Ibid., 192.

6. Ibid., 191.

7. Ibid.

8. Ibid., 190. cf. Letters VI, 240. 여기서 Letters는 *The Letters of the Rev. John Wesley*, A. M. Edited by John Telford, 8 Vols. (London : The Epworth Press, 1960)를 가리킴. 이하 Letters라 표기함.

9. Notes on I Cor 12:13, cf. Works X, 192

10. Works X, 192.

11. T. G. Williams, *Methodist and Anglicanism in the Light of Scripture and History* (Toronto, 1888), 42.

12. Ibid., 50.

13. Samuel Wesley와 비교하기 위해서는 Works X, 192를 보라, Williams, op. cit, 207.

14. Cf. Samuel Wesley, *The Pious Communicant Rightly Prepared*, 203, 191: Works X, 191.

15. Lycurgus M. Starkey, *The Work of the Holy Spirit: A Study in Wesleyan Theology* (New York & Nashville : Abingdon Press, 1962). p. 91.

16. John R. Parris, *John Wesley's Doctrine of the Sacraments* (London : the Epworth Press, 1963), 40.

17. James H. Rigg, *Churchmanship of John Wesley and the Relation of Wesleyan Methodism to the Church England* (London : Wesleyan Conference Office, 1878), 42.

18. *Proceeding of the Wesley Historical Society*, xxxii, 121; Sermons I, 281.

19. Luke Tyerman, *The Life and Times of the Rev. John Wesley* (New York, Harper & Brothers Publishers, 1872), Vol. II, 265.

20. Sermons I, 238, "The New Birth," 여기서 Sermons는 *Wesley's Standard Sermons*, ed. and annotated by Edwin H. Sugden, 3rd ed. 2 vols. Nashville, Lamer and Varten, n.d. (Epworth :and Allenson, 1954, 56)를 가리키며 이하

Sermons라 표기함. T. G. Williams는 이 문절이 웨슬리가 이런 견해를 가졌음을 말하는 것이 아니라, 단지 자기가 찬성하지 않은 영국 교회의 주장을 언급한 것뿐이라고 한다(Williams, op. cit, 45). 그러나 웨슬리의 이 설교 전체의 내용은 그와 반대로 웨슬리가 그 교리를 받아들이고 있음을 보여준다.

21. Journal I, 465 (May 24, 1938). 여기서 Journal은 *The Journal of the Rev. John Wesley*, A. M. Edited by Nehemiah Curnock, 8 Vols. (London : The Epworth press, 1938)를 가리키며 이하 Journal로 표기함.

22. Cf. Rigg, op. cit., 42.

23. See, Parris, op. cit., 39.

24. Published in 1779, See, Works X, 149ff.

25. Works X, 149.

26. Sermons II, 238, Letters IV, 38, See also, Notes on I, Peter 3:21.

27. See, Sermons I, 300.

28. Ibid., 259 (The Means of Grace).

29. Ibid., 260.

30. William R. Cannon, op. cit., 126.

31. Ibid.

32. Sermons II, 238 (The New Birth).

33. Starkey, op. cit., 92: See, Parris, op. cit., 42. Philip Watson, "Wesley and Luther an Christian Perfection," VII (April, 1963), 291.

34. See, Chongnahm Cho, "A Study in John Wesley's Doctrine of Baptism" (Unpublished dissertation at Emory University, 1966), 136-156.

35. 웨슬리가 유아세례의 효과에 대해 아무런 중요한 의문도 제기하지 않았음이 분명하다. 그는 아직도 견진례(신교에서는 보통 어릴 때 세례를 받은 사람이 성장하여 그 신앙을 고백하고 교회원이 되는 의식) 대신에 세례를 주의 만찬에 참여할 수 있는 충분한 자격으로 생각했다.

36. Works VIII, 48 ; Cf. Sermons II, 241(the New Birth).

37. Sermons I, 296, "The Marks of the New Birth".

38. See, Sermons I, 310-312; Cf. Starkey, op. cit., 56.

39. 세례에 대한 이런 포괄적이고 종말론적인 면은 우리 세례의 근거가 된 예수님의 세례의 성격과(Notes on I John 5:6; Rom 6:4) 세례의식을 만든 그리스도의 의도(Notes on Col. 2:12)인 비등함을 볼 수 있다.

40. Works X,, 192.

41. 유아세례와 성인세례의 차이는 그의 설교들과 저작들 속에서는 분명하게 드러난다. 그러나 그의「세례에 관한 논문」에서는 좀 모호하다.

42. Sermons II, 238.

43. Ibid., See also, Works VIII, 52, 48, Journal II 135(for Jan. 25, 1739).

44. Works VIII, 52.

45. Ibid., 47.

46. Watson, op. cit., 291.

47. Notes on, Acts 22:16; See also, Works Ⅷ, 52.

48. Notes on, Acts 2:38; I Cor. 12:13, Gal, 3:27; See, Cho, op. cit., 161-163.

49. See, The Prayers in the baptismal offices in Wesley's Sunday Service.

50. Thought upon Infant Baptism, 5.

51. Works X, 185, 188, 194-195; See also, Thoughts upon Infant Baptism, 5: Notes on Col. 2:11-13. 어린이들은 자기 자신의 믿음에 의해서가 아니라 언약 공동체 곧 가시적인 교회 안에 태어났다는 근거에서 할례를 받았다. 그러므로 웨슬리가 주장한 바, 유아가 세례받기 위해 요구되어지는 조건이란 그 유아가 신자들의 공동체 속에 있었어야 하고 그 공동체 보호 아래 있어 왔어야 한다는 것처럼 보인다. 웨슬리는 "유아들은" 하나님께서 아브라함과 맺은 "복음적 언약 아래 있었고, 아직도 그 아래에 있다"고 믿었다(Works X, 193).

52. Works X, 193. 195f.

53. Works X, 195. 웨슬리는 또한 사도들과 모든 시대의 교회가 유아세례를 실행했다고 믿었다(See, Works X, 196ff, 201, Thoughts Upon Infant Baptism, 12ff).

54. Works X, 195ff.

55. 웨슬리는 세례받는 그 순간에 수세자로부터 원죄의 죄책이 씻겨지고 또한 그리스도의 몸에 접붙임 받는다고 했다. 또한 세례받는 사람은 세례를 받을 때 성령을 받는다고 했다.

56. Notes on, Col. 2:12.

57. Starkey, op. cit., 116, See also, Sermons "On Working out Our Own Salvation" (Works VI, 506ff).

58. Letters IV, 240.

59. Sermons Ⅰ, 242 (The Means of Grace).

60. Starkey, op. cit., 60; cf. Sermons Ⅱ, 209.

61. Colin W. Williams, *John Wesley's Theology Today* (New York : Abingdon Press, 1960), 120.

62. 세례받은 사람에게 하나님의 구원의 은혜를 약속하셨다는 사실에 대한 확신, 곧 세례에서 선포되어졌고 그가 의지할 수 있는 확신을 주기 위하여 웨슬리가 그의 확신의 교리를 연결시켰으면 아주 좋을 뻔했다.

63. Works X, 279.

64. A Christian Library ⅩⅣ, 409; Sermons Ⅰ, 259.

65. See, "Notes on Matt. 4:17". 웨슬리는 그리스도의 사역이 개인 속에만 은혜의 왕국을 세우는 것이 아니라, 신자들의 몸 전체인 교회 안에도 세우는 것이라고 보았다.

66. Works, 191-192; See also, Notes on Rom. 6:3.

67. 우리는 세례의 교리를 복음적으로 보호하기 위하여 그의 "주일예배의 개정"에서 세례 안에서 교회로 가입된다는 개념은 그의 세례에 대한 가르침 안에 어느 정도 나타남을 본다. 그러나 그는 그것을 광범하게 다루고 있지 않다.

68. W. F. Flemington, *The New Testament Doctrine of Baptism* (London : s.p.c.k., 1964), 123.

69. Ibid., 124.

70. 이러한 이해는 유아세례나 성인세례 모두의 경우에 적용될 수 있다. 그러므로 세례는 단순한 인간의 믿음의 표시로 여겨질 수 없다.

71. Journal Ⅱ, 135.

72. 믿음의 정도(등급)에 대한 웨슬리의 이해는 Journal Ⅱ, 328을 보라. 세례 시에 일어나는 몇 가지 다른 결과에 대하여는 Journal Ⅲ, 180, 189 및 Ⅳ, 189, Vii, 132, 73, Works vi 509를 보라.

17장 웨슬리의 성찬에 대한 이해

1. Gustaf Aulen, *The Faith of the Christian Church*(김관석 역, 「조직신학개론」), 대한기독교서회, 318.

2. *A Compend of the Institutes of the Christian Religion by John Calvin*, ed. by H. T. Kerr, Jr., 156.

3. Ibid., 200.

4. *Works of John Wesley*, Jackson edition(이하 Works로 표시함). viii, 31.

5. Ibid., VII, 147.

6. John C. Bowmer, *The Sacrament on the Lord's Supper in Early Methodism.* 1951, p.31.

7. Ibid., 187ff.

8. Ibid., 1. 11.

9. John Telford, *The Life of John Wesley*, 72.

10. Ibid., 81.

11. *The Works of Rev. John Wesley*, ed. by Jackson 14 vols(이후로는 Works로 표기), I, 103.

12. Works I, 126.

13. Works I, 247.

14. Works V, 185-2001.

15. Ibid. (설교 'the Means of Grace'를 참조하라).

16. Works viii. 299(The sole aim of Methodism "was to spread scriptural holiness over the land").

17. Works viii, 309(Large Minutes-Rules of a Helper).

18. Journal iii, 435.

19. Journal V, 40(I found much of the power of God in preaching, but far more at the Lord's Table).

20. Charles Wesley, Journal ii, 43.

21. John Bowmer, op. cit. 189.

22. Works viii, 147ff.

23. Works viii. 148.

24. Jackson, *Life of Charles Wesley*, ii. 225(quoted by Bowmer, op. cit. 193).

25. Bowmer, op.cit., 192.

26. Ibid.

27. 이 부분은 Rob. L. Staples, *Outward Sign and Inward Grace*의 설명을 참고하였
다.

28. Rob. L. Staples, *Outward Sign and Inward Grace*, Beacon Hill Press,1991, p.
213ff.

29. Thomas Aquinas, Summa Theologica 3, 75, 4(quoted by Staples, op.cit. 214).

30. Works x, 151(these elements are... 'the images, the symbols, the figure' of
Christ's body and blood).

31. Works vii, 64.

32. Wesley, Notes Upon the New Testament(이후로는 Notes로 표기함), 마 26:26의
주석 참고.

33. Berkhof, *Christian Faith*, Eerdmans, 1979, p. 65(quoted by Staples, op. cit.,
221).

34. John Calvin, Institutes 4.14.9-10 quoted by Staples op. cit., 224.

35. Ibid., 4.17.19.

36. Ibid., 4.17.32(it is a secret too lofty for either my mind to comprehend or
my words to declare And, to speak more plainly, I rather experience than
understand.).

37. Ibid., 4.17.24.

38. Works 1, 278.

39. Staples, op.cit., 224.

40. Ole E. Borgen, *John Wesley On the Sacraments*, 1972, p. 58, 59. n35.

41. Ibid., 67.

42. Hymns on the Lord's Supper, no. 75.

43. Borgen, op. cit., 67-68, Staples, op. cit., 227(cf. Hymns on the Lord's Supper,
no. 53).

44. John R. Parris, John Wesley's Doctrine of Sacraments,1963, p.89,92-93. 그렇
다고 웨슬리가 성찬관에 있어 칼빈의 영향을 받았다는 것은 아니다. 물론, 그렇게 말
하는 학자도 있으나, 아우틀라(Outler)는 이를 강력히 부정한다. 아우틀라에 의하
면 웨슬리는 칼빈과 루터에게 빚진 것이 아니라, 그에게 크게 영향을 준 것은 영국교
회였다고 한다. 그럼에도 그의 성찬관은 칼빈과 같은 것이 많다(Albert C. Outler,
John Wesley, 1964, p. 119-120. quoted by Staples, op. cit., 228 n. 84).

45. Borgen, op. cit., 69.

46. Ibid., 90.

47. Borgen, op. cit., 237.

48. 이를 보겐은 'effectuated our remembrance'라고 불렀다, Ibid., 242.

49. 이는 웨슬리가 Brevint의 말을 빌려 한 말이다. Brevint(Wesley's extracted
version) sec. II.1. quoted by Borgen, op. cit., 86(Daniel Brevint, *The
Christian Sacrament and Sacrifice*(extracted by Wesley)는 Rattenbury, *The
Eucharistic Hymns of John and Charles Wesley*, 1948에 있다.

50. Words VII, 148; Sermons I, 242.

51. Letters I, 118.

52. Bowmer, op. cit., 165.

53. Notes 고전 11:25. 'brought back'이라는 표현은 Hymns on the Lord's Supper no. 123에 있다.

54. 그의 '성찬에 드리는 찬미(The Hymns on the Lord's Supper)'에서 웨슬리는 이 제목(The Holy Eucharist as it implies a Sacrifice)이 한 장 전체(a complete section)를 차지하고 있는 것을 본다.

55. *The Hymns on the Lord's Supper by John and Charles Wesley*, no. 106.1, 104.1, 118.2를 참조하라. 요일 2:1-2 참조.

56. 그렇다고 이 점에서 웨슬리가 로마교회의 미사에서의 예수의 제사의 반복을 말하는 것과는 다르다는 것은 주목하여야 한다. 웨슬리는 그리스도의 십자가상에서의 대속의 죽음은 완전하며 충족한 것으로 반복될 수 없는 것으로 이해하였다. 그리스도야말로 단번에 드려진 제물, 흠 없는 양이다. 역사적으로 볼 때, 성찬을 속죄제물로 표현하는 것이 초기 메소디스트에서는 많았으나, 후대 감리교에서는 거의 사용하지 않게 되었다고 보우머는 지적한다. 이는 아마도 로마교회의 입장으로 오해될까 봐 그리 된 듯하다(Bowmer, op. cit., 183).

57. Hymns on the Lord's Supper, no. 46:3, 117:2. 120:4, 히 7:24, 9:14, 24-25, 10:12.

58. Hymns on the Lord's Supper, no. 64.2.

59. Bowmer, op. cit., 174-175.

60. Ibid., 167.

61. Hymns on the Lord's Supper, no. 26.4, 13.6, 97.3.

62. Cf. Notes on Luke 24:30, 35.

63. The Hymns on the Lord's Supper no. 93.4.

64. Ibid., no. 101.1.

65. Letters VII, 10-11; I, 229.

66. The Hymns on the Lord's Supper, no. 96.2.

67. Works 1, 280, V, 187.

68. Works Vii, 148.

69. Borgen, op. cit., 202ff., Staples, op. cit., 201ff.

70. Works Vi, 509.

71. *The Letters of Rev. John Wesley* ed. by John Telford(이후로는 Letters로 표기함), IV, 272.

72. Ibid., I. 248.

73. Ibid., 108.

74. Works I, 279-280. 여기에서 그 당시의 제자들을 '거듭나지 않은 자들로'(unconverted), 또한 신자가 아니라고 묘사한 데 대하여 의아하게 생각하게 될 것이다. 그러나 웨슬리는 그 당시의 제자들이 어떤 면에서는 신자임을 인정하셨을 것이다. 그러나 그들은 온전한 의미에서의(in the full sense of word) 신자가 못되었

다고 본 것이다. 웨슬리는 그들이 오순절에 성령은 받음으로써 온전한 신자가 되었다고 생각한 것이다(웨슬리의 설교, salvation by faith를 참조하라).

75. Works I, 280.

76. Works Viii, 373, 조종남, 「요한 웨슬리의 신학」, 161ff 참조.

77. Letters Viii, 240, Works Viii, 277, IX, 303.

78. Works X, 230, X, 392.

79. Borgen, op. cit., 195-197. Staples, op. cit., 255-259.

80. Works I, 279, 다음은 웨슬리의 말이다. "the very beginning of your conversion to God (perhaps, in some, the first deep conviction) was wrought at the Lord's Supper." 웨슬리에 의하면 칭의 전에 사람을 깨우치는 사역은 선행적 은총에 의한 것이다.

81. 이런 표현의 불일치는 웨슬리의 세례관에서도 발견된다. 조종남, op. cit., 262 참조.

82. 한번은 수찬자의 자격에 대한 질문을 받고 웨슬리는 다음과 같이 말하였다. "And if you believe Christ died for guilty, helpless sinners, then eat that bread and drink of that cup"-Wesley, Letters vi, 124(Nov. 28, 1774).

83. 보우머는 이에 대하여 다음과 같이 표현하였다. "for the communicant, the efficacy of the Sacrament is bound up with the extent to which he, by faith, makes the sacrifice his own. … The benefits of the Sacrament are contingent upon faith. … In the final analysis, it is by faith that the communicant appropriates all the benefits of His Passion." Bowmer, op. cit., 175-176.

84. Bowmer, op. cit., 120-122.

85. Works I, 180, V, 187.

86. Works Vi, 148.

87. Ibid.

18장 웨슬리의 영성과 한국교회

1. 그의 말을 영어로 표기하면 "spirituality has to do with becoming a person in the fullest sense."이다. *Exploring Christian Spirituality*, ed. by K. Collins, Baker books, Grand Rapid, 2000(이하 Exploring Christian Spirituality), 61.

2. Spirituality "point to those aspect of a person's living a faith or commitment that concern his or her striving to attain the highest ideal or gaol. For Christian this would mean his or her striving for an ever more intense union with the Father through Jesus Christ by living in the Spirit." Walter Principe, 'Toward Defining Spirituality', ibid. 51.

3. 웨슬리가 1744년 8월 24일에 Oxford University의 St. Mary Chapel에서 성서적 기독교(Scriptural Christianity)라는 제목의 설교를 하면서, 초대 교회 곧 성서적인 기독교는 '성령이 충만한 교회'였다고 주장하면서, 그런 교회가 영국에 어디에 있는가? 이 도시는 과연 기독교의 도시인가? 당신들은 성령의 충만을 받았는가? 라고 도전하였다. 그때, 이 설교를 듣고 있던 대학교의 간부들이 노하여, 그 후로는 웨슬리에게 Oxford

University에서 설교할 기회를 박탈하였다. 현재 그 강단 밑에 "이곳은 요한 웨슬리가 1744년 8월 24일에 마지막으로 설교한 곳이다"라는 글이 있다.

4. 웨슬리(조종남 역),「기독자 완전에 대한 해설」, 한국복음문서 간행회(이하 기독자완전), 2009년 4판, 43.

5. 레 20:7.

6. 고후 7:1.

7. 조종남,「요한 웨슬레 설교선집」, 서로사랑, 1998(이하 설교선집), 152(설교 '신자의 회개').

8. David Watson은 "The quest for Christlikeness continued to be integral to Wesley's spirituality,"라고 표현하였다 D. Watson, 'Methodist Spirituality,' Exploring Christian Spirituality, 176.

9. 롬 8:5, 히 12:15 참조.

10. 설교선집, 119.

11. Midred Bangs Wynkoop, *Theology of Love: The Dynamic of Wesleyanism*, Beacon Hill Press, 1972, p. 158.

12. 설교선집, 146-147.

13. 웨슬리는 '죄를 씻는다', '마음이 깨끗하여진다' 등 의식적인 용어를 기독론적인 접근에서 윤리적인 용어로 표현하기를 선호하였다.

14. 기독자완전(4판), 43. 웨슬리도 이런 표현을 하였다.

15. 기독자완전(2003년 3판), 137(2009년 4판, 152) 참조. (Entire sanctification, or Christian perfection, is neither more nor less than pure love; love expelling sin, and governing both the heart and life of a child of God, *Works of John Wesley* ed. by Jackson(이하 Works) 12:432. 웨슬리는 "하나님이 창조하신 인생의 목적은(하나님으로부터 구원을 받아), 위대한 창조주를 알고, 사랑하고, 기뻐하며, 봉사하는 것이다."라고 말한다(Works vii, 229, 230). 그리고 하나님을 알고, 사랑한다는 것을 곧 그의 계명을 가지고 지키는 것 곧 이웃을 사랑하는 것이 아닌가?(요일 2:3, 5:3)

16. 이 점에서 바울이 "그러므로 우리 온전히 이룬 자들은 이렇게 생각할지니 … 온전히 이루었다 함도 아니라 오직 내가 그리스도께 잡힌 바 된 그것을 잡으려고 쫓아가노라"(빌 3:12, 15)고 한 그 역설적인 표현을 이해하게 된다. 고후 7:1에서 바울은 신자들에게, 이룬 성결한 상태를 완전케 해나가는 과정에서의 순간적인 성결을 호소하고 있다.

17. Works XI, 401, 기독자완전(2003년 3판), 56, 136-137(2009년 4판, 62, 151-152).

18. Works, xiv, 321.

19. Leon O. Hynson, *To Reform the Nation*, Francis Asbury Press of Zondervan Pub. House, 1984, p. 100.

20. 웨슬리가 1791년 3월 16일에 Joseph에게 쓴 편지에서, 사랑에서의 완전(perfected in love)과 성령충만(filled with the Holy Ghost)을 같은 것으로 표현한 적이 있다 (Letters v, 229). 웨슬리는 또한 성령으로, 성결의 영으로 신자가 깨끗해짐을 암시하고 있기도 하다(기독자완전 제4판, 46, 85 참조).

21. 웨슬리는 자신의 성결의 체험을 이야기할 때 겸손하게 이야기하라고 권고하였다. "모든 웅장하고 과장된 용어를 피하십시오. 완전, 성화, 제2의 은혜라든가, 나는 다 이루었다고 한다든가, 그런 일반적 용어들을 사용할 필요가 없습니다."(기독자완전, 121). 웨슬리 자신도 경우에 따라 여러 가지 다른 용어로 성결을 설명하였다. 스틸(Daniel Steele)의 조사에 의하면 무려 26개의 용어(26 terms)를 사용하였다고 한다(*Steele's Answer*, Chicago, Christian Witness Co., 1912, pp. 130-131, quoted by Dunning, op. cit., 470).

22. 벧전 1:22 참조.

23. 히 12:14.

24. 차영배, 「성령론」, 경향문화사(1994), 182.

25. 차영배, Ibid., 161.

26. 행 15:9 참조. 차영배 박사도 오순절의 성령충만은 '마음을 깨끗케 하였다'고 이해하고 있다(차영배, Ibid., 378).

27. 벧전 1:22 참조.

28. Works viii, 284.

29. *The Works of John Wesley*, ed. by Jackson(이하 works) x, 230, 392. 웨슬리가 말하는 선행적 은혜는 사람의 요구가 있기 전에, 하나님이 모든 사람에게 값없이 주시는 은혜로, 원죄로 타락 한 인류에게 앞서 주시는 은혜이다. 그런 면에서 이 은혜는 칼빈주의에서 말하는 일반적 은총(common grace)과 거의 같다. 그러나 웨슬리는 이 은총이 인간을 향한 구원의 시작이요, 계속되는 은혜와 연결되는 은혜로 보는 것이다. 웨슬리도 불가항력적 은혜(irresistible grace of God)를 주장한다. 그러나 하나님의 불가항력적 은혜가 어느 시점에서나에 있어 칼빈주의의 입장과 다르다. 웨슬리는 선행적 은총이 불가항력적이라고 주장한다.

30. Standard Sermon II, 215.

31. William Cannon, *The Theology of John Wesley*, Abingdon, 1946, 117. (Faith as the one condition of justification is offered unto him as a free gift by gracious God, but arms of true repentance to receive the gift.).

32. L. M. Starkey, *The Work of the Holy Spirit*, Abingdon, 1962, 116f. 이에 대한 자세한 설명은 Chongnahm Cho, "John Wesley's Theological Anthropology", Evangelical Review of Theology, vol. 10, No.3, July 1986, 또는 조종남, "웨슬리의 신학적 인간론"(조종남, 「웨슬리의 갱신운동과 한국교회」(기독교서회, 2006), 119-140을 보라.

33. Outler는 다음과 같이 말한다. "John Fletcher could rightly deny that Mr. Wesley is an Arminian, since Arminius held that man hath a will to turn to God before grace prevents him(Works, 1925, Ⅰ, 229), whereas, for Wesley it is the Spirit's prevenient motion by which we ever are moved and inspired to any good thing."(*Works of John Wesley*, ed. by Outler, II, 156.)

34. Watson은 이렇게 말한다. "(It is through) discipleship which empowered by grace and shaped by the doctrines and ordinances of the church, was accountable for good works." 괄호 안의 글은 저자가 첨가한 것이다. K. Collins,

Exploring Christian Spirituality, 179.

35. 이런 오해에 답하기 위하여, 그는 '기독자의 완전에 대하여'라는 설교에서, 자기가 말하는 완전이 기독자의 완전 곧 성서가 말하는 완전으로서 이는 무지, 실수, 타락의 가능성 등에서의 자유나 완전을 말하는 것이 아니라고 변론하고 있다. Works vi, 227. 기독자완전(2003년 3판) 24; (2009년 4판), 26.

36. Works XI, 401, 444. 기독자완전(2003년 3판), 67-68; (2009년 4판), 74.

37. 기독자완전(2003년 3판), 39; (2009년 4판), 43.

38. Ibid., (2003년 3판), 60; (2009년 4판), 66.

39. Works xi, 395. 기독자완전(2003년 3판), 60, (2009년 4판), 66. 웨슬리는 이를 유의적 죄(有意的 罪)와 구분하여 '무의적 죄'(無意的 罪, The involuntary transgression of the perfect law of God known or unknown)라고 불렀다.

40. 칼빈의 요 13:9에 대한 주석 참조. 그는 또 "매일 매일 더 성장해야 한다면, 거기에는 완전은 있을 수 없는 것이다"라고 했다(칼빈, 엡 5:27에 대한 주석, 시 32:1의 주석 참조). 웨슬리도 '완전한 자'라도 그에게는 가지고 있는 연약성(infirmities) 때문에 세상에 살면서 실수하며, 따라서 무의식중에 범죄함을 면할 수 없다고 한다. 그럼에도 불구하고 웨슬리는 온전한 성화의 상태를 계속할 수 있다고 주장한다. 여기에서 우리는 웨슬리의 성결교리에 대한 접근방법의 특징을 엿볼 수 있게 된다.

41. 그러기에 웨슬리는 "무죄적 완전(sinless perfection)이라는 말은 자가당착으로 보일까 봐 내가 결코 쓰지 않는 어구이다."라고 한 바 있다.

42. 레 5:17, 레 5:18, 민 15:24, 28, 레 4:31, 35.

43. 레 16:33-34, 15-19. 히 9:6-7.

44. 히 9:24.

45. 롬 8:34.

46. *The Standard Sermons of John Wesley*, ed. by Sugden,Epworths Press, 1956, II, 393. 괄호 안에 있는 말 (회개), (믿음)은 필자가 넣은 것이다. 성경은 롬 8:34에서도 예수의 계속적인 중보의 사역을 말하고 있다.

47. 롬 5:20-21, "죄가 더한 곳에 은혜가 더욱 넘쳤나니 … 우리 주 예수 그리스도로 말미암아 영생에 이르게 하려 함이라."

48. 기독자완전(2003년 3판), 93-94; (2009년 4판), 104-105. 이런 웨슬리의 주장을 뒷받침하는 말씀이 에베소서 5:18에 있다. 여기서 사도 바울은 '성령충만을 받으라'고 명령하고 있다. 그런데 충만을 받으라는 헬라어, πληρόω는 수동태요 현재형으로 기록되어 있는 데 주의하여야 한다. 이는 우리가 취득하는 것이 아니라, 하나님이 충만케 하시는 것을 시사하는 동시에, 시상에서 현재형은 계속적인 동작(continuous action)을 시사하는 것이니, 이는 우리는 계속하여 (순간순간) 충만을 받아야 함을 가리키는 말씀이다. 성령충만을 물건처럼 소유하고 있는 것으로 생각하면 안 된다. 이는 하나님과의 인격적인 관계(믿음)에서 있게 되는 것이다.

49. 은사중지론(cessation theory)을 주장한 칼빈의 입장을 영문으로 표기하면 다음과 같다. "But that gift of healing, like the rest of the miracles, which the Lord willed to be brought forth for a time, has vanished away in order to make the new preaching of the gospel marvelous forever. Therefore, even if we grant

to the full that anointing was a sacrament of those powers which were then administered by the hands of the apostles, it now has northing to do with us, to whom the administering of such powers has not be committed."(*John Calvin*, John R. McNeill ed.), *Institutes of Christian Religion*, The Westminster Press, 1950, vol II. 1467(book 4: chapter 19:18).

50. *The Letters of the Rev. John Wesley*, ed. by John Telford, Epworth Press, 1931, vii 27: iv, 374. 웨슬리의 사역에는 놀랍게 성령의 기사 이적이 따른 것과, 그에 대한 웨슬리의 입장에 관하여는, 조종남, "성령의 역사와 표적에 대한 웨슬리의 이해"(「웨슬리의 갱신운동과 한국교회」, 201-218을 참조하라).

51. Works XI, 429.

52. D. L. Watson, *Methodist Spirituality*, Collins, *Exploring Christian Spirituality*, 189-190 참조.

53. 기독자완전(2009, 4판), 77.

19장 웨슬리의 신학과 한국 성결교회

1 조선야소교 동양선교회 성결교회 교리 급 조례, 1925, pp. 1-2, 조선야소교 동양선교회 성결교회 임시헌법, 1933, pp. 1-2, 활천 제1권 6호(1923), 54 참조.

2. 성결교회헌법(1955, 1974, 1983), 제6조, 8조 참조.

3. *The Letters of John Wesley*, ed. by John Telford, 8 vols. Epworth Press. 1931(이후로는 Letters로 표기함), VIII, 238.

4. 이명직, 「조선야소교 동양선교회 성결교회 약사」, 1929, p. 10; 활천 제85호, 625.

5. E. A. Kilbounre, *A Story of Mission in Japan*, n. d., 46-47을 보라.

6. 이 운동에 대하여는 Vinson Synan, *The Holiness-Pentecostal Movement in the United States*, Eerdmans Pub., 1981; Donald Dayton, *Theological Roots of Pentecostalism*, Harper and Row Pub., 1976; Melvin E. Dieter, *The Holiness Revival of the 19th Century*, The Scarecrow Press, 1980을 보라.

7. Vinson Synan, *The Holiness-Pentecostal Movement in the United States*, Eerdmans Pub., 1981, p. 13.

8. 1880년과 1925년 사이에 무려 25개나 되는 성결교단이 생겼다. William W. Sweet, *The Story of Religion in America*, 2nd ed. New York, 1953, p. 353. quoted by Paul W. Thomas, *The Days of our Pilgrimage*(History of the Pilgrim Holiness Church), The Wesleyan Press, 1976, p. 6.

9. 이 단체는 1913년에 확장, 재조직되면서 그 이름을 만국성결교회(The International Apostolic Holiness Church)라고 불렀다. 그리고 이 교회는 그 후(1919-1925), 특히 1922년에 여러 성결단체들이 합류하여 필그림 성결교회(The Pilgrim Holiness Church)로 발전했다.

10. *Constitution and By-Laws of the International Apostolic Holiness Union and Prayer League*(1897)를 보라. 그 안에 이런 구절이 있다. "I believe in the return of our Lord, and Divine Healing as taught in the Word of God, and that the

proper emphasis of these truths, serves to assist in promoting true holiness."

11. Cowman이 1901년 5월 23일부로 Knapp에게 쓴 편지(God's Revivalist and Bible Advocate, July 11, 1901) 참조.

12. 조선야소교 동양선교회 성결교회의 교리 급 조례(1925)를 The Constitution of the International Apostolic Holiness Union and Prayer League(1897), of the International Apostolic Holiness Union(1900, 1905), and of the International Apostolic Holiness Church(1913, 1919)와 Manual of the Pilgrim Holiness Church(1922)와 The Manual of the Oriental Missionary Society와 비교해보라.

13. The Manual of the International Apostolic Holiness Church(1913)와 The General Statement of Faith of OMS(1925?)를 대조해보라.

14. Ibid., 동양선교회의 목적을 다음과 같이 뚜렷하게 표현하고 있다. "The preaching of a full Gospel is essential to Bible Holiness and Evangelization of the world, as exemplified by the Apostles of the primitive Church."

15. 성결교회헌법(1955, 1974, 1983)에 있는 '교리', '교회의 사명', '교회의 전도표제'를 참조.

16. 사실, 1945년의 재흥총회를 통하여 재조직된 본 교회는 명실공히 "역사적 신발족"을 한 것이다. 일제의 강권에 의하여 1943년에 동양선교회 성결교회는 해산을 당했다가, 1945년 조국의 해방과 더불어 본교회가 재흥될 때에는 교회의 명칭도 "기독교대한성결교회"로 변경할 뿐 아니라 헌법도 새로 제정하고 그 안에 있는 신앙개조도 일부 가감 수정하면서 자립하는 교회로 "역사적 신발족의 제일보(第一步)"를 내디딘 것이다. 그러나 그 신학에 있어서는 본 교회는 동양선교회 성결교회의 신학적 계통과 입장을 그대로 이어받았다. 성결교회헌법(1955, 1974, 1983)에 있는 '교리', '교회의 사명', '교회의 전도표제'를 참조.

17. Wynkoop, "A Hermeneutical Approach to John Wesley" in Wesleyan Theological Journal (Spring, 1971), 14.

18. N. Burwash, *Wesley's Doctrinal Standards*, xiii.

19. Letters IV, 299.

20. "Short History of Methodism," *The Works of Rev. John Wesley*, ed. by Thomas Jackson, 14 vols. (이후로는 Works로 표기함), VIII, 349을 보면 다음과 같은 내용이 있다. "1738년 그와 그의 동역자들은 한 마음과 한 판단을 가지고 어느 경우에든지 성서적인 기독교인이 되기로 결심하였으며, 어디를 가든지 전력을 다해 명확하고 전통적인 성서적 기독교(Old Bible Christianity)를 전하기로 결심하였다."

21. *Wesley's Standard Sermons*, ed. by Edwin H. Sugden, 2 vols., Epworth Press, 1954, 1956(이후로는 STS로 표기함), I, 32, 258.

22. Letters II, 117.

23. STS I, 33(Wesley's preface to sermons), Works V, 5. 그리고 Works X, 223 참조.

24. Robert M. Casto, "Exegetical Method in John Wesley's Explanatory Notes upon the Old Testaments," Unpublished Ph. D(Dissertation at Duke University, 1977), 80. Journal VI, 209(Sept. 1, 1778) 참조. V. H. H. Green은 그의 *The Young Mr. Wesley*의 부록에서 웨슬리가 읽은 책의 목록을 열거하고 있다.

289-302.

25. *The Journal of the Rev. John Wesley*, ed. by N. Curnock, 8 vols., Epworth Press, 1938, VI, 117(July 24, 1776); STS I, 249-250; 딤후 3:16에 대한 웨슬리의 주석 참조

26. Casto, op. cit., 93; 딤후 3:15에 대한 웨슬리의 주석.

27. Ibid., 85.

28. STS I, 32.

29. 헌법(1974), 12.

30. Ibid.

31. 이명직, op. cit., 11.

32. STS I, 32.

33. 고 이명직 목사님의 증언.

34. STS I, 31.

35. STS I, 260.

36. Works VIII, 284.

37. John Calvin, *Institute of the Christian Religion*, 2vols., tr. by Beveridge, Eerdmans, 1953, III, xxi-1.

38. Works VII, 373, "The grace or love of God, whence our salvation is free in all and free for all"; Works X, 240-246

39. 헌법(1974), 20(제21조, 인류의 구원).

40. Works VIII, 48(A Farther Appeal to Men of Reason and Religion).

41. STS I, 296(The Marks of the New Birth).

42. 헌법(1974), 13(제6조).

43. 이에 대한 자세한 설명은 그의 설교 "신자 안에 있는 죄", "신자의 회개"에 나타나 있다.

44. STS II, 447.

45. Letters VIII, 238.

46. Letters VI, 42(To John Bredn, Sept. 18th, 1773).

47. 헌법(1974), 15(제8조).

48. Ibid., 84(학습예식문답. 문 3).

49. Ibid., 86.

50. Ibid., 86.

51. Ibid., 95(목사안수예식문답. 문 5).

52. Ibid., 14. 여기서 성신세례는 성령충만과 같은 의미로 사용되고 있다.

53. Ibid., 19(제18조).

54. 영국의 유명한 웨슬리 학자 왓슨도 성화를 성령의 역사와 연결시켜 신학을 개진한 바가 있다. Richard Watson, *Theological Institutes*, 2 vols., Lane & Scott, New York, 1851, II, 269, 456. Robert Chiles, *Theological Transition in American*

Methodism, 162, 165 참조.

55. Works XI, 396. 물론 여기에서 우리가 말하는 죄는 알고 의지적으로 범하는 죄(자범죄)와는 다른 것이다. 이는 무의식적으로 알지 못하고 범하는 죄(involuntary transgression of the perfect law of God, known or unknown)를 가리키는 것이다.

56. Works XI, 305.

57. Works XI, 443.

58. 롬 5:20.

59. Works XIV, 321.

60. Ibid.

61. Letters II, 108.

62. 조종남, 「로잔세계복음화 운동의 역사와 정신」, IVP, 1990 참조.

63. Letters VIII, 238, 헌법(1974), 15(제8조) 참조.

64. Works XIII, 258.